JN442608

한국사회
주요 행정문제와 정책

성균관행정연구회

김동현 · 김진열 · 김화연 · 류영아 · 박재희 · 박현욱
서인석 · 유민이 · 유승현 · 이대웅 · 이유현 · 정기용
조형석 · 주지예 · 최정우 · 황태연

도서출판 대영문화사

머리말

정책은 무엇으로부터 파생되는가? 정책은 사회문제의 일환이기에 정부가 다루어야 하는 주요 문제로부터 시작된다고 봐야 한다. 한국사회의 정부수요는 지속적으로 커지고 있는 바, 우리가 다루어야 할 정책은 결국 행정문제가 무엇인지를 파악해야 함을 뜻한다. 행정의 문제는 정부의 전체적인 윤곽과 활동을 이해할 때 명확해질 수 있다.

『한국사회 주요 행정문제와 정책』은 이러한 개괄적인 내용으로부터 출발했지만, 이와 별개로 이 책이 많은 동문 선후배님 교류의 구심점이 될 수 있다는 기대 하에 추진되었다. 오랫동안 각 분야에서 따로이 연구를 진행하신 많은 선배님들이 사회의 중요한 역할을 담당하고, 상당한 기여를 해오셨음에도 얼굴을 뵙는 것이 쉽지 않은 일이었다. 후배들과의 편안한 자리도 잘 기억이 나질 않는다. 함께 독려하고 같이 무엇인가를 추진하는 것이 매우 어렵다는 것을 알게 되는 요즘이다. 그래서 더 갈구하고 함께할 수 있는 '동력'이 필요한 시점이었다. 이 책은 관련 저자들의 마음을 하나로 모을 수 있는 계기를 마련해준다는 점에서 큰 의미를 지닌다. 각 분야의 살아 있는 지식을 구체화하는 점은 학자로서 매우 흥미롭고 고마운 일이다. 그에 더해 선후배들의 만남이 어려운 상황 하에서도 이 책이 단합의 기회를 제공할 수 있다면 이보다 더 기쁨은 없을 듯하다.

내용적인 측면에서 이 책은 행정문제를 몇 가지로 범주화하여 행정 이슈 또는 사례연구의 다양성을 체계화하고자 하였다. 총론을 통해 전체적인 책의 윤곽을 그릴 수 있는 내용을 제시하였고, 그 과정에서 이어질 다양한 행정문제들이 어떤 범주에 포함되는 것인지 기술하였다. 특히, 행정학과 정책의 관계 속에서 정의를 통해 정부의 활동, 정부의 구성, 중앙-지방 관계, 시민참여 및 감사의 내·외부 통제 등으로 범주화한 것은 기존 사례연구 책들이 제시하는 것과는 차별화된 부분이라고 볼 수 있다. 각 범주에 포함된 내용이 관련 이슈 전부를 포괄하는 것은 아니지만, 현직에서 행정문제를 전면으로 대응해왔던 많은 선후배님들의 경험과 통찰이 묻어날 수 있다는 점에서 행정학의 심연을 관통하는 깊이를 얻을 수 있었다고 본다. 물론, 장별로 균형이 맞춰지지 못한 부분은 있으나, 복잡한 행정문제가 모두 다루어지길 기대하기보다는 각 범주가 갖는 의미를 부각하고 향후 있을 많은 선후배님들의 노고가 미흡한 사항을 보완할 수 있으리라 기대한다.

이 머리말을 빌어서 사실 선배님들의 고마움을 꼭 되새길 필요가 있다. 앞으로 학문활동을 수행할 후배들의 귀감이 될 수 있기에 더욱 그러하다. 대학원 과정을 거치면서 가장 고난스러운 점은 과연 학문 영역에 발들여 놓을 수 있을까. 과연 박사라는 종착지에 다다를 수는 있을까. 어렵게, 그리고 고단하게 이르른 나의 종착지가 고작 새로운 시작일 뿐이었다는 것을 모르고 말이다. 첫걸음을 내딛을 때, 정말 혼란스러웠을 때, 그때 연락을 주신 분들, 그리고 격려해주셨던 많은 선배님들이 이 한 권의 책에 모두 포함되지는 못하였다. 나를 지지해준 후배님들 역시 각 장에 배속되어야 마땅하겠으나, 이러한 바람은 이루어지지 않았다. 이 책을 추진하는 과정은 다양한 입장과 의견을 수용해야 하는 어려운 일이다. 때로는 악역을 자처해야 하는 자리로, 누구나가 꺼리는 일이다. 이 책의 시작을 진두지휘한 라휘문 교수님은 악역을 자처하셨다. 선후배 간 화합의 장을 만들기 위한 희생이다. 많은 의견들을 수용하고 정리하시는 어려움을 감내하시며, 공은 후배들에게 돌리는 모습은 많은 생각이 들게 하였다. 한 개인의 역량과 노력으로 변화시킬 수 있는 건 별로 없다고, 있어도 크지 않다고 생각했던 적이 많았다. 저를 많이 격려하던 선배님들, 지원해준 많은 후배님들을, 제때 도와드리지 못한 채 바쁘다라는 핑계로 자기합리화한 것도 한두 번은 아니었다. 이러한 핑계를 비웃듯, 선배로서의 희생과 추진력을 모두 보여주신 분이 라휘문 교수님이다. 라휘문 교수님의 노력과 희생은 단순한 개인의 희생 정도가 아니라는 생각이 든다. 이 책 역시 선배님의 든든한 지원이 아니라면 감히 성사가 어려웠을 것이라 단언한다.

또 한편으로 이런 모습을 통해 후배들을 가르치는 것이 아닐까 싶다. 후배들을 이끈다는 것은 때로는 악역과 같이, 원치 않은 일을 감내하는 것이라고 말씀하시는 듯하다. 그 실천적 노고가 마치 끝날 것 같지 않았던 코로나19의 사회적 거리두기가 끝난 것처럼, 선후배 간 사회적 거리두기를 종료시킬 수 있는 힘이 될 것이라 기대하게 한다. '무소의 뿔'처럼 주변에 흔들리지 않는 선배님들이 계셔서 기대어 노력할 수 있는 힘을 얻는다. 더 시간이 지나 내게도 이런 역할이 부여될까 벌써부터 도망치고 싶지만, 직접 보여주신 모습들이 선례가 되어 나를 포함한 많은 후배들을 인도해 나갈 것이라 믿는다. 진심으로 고생 많으셨고, 감사의 말씀을 드리고 싶다. 또한 이 책의 집필을 위해 모든 노력을 아끼지 않은 선후배님들께 다시 한 번 감사의 말씀을 드리고 싶다.

2022년 11월
저자들을 대신하여
서인석

차례

제2부 정부의 활동 영역 이슈

제3부 정부의 구성 및 운영 이슈

제4부 중앙-지방 관계 이슈

제5부 시민참여 및 정부사업의 감사 이슈

제 1 부

총론

제1장

정책과 행정문제

서인석(안양대 행정학과)

제 1 절 왜 고민해야 하는가(Why)

1. 복잡한 환경과 행정문제

공공행정은 사회문제를 해결하기 위한 중요한 수단이다. 공익을 목표로 한 행정은 다양한 사회문제를 선별할 수 있는 조직을 구성하고, 최적의 판단을 내릴 수 있는 의사결정(decisionmaking) 시스템을 갖추기 위해 노력한다. 최적의 공공조직을 통해서 심층적인 공공의 문제를 선별하고 해결할 수 있는 대안을 찾는 활동을 하게 된다. 대표적인 공공조직은 행정부 또는 정부라고 생각할 수 있다. 그래서 행정학은 공익을 목적으로 한 정부의 구성과 정부의 활동으로 정의될 수 있다. 행정의 문제는 공공조직을 구성하고, 의사결정하며, 조직역량을 향상시키고, 공공문제를 선별하고, 집행하고, 평가하고, 환류하는 모든 영역에서 발생할 수 있다. 심지어, 국가의 구성체가 단일화된 정치체제를 갖는지, 아니면 중앙-지방의 이원화된 정치체제를 형성하는지에 따라서도 공공행정의 문제는 발생할 수 있다.

그렇다면, 정부는 어떻게 구성되고 어떤 활동이 이루어져야 하는가? 정부활동을 뒷받침하는 정부조직을 정부 기능과 유기적인 연계선상에서 구성해야 한다. 국내·외 환경변화와 어려운 행정문제를 다양한 행정현상을 정부 기능에 구현하여, 이상적인 모습의 "그릇"을 만들어 내야 할 것이다. 즉, 정부 기능을 환경변화와 행정수요에 부합하도록 정부를 구성 및 작동시켜, 정부조직을 구성하는 행정자원과 정책수단이 최적화할 수 있다면(김윤권, 2017: 4) 정부운영은 소망스런 결과를 예측해볼 수 있을 것이다.

이상의 논지는 각 정부의 조직, 운영, 활동 등이 행정환경에 부합해야 한다는 것이 꽤나 당위적임을 알 수 있다. 이러한 정당성에도 불구하고 우리가 알고 있는 행정은 현실적으로 상당히 부정적이다. 정부구성, 운영, 활동 모든 영역에서 만족스럽지 못하다는 인식이 팽배하다. 왜 그럴까. 어쩌면 복잡한 행정수요를 정부의 구성과 활동에 녹여내는 매우 어렵기 때문일 수도 있다. 여기서 고민할 지점은 대체 행정환경의 복잡성은 무엇이고 왜 그러한 문제가 발생하는가이다. 더 나아가면 복잡한 행정수요는 해결불가능한 것이라 보고, '손'을 놓아야 하는가이다. 아니라면 행정학을 배우고, 배워온 입장에서 어떤 입장(stance)을 취해야 할까?

공공행정의 구성과 활동은 조직구성과 운영의 일반적인 문제를 내포하긴 하지만, 이 문제를 보다 심화시키는 것은 분명 복잡한 행정수요와 무관하지 않다. 환경의 복잡한 변화는 소위 VUCA로 제시되곤 하는데, VUCA는 변동성(volatility), 불확실성(uncertainty), 복잡성(complexity), 모호성(ambiguity)이라는 행정환경의 속성을 의미한다. 사회현상이 복잡화되고, 세계화가 진행되며, 정책환경이 불확실해지는 가운데 기존의 정책과 제도로는 대응하기 어려운 정책문제들이 지속적으로 등장하고 있으며, 이러한 비정상적인(abnormal) 정책환경이 상시화되어 가고 있는 경향이다(배유일, 2010: 97). 일례로, 과거 한국의 계절적 특성은 4계절이 구분되는 온대 계절풍 기후로 알려져왔지만, 온난화 등 기후변화로 인해 아열대성 기후의 특징이 나타나기도 하고 4계절이 명확하게 구분되기 어려운 현상이 나타나고 있다. 기후변화의 특성이 모성을 가지게 되어 변동성은 높아졌으며, 아열대성 기후가 가지는 폭우와 강수량의 특성 등 기후변화의 예측하기 어려워지면서 많은 자연재난이 발생하기도 한다. 기후환경의 복잡성으로 말미암아 나타나는 다양한 행정현상과 이에 대한 적절한 답을 찾아야 하는 어려움이 가중되고 있다. 이러한 복잡성이 자연현상에만 국한되지 않는다. 사회적 관심사와 삶의 질 등을 중시하는 가치관이 변화하고 인구구조가 과거와 달라졌으며, 그 과정에서 인구소멸과 같은 지역 존폐의 행정수요가 발생하기도 한다. 자연현상에 못지 않게 다양한 사회현상이 변화하고 있고, 이에 대한 적합한 정부의 대응이 필요한 상황이다.

이렇듯 정부는 복잡한 행정환경의 맥락에서 조직의 구성, 운영, 활동을 수행하게 된다. 이를 종합하면, 공공행정은 정부라는 조직체계 정부의 대외 행정환경과 조응하는 유기체적 속성을 지닌다. 이를 체계 또는 시스템이라 명명한다면 행정시스템의 각 요소는 어떤 것이고, 쟁점은 무엇인지 좀 더 세부적으로 생각해 볼수 있을 것이다. 이하에서 행정시스템의 각 요소와 쟁점에 대해 심층적으로 살펴보고자 한다.

2. 행정시스템의 각 요소와 쟁점

기본적으로 행정문제는 사회문제 그 자체일 수도 있고, 사회문제를 해결하기 위해 갖추어야 하는 요소에 대한 것일 수도 있다. 허나 가장 중요한 요소는 정부의 질적 존재 목적인 정부의 활동 영역, 즉 정책 이슈가 중심이다. 행정문제의 출발은 정책의 수립에 있으나 그 이전에 '문제'에 천착할 필요가 있다.

문제를 정의한다는 것은 쉬운 일이 아니다. 정책문제의 정의는 매우 주관적이고 인공적인 작업이며, 심한 경우 진정한 문제를 다루는 것보다 틀린 문제를 다룰 가능성이 높다(사공영호, 2012: 2). 정책문제는 기본적으로 본질적이고, 총체적인 사안을 요구하는 것이기에(서인석 외, 2009: 326) 다양한 관점과 이해관계가 내재될 수밖에 없다. 이론적으로는 문제가 주관적 영역일지라도 현실적 맥락 하에서 최대한 문제 해결의 방법을 찾아내는 것이 중요하다.

총체적이고 본질적인 접근이 어렵다면 어떻게 접근하는 것이 바람직한가? 많은 정부들은 행정문제로써 사회문제에 대응하기 위해서 부처와 기능을 세분화해왔다. 행정안전부, 교육부, 과학기술정보통신부, 국토교통부 등 복잡한 사회현상에 맞게 정부의 기능을 구분한 것이다. 사회의 구조와 기능에 맞게 행정부 역시 구조와 기능을 조응해온 것이다. 이는 일련의 사회구조적 맥락의 시스템으로 이해될 수 있는데, 행정문제를 대응할 수 있는 적합한 행정의 모습, 즉 행정시스템을 구현해왔다고 볼 수 있다. 즉, 본질적인 문제를 바라보는 것은 어렵다고 하더라도 최적의 대안을 구성하고, 집행을 통해 해결하는 것이 중요하다. 이는 구성된 정부가 매우 최적화된 시스템을 갖추고 있어야 함을 의미한다. 정부를 구성하고, 운영하고, 강화하는 활동과 관련된 행정문제가 복잡한 행정현상 하에서도 여전히 중요해지는 이유이다.

인구소멸의 이슈로 부각된 지방정부와 지방의 존립문제 역시 최일선의 화두가 되고 있다. 오랫동안 지역의 위험은 자연재난을 기준으로 논의되어 왔다. 재난의 영향에서 자유로울 수 있는 국가와 지역사회, 그리고 개인은 존재하지 않기(이유현 · 권기헌, 2017: 256) 때문이다. 재난은 오래된 생존위협의 상태이지만 지진, 폭풍, 폭우 등의 자연재난 그 자체는 위협적은 아닐 수 있기 때문이다(이유현 · 권기헌, 2017: 256). 각 사회가 내포한 구성원의 공유된 인식 수준이 위험을 평가할 수 있는 준거(김현우, 2021)가 될 수도 있다. 즉, 지역사회가 배태한 요소나 지역구성원의 생각 등이 지역사회의 주요 인자로서 위험을 강화 또는 감소시키는 기능을 수행할 수도 있다(서인석 외, 2021: 96). 최근 지역사회의 의미가 커지면서 지역의 생존에 더 큰 관심이 집중되고 있다. 지역과 관련된 '위험' 중 최근 가장 두드러진 이슈는 인구소멸이다. 일본, 미국 등 많은 국가들에서는 지방정부 재정파산이 중요한 이슈가 되어 왔는데, 지역소멸은 재정파산의 수준을 넘어서 지방정부 자체가 사라질 수 있다는 위기의식으로 문제가 부각된다. 저출산 · 고령화가 심화되면 인구감소는 지역별로 차이를 보이면서 결국에는 대도시만 살아남는 '극점사회'가 도래한다고 주장했다(이건웅, 2020: 128). 일례로, 2022년 1분기 출산율 0.86명으로 7만 명 미만, 2분기 출산율 0.75명으로 6만 명 미만[1]으로[2] 인구구조의 불균형이 심각한 상황에서 수도권과 비수도권 간 문제가 지방정부의 인구 하락의 이슈로 크게 부각되었다. 결국, 지방정부의 역량과 권한의 문제는 중앙-지방의 관계 관점에서 행정문제로 중요해진 것이다.

한편, 정부통제에 대한 논의는 한국의 현실 하에서도 상당히 이론적인 담론이 이루어져왔다. 통제의 관점은 정부에 대한 인식이 부정적(negative) 태도에서 시작된다. 정부를 괴물 또는 악마(leviathan)까지 가지 않더라도, 정부의 세금 수탈 행위(Mill, 1977: 441; Mueller, 1979; Brennan & Buchanan, 1985; Buchanan, 1986)로 바라보는 것은 정부에 대한 감시와 통제가 중요함을 의미한다. 한국의 경우 원로학자인 박동서 교수의 관점(김현구, 2008)에서도 한국정부의 막강한 힘을 통제하기 위해 참여와 감사의 방식이 중요함을 피력한 바 있다.[3] 정부 내부의 감사체계에 대한 중요성, 그리고 민주적 감시체계를 통한 정부조직이 일탈 방지는 중요한 행정 이슈임을 이해해야 한다. 즉, 정부의 활동과 운영

---

1) https://namu.wiki/w/%EB%8C%80%ED%95%9C%EB%AF%BC%EA%B5%AD/%EC%B6%9C%EC%82%B0%EC%9C%A8

2) 세계은행의 리포트에 의하면 2019년 기준 한국보다 높은 국가는 푸에르토리코로 1.035명으로 제시되고 있다. 한국의 합계출산율은 전 세계에서도 유래를 찾을 수 없을 정도로 낮은 수준이다.

3) 박동서 교수는 행정인의 행태변화보다는 권력에 대한 민주적 통제를 더 절실한 과제로 보았다(김현구, 2008: 1).

능력, 권한의 배분 등 정부 자체가 가진 역량과 활동과 별개로 이들의 일탈을 조율할 수 있는 감시체계 역시 중요한 주제이다.

제 2 절 무엇을 다룰 것인가(What)

행정시스템의 각 요소와 쟁점에서 살펴보았던 핵심적인 주제(thema)는 행정문제로 다루어야 할 주요 이슈이며, 정부가 활동으로 다루어야 할 정책의제(agenda)일 수 있다. 즉, 사회문제를 해결하기 위한 '정부의 활동 영역', '정부조직을 구성하고 조직의 역량과 관련된 영역', '중앙-지방, 지방-지방 정부 간 관계 영역', '정부통제에 관련된 영역' 등이 모두 정부의 주요 행정 이슈라고 볼 수 있다.

1. 정부의 활동 영역 이슈

정부의 활동 영역으로 최근 가장 큰 화두는 '탄소중립' 이슈라 생각될 수 있다. 국제사회는 지구온난화, 기후변화를 넘어 기후위기 시대라는 새로운 국면을 맞이하였다. 극심한 기후변화의 임계점(한민지, 2022)에 해당하는 기후위기의 패러다임 속에서 '탄소중립(net-zero)'이라는 거시적인 목표의 수립은 각국 정부의 재량이 아닌 의무가 되어 가고 있다(Millot et al., 2020; Williams et al., 2021; Zhang & Hanaoka, 2021). 구체적으로, 인위적 온실가스 배출에 기인한 기후변화 문제는 환경적인 문제뿐만(최종두, 2017: 274) 아니라 경제, 사회, 문화, 외교, 산업 등 다양한 영역에 영향을 미치고 있다(문진영 외, 2020). 2015년 파리협약 체결 이후 국제사회는 지구온난화를 2도 아래, 더 나아가 1.5도 상승 억제를 목표로 노력하고자 하였다(박시원, 2021). 이어 발표된 IPCC(Intergovernmental Panel on Climate Change, 기후변화에 관한 정부간협의체)의 2018년 10월 보고서에서는 지구온난화 1.5도 특별보고서를 통해 기온 상승을 섭씨 1.5도 아래로 더욱 강하게 억제하여야 하며, 이를 위한 '탄소중립'의 필요성을 역설하였다(Livingston & Rummukainen, 2020; 환경부, 2021). 이후 장기목표로서의 탄소중립의 중요성은 전 세계로 확산되었다(Balck et al., 2021; Salvia et al., 2021). 이는 탄소중립 이슈가 에너지, 환경 등 정책 분야의 방향,

나아가 범사회적 변화를 초래하고 있음을 의미한다. 한국도 이에 발맞춰 2020년 10월 정부는 탄소중립을 선언하였고, 일본과 미국은 2050년을 목표로, 중국은 2060년을 목표로 탄소중립을 선언하였다(서인석 · 이유현, 2021: 350). 또한 한국의 경우 2021년 9월 24일 약칭 탄소중립기본법을 제정하였으며, 다른 국가 역시 비슷한 상황에 놓여 있다. 탄소중립에 대한 정책적 대응은 더 이상 선택의 문제가 아님을 상기시킨다. 기존 탄소중립을 법제화한 기후변화 선도국 외에도 많은 국가들이 탄소국경조정 및 탄소세 등에 대해 적극적 정책대응을 준비하고 있다.

기후변화 및 탄소중립 만큼이나 재난의 중요성도 강화되고 있는 상황이다. 전 세계적으로 이전에 없던 코로나19 감염병 재난, 세월호 사건, 2019년 고성산불, 2022년 강릉-동해 산불 등 대형재난은 정부에 대한 불신과 타당성 문제를 불러온다. 세월호 참사 이후 한국사회는 정부 및 지방자치단체 존재이유에 대한 화두(서인석 외, 2018: 19)를 던진 바 있다. 법제도적으로 재난에 대한 정부의 대응과 관련된 다양한 행정문제를 양산하게 된다. 즉, 재난은 조직들 간 협력 장애, 잘못된 결정이나 정보오류, 실수가 조직들 간 연쇄 · 증폭되는 부정적 시너지효과와 밀접한 관련이 있다(Turner & Pidgeon, 1978; Weick & Sutcliffe, 2001; 서인석 외, 2018: 19). 재난대응 방식에 있어 중앙정부를 중심으로 한 다양한 조직들은 재난사고의 시점에 한정되었기 때문이다. 유기적 조직으로서의 한계를 지니고 있다는 지적들이 있었다.

국제적 이슈로 부각되는 사안 중 다른 한 가지는 '난민'과 관련된 이슈라고 볼 수 있다. 2022년 러시아의 우크라이나 침공 전쟁이 일어나면서 발생한 대규모 우크라이나 난민 이동이 발생되었다. 인접 국가들로의 난민 이동이 상당히 많았는데,[4] 폴란드는 2022년 5월 24일 기준 약 354만 명의 우크라이나 난민을, 루마니아는 약 97만 명의 난민을, 헝가리는 약 65만 명의 난민을, 슬로바키아는 약 45만 명의 난민을, 몰도바 약 47만 명, 체코 2022년 3월 7일 기준 10만 명, 독일 2022년 4월 말 기준 60만 명 등으로 우크라이나 인구의 상당수가 난민으로 세계 도처에 표류하고 있다. 무등일보 2022년 8월 16일자 오피니언에 따르면, 한국은 다양한 NGO와 지역 단위에서 노력하고 있지만, 국가 차원의 대응이 미흡함을 지적한다.

4) https://namu.wiki/w/2022%EB%85%84%20%EC%9A%B0%ED%81%AC%EB%9D%BC%EC%9D%B4%EB%82%98%20%EB%82%9C%EB%AF%BC%20%EC%82%AC%ED%83%9C

한국은 우크라이나 전쟁이 본격적으로 전개되자 70여 개의 시민사회·종교·동포지원 단체들이 전쟁으로 고통받는 우크라이나 고려인 동포에 대한 정부의 긴급구호를 촉구하고, 국내로의 이주가 원활히 이루어지도록 제도적 개선을 요구하고 나섰다. 우리 지역에서도 고려인 동포 지원활동을 벌이고 있는 (사)고려인마을, 고려인마을종합지원센터, 이주민종합지원센터 등에서 지역공동체와 함께 항공료 지원 모금 운동과 생필품 후원을 통해 고려인 동포의 안정적인 지역 정착을 유도하고 있다. 광주에 도착한 고려인 동포들은 연고가 있는 광산구 월곡동(1, 2동)에 삶의 둥지를 마련하고 지역공동체의 후원과 환대 속에서 자리잡아 가고 있다. 우크라이나 고려인 동포들은 경기도 안산, 인천광역시, 충청북도 청주시, 충청남도 아산시, 경상북도 경주시, 경상남도 김해시 등에서 삶의 둥지를 새롭게 만들어가고 있다(선봉규, 무등일보 2022.8.16).[5)]

이와 같은 난민문제는 다시금 한국의 이민정책에 대한 이슈를 불러오고 있다. 현 정부 차원에서 난민정책뿐만 아니라, 이민과 관련된 인구이동을 총괄할 수 있는 '이민청' 설립을 논의하고 있는 부분도 난민, 그리고 이민정책의 중요성이 사회적으로 상당히 높아져 있음을 예증한다고 볼 수 있다.

코로나19로 인해 2019년까지 호황이던 관광업계는 얼어붙었고, 많은 여행업체가 문을 닫거나 어려움을 겪어왔다. 여행업계에서 롯데관광 역시 직원의 무기한 휴직을 권고하기도 하였다. 한국이 다른 EU 선진국과 달리 관광이 중요한 국가재정 확충 수단과 지역경제의 주 소득원은 아니었을지라도 싸이, BTS, 문화콘텐츠사업 등 한류문화의 국제적 확산 크게 증대된 시점이라 관광정책에 대한 기대가 높아졌던 것이 일반적이었다. 여전히 다른 감염병의 위험이 상존해있을지라도 위드 코로나 시점에서 세계적 인지도가 확인된 상품성 높은 한류를 정부가 간과하는 우를 범하지는 않아야 한다.

코로나19 시기는 또 다른 사회현상을 불러오기도 하였는데, 소비패턴에 대한 것이었다. 배달의 민족, 쿠팡이츠, 마켓컬리 등 배달을 중심으로 한 플랫폼 배달업체가 소비의 중심이 된 점이다. 비대면으로 원하는 상품, 식사 등을 확보할 수 있다는 편리함에 코로나 시기에 최적화된 소비패턴이 되었다. 2018년부터 이어진 기본소득 및 최저임금 상승의 이슈에 따라 배달에 대한 적절한 비용을 지불해야 하는 타당성이 생겼지만, 분기별로 상승하는 상품 가격과 배달료는 일반 소비자로 하여금 적절한 정부개입이 필요함을 주지시키고 있다. 2010년경 롯데마트에서 출신된 '통큰치킨'은 골목상권 침해라는

5) http://www.mdilbo.com/detail/AjBTxA/676094

인식을 벗어나지 못하고 일주일만에 판매중지를 한 적이 있었다. 최근 BHC, 교촌 등 프랜차이즈 치킨사업이 성공을 이루고, 이들을 중심으로 치킨가격이 상승하자 홈플러스, 롯데마트, 이마트 등 다시 저가 치킨상품을 판매하고 있다. 2010년과 2022년 현재가 다른 점은 이에 대한 소비자의 인식이 변화했다는 점이다. 소비자정책은 사회적 인식과 맞물려 적합한 정책적 개입이 이루어져야 하기 때문에 민감하게 다루어져야 할 이슈이다.

2017년 국내 반려동물 보유 가구는 전체 가구의 28.1%인 4가구 중 1가구로, 가히 '반려동물 사육 인구 600만 가구 1,500만 명 시대'에 이르렀다(농림축산검역본부, 2018). 농장 동물의 복지 수준을 제고하기 위해 사육환경·관리 의무 준수 농장을 인증하는 동물복지 축산 인증제가 2012년 산란계에 처음 도입되었다(황은정, 2020: 26). 반려동물 인구가 많아지면서 지방자치단체들은 반려동물을 보유하고 있는 가구를 대상으로 한 다양한 복지프로그램을 고려해야 하는 상황이다. 반려동물 보유세가 법령으로 구체화되지는 않았으나, 반려동물의 보유세를 부과하려는 방향으로 사회적 분위기가 고조되고 있다. 이는 행정적 관심과 대응이 그에 맞게 높아져야 함을 의미하는 것이기에 반려동물정책에 정부는 충분한 관심을 두어야 한다. 특히, 고령화사회가 심화될수록 반려동물 가구가 증가할 것으로 예측될 때 고령층의 반려동물 복지수요가 증대할 것으로 생각된다.

청년과 관련된 다양한 정책 역시 지난 대선 때의 화두 중 하나였다. 청년 월세, 주거급여, 기본소득 등 중앙정부뿐만 아니라 서울특별시, 경기도 등 광역자치단체, 심지어 자체세입의 여력이 있는 기초자치단체까지 앞다투어 많은 방안을 내놓고 있는 상황이다. 문재인 정부 시절에도 청년을 대상으로 한 많은 이슈가 있었으나, 실효성에 대해서는 긍정적으로 평가되지는 않는다. 20대와 30대가 실질적인 투표인구로 부상한 것도 이전과는 다른 사회분위기이기 때문에 청년과 관련된 행정 이슈는 앞으로도 당분간 높은 관심을 유지할 것으로 보인다.

이외에도 다양한 이슈가 우리 사회에는 존재한다. 고교학점제로 인한 대입 관련 변화, 초등학교 조기입학 이슈 등 교육정책부터 윤창호법의 실효성 논쟁으로 이해되는 교통정책 등 이 사회의 수많은 정부의 활동 영역의 이슈가 있을 수 있다. 이 책에서는 이들에 대해서는 다루지 않지만, 정부의 활동 영역에서 행정문제는 방대하다는 것을 고려해야 한다. 이 책의 시리즈를 통해 정부의 활동 영역의 다양한 행정문제를 지속해서 다룰 계획이다.

2. 정부의 구성 및 운영 이슈

정부의 구성 및 운영 이슈에도 다양한 논의가 있을 수 있으나, 복잡한 환경변화에 대한 정부의 대응, 이러한 환경의 복잡성을 리딩할 수 있는 리더십 개발, 그리고 정책과정에서 지속적으로 강화되고 있는 의회의 입법역량 강화는 정부의 역량 증대 차원에서 주목해볼 수 있다.

정부의 구성은 협의로는 행정부를 중심으로 이해되지만, 광의로는 행정-입법-사법의 '정부'가 고려될 수 있다. 특히, 정책을 통한 사회문제 해결의 기틀이 법령임을 고려한다면 입법과정에 대한 관심이 부각되어야 한다. 즉, 입법안 과정 및 결정에 대한 연구는 정책주제로서 부각되어야 한다(서인석, 2013). 하지만, 공공정책결정 과정에서 국회는 오랫동안 중심적인 역할자가 아니었으며, 국가 주도의 신속한 근대화 과정을 겪으면서 정책의제의 설정과 정책결정의 주도권은 행정부가 장악해왔다(전진영, 2009: 36). 최근 들어 국회의원은 대표자로서의 지위의 지속성을 확보하기 위해서는 사회의 다양한 수요와 욕구 등이 반영된 법안들을 제시하고 있고, 역량 강화를 통한 사각지대에 놓인 정책대상자를 보호할 수 있는 정책행위자로 부상하였다. 물론, 여전히 법안 가결은 다양한 이슈의 총합이라는 점에서 정부정책 운영의 요소로 국회의 입법과정을 들여다볼 필요가 있다.

변화된 사회환경에 따라 공공 리더십의 형태도 다변화되었다. 펀(fun) 리더십, 진정(authentic) 리더십, 서번트(servant leadership) 리더십 등의 의사결정형 리더십이 아닌 조화와 화합의 리더십이 부각되었고, 불확실한 행정환경의 맥락에서 여전히 변혁적 리더십 등도 활용되고 있다. 중요한 점은 변화된 행정환경과 무관하게 리더십은 여전히 공공조직의 방향을 정하고, 촉진하는 요소가 될 수 있다는 점이다. 정부의 운영에 있어 관리자의 역할이 중요한 행정문제이라는 것을 인식해야 한다.

이외에도 정부 인력관리, 교육훈련, 사법부 위헌 판결에 따른 정책변동 등의 다양한 이슈가 정부의 구성 및 운영 이슈에 포함될 수 있다. 이 책에서 다루어질 범위는 아니지만, 주요한 이슈인 만큼 행정의 주요 문제로 간과되지 않아야 할 것이다. 이 역시 이 책의 시리즈가 계획된다면 포함될 주요 이슈일 것이다.

3. 중앙-지방의 관계 이슈

중앙-지방의 관계 이슈는 비교적 명확한 논의에 해당할 수 있다. 지방의 개념이 중앙과 연속선상에서 사용되기 때문에 중앙-지방의 구분이 가능하다. 이때 중앙정부와 지방정부의 관계를 설명하기 위해 정부 간 관계(김기진, 2013: 74)가 활용되는데, 중앙정부와 지방정부 간 관계의 논의는 지방분권의 방향을 이해할 수 있도록 도와준다. 지방분권의 수준을 결정하는 것은 여러 요소들의 함수이나, 가장 결정적인 요소는 재정적 분권이 될 수 있다. 재정적 자율성이 확보되어야 지방정부가 자체적인 사업, 즉 정책을 수행할 수 있기 때문이다. 이러한 관점에서 지방정부는 재정분권을 위해 지방정부가 수행할 수 있는 지출 기능의 범주를 중앙정부와 어떻게 나눌 것인가와 어떤 조세를 부과할 수 있는가의 지출할당과제와 조세할당과제(Bird, 2001)로 집약된다.

한편, 지방분권은 지방정부의 독립성을 강조하는 패러다임으로 지방자치가 궁극적인 지향이 될 수 있다. 이 경우, 중앙-지방의 이슈를 넘어서 수평적 권한과 독립된 정부로서의 역할이 가능한 논의가 필요할지도 모른다. 독립된 지방정부의 형태는 중앙이 연방정부의 형태를 취하는 것이므로, 큰 틀에서 정부의 구조적 변화를 살펴보아야 한다. 이러한 논의는 한국정부가 지속적으로 고민해야 하는 행정 이슈가 될 것이나, 이 책에서는 다루지는 않았다.

4. 시민참여 및 정부사업의 감사 이슈

제왕적 대통령제(고문현, 2007; 이금옥, 2018)로 일컬어지는 한국의 행정부체제는 많은 부분 변화가 이루어졌다. 촛불집회 등의 집단적 시민집회가 정부의 의사에 직접적으로 반영되기도 하고, 문재인 정부 시절의 국민신문고로 알려진 국민청원제도 역시 행정부의 대응을 이끌어내기도 하였다. 정치적인 민감한 이슈부터 일상생활에서의 사건 및 사고까지 다양한 이슈를 행정 이슈로 밀어 넣는 사회현상이 발생하고 있다고 봐야 한다. 이러한 시민의 관심은 정부로 하여금 즉각적인 또는 심층적인 대응을 촉구하게 된다.

물론, 정부의 다양한 사업들은 정치적 이슈에서 일생생활 이슈를 모두 포함하고 있지만, 대체로 매우 전문적인 내용들이 많고 그 범주가 매우 넓고 사업의 수와 규모는 방대하다. 결국, 정부에 대한 피상적인 감시와 감독을 넘어서기 위해서는 전문적인 감사체계가 필요하다. 입법부는 대표적인 행정부의 감시자로서 국정감사의 과정을 통해 정책들을 감시・감독하게 된다. 입법부 역할의 중요성과 별개로 실제 사업을 수행하는 행정부 자체적으로 정부사업에 대한 관리가 필요할 수 있다. 감사원은 각 부처에 대한 정기감사를 수행함으로써 사업운영의 적절성을 높이기 위해 노력하고 있다. 공공감사법을 통한 자체감사체계를 구현한 것도 자구적인 정부사업 통제를 위한 노력으로 적극행정이 모습이라고 볼 수 있다. 이러한 노력은 장기적으로 정부 투명성 제고에 기여하게 될 것이다. 이처럼 입법부의 국정감사와 감사원의 정기감사 등은 정부사업의 적절한 이행을 높이는 기제가 될 수 있다.

제 3 절 누가 주도할 것인가(Who)

행정문제는 외부환경의 사회문제를 해결하기 위한 노력이므로, 행정문제를 주도한다는 것은 정책을 주도적으로 형성하는 권한을 지니고 있다는 것으로 이해해볼 수 있다. 행정문제가 파생되는 영역은 크게 정부의 구성과 관련된 내부 영역, 그리고 정부의 활동과 관련된 외부 영역으로 구분한다면, 정책 이슈에 대한 주도적 권한 역시 정부 내부와 외부환경으로 대별될 수 있을 것이다. 정책의 과정은 오랫동안 정부의 역할이었다는 점에서 정부 중심적 이슈 주도는 매우 자연스럽다. 오히려 복잡해진 행정환경과 시민참여 강화로 인해 나타난 시민사회 중심의 이슈 주도가 변화된 형태라고 볼 수 있다. 물론, 시민참여 및 NGO를 통한 행정문제의 주도 역시 그리 새로운 것은 아니나, 그 수준과 참여방식 등에 대해서는 새로운 환경변화에 따라 달라지고 있음을 고려해야 한다.

1. 정부 중심적 이슈 주도

새로운 행정문제를 탐색하고 주도하는 역할자로 흔히 정책주도자(policy entrepreneurs)를 고려할 수 있다. 일반적으로 정책주도자는 외부환경의 역할자를 생각하기도 하지만, 많은 사례연구를 통해 밝혀진 공공정책의 주도자 중 하나가 정부관계자(proximate policymakers)이다. 자명하게도 정부의 구성원은 정책의 주요 결정자임에 틀림없다. 이론적으로 공공부문 리더들은 혁신성, 사전예측활동의 증거를 보여주지는 못해도 기회를 포착 및 표출하고, 다른 구성원들에게 용기를 주는 것으로 묘사된다(서인석 · 조일형, 2014: 232). 그러한 묘사는 행정과 정책 영역에서의 중개자에 대한 설명과 일치한다(Lewis, 1980; Kingdon, 1984; Doig & Hargrove, 1987; Brooker, 2005). 브루커(Brooker, 2005)는 공공부문의 정책중개자가 변화적 · 창의적 · 창조적인 리더십을 활용하여 사회의 요구에 적응하는 반응을 넘어서서 현존하는 공공정책에 변화를 가져오는 것으로서 명시한다. 이러한 정책중개자 행태는 혁신 그 자체보다는 혁신을 확보하려는 과정에 초점을 두고 있는 것이다. 그는 정책중개자는 그들 상위에 있는 정치가들이 보지 못하고 있던 조직 내부의 목표와 범위, 기능, 권한을 확장시킨다. 그들은 선구자정신(entrepreneurship)을 통해 공공과 민간 이해관계자들 서로에 대해 기회를 형성할 목적으로 연계시킨다.

일련의 내용을 토대로 정책주도자(policy entrepreneurs)는 대통령, 장관, 입법가, 의회 구성원, 관료 등과 같은 정책결정에 권한을 지닌 행위자들이다(Lindblom, 1968). 서인석 · 조일형(2014)은 린드블롬(C. E. Lindblom)의 논의에 기초해 정책결정자들은 각기 자신들이 속한 정책 분야의 내부 및 외부에서 정책형성에 영향을 미치는 데 관심을 가지며, 자신들의 의제를 통과시키기 위해 자신들을 지원해줄 수 있는 다른 행위자들과 상호작용한다고 주장한다. 정책결정자가 이슈를 주도한다는 것은 곧 행정 이슈를 주도하고 있는 주체가 정부임을 의미할 수 있다.

2. 시민사회 중심적 이슈 주도

가장 일반화된 논점은 콥, 로스와 로스(Cobb, Ross, & Ross, 1976: 127)에서 출발한다. 콥, 로스와 로스(Cobb, Ross, & Ross, 1976: 127)는 의제를 누가 주도하느냐에 관심을 두고 국가 사례를 통해 외부주도형, 동원형, 내부접근형으로 구분하였다. 외부주도형은 이슈가 외부의 정부를 제외한 집단에서 발생하고 확산되어 공중의제가 정책의제(formal agenda)로 진행되는 과정을 설명한 것이다. 동원형은 정부 내부에서 이미 정책의제의 지위를 획득한 이슈를 집행과정에서의 성공을 위해 공중의제에 위치시키는 것을 의미한다. 정책결정자들은 정책의제를 공중의제로써 이슈를 확산시키려 노력한다. 내부접근형은 정부 내부에서 진행하는 이슈를 대중에게 확산시키려는 시도를 하지 않는 것이라 언급한다. 정책의제의 지위를 가진 이슈가 외부로 노출되어 반대(veto) 세력이 형성되는 것을 원하지 않는다. 정책의제 또는 정부의제는 정치체제의 내부에서 선택되는 것으로 받아들여져 왔으나(서인석 · 윤병섭, 2017: 25), 시민사회의 성장은 상당한 변화를 수반하고 있다.

시민사회 중심적 이슈 주도가 위의 외부주도형 논의를 따르고 있으나, 최근의 논의(서인석 · 윤병섭, 2017)는 정책의제를 주도하고 결정하는 역할이 시민사회에 새롭게 추가되고 변화되었음을 보여주고 있기도 하다. 정치체제를 중심으로 이루어지는 이슈 선택의 과정은 필연적으로 행정 이슈의 선택 권한을 정치체제가 가지고 있음을 의미하나(이론적으로 이를 '문지기'로 제시), 헌법소원을 통한 사법부의 판결이 입법부 법안을 폐쇄하거나 변화시키는 결과를 가져오는 상황에 대한 관점이 추가되기도 한다. 즉, 헌법소원을 시민사회의 '누군가'가 제시하고 판결의 결과를 통해 행정부 및 입법부의 정책을 변동시키는 형태이다. 중요한 점은 새로운 정책의제의 제안 및 결정에 시민사회의 역할과 주도가 확대되었다는 점이다.

3. 정부-시민사회의 통합적 이슈 주도

복잡한 사회 및 행정현상의 증가는 통치양식의 변화를 가져올 수밖에 없어, 정부냐, 시민사회냐의 논쟁 자체가 무의미할 수도 있다. '정부에서 거버넌스로'의 전환은 국가의 위계(즉, 권력에 의한 강제)에 의한 전통적 통치양식과는 달리 공적 및 사적 행위자들 간 수평적 관계(즉, 네트워크)에 바탕을 두고 참여와 협력을 통해 사회공간적 문제를 해결하고 (지역)사회 발전을 추동하는 통치방식(최병두, 2015: 427-428)이다.

특히, 협력적 거버넌스는 사회문제를 주도하는 주체가 민관협력체임을 제시하고 있다. 협력적 거버넌스를 "공공기관들이 공공정책이나 프로그램을 입안 또는 시행하거나 자산을 관리할 목적으로 이해관계자와 직접관계로 추진하는 과정"(Ansell & Gash, 2008: 544)으로 바라보든, "다른 방법으로는 성취될 수 없는 공공의 목적을 수행하기 공공의 경계선을 넘어서 다양한 공사 영역의 파트너십을 구성하는 것"으로 정의하든, 핵심은 정부의 다양한 의제를 민-관이 통합적 다루고 있다는 점이다. 정부-시민사회와 공동으로 공공의 문제를 주도하고 있는 모습이다.

행정의 복잡성과 다측면적 속성이 큰 폭으로 증가할 것이라 예상한다면 정부든, 시민사회든, 특정 주체보다 해당 문제를 가장 잘 이해하고 파악할 수 있는 특별한 '구성체(community)'가 더 중요할 수 있을 것이다. 이 책에서 고민하고 있는 주요 행정문제와 그에 대응한 정책은 각 장의 주제에 따라서 심층적으로 다루어볼 수 있을 것이다. 이때 배우는 입장에서 이 책이 어떤 도움을 줄 수 있는지에 대해서도 생각해볼 필요가 있다. 이 책이 가진 특성을 중심으로 이론적 아이디어 차원, 정부운영의 실제(reality), 정부의 견제 방식에 이해 측면에서 이하에서 살펴보고자 한다.

제 4 절 어떤 부분을 중심으로 살펴봐야 하는가(Focus)

1. 정책활동의 이론적 아이디어를 얻기 위해서

사회문제로 가득한 현장에서 정부 및 시민사회가 적극적으로 참여해 새로운 아이디어와 방식으로 문제의 해결을 시도하는 것은 공공문제 해결의 중요한 덕목이 될 수 있다. 적실한 정책의 제시는 타당한 행정문제의 정의로부터 시작될 수 있기 때문이다. 정책활동을 수행하는 공무원, 시민활동가 등 많은 정책주도자들은 다양한 이슈가 어떤 쟁점을 내포하고 있는지 궁금해할 수 있다. 관련 이슈에 대한 연혁이나 제도적 현황을 잘 이해하고 있는 경우라고 할지라도, 어떤 이론들의 함수인지, 이론적으로 어떤 입장(stance)을 취하고 있는지, 해당 이론이 궁극적으로 지향하고 있는 바가 무엇인지에 대해서 이해하지는 못한다.

이 책이 구분하고 있는 정책활동의 장, 정부의 구성과 운영, 정부 간 관계, 정부에 대한 감사 등은 대부분의 정책 이슈를 포괄하고 있으며, 세부적인 내용에 따라 관련 이해관계자들이 이해도를 높일 수 있는 심층 행정문제와 정책이 포함되어 있다. 관심을 두는 영역(행정문제 및 정책)에서 관심을 두지 않았던 영역(행정문제 및 정책)까지 쉽게 작성하여 최대한 심층적인 이해를 돕고자 하였다. 유사 영역의 행정문제에 대한 이해는 관심을 두는 행정문제의 새로운 생각을 환류하는 기회를 제공할 수도 있다. 이 책이 제공하는 흐름에 따라 읽어낼 수 있다면 정책활동의 좋은 이론적 아이디어를 얻을 수 있을 것이라 기대한다.

2. 정부운영의 실제(reality)를 이해하기 위해서

정부의 실제 모습을 접하기 어려운 학생들에게는 정부운영의 실무를 이해할 수 있는 기회를 제공할 수도 있다. 제4차 산업혁명의 환경에 부합하기 위한 정부운영은 기존 방식과 달라질 수 있을 것이고, 관련된 행정문제는 디지털 시대의 정부대응방식을 이해할 수 있는 중요한 기초가 될 수 있다. 이 책은 기본적으로 정부가 새로운 행정환경 변화를 기회로 포착하거나 위기에 대응하기 위하여 새로운 형태의 정부를 구성한다는(문명재, 2008: 4) 정치학적·행정학적 접근을 취한다. 또한 변화된 사회문제에 대응하는 정부운영의 한 축으로써 입법부를 살펴볼 수 있다면, 정부-입법부의 실질적인 작동방식을 이해해볼 수 있을 것이다. 시대를 넘어서 리더는 조직을 리딩하고, 변화시키며, 사회현상을 변화시킬 수 있는 힘을 지니고 있다. 리더십은 조직의 역량을 이끌어낼 수 있는 심리적 기제이다. 공공 리더십을 통한 정부조직의 역량 및 활동 강화를 기대해볼 수 있다.

한편, 중앙정부와 지방정부의 관계는 권한위임, 사무위임 등의 지방자치의 근간을 이루고 있다. 지방분권과 재정분권은 현 시점에서 중앙과 지방의 상황을 파악할 수 있는 기초가 되며, 정부운영의 문제점과 필요요건 등을 이해할 수 있는 지식(knowledge)이 된다. 정부를 구성하고 운영하는 현 시점에서의 주요 문제, 정부 간 관계에서 발생하는 주요 이슈 등을 '정부의 구성 및 운영 이슈', 그리고 '중앙-지방 관계 이슈'를 통해 이해해볼 수 있을 것이다.

3. 정부(리바이어던)의 행태를 조율하는 방법을 이해하기 위해서

정부는 국가 내의 유일무이한 권력자이다. 정부는 법령을 통해 구성원을 제약하기도 하고, 재정확충의 성향을 지닐 수 있으며, 사익추구 행위를 나타낼 수도 있다. 정부의 사익추구는 홉스(T. Hobbes)가 경계하던 '리바이어던(Leviathan)'의 모습일지도 모른다. 제약 없는 민주주의는 공공부문과 국가의 과도한 확장으로 인해 리바이어던의 성장을 가져올 가능성이 있다. 따라서 이를 제어할 수 있는 규칙과 제도는 필수적으로 무분별한 다수제 의사결정과 정부행태가 개인의 선호 또는 시민의 참여를 막는 상황이 없도록 설계되어야 한다(Buchanan, 1975, 1977; Brennan & Buchanan, 1985).

권력에 대한 민주적 통제는 권력자의 권력남용, 정경유착, 불로소득 등의 문제(박동서, 1998; 김현구, 2008: 3)와 직결될 수 있다. 사회의 관심과 참여가 중요한 기제가 될 수 있음을 뜻한다. 시민이 참여할 수 있는 제도적 채널의 확보와 실질적 참여보장, 시민의 역량 강화 등 다양한 이슈가 산적해 있지만, 중요한 점은 시민참여가 정부에 대한 민주적 통제를 수행할 수 있는 기제라는 점이다. 이와 함께 정부의 국정운영을 감시할 수 있는 제도로는 국회의 국정감사(정책감사), 감사원의 성과감사, 국무조정실의 정부업무평가가 있을 수 있다. 시민사회의 참여와 제도화된 감사체계는 정부의 권력적 행위를 제약할 수 있고, 정부운영의 적실성을 높이려는 노력이라고 이해해볼 수 있을 것이다.

제 5 절 장의 시작에서

이 장은 정책과 행정문제를 주제로, 이를 이해하기 위해서는 왜(why) 다루어야 하는지, 무엇(what)을 다룰 것인지, 누가(who) 주도하는 것인지 등을 총괄적 차원에서 개괄하고자 하였다. 지식 습득의 관점에서 무엇에 초점을 두고 이 책을 접근해야 하는지에 대해서도 개략적으로 제시해보고자 하였다. 이 책을 접하는 이가 누구든 간에 위의 관점에서 시작한다면 한국사회의 주요 행정문제가 무엇인지, 그래서 어떤 정책이 파생될 수 있는지에 대해서 감지(sensitivity)할 수 있다고 생각하고 싶다.

이해의 접근을 돕기 위해서는 이 책의 각 장이 가진 주제가 무엇인지를 이해하는 것이 첫걸음일 것이다. 개념과 의의, 특성 및 유형 등을 이해하고 필요하다면 관련 이론을 통찰하는 과정에서 주요 행정 이슈의 범주를 명료하게 구성할 수 있을 것이라 본다. 이러한 이해를 기초로 한국사회에서 정부가 추진했던 정책의 제도적 현황을 살펴보는 것도 뼈에 살을 붙이는 작업이 될 수 있다고 생각한다. 이해의 폭을 넓히며, 현존하는 상황의 맥락을 이해할 수 있는 기틀을 갖출 수 있을 것이다. 이러한 프레임(frame)이 구성된다면, 작금의 복잡한 행정현상으로부터 발생하는 이질성과 쟁점 등을 고민해볼 수 있을 것이다. 주요 쟁점, 그리고 해당 이슈의 이상형에 기초한 주요 과제를 그려봐야 할 것이다.

이처럼 이 책은 각 장에서 개념-현황-쟁점-과제를 연계해 이해를 돕는 방향으로 구성하고자 하였다. 주제의 다양성으로 인해 다양한 방식의 내용적 구성이 있을 수도 있겠으나, 행정문제의 내용적 다양성과 별개로 방법론적 간주관성은 일치된 또는 유사한 이해의 틀을 구성할 때 확보될 수 있다. 다양한 행정문제를 하나의 틀로 집약한다면 행정 이슈의 외연과 내연을 모두 확장하는 기회가 될 수 있다고 본다. 이 책이 한국사회의 주요 행정문제를 통찰하고 정책의 이해도를 높일 수 있는 도구가 되길 바란다.

참고문헌

권기헌(2018). 새로운 행정학의 개념탐색을 위한 전제. 『국정관리연구』, 13(1): 1-27.

김기진(2013). 국가와 지방자치단체와의 협력: 지방자치단체의 국정참가와 국가의 협력적 관여를 중심으로. 『입법정책』, 7(1): 73-108.

김윤권(2017). 행정환경 및 행정수요의 변화에 따른 정부기능과 정부조직의 정합성에 관한 연구. 『KIPA 연구보고서』, 2017-11: 1-558.

김현구(2008). 박동서 교수의 권력통제이론: 행정개혁의 한국화 논리. 『2008 한국행정학회 하계학술대회발표논문집』. 1-17.

김현우(2021). 코로나, 기후, 핵에너지 위기를 통해 본 위험사회의 의미 변화. 『황해문화』, 2021-3: 42-55.

고문현(2007). 제왕적 대통령제의 특징의 일환으로서 사면권 행사의 통제방안. 『세계헌법연구』, 13(2): 1-36.

농림축산검역본부(2018). 『2017년 동물보호에 대한 국민의식조사』.

문명재(2008). 정부조직개편과 국정운영의 이론과 실제. 『한국행정학회 비정기학술발표논문집』. 1-20.

문진영 · 오수현 · 박영석 · 이성희 · 김은미(2020). 『국제사회의 온실가스 감축 목표 상향과 한국의 대응방안(*Increasing Global Climate Ambition and Implications for Korea*)』. KIEP Research Paper, 연구보고서. 20-21.

박시원(2021). 파리협약 의무이행을 위한 EU의 입법동향: 脫석탄 정책을 중심으로. 『환경법과 정책』, 26: 313-351.

배유일(2010). 불확실성하의 정책이전, 확산 그리고 제도변화: 정책아이디어를 중심으로. 『국정관리연구』, 5(2): 95-117.

사공영호(2012). 정책문제의 정의: 현상학적 접근. 『한국정책학회보』, 21(4): 1-32.

서인석(2013). 국회 입법과정에서 정책산출의 영향요인에 관한 연구. 성균관대학교 국정전문대학원 박사학위논문. 1-226.
서인석・권기헌・김태진・이종구(2009). 부동산버블 인과구조에 관한 연구: System Dynamics 분석을 중심으로. 『정책분석평가학회보』, 19(3): 325-354.
서인석・윤병섭(2017). 정책의제, 주도자, 그리고 문지기: 헌법소원과 그 판결에 기초한 Cobb, Ross, & Ross 의제설정모형의 확장. 『지방정부연구』, 21(1): 25-52.
서인석・이유현(2021). 해양 과학기술분야 탄소중립 정책에 대한 OECD 국가유형의 지속과 변화. 『한국정책학회보』, 30(4): 437-376.
서인석・이제선・정원희(2021). 지역안전지수와 지방소멸지수를 활용한 지역위험 유형화 및 지역행복과의 퍼지셋 결합관계 분석. 『한국지방행정학보』, 18(3): 95-122.
서인석・정원희・양기근(2018). 재난관리에 있어서 지방의회의 역할에 영향을 미치는 요인에 관한 연구. 『Crisisonomy』, 14(1): 19-37.
서인석・조일형(2014). 한국의 정책중개자는 누구인가: ACF 정책변동을 중심으로 한 메타분석의 적용. 『한국행정학보』, 48(3): 227-256.
선봉규(2022). [광주로의 시선] 우크라이나 고려인 동포와 한국의 난민 정책. 무등일보 2022.8.16. 오피니언. http://www.mdilbo.com/detail/AjBTxA/676094
이건웅(2020). 지역소멸과 지역재생의 해결 방안 연구. 『글로벌문화콘텐츠』, 43: 125-143.
이금옥(2018). 현행 헌법의 제왕적 대통령제와 권력구조 개편 방안. 『헌법학연구』, 24(3): 197-228.
이유현・권기헌(2017). 국제사회의 재난정책 패러다임에 관한 연구. 『한국정책학회보』, 26(4): 255-290.
전진영(2009). 정책유형별 입법과정 비교분석: 정책의제의 설정 및 대안채택과정을 중심으로. 『한국정당학회보』, 8(2): 35-65.
최병두(2015). 협력적 거버넌스와 영남권 지역 발전: 개념적 재고찰. 『한국지역지리학회지』, 21(3): 427-449.
최종두(2017). 기후변화가 대형선망 고등어 어업의 최적탄소배출량에 미치는 영향분석. 『Ocean and Polar Research』, 39(3): 195-203.
한민지(2022). 기후위기 대응을 위한 탄소중립・녹색성장 기본법에 따른 기후변화영향평가의 의의와 향후과제. 『환경법연구』, 44(1): 101-137.
환경부(2021). 2050 탄소중립을 향한 경제・사회 전환 법제화 탄소중립기본법 국회 통과. 관계부처 합동.
황은정(2020). 인간 너머의 행정학을 위해. 『행정, 낯설게 보기』. 25-41.

Ansell, C. & Gash, A.(2008). Colllaborative governance in theory and practice. *Journal of Public Administration Research and Theory*, 18(4): 543-572.
Bird, R. M.(2001). *Intergovernmental Fiscal Relations in Latin America: Policy Designs*

and Policy Outcomes. Inter-American Development Bank.

Black, R., Cullen, K., Fay, B., Hale, T., Lang, J., Mahmood, S., & Smith, S. M.(2021). *Taking stock: A global assessment of net zero targets*. Energy & Climate Intelligence Unit and Oxford Net Zero. https://eciu. net/analysis/reports/2021/taking-stock-assessment-net-zero-targets

Brennan, G. & Buchanan, J. M.(1977). Towards a tax constitution for Leviathan. *Journal of Public Economics*, 8: 255-273.

Brennan, G. & Buchanan, J. M.(1985). *The reason of rules: constitutional political economy*. Cambridge University Press.

Brooker, Will(2005). *The Blade Runner Experience: The Legacy of a Science–Fiction Classic*. Londres: Wallflower Press.

Buchanan, J. M.(1975). *The limits of liberty*. University of Chicago Press.

Buchanan, J. M.(1977). *Freedom in constitutional contract*. Texas A & M University Press.

Buchanan, J. M.(1986). *Liberty, market and state: political economy in the 1980s*. Wheatsheaf, Brighton. Sussex.

Cobb, Roger., Jennie-Keith Ross & Marc Howard Ross(1976). Agenda Building as a Comparative Political Process. *The American Political Science Review*, 70(1): 126-138.

Doig, J. W. & E. C. Hargrove(1987). *Leadership and innovation: a biographical perspective on entrepreneurs in government*. Baltimore: Johns Hopkisn University Press.

Kingdon, John W.(1984). *Agendas, Alternatives, and Public Policies*. Harper Collins.

Lewis, E.(1980). *Public entrepreneurship: Toward a theory of bureaucratic political power*. Bloomington, IN: Indiana University Press.

Lindblom, Charles E.(1968). *The Policy-Making Process*. Englewood Cliffs, New Jersey: Prentice-Hall.

Livingston, J. E., & Rummukainen, M.(2020). Taking science by surprise: the knowledge politics of the IPCC Special Report on 1.5 degrees. *Environmental Science & Policy*, 112: 10-16.

Mill, John S.(1977). *Principles of Political Economy*. London: Longmans, Green, 1926. Considerations on Representative Government. in Essays on Politics and Society 19. Toronto: University of Toronto Press.

Millot, Valentine., Åsa Johansson, Stéphane Sorbe & Sébastien Turban(2020). Corporate taxation and investment of multinational firms: Evidence from firm-level data, *OECD Taxation Working Papers*, No. 51. OECD Publishing, Paris. https://doi.org/10.1787/9c6f9f2e-en

Mueller, Dennis C.(1979). *Public Choice*. New York: Cambridge University Press.

Salvia, M., Reckien, D., Pietrapertosa, F., Eckersley, P., Spyridaki, N. A., Krook-Riekkola, A., ··· & Heidrich, O.(2021). Will climate mitigation ambitions lead to carbon neutrality? An analysis of the local-level plans of 327 cities in the EU. *Renewable and Sustainable Energy Reviews*, 135, 110253.

Turner, Barry & Nick Pidgeon(1978). *Man-Made Disasters*. Boston: Butterworth-Heinemann.

Weick, Karl & Kathleen Sutcliffe(2001). *Managing the Unexpected: Assuring High Performance in an Age of Complexity*. San Francisco: Jossey-Bass.

Williams, James H., Ryan A. Jones, Ben Haley, Gabe Kwok, Jeremy Hargreaves, Jamil Farbes, Margaret S. Torn(2021). Carbon-Neutral Pathways for the United States. *AGU*, 2(1): e2020AV000284.

Zhang, R., & Hanaoka, T.(2021). Opportunities and challenges of post-COVID's new normal: Rethinking the role of the transport sector to China's carbon neutrality by 2060. Presented *at the 14th Annual Meeting of the IAMC*(Integrated Assessment Modeling Consortium), Online, November 29-December 3, 2021.

제 2 부

정부의 활동 영역 이슈

제2장

기후변화

이유현(아주대 행정학과)

제 1 절 기후변화 정책이란 무엇인가

1. 기후변화 정책의 개념

기후변화 정책이란 "중대하고 시급한 기후변화라는 공공의 문제를 해결하기 위해 탐구해야 할 정책목표와 추구해야 할 가치, 그리고 실제의 내용을 포함하는 계획"으로 정의될 수 있다(이유현, 2018). 기후변화(climate change)라는 것은 문자 그래도 일정한 기후패턴에 변화가 발생하는 것을 의미하고(환경행정연구회, 2022: 379), 특히 지구 평균온도가 올라가는 지구온난화가 야기하는 현상들에 대한 고민이 주를 이루게 된다(윤경준, 2019).

기후변화에 관한 정부간협의체(Intergovernmental Panel on Climate Change: IPCC)에서는 20세기 전반까지는 자연현상에 의해 지구의 온도가 자연 상승하였지만, 20세기 후반부터 인간의 인위적 활동들이 지구온난화를 가속화시킨다고 보고 있다(이유현, 2018; 환경행정연구회, 2022: 380). 지구온난화를 비롯한 기후변화 문제들이 심각한 문제로 부상하고 있는 이유는 기후재난을 일으키는 원인이 되기 때문이다. 전 세계적인 이상기온, 폭염, 폭한, 태풍, 쓰나미뿐만 아니라 도서국가의 경우 수면 상승으로 인한 침수 등 국가의 존립과 생존과 직접적인 개연성을 가지기 때문에 적극적인 대처가 필요하다.

기후변화는 이상기후 현상을 모두 포함하는 범위이지만, 국제사회에서 일반적인 기후변화 문제를 논의할 때, 기후변화는 지구온난화에 의해 유발된 문제를 특정하게 된다. 지구의 온도가 상승하는 원인은 온실가스의 발생에 기인한다. 온실가스를 구성하는 여섯 가지의 기체는 기후변화를 유발시키는 지구온난화의 원인이 되는 이산화탄소(CO_2), 메탄(CH_4), 아산화질소(N_2O), 수소불화탄소(HFC_s), 과불화탄소(PFC_s), 육불화황(SF_6)이다. 이는 유엔기후변화협약(UNFCCC)에서 결의하였던 교토의정서(Kyoto Protocol)에서 규정하고 있는 6기체와 동일하며, 국내법상에서도 동일한 정의를 포함한다. 이들 온실가스 6기체는 지구온난화에 기여하는 수준이 상이하며, 이러한 차이는 지구온난화지수(Global Warning Protential: GWP)를 통해 구체화된다.[1)]

온실가스 6기체 중 가장 큰 부분을 차지하고 있는 이산화탄소는 주로 화석연료의 연소를 통해 발생하며, 지구온난화에 기여하는 수준은 낮지만 전체 배출량의 80% 이상을 차지하고 있으며, 대기 중 체류기간이 상당히 길기 때문에 온실가스 저감의 핵심적인 목표대상이 된다. 이산화탄소는 주로 에너지 사용이나 산업공정과정에서 발생하게 된다. 때문에 기후변화 정책의 한 축은 에너지 및 산업정책과 밀접하게 맞닿아 있게 된다.

두 번째로 많은 비중을 차지하는 메탄은 음식물쓰레기 등 유기물이 분해될 때 발생하며 소나 닭의 가축배설물의 분해과정에서 다량 발생한다. 메탄의 발생량은 전체 4.8% 수준으로 이산화탄소에 비해서는 월등하게 작으나 다른 기체들보다는 많은 비중을 차지하고 있다. 그 외에 아산화질소는 석탄, 질소비료 폐기물 소각과정에서 발생하며, 수소불화탄소, 과불화탄소, 육불화항 등은 주로 냉매, 세정제, 절연체 등에 사용되는 기체이다.

온실가스 배출량을 산정하게 비교할 때 지구온난화지수를 활용하여 이산화탄소를 제외한 타 기체에 대해 이산화탄소의 효과로 산정한 이산화탄소 톤 단위 배출량을 기준으로 제시하고 있다. 이것은 tCO_2-eq라는 단위로 표현되며, 이산화탄소에 대한 등가단위로 이해하면 된다.

---

1) 이산화탄소의 지구온난화 기여 정도를 1로 기준 삼아 메탄, 아산화질소 등의 기여 정도를 비교해 보니 메탄은 이산화탄소의 21배, 아산화질소는 이산화탄소의 310배 정도의 영향을 미친다.

표 2-1 온실가스의 종류

	CO_2	CH_4	N_2O	HFC_S, PFC_S, SF_6
배출원	에너지사용/산업공정	폐기물/농업/축산	산업공정/비료사용	냉매/세척용
지구온난화지수 (CO_2=1)	1	21	310	1,300~23,900
온난화기여도(%)	55	15	6	24
국내총배출량(%)	88.6	4.8	2.8	3.8

출처: 에너지관리공단 홈페이지.

2. 기후변화 정책의 유형과 기후변화협약의 전개과정

1) 유형

기후변화 정책은 크게 두 가지로 구분될 수 있는데, 첫 번째는 기후변화 문제를 야기하는 온실가스를 감축하기 위한 기후변화 완화(mitigation) 정책이다. 기후변화 완화 정책은 기후변화를 야기하는 긍정적 혹은 부정적 영향을 감소시키는 것이기 때문에 적응 문제의 해결에도 도움을 준다. 기후변화 감축의 경우 에너지, 교통, 산업정책 등과의 연계를 통해 해당 부문의 온실가스 저감을 핵심적인 정책목표로 고려한다.

두 번째는 기후변화로 인해 발생하는 각종 기후재난, 기후 취약성을 관리하기 위한 기후변화 적응(adaptation) 정책이다(이유현, 2018). 적응 정책은 긍정적인 영향을 활용하고 부정적인 영향은 줄이는 활동을 의미한다(고재경, 2011). 적응 정책의 경우 핵심적으로 기후변화 취약성(vuneralibity)을 관리하고, 폭염, 범람지역 관리, 하수도 정비 등을 포함한 기후변화 취약성 관리 등을 정책목표로 하게 된다.

기후변화에 대한 완화와 적응 정책은 기후변화와 관련된 위험을 관리하는 측면에서 상호보완적이다. 기후변화 피해를 직접적으로 예방하기 위한 방편이 적응 정책이라면, 완화는 기후변화의 발생 자체를 막기 위한 간접적인 방편이라고 볼 수 있다. 기후변화 정책은 완화와 적응 중 택일을 해야 하는 문제가 아니라 완화와 적응 정책과의 연계를 통한 통합적 시각을 적용해야 시너지를 높일 수 있다. 그러나 한편에서는 기후변화 완화 정책과 적응 정책이 대응하는 영역과 방식이 상이해서 통합적으로 접근하기가 불가능하다는 견해도 있다(고재경, 20111).

그림 2-1 기후변화 완화와 적응 정책의 관계

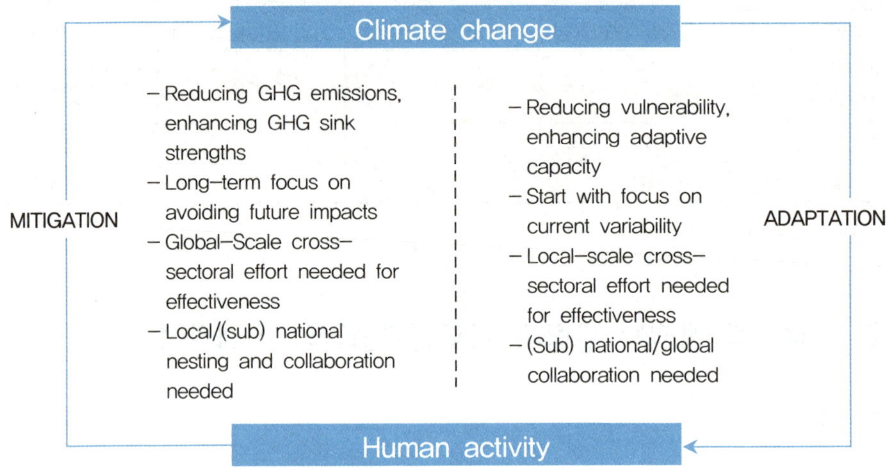

출처: Duguma et al.(2014).

2) 유엔기후변화협약의 전개과정 그 이후

(1) 유엔기후변화협약의 채택

국내 기후변화 정책을 이해하기 위해서는 국제환경협약의 하나인 유엔기후변화협약(United Nations Framework Convention on Climate Change: UNFCCC)의 전개과정을 이해할 필요가 있다. 유엔기후변화협약은 그 자체가 기후변화에 관한 협약인 동시에 국제기구의 이름이기도 하다. 1992년 6월 브라질의 리우데자네이루에서는 유엔환경개발회의(United Nations Conference on Environment & Development: UNCED)가 개최되었고, 본 회의에서 채택된 것인 기후변화에 대응하기 위한 유엔기후변화협약이다. 본 협약에서는 선진국과 개발도상국가가 "공동의 차별화된 책임(Common But Differentiated Responsibilities)을 부담하여 각자의 상황과 능력에 맞게 온실가스를 감축하고, 이 과정에서 역사적으로 온실가스의 배출의 더 큰 책임이 있는 선진국이 더욱 많은 부담과 책임을 지고 온실가스를 감축할 것을 약속하게 된다. 협약의 최고의사결정기구은 당사국총회(Conference of Parties: COP)이며, 협약의 이행 및 과학기술적 고려를 위한 이행부속기구(SBI)와 과학기술자문부속기구(SBSTA)를 창설하게 된다.

한국은 기후변화에 관한 국제연합 기본협약에 1993년에 가입하게 된다. 국내에서

동 협약은 1993년 10월 21일에 제50회 국무회의 심의를 거치고, 1993년 11월 30일 제165회 정기국회 제17차 본회의에서 비준동의를 얻어 이후 1994년 3월 21일부터 국내 발효되기 시작하였다. 동 협약은 협약 전문과 26개의 조항, 2개의 부속서로 구성되어 있으며, "현재와 미래세대를 위한 기후체계를 보호"하는 것을 주요한 내용으로 담고 있다. 특히, 동 협약 제3조의 원칙에서는 "당사자는 형평에 입각하고 공통적이면서도 그 정도에 차이가 나는 책임과 각각의 능력에 따라 인류의 현재 및 미래 세대의 이익을 위하여 기후체계를 보호해야 한다. 따라서 선진국인 당사자는 기후변화 및 그 부정적 효과에 대처하는 데 있어 선도적 역할을 해야 한다"라고 명시하고 있어, 특히 기후변화의 원인을 제공한 선진국이 더 많은 부담을 지는 것을 명시하고 있다. 특히, 부속서의 경우 기후시스템을 보호해야 하는 의무가 큰 선진국가들의 이름을 나열하고 있다(윤경준, 2019). 부속서 1 국가는 협약 채택 당시 OECD 및 유럽경제공동체(EEC)에 소속된 국가들이며, 부속서 2 국가는 그 중 OECD와 유럽경제공동체 국가들만을 포함한다. 한국의 경우 비부속서 1(non-annex 1) 국가에 해당하여 온실가스 감축의무를 부담하지 않는 개발도상국가로 분류되었다.

(2) 교토의정서(Kyoto Protocole)의 채택과 이행

1997년 일본 교토의 제3차 유엔기후변화협약 당사국총회에서는 교토의정서(Kyoto

표 2-2 유엔기후변화협약 부속서 국가

국가	의무	해당 국가
부속서 1 국가	2000년까지 온실가스 배출규모를 1990년 수준으로 안정화	벨라루스, 불가리아, 체코, 에스토니아, 헝가리, 라트비아, 리투아니아, 모나코, 폴란드, 루마니아, 러시아, 슬로바키아, 슬로베니아, 우크라이나, 크로아티아, 리히텐슈타인, 몰타+부속서 2 국가+EEC
부속서 2 국가	개도국의 기후변화 적응과 온실가스 감축을 위해 재정과 기술을 지원	호주, 오스트리아, 벨기에, 캐나다, 덴마크, 핀란드, 프랑스, 독일, 그리스, 아이슬란드, 아일랜드, 이탈리아, 일본, 룩셈부르크, 네덜란드, 뉴질랜드, 노르웨이, 포르투갈, 스페인, 스웨덴, 스위스, 터키, 영국, 미국+EEC
비부속서 1 국가 (non-annex 1)	온실가스 감축과 기후변화 적응에 관한 보고, 계획 수립, 이행과 같은 일반적인 의무를 부여	한국을 포함한 그 외 개발도상국가

출처: 외교부 홈페이지(https://www.mofa.go.kr/www/wpge/m_20150/contents.do) 참고로 저자 재구성.

Protocol)라고 불리는 선진국들의 수량적 온실가스 감축의무를 규정한 협약이 채택된다. 최초의 유엔기후변화협약이 기후변화 대응을 위한 우리 모두의 노력을 약속한 것에 의의가 있다면, 교토의정서의 경우에는 구체적인 이행계획으로 온실가스를 누가, 얼마나, 어떻게 감축할지를 결정하였다는 점에서 중요성을 가진다(윤경준, 2019). 교토의정서는 2004년 11월 러시아가 비준서를 제출함에 따라 발효조건이 충족되어 2005년 2월 발효되었다. 교토의정서의 주요 내용은 ① 선진국의 구속력 있는 온실가스 감축목표 설정, ② 공동이행(Joint Implementation: JI), 청정개발체제(Clean Development Mechanism: CDM), 배출권거래제(Emission Trading Scheme: ETS)와 같은 시장원리에 입각한 새로운 온실가스 감축수단의 이행, ③ 국가 간 협력을 통한 공동의 감축목표달성 등을 내용으로 하고 있다. 교토의정서의 목표 연도는 2008~2012년이며, 부속서 1 국가 중 터키, 벨라루스를 제외한 38개국이 1990년 배출량 대비 평균 5.2%의 온실가스를 감축하는 것을 골자로 한다.

선진국의 온실가스 감축의무 이행 시 배출권 거래나 공동이행 등을 통한 감축분의 이전을 통해서도 온실가스 감축을 인정하게 된다. 이때 도입된 메커니즘이 배출권거래제와 공동이행, 청정개발체제이다.

배출권거래제는 온실가스 감축의무국이 의무감축량을 초과하여 달성할 경우 이 초과분을 다른 부속서 국가와 거래할 수 있는 제도이다. 청정개발체제는 선진국이 개발도상국에 투자하여 발생한 감축실적은 자국의 실적으로 인정하는 것이고, 공동이행제도는 선진국이 타 선진국에 투자하여 발생한 온실가스 감축실적을 자국실정으로 인정하는 제도이다. 교토메커니즘의 원리를 살펴보면 다음 [그림 2-2]와 같다.

그림 2-2 교토메커니즘의 원리

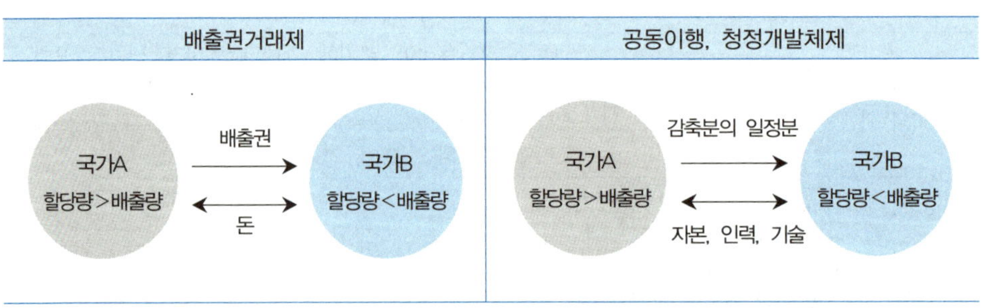

출처: 한국전력공사 홈페이지.

(3) 파리협정(Paris Agreement)

2015년 12월 파리에 개최된 제21차 유엔기후변화협약 당사국총회에서 파리협정이 채택되었다. 파리협정은 교토의정서 이행기간 이후 공백을 가져온 기후변화 대응의 새로운 목표를 설정하는 신기후체제를 가능케하였다는 점에서 의미가 있다. 파리협정은 서문과 29개의 조항으로 구성되어 있으며, 파리협정의 채택근거와 이행원칙, 기후변화 대응의 시급성 등이 서문에 명시되어 있다. 기후변화 대응을 위한 감축(제4조), 적응(제7조), 기후재원(제9조), 기술개발 및 이전(제10조), 역량배양(제11조), 투명성(제13조) 등을 핵심조항으로 설정하였으며, 협정 이행을 모니터링하기 위한 이행점검(제14조), 이행준수(제15조)에 대한 사항을 명시하고 있다.

파리협정은 기존의 교토의정서와 목표, 범위, 목표설정방식 등 다양한 측면에서 차이가 있다. 우선, 파리협정은 산업화 이전 대비 지구평균온도를 2도보다 현저히 낮은 수준을 유지 및 1.5도 상승 억제를 위해 노력하는 것을 목표로 내세웠으며, 범위에 있어서도 온실가스 감축에 더해 적응, 재원, 기술이전, 역량배양, 투명성 등 다양한 목표

그림 2-3 파리협정의 구조

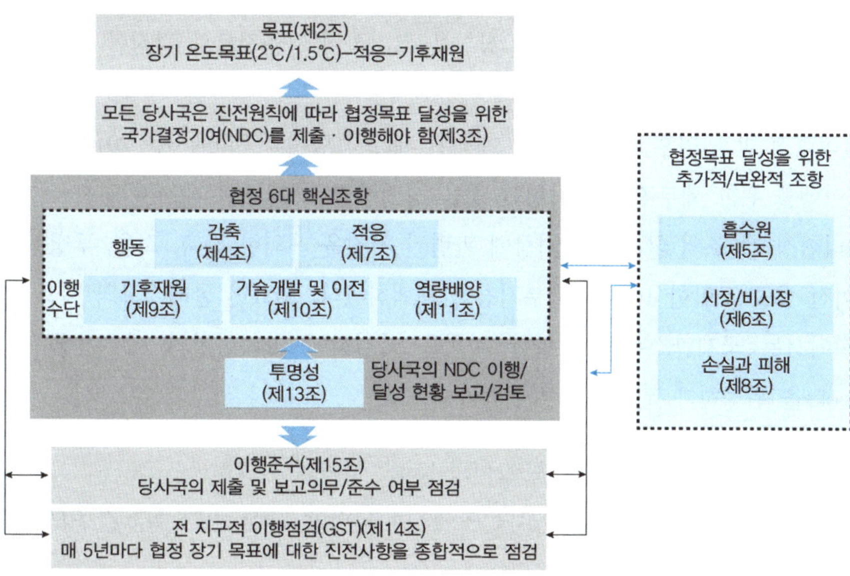

출처: 환경부(2015).

표 2-3 교토의정서와 파리협정의 차이점 비교

구분	교토의정서	파리협정
목표	온실가스 배출량 감축 (1차: 평균 5.2%, 2차: 평균 18%)	산업화 이전 대비 지구평균온도 2℃보다 현저히 낮은 수준 유지 및 1.5℃ 상승 억제 노력
범위	주로 온실가스 감축에 초점	온실가스 감축만이 아니라 적응, 재원, 기술이전, 역량배양, 투명성 등을 포괄
감축 의무국가	선진국	모든 당사국
목표설정방식	하향식	상향식
목표설정 기준	기준연도 배출량 및 국별 여건 고려	진전원칙(다음 NDC[2]는 현재 NDC 보다 높은 수준으로 설정)
목표 불이행 시 징벌 여부	징벌적(미달성량의 1.3배를 다음 공약기간 할당량에서 차감)	비징벌적
지속가능성	공약기간에 종료 시점이 있어 지속가능한지 의문	종료 시점을 규정하지 않아 지속가능한 대응 가능
행위자	국가 중심	다양한 행위자 참여 독려

출처: 환경부(2015).

들을 포괄적으로 설정하고 있다. 모든 국가에게 감축의무가 있지만, 감축목표 설정방식이 상향식(bottom up)으로 각 국가의 상황을 고려하여 자율적으로 결정할 수 있게끔 하고 있다.

파리협정 발표 이후 독일 본에서 개최된 제22차 당사국총회에서는 2018년까지 파리협정 이행을 위한 세부지침을 마련한 것을 경의하였고, 2018년 제24차 당사국총회에서는 파리협정 제6조의 국제 탄소지장에 관련된 지침을 제외한 감축, 적응, 투명성, 재원, 기술이전 등을 포함한 16개의 세부지침을 채택하였다. 2021년 글래스고의 제26차 당사국총회에서는 국제탄소시장에 관한 지침을 타결하여 파리협정의 세부이행규칙(Paris Rulebook)을 완성하게 된다(외교부 홈페이지).

(4) 국제사회의 탄소중립 목표설정과 NDC 상향

파리협정의 목표인 "2도 상승보다 아래, 더 노력한 1.5도"라는 목표가 이후 2018년

2) NDC(Nationally intended contribution)으로 파리협정에 따라 당사국이 스스로 발표하는 국가 온실가스 감축목표를 의미한다.

IPCC 제48차 총회에서 1.5도로 수정되게 된다. UNFCCC는 이후 IPCC 특별보고서를 통해 2100년까지 1.5도로 온도 상승을 억제하기 위해서 2050년까지 탄소 순배출량이 0이 되는 탄소중립(net zero)을 달성해야 하고, 2030년까지 이산화탄소 배출량을 45% 감축할 것을 제안했다(환경행정연구회, 2022).

이후 전 세계 121개 국가가 참여하는 기후목표동맹(Climate Ambition Alliance)은 2050년 탄소중립 목표를 달성하고자 하는 움직임이 일어났으며, 한국 역시도 본 동맹의 참여 국가로 탄소중립 목표설정에 동참하게 된다. 프랑스, 영국, 덴마크, 뉴질랜드, 헝가리의 경우, 2050년까지 탄소중립 목표를 달성하기 위한 법제를 새로 제정하거나 개정하여 마련하였다. 독일의 경우, 기존의 2050년 탄소중립 목표 시기를 5년 앞당겨 2045년에 탄소중립 목표를 달성할 것을 내세웠다. EU에서는 유럽기후법을 발효하였으며, 미국의 바이든(Joe Biden) 행정부는 행정명령(executive order)을 통해 탄소중립 목표를 발표하였다. 그 외 중국 시진핑(習近平) 주석과 일본의 총리 역시 2060년과 2050년까지 탄소중립을 선언하였다(국회미래연구원, 2021). 한국 문재인 정부 역시 2020년 10월 28일 국회 시정연설에서 2050년 탄소중립을 선언하였으며, 2050 탄소중립위원회를 구성한 후 후술하게 되는 기후위기 대응을 위한 탄소중립·녹색성장 기본법의 제정을 통해 2050년 탄소중립 목표를 국가 기후변화 정책의 거시적인 방향성을 법제화하기에 이른다.

제 2 절 한국의 기후변화 정책 현황

1. 제도 현황

1) 기후변화 정책의 주요 내용

한국의 기후변화 정책의 근간을 이루고 있는 행정계획은 2016년 수립된 제1차 기후변화 대응 기본계획이다(윤경준, 2019). 해당 계획은 효율적인 기후변화 대응을 통한 저탄소사회 구현을 위한 일곱 가지 세부 정책을 제시하고 있다.

첫째는 저탄소 에너지 정책으로의 전환이다. 에너지 정책은 온실가스 감축의 가장 중요한 비중을 하지만, 이와 관련된 주요 정책들은 신재생에너지 보급의 확대와 청정연료발전 확대 효율 향상, 전력수요관리를 통한 합리적인 전력 소비 촉구, 건물, 수송, 산업부문에서의 에너지 효율성 제고 등의 내용을 포함하고 있다.

두 번째는 탄소시장의 활용을 통한 감축이다. 가장 핵심적인 정책은 2015년 1월부터 시행되고 있는 탄소배출권거래제의 활성화이다. 또 다른 하나는 국제탄소시장 메커니즘(international market machanism)의 활용이다. 이는 파리협정의 이행과 맥락을 같이하여 추진해나갈 계획이다.

세 번째는 기후변화 대응을 위한 신산업의 육성 및 신기술에 대한 연구투자 확대이다. 에너지 신산업의 육성을 통해 2030년까지 에너지 신산업의 국내 시장규모를 100조원 이상으로 성장시키는 청사진을 제시하였으며, 기후기술기반 조성 및 실증, 상용화를 지속적으로 추진하는 정책을 포함하고 있다.

네 번째는 기후변화 적응과 관계된 이상기후에 안전한 사회를 구현하는 것이다. 나날이 심각해지고 있는 기후위기에 대응하기 위해 과학적인 기후변화 위험관리체계를 마련하고, 기후변화 취약계층 보호 등 기후변화 안전 사회를 건설하는 재난대응 시스템 구축을 명시하고 있다. 이에 더해 지속가능한 자연자원 관리를 위한 생물종 보전 및 생태계 위험요소 등에 대한 관리정책 등을 제시하고 있다.

다섯 번째는 탄소흡수 및 순환 기능 증진이다. 이는 최근의 탄소중립 목표달성과도 맞닿아 있는 부분이다. 이를 위해 탄소흡수원 기능을 증진하고, 자원순환사회로의 전환 촉진을 위한 순환체계를 마련한다.

여섯 번째는 신기후체제 대응을 위한 국제협력의 강화이다. 기후변화 국제협상 대응력 강화 등을 포함한 국제적 대응능력을 제고하고, 파리협정 이행점검의 신뢰성과 투명성을 강화하기 위한 온실가스 배출통계 관리의 체계화 및 고도화를 포함하고 있다.

마지막 일곱 번째는 범국민 실천과 참여기반의 마련이다. 이를 위해서는 기후변화 대응의 실질적 주체인 일반국민들의 기후변화 대응 노력을 제고하기 위해 생활 속 온실가스 줄이기, 기후변화 거버넌스 구축, 기업의 기후변화 대응 노력 지원 등의 내용을 포함한다.

그림 2-4 탄소중립기본법의 주요 내용

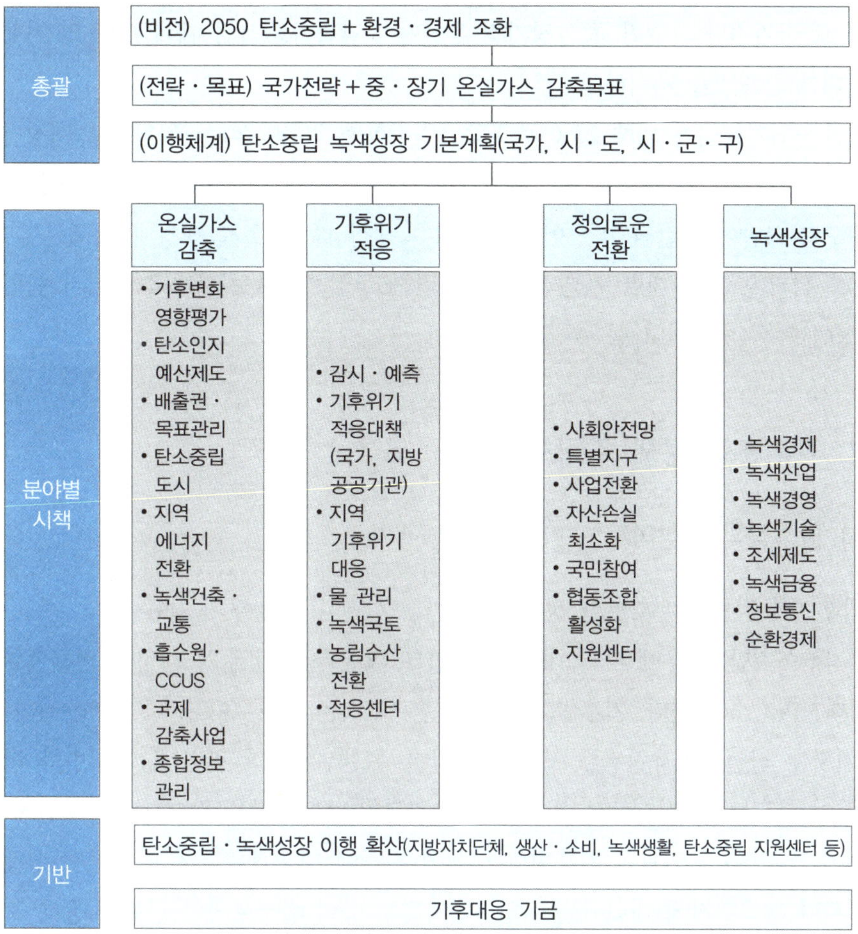

출처: 국무조정실.

2) 한국의 2050 탄소중립 목표설정과 탄소중립기본법의 제정

파리협정 이후 한국의 기후변화 정책의 거시적인 방향성은 탄소중립 목표설정과 함께 또 한 번의 전환을 맞이하게 된다. 2020년 국회 연설에서 문재인 행정부의 2050 탄소중립 선언 이후 2021년 9월에 기후위기 대응을 위한 탄소중립 · 녹색성장 기본법(일명 탄소중립기본법, 시행 2022.3.25. 법률 제18469호, 2021.9.24 제정)을 제정하게 된다. 국내의 탄소중립법은 전 세계 14번째로 2050년 장기의 탄소중립 비전과 이행을 법제화한 법으로 2050년 탄소중립을 국가 전체의 비전으로 제시하고 있다. 이를 달성하기 위한 초선으로 국가전략의 수립, 중・장기적 온실가스 감축목표, 기본계획 수립 및 이행점검 등에 대한 근거법을 제시하였다.

탄소중립기본법에 의해 2050 탄소중립위원회를 법률에 따른 위원회로 재정립하였으며, 실질적인 정책수단으로 기후변화영향평가제도, 온실가스 감축 인지예산제도 도입의 제도적 기반이 마련되었다. 이와 더불어 녹색성장을 위한 녹색경제, 녹색산업, 녹색경영, 녹색기술 등에 대한 기본 근거를 마련하고 있으므로 친환경적 에너지 산업과도 관련성이 높은 법이라고 볼 수 있다.

2. 기후변화 정책 조직체계

1) 환경정책의 참여자

기후변화 정책에는 다양한 정책행위자가 포함된다. 중앙부처 차원에서의 주요 주체는 환경부이지만, 경우에 따라 대통령, 입법부, 혹은 시민단체 등 다양한 정책행위자들의 정책참여가 요청된다. 기후변화 정책의 주관부처는 환경부이나, 기후변화 완화와 연계하여서는 산업통상자원부를 포함한 다양한 유관부처와의 관련성, 기후변화 적응과 연계하여서도 농림수산식품부 등 다양한 유관부처와의 협력을 필수적으로 고민해야 한다. 예컨대, 교통과 연관된 기후변화 정책의 추진에 대해서는 국토교통부가, 신재생에너지 관련 정책추진에 대해서는 산업통상자원부 등이 환경부와의 협력을 통해 정책을 추진하나, 이 장에서는 환경부를 중심으로 살펴보도록 하겠다.

환경부는 1967년 보건사회부 환경위생과에 설치된 공해계로 4명의 조직으로 시작하였으며, 1980년 보건사회부 산하 차관급의 환경청을 신설한 후, 현재의 독립된 정부부처의 형태를 가진 환경부로 격상된 것은 1994년이 되어서이다. 이후 2018년 물관리 일원화에 따라 수자원의 보전, 이용, 및 개발에 관한 사무가 환경부로 이관되며 역할이 대폭 확대되기 시작한다(윤경준, 2019).

환경부 내 기후탄소정책실은 환경부 내에서도 기후변화 정책을 핵심적으로 설계하고 추진하는 조직이다. 기후탄소정책실은 3명의 정책관, 즉 기후변화 정책관, 녹색전환

정책관, 대기환경정책관으로 구성되어 있다. 기후변화 정책관 산하에는 기후변화과, 기후경제과, 국제협력과 등 3개의 과가 존재하여 신기후체제대응팀, 기후변화국제협력팀 등 2팀이 존재한다. 녹색전환정책관 산하에는 녹색전환정책과, 녹색산업혁신과, 녹색기술개발과, 통합허가제도과 등 4개의 과가 존재하며 환경교육팀을 운영하고 있다. 마지막으로, 대기환경정책관 산하에는 대기환경정책과, 대기미래전략과, 대기관리과 등 3개의 과가 존재한다.

환경부의 외청이자, 기후변화 정책에서 핵심적인 역할을 하는 외청으로 기상청이 있다. 기상청은 1990년에 현재의 조직구성을 갖추게 되었으며, 기술직이나 연구직이 인력이 대부분을 차지하고 있다. 기상청의 주요 업무는 기상정책과 기본계획 수립, 기후변화 감축 및 예측 등 기후변화 과학정보 생성 등이다.

그 외에 환경부 소속 기관은 환경부와 그 소속 기관 직제운영규정에 따른 소속 기관을 의미한다. 환경부 소속 기관인 온실가스 종합정보센터는 국가 온실가스 종합정보 관리체계를 구축하고 관리하여 기후변화 정책의 추진기반을 마련하고 있다.

환경부는 소속 기관 외에 산하기관도 존재한다. 정부산하기관은 정부로부터 업무를 위탁받거나 독점적인 사업권을 부여받아 기업과 같이 책임경영체제로 운영하는 기관을 일컫는다. 환경부 산하기관 중 기후변화 정책과 밀접한 관련이 있는 기관은 한국환경공단, 한국환경산업기술원 등이 있다. 한국환경공단은 기후변화 대응 정책을 지원하며, 온실가스 관련 사업을 수행한다. 한국환경산업 기술원의 경우 기후변화 대응 기술개발 및 관련 신산업, 탄소성적표지제도 등을 실제 운영하고 있다.

2) 추진방법

(1) 기후변화 재정

기후변화 재정은 환경부의 예산과 기금 중 기후변화 정책과 관련된 재정을 의미한다. 그러나 기후변화 정책이 다양한 유관부처와의 협력을 필요로 하는 만큼 환경부 예산 외에도 기후변화 재정은 다부처에 걸쳐서 존재한다고 봄이 타당할 것이다. 이 장에서는 역시 핵심적인 역할을 하는 환경부 내의 기후변화 재정을 중심으로 살펴보도록 하겠다. 환경부의 예산은 전체 정부재정에서 차지하는 비중이 1.5% 수준으로 보건, 교육, 국방, 연구개발, 농림 등에 비해 매우 낮은 수준이며, 전체적인 예산비중이 감소하

그림 2-5 환경부 총지출 규모 및 비중추이

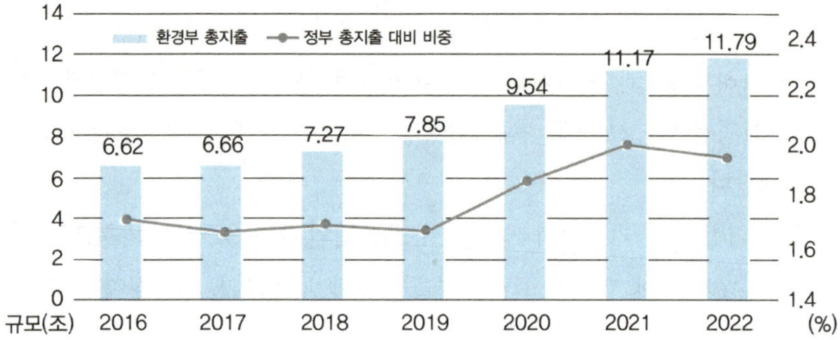

출처: 환경부 보도자료(2021년 9월 1일자).

는 추세이다(윤경준, 2019). 환경예산이 가장 많이 지출되는 부문은 물예산으로 전체의 54.5%를 차지하며, 상대적으로 기후변화 예산은 매우 적은 수준이나, 지속적으로 증액되고 있는 부문이기도 하다(윤경준, 2019).

기후변화 재정은 확대될 전망이며, 이를 가능케해주는 구체적인 제정제도가 온실가스 감축인지 예산제도이다. 온실가스 감축인지 예산제도는 2021년 관련법 통과, 2022년 시범 도입, 2023년 예산부터 본격 적용 예정인 제도로, 예산이 온실가스 감축에 미치는 효과를 평가하고, 그 결과를 예산서와 결산서에 정리해서 국회에 제출해야 할 의무가 발생한다. '국가재정법'과 '국가회계법', '기후위기 대응을 위한 탄소중립·녹색성장 기본법'에 따라 법적 근거가 마련되었다.

표 2-4 온실가스 감축인지 예산 법적 근거

구분	주요 내용	
국가재정법 (2021.6.15 개정)	원칙	• **제16조(예산의 원칙)** 예산이 온실가스 감축에 미치는 효과를 평가하고 그 결과를 정부의 예산편성에 반영하기 위해 노력
	예산	• **제27조(온실가스 감축인지 예산서의 작성)** 예산이 온실가스 감축에 미칠 영향을 미리 분석한 보고서 작성 – 온실가스 감축인지 예산의 개요, 규모, 온실가스 감축에 대한 기대효과, 성과목표 및 효과분석 포함 • **제34조(예산안의 첨부서류)** 온실가스 감축인지 예산서 첨부

	결산	• **제57조의2(온실가스 감축인지 결산서의 작성)** 예산이 온실가스를 감축하는 방향으로 집행되었는지를 평가하는 보고서 작성 – 집행실적, 온실가스 감축 효과분석 및 평가 등 포함
	기금	• **제68조의3(온실가스 감축인지 기금운용계획서의 작성)** 기금이 온실가스 감축에 미칠 영향을 미리 분석한 보고서 작성 – 집행실적, 온실가스 감축 효과분석 및 평가 등 포함
국가회계법 (2021.6.15 개정)	• **제15조의2(결산보고서의 부속서류)** 세입세출결산 및 기금 수입지출결산에 온실가스 감축인지 결산서, 온실가스 감축인지 기금결산서 첨부	
기후위기 대응을 위한 탄소중립·녹색상장 기본법 (2021.9.24 개정)	• **제24조(온실가스 감축인지 예산제도)** 국가와 지방자치단체는 관계 법률에서 정하는 바에 따라 예산과 기금이 기후변화에 미치는 영향을 분석하고, 이를 국가와 지방자치단체의 재정운영에 반영하는 온실가스 감축인지 예산제도 실시	

출처: 고재경(2022).

(2) 기후변화 정책수단

기후변화 정책을 이행하기 위한 구체적인 정책수단으로 명령통제방식, 경제적 유인방식, 정보제공방식의 세 가지 정책수단으로 유형화해볼 수 있다. 물론, 정책수단의 유형화에 대해서는 다양한 정책학자들의 유형화가 존재하지만, 이 장에서는 베덩 외(Vedung et al., 1998)의 정책수단 분류에 기반한 채찍(stick), 당근(carrot), 설교(sermons)에 근거한 분류방식을 채택하도록 하겠다.

• 명령통제방식 – 온실가스 목표관리제

우선 첫 번째, 명령통제방식(comman and control)은 채찍(stick)에 해당하는 것으로 환경정책 분야에서 가장 널리 활용되어온 일반적인 규제방식이다. 명령통제방식은 정책목표를 달성하는 데 용이하고, 규제의 형평성 확보 및 정부정책의 예측가능성을 높이는 장점이 있다. 그러나 수용성이 낮아 오염행위자 스스로 정책목표에 순응하도록 하기엔 한계가 있다(윤경준, 2019). 명령통제방식에 근거가 대표적인 기후변화 정책이 온실가스 목표관리제이다. 온실가스 목표관리제는 국가 온실가스 감축목표(2030년의 국가 온실가스 총배출량을 2018년의 온실가스 총배출량 대비 40퍼센트만큼 감축)를 달성할 수 있도록 온실가스를 배출하는 업체 및 사업장을 관리업체로 지정하여 온실가스 감축목표를 설정하고 관리하기 위한 제도이다. 2022년 6월 30일 관리업체 고시 기준 온실가스 목표관리 대상은 총 360개로 관장기관별로 국토교통부 80개, 산업통상자원부 177개, 농림축산식품부 25개, 해양수산부 9개, 환경부 69개이다(한국환경공단 홈페이지). 그 외에도 폐기물부문의 온실가스 목표관리제 및 공공부문 온실가스 에너지목표관리제 역시 운영되고 있다.

• 경제적 유인방식 – 배출권거래제

두 번째는 경제적 유인방식은 베덩 외(Vedung et al., 1998)의 분류체계상 당근(carrot)에 해당하는 것으로 금전적인 유인제공을 통해 오염주체로 하여금 오염물질 배출을 줄이도록 유도한다. 오염주체의 지속적인 오염감소에 도움이 되며, 전체적인 사회적 비용을 줄일 수 있다는 점에서 장점을 가진다(윤경준, 2019). 경제적 유인방식은 후술하게 되는 배출권거래제도 외 세금부과, 보조금 지급, 예치-환급방식, 재무적 보장방식, 환경성과포상제도 등이 포함된다.

기후변화 정책에서 경제적 유인방식이 적용되는 대표적인 사례가 온실가스 배출권거래제도이다. 배출권거래제도는 교토메커니즘의 하나로 제시되었던 것으로 오염주체에게 일정한 오염물질의 배출권을 할당하고, 배출권을 매매할 수 있도록 하는 제도이다. 국내에서는 관계법인 온실가스 배출권 할당 및 거래에 관한 법률이 2012년에 제정되고, 2015년 1월 1일부터 배출권거래제도가 국가 단위에서 운영되고 있다. 배출권거래제도에 사업대상은 최근 3개년 간 온실가스 배출량의 연평균 총량이 지정 기준 이상일 경우에 할당 대상업체로 지정하고 있다(한국에너지공단 홈페이지).

• 정보제공방식 – 국가 온실가스 종합정보센터

마지막으로, 정보제공방식의 경우 설교(sermon)에 해당하는 것으로 환경영향평가, 생애주기 평가, 인벤토리 제공, 환경표지제도 운영 등이 포함된다. 기후변화 정책과 관련해 운영되고 있는 제도로는 환경부 온실가스 종합정보센터에서 운영하고 있는 국가 온실가스 종합정보시스템이 대표적인 정보제공방식이다. 온실가스 종합정보센터에서는 국가 온실가스 종합정보관리체계를 운영하고, 국가 온실가스 인벤토리를 총괄관리하여 감축목표 설정을 체계적으로 지원하고, 배출권거래제도와 연계한 정보제공을 하고 있다. 구체적으로는 국가 온실가스 배출량, 흡수량, 국가 고유 배출계수, 기타 온실가스 관련 정보를 개발하고, 검증하는 체계를 운영하고 있다. 또한 온실가스 사정, 보고, 검증 지침에 대한 제・개정, 온실가스 총괄관리 계획을 수립하는 등의 업무를 담당하고 있다(국가온실가스종합정보센터 홈페이지).

제 3 절 기후변화 정책의 주요 쟁점 및 과제

1. 주요 쟁점 및 과제

1) 에너지 정책과의 유기전 연계

기후변화 정책 중 감축(mitigation) 분야는 환경정책과 에너지 정책을 모두 포괄하는 분야이다. 그러나 국내의 경우 에너지 정책은 산업통상자원부 내에서 총괄 방향성을 정하기 때문에 산업통상자원부와의 유기적인 협력 및 공동의 정책설계가 반드시 고민되어야 한다. 효과적인 협력을 위해서는 에너지 정책 중, 특히 신재생에너지 분야에 대해서는 공동의 의사결정 체계를 구축하고, 기존의 협력 수준보다 대폭 강화된 차원에서의 공동의사결정 노력과 정책이행이 필요할 것이다.

2) 탄소중립 목표달성을 위한 모두의 협력

기후변화의 시대가 아닌 기후위기의 시대로 전환이 되면서 기후변화 문제의 심각성과 가속화는 대부분의 선진국가들이 2050년 탄소중립이라는 거시적인 정책목표를 달성하게끔 촉구하고 있다. 그러나 국내의 제조업 중심의 산업구조와 선진국 대비 낮은 투자, 기후변화 인식 등은 우리가 반드시 극복해내야 할 과제들이다.

2. 기후변화 정책의 방향성

1) 기후 약자를 고려하는 기후정의의 추구

사회적 취약계층은 기후변화 문제에도 더욱 취약하다. 이는 비단 국제사회에서의 선진국과 개발도상국가만의 문제는 아니다. 국내 차원에서도 기후변화에 기인한 각종 자연재난에 노출된 대부분의 취약성을 저소득계층에서 발생하고 있다. 정의의 관점에서 무엇이 기후변화 관점에서 정의로운 정책 방향성인가에 대한 고민이 지속되어야 하면, 기후정의(climate justice)를 고려한 기후변화 정책의 설계가 이루어져야 할 것이다.

2) 미래세대를 고려하는 기후윤리

기후변화 정책의 문제에서 미래세대에 대한 논의를 잊어서는 안 된다. 현재의 정책결정은 향후 30~50년 이후 미래세대들에게 부담을 주는 정책결정이어서는 안 된다. 현세대의 전기사용으로 인한 안락함과 편안함에 대한 대가를 우리의 자손들의 책임과 의무를 전가시키지 않도록 지구의 온도를 낮추기 위한 다방면의 노력들이 현세대에서 행해져야 한다.

제 4 절 소결(맺음말)

기후변화의 문제는 해결이 어렵다. 기후변화 정책이 아무리 과학적이고 정교하게, 또한 절차적으로 정당하게 수립되었다고 할지라도, 실제 기후변화 문제를 해결하는 데 어느 정도의 효과를 발휘할지 미지수이다. 기후변화 정책은 기후변화의 문제를 해결하기 위해 존재하지만, 기후변화 문제는 그 특성상 누구도 책임을 지려고 하지 않는 "열린 공유지의 비극" 문제이기도 하면서, 스웨덴의 소녀 그레타 툰베리(Greta Thunberg)가 말한 것과 같이 그 부정적 효과는 현세대가 아닌 미래세대에 미치는 "시간차"를 가지는 난해하고 복잡한 문제이다. 기후변화의 문제를 정책이라는 수단을 통해 어떻게 해결해 나갈 것인가는 행정학도인 우리가 이제부터 고민해보아야 하는 부분이다. 다만, 확실한 것은 기후변화가 문제를 넘어 기후위기로 우리 삶 가까이에 다가왔으며, 우리 모두의 지속가능하고 행복한 삶을 위해서는 기후변화 정책을 공공정책의 다양한 문제들 중에 최우선순위에 놓고, 향후의 방향성을 모색해보아야 할 시기라는 점이다.

참고문헌

고재경(2011). 『기후변화 완화와 적응정책 통합방안 연구』. 경기연구원 기본연구.

고재경(2022). 탄소중립 주류화를 위한 녹색예산, 지자체 현주소와 방향은? 『이슈&진단』, No.488.

국회미래연구원(2021) 『기후위기 대응을 위한 산업지원 입법과제 연구』.

이유현(2018). 지역의 기후변화 정책평가에 관한 연구: 인천광역시를 중심으로. 『지방정부연구』, 22(1): 145-171.

윤경준(2019). 『환경정책론』. 고양: 대영문화사.

환경부(2015). 『파리협정 길라잡이』.

환경행정연구회(2022). 『환경정책론』. 서울: 윤성사.

Duguma, L. A., Minang, P. A. & van Noordwijk, M.(2014). Climate Change Mitigation and Adaptation in the Land Use Sector: From Complementarity to Synergy. *Environmental Management*, 54: 420-432. https://doi.org/10.1007/s00267-014-0331-x

Vedung, E., Rist, R. C., & Bemelmans-Videc, M. L.(eds.)(1998). *Carrots, sticks & sermons: policy instruments and their evaluation*. Transaction Publishers.

제3장

재난관리[1]

이대웅(국립 강릉원주대)

제 1 절 재난관리란 무엇인가

1. 정부정책과 재난관리

「대한민국헌법」 제34조 제6항은 "국가는 재해를 예방하고 그 위험으로부터 국민을 보호하기 위하여 노력하여야 한다"라고 규정하고 있다. 국가의 재해 예방과 국민 보호를 명시한 조문이며, 재난으로부터 국민을 보호해야 하는 국가의 책임과 역할에 대한 선언이다. 재난관리는 국민을 위한 가장 기본적인 국가 기능 체계 중 하나이다. 그렇다면 "과연 국가는 국민을 재난으로부터 어떻게 보호하고 지켜야 하는가?" 이에 대한 답은 바로 정부운영의 가치와 행동의 복합체로서 정당성을 가지는 정부의 정책으로부터 출발하여야 한다.

현대적 정책학의 창시자인 라스웰(Lasswell, 1951: 11-13)은 정책이란 "사회변동의 계기로서 미래 탐색을 위한 가치와 행동의 복합체"라고 정의하였다. 특히, 라스웰(H. D. Lasswell)은 '민주주의 정책학'을 제창하며, 정책과정의 합리성 제고를 통해 우리 사회가 경험하는 현실 문제를 해결하고 나아가 궁극적으로 인간의 존엄성(human dignity)을 실

1) 이 장은 저자의 "한국 지방정부의 재난관리 정책에 관한 연구: 재난 회복탄력성의 영향요인 비교분석을 중심으로"(2019)의 일부를 발췌하여 인용한 것임을 밝힙니다.

현해야 함을 강조하였다. 정부의 정책은 선험적으로 우리 사회의 근본적인 문제(fundamental problem)에 대해 고민하고 해결하기 위해 노력하여야 한다.

그렇다면, "우리 사회가 직면하는 다양한 사회문제 가운데, 과연 어떠한 문제를 중심으로 정책 처방을 할 것인가?" 이 장에서는 바로 '재난(disaster)'에 초점을 둔다. 재난은 인류의 생존과정에서 지속해서 직면했던 존재이다(Berman & West, 1998: 346-352). 특히, 현대사회에서 재난의 발생 빈도는 높아지고, 재난의 규모는 대형화되고 있다. 기후변화와 이상기상 현상에 따른 자연재난, 도시화와 고령화, 그리고 과학기술의 발전과 같은 급속한 사회환경 변화에 따른 사회재난, 자연재난과 사회재난이 결합한 복합재난으로 우리 사회는 심각한 위험사회로 진입하고 있다.

따라서 정부는 재난관리 정책을 통해 국민의 생명과 신체, 그리고 재산을 지키고 나아가 지역사회와 국가를 보호하여야 한다. 우리 사회가 직면하는 재난으로부터 최대한 적은 피해를 입는 동시에 복구는 최대한 빠르게 진행하여 정상 사회, 나아가 더 나은 상태(building back better)로 회복하기 위한 정책적 노력을 기울여야 한다. 이는 재난이라는 현대사회의 근본적 문제로부터 국민의 삶을 지켜야 하는 법적 책임과 의무를 정부가 이행하고, 나아가 인간의 존엄성(human dignity) 실현이라는 정책학 궁극적 목적에 다가가는 길이다.

2. 재난이란

1) 개념

재난(disaster)이란 무엇인가? 먼저, 재난의 개념적 어원을 살펴보면, 'dis'는 분리, 파괴, 불일치를 의미하며, 'aster'는 라틴어로 'astrum' 또는 'star', 즉 별을 의미한다. 따라서 '재난'은 별의 분리 또는 별이 파괴되거나 행성의 배열이 맞지 않음에 따른 갑작스러운 불행이라는 의미로 해석된다. 이처럼 초기 재난이라는 개념은 지진, 태풍, 홍수 등 자연재난에 한정된 개념이었다. 그러나 도시화, 고령화, 과학기술의 발전 등 급속한 사회환경 변화로 새로운 형태의 재난이 발생하였다. 이에 재난의 개념은 자연재난에 국한하지 않고 사회재난까지 포함하는 개념으로 확대되었다.

우리나라에서 재난은 2004년 제정한 「재난 및 안전관리 기본법」 제3조 제1호에 따라, "국민의 생명 · 신체 · 재산과 국가에 피해를 주거나 줄 수 있는 것"으로 정의하고 있다. UNDRR(United Nations Office for Disaster Risk Reduction)은 재난을 "인적 · 물적 · 경제적 · 사회적 피해(losses)와 영향(impacts)을 초래하는 노출(exposure), 취약성(vulnerability), 그리고 역량(capacity)의 요인과 결합한 위험한(hazardous) 사건(events)으로 인한 커뮤니티 또는 사회의 기능의 심각한 단절(disruption)"로 정의하였다.

2) 유형

우리나라는 「재난 및 안전관리 기본법」 제3조에 의하여 재난을 자연재난과 사회재난으로 구분한다.

- **자연재난**: 태풍, 홍수, 호우(豪雨), 강풍, 풍랑, 해일(海溢), 대설, 한파, 낙뢰, 가뭄, 폭염, 지진, 황사(黃砂), 조류(藻類) 대발생, 조수(潮水), 화산활동, 소행성 · 유성체 등 자연우주물체의 추락 · 충돌, 그 밖에 이에 준하는 자연현상으로 인하여 발생하는 재해를 뜻한다.
- **사회재난**: 화재 · 붕괴 · 폭발 · 교통사고(항공사고 및 해상사고를 포함한다) · 화생방사고 · 환경오염사고 등으로 인하여 발생하는 대통령령으로 정하는 규모 이상의 피해(국가 또는 지방자치단체 차원의 대처가 필요한 인명 또는 재산의 피해와 그 밖에 상기한 피해에 준하는 것으로서 행정안전부 장관이 재난관리를 위하여 필요하다고 인정하는 피해)와 국가핵심기반의 마비, 「감염병의 예방 및 관리에 관한 법률」에 따른 감염병 또는 「가축전염병예방법」에 따른 가축전염병의 확산, 「미세먼지 저감 및 관리에 관한 특별법」에 따른 미세먼지 등으로 인한 피해를 의미한다.

사례 1

현대사회의 새로운 재난 '미세먼지'

최근 우리 사회에서 미세먼지는 호흡기 및 심혈관 질환 등을 유발하는 주요 원인 가운데 하나이다. 그러나 우리나라에서 미세먼지는 「재난 및 안전관리 기본법」상 재난의 정의에 포함되지 않았다. 이에 국가 차원의 체계적인 미세먼지 관련 재난관리 수립 · 실행 체계가 수립되지 못하였다. 이에 국민의 불안감은 날로 증가하였으며 정부의 대책 수립에 대한 국민 여론은 지속해서 높아졌다.

2019년 3월 「재난 및 안전관리 기본법」 개정을 통해 사회재난에 "미세먼지 등으로 인한 피해"를 명시적으로 규정하였다. 이에 따라 미세먼지 재난사태 선포, 피해조사 및 복구계획 수립, 특별재난지역 선포, 위기관리 매뉴얼 작성·운용, 중앙대책본부 등 구성, 국가안전관리기본계획 수립 등이 가능해졌다. 국가 차원에서 미세먼지 관리에 대한 일원화된 관리가 가능해지는 제도 개선이 이루어진 것이다.

우리나라는 미세먼지와 함께 2018년 9월 '폭염'과 '한파'를 자연재난에 포함하였다. 이처럼 재난의 정의와 유형은 시대와 환경에 따라 지속해서 확대되고 있다.

3) 특성

재난의 특성은 불확실성(uncertainty), 복잡성(complexity), 상호작용성(interaction), 누적성(accumulation)이다(Turner, 1978; Comfort, 1988).

- **불확실성**(uncertainty): 재난이 언제, 어디서, 누구에게, 얼마나, 어떻게 발생할지 모르는 특성을 의미한다. 특히, 최근 기후변화와 복잡한 기술사회로의 이행은 재난의 불확실성을 키우고 있다.
- **복잡성**(complexity): 재난의 발생부터 이후 전개 및 복구과정 전체에 있어서 매우 복잡한 특성을 의미한다. 복잡성은 재난 자체의 복잡성과 관련 기관 간의 관계에서 야기되는 복잡성으로 구분할 수 있다.
- **상호작용성**(interaction): 재난의 발생이 단일 원인에 기인하지 않으며, 재난의 결과 또한 단일의 피해에 그치지 않는다. 피해 주민의 반응, 피해지역의 기반시설 등의 요인들과 지속적 상호작용을 통해 피해를 초래한다. 결국, 상호작용으로 총체적 피해의 강도와 범위가 정해진다.
- **누적성**(accumulation): 재난이 갑작스럽게 발생하는 것이 아니라, 인간의 비의도적 부주의로 인해서 긴 시간 동안 축적된 위험요소가 특정 시점에 표출된 결과라고 설명한다.

3. 재난관리란

1) 개념

재난관리(disaster management)란 재난에 관한 예방(mitigation), 대비(preparedness), 대

응(response), 복구(recovery) 정책을 개발하고 집행하는 일련의 과정을 의미한다(Petak, 1985: 3). 우리나라는 「재난 및 안전관리 기본법」 제3조 제3호에서 재난관리를 "재난의 예방 · 대비 · 대응 및 복구를 위하여 행하는 모든 활동"이라고 정의하였다. 즉, 재난관리는 재난에 내재하는 위험과 불확실성을 관리하는 것이다. 재난관리의 개념은 협의적 관점과 광의적 관점으로 구분할 수 있으며, 일반적으로 재난관리의 개념은 광의적 관점을 따른다.

- **협의적 관점:** 재난관리를 재난발생 이후 대응과 복구활동으로 한정한다.
- **광의적 관점:** 재난관리를 예방, 대비, 대응, 복구 등 모든 활동을 의미한다.

2) 원칙

재난관리의 원칙(Principles of Emergency Management)으로 미국 FEMA는 여덟 가지를 제시하였다(FEMA, 2007; 임현우, 2022).

① **포괄적**(comprehensive) **재난관리:** 재난관리자는 재난과 관련된 모든 위해, 모든 영향, 모든 단계, 모든 이해관계자를 고려하여야 한다.

② **선제적**(progressive) **재난관리:** 재난관리자는 재난에 대응하고 회복탄력적인 커뮤니티를 구축하기 위해, 재난을 예측하고 예방 및 대비하여야 한다.

③ **위험기반**(risk-driven) **재난관리:** 재난관리자는 합리적인 위험관리 원칙(위해 식별, 위험분석, 영향분석 등)을 통해 재난관리의 우선순위를 정하고 자원을 배분하여야 한다.

④ **통합적**(integrated) **재난관리:** 재난관리자는 각 정부 기관과 지역사회의 다양한 이해관계자가 함께 통합하여 노력할 수 있도록 하여야 한다.

⑤ **협력적**(collaborative) **재난관리:** 재난관리자는 개인과 기관 간 신뢰, 합의, 소통하기 위한 협력관계를 구축하고 유지하여야 한다.

⑥ **조정형**(coordinated) **재난관리:** 재난관리자는 모든 이해당사자가 공통의 목적을 이루기 위해 활동을 조정하여야 한다.

⑦ **유연한**(flexible) **재난관리:** 재난관리자는 창의적이고 혁신적인 유연한 접근방법으로 재난문제에 다가가야 한다.

⑧ **전문적**(professional) **재난관리:** 재난관리자는 교육, 훈련, 경험 등을 토대로 과학

과 지식에 기반을 둔 접근법을 중시하여야 한다.

3) 접근방식

재난관리의 접근방식은 분산형 관리와 통합형 관리로 구분할 수 있다. 우리나라는 통합형 관리를 지향한다.

- **분산관리방식**: 재난의 유형에 따라 부처별로 분산하여 관리하는 방식이다. 1930년대 전통적 재난관리제도로서 재난의 유형에 따라 관리방식의 차이가 필요함을 강조하고, 관리 책임과 부담을 분산한다. 분산관리방식의 장점은 소관 부처에서 특정 재난유형만을 담당하므로 상당한 전문성의 제고가 가능하며 경험을 축적할 수 있다. 단점은 현대사회의 복합재난의 관리에 한계를 나타내며, 부처 간 업무의 중복이 발생하며 협력과 조정에 미흡하다. 지휘체계의 갈등과 분산 역시 초래한다.
- **통합관리방식**: 통합된 하나의 기관을 설립하여 모든 재난을 통합관리하는 방식이다. 모든 재난에 대한 종합적 관리활동과 독립적 활동을 병행하는 방식이다. 통합관리방식의 장점은 지휘체계의 단일화로 신속한 대응성을 확보할 수 있다. 또한 다수 부처 간 협력과 조정에 용이하다. 단점은 모든 재난에 대한 관리 책임으로 과도한 부담을 가지게 되며, 종합적인 관리체계를 구축하는 데 많은 어려움이 따른다.

4) 단계

재난관리는 크게 예방전략과 복원전략으로 구성되는데(Wildavsky, 1988: 75), 페탁(Petak, 1985: 3-4)은 이를 네 단계 과정으로 제시하였다. 페탁(Petak, 1985: 3-4)에 의하면, "재난관리 단계는 재난의 진행과정과 대응활동에 따라서 사전재난관리와 사후재난관리로 나뉘며, 시간적으로 ① 예방(완화, mitigation), ② 대비(preparedness), ③ 대응(response), ④ 복구(recovery)"로 구분된다. 우리나라 또한 「재난 및 안전관리 기본법」 제3조 제3호에 재난관리는 예방·대비·대응·복구 단계로 구분하고 있다.

그림 3-1 페탁(Petak, 1985: 3-4)의 재난관리 과정

재난발생 이전(pre-disaster)		재난발생 이후(post-disaster)	
예방(완화) ▶	대비(계획) ▶	대응 ▶	복구

출처: 이대웅(2019: 19).

① **예방 단계:** 재난위험요인을 사전에 제거하여 재난발생을 억제하거나 재난으로 인한 피해를 최소화하기 위한 장기적 활동을 수행하는 단계이다. 그러므로 재난 예방은 재난발생 이전에 재난의 피해를 경감하기 위한 모든 행동으로서 미래에 발생할 가능성이 있는 재난을 예방하고 재난발생 가능성을 감소시키는 활동이라고 할 수 있다. 예방 단계의 주요 활동으로는 사전 예방 대책의 수립, 재난 영향의 예측 및 평가, 안전설계 및 건축 규제 적용, 재난관리 실태점검 등이 있다.

② **대비 단계:** 재난발생 시 신속하고 효율적으로 대응하기 위해 필요한 사항을 사전에 계획 및 준비하고, 교육·훈련·홍보 등을 통해 역량개발 활동을 수행하는 단계이다. 그러므로 대비 단계는 재난발생 후 대응능력을 제고하기 위한 메커니즘을 구성하고 필요한 사항을 준비하는 단계라고 할 수 있다. 대비 단계의 주요 활동으로는 대응계획의 수립 및 점검, 사전 훈련 및 협조체제의 유지, 대응 자원의 확보 및 관리, 그리고 재난경보체제의 구축 등이 있다.

※ 예방 단계와 대비 단계 간 차이: 예방 및 대비 단계 모두 재난관리 과정에서 재난발생 이전 단계의 활동에 속한다. 그러나 예방 단계는 재난위험 감소를 위한 장기적 관점에서의 활동에 초점을 두는 반면, 대비 단계는 발생한 재난에 대한 신속한 대응을 통한 피해의 최소화와 단기적 복구 준비에 초점을 둔다.

③ **대응 단계:** 재난발생 시 신속한 대응을 통해 인명 및 재산 피해를 최소화하는 활동을 수행하는 단계이다. 시간상으로 가장 짧지만 가장 효과적인 활동이 필요한 단계이다. 자원과 역량을 효율적으로, 그리고 신속하게 활용하여 재난의 원인을 제거하고 재난피해 확산을 방지하며 피해를 최소화하는 활동을 수행하는 단계

이다. 대응 단계의 주요 활동으로는 재난 대응계획의 실행, 재난 예보·경보체계 운영, 긴급대피, 긴급구조, 응급의료체계 운영 등이 있다.

④ **복구 단계:** 재난 이후 재난발생 이전 상태로 회복될 때까지의 장기적인 활동을 수행하는 단계이다. 특히, 페탁(Petak, 1985)은 재난복구정책을 초기 단계와 이후 단계로 구분한다. 초기에는 피해 주민이 최소한의 생활을 영위할 수 있도록 긴급자원을 제공해야 하며, 이후에는 공동체가 원래의 상태를 회복할 때까지 장기적인 지원을 강조한다. 복구 단계의 주요 활동으로는 이재민 지원, 임시주거지 마련, 시설 복구, 심리 상담, 보험금 지급 등이 있다.

재난관리 단계에서 중요한 점은 재난관리의 예방·대비·대응·복구 단계는 상호 순환적이며 상호의존적 성격을 갖는다는 것이다. 각 단계의 활동과 결과는 다음 단계에 영향을 미치며, 최종 복구활동은 최초의 예방활동으로 환류한다. 즉, 장기적인 재난관리 과정은 하나의 순환체계 속에서 각각의 고유한 기능을 지니고 작동하는 것이다.

제 2 절 우리나라의 재난관리 정책

1. 재난관리 법령체계

1) 기본법

「재난 및 안전관리 기본법」은 재난으로부터 국민의 생명과 재산의 보호라는 헌법정신을 구현하기 위해 제정된 재난 및 안전을 총괄하는 기본법이다. 2004년 3월 11일 제정된 현행 「재난 및 안전관리 기본법」은 우리나라에 다원화되어 분산되어 있던 재난 관련 법령을 통합한 최초의 재난관리 기본법이다. 「재난 및 안전관리 기본법」의 의의를 살펴보면, "정부는 각종 재난으로부터 국민의 생명·신체 및 재산을 보호하기 위한 국가 및 지방단체의 재난에 대한 대응관리체계를 확립하고, 각 부처에 분산된 안전관리 업무에 대한 총괄조정 기능을 보강하는 등 현행 제도의 문제점을 개선·보완하여 재난의 예방·수습·복구 및 긴급구조 등에 관하여 필요한 사항을 정리하려는 것"이라고 제정 이유에 밝혀져 있다. 이에 우리나라의 재난 및 안전에 대한 대응체계는 「재난 및 안전관리 기본법」에 근거한다.

사례 2

「재난 및 안전관리 기본법」 제정의 촉발 기제가 되다
-2003년 대구 지하철 화재사고-

2003년 2월 18일 대구 지하철 중앙로역 화재사고는 343명의 사상자를 발생시켰다. 세계 최악의 지하철 참사 중 하나로 기록된 우리나라의 대표적인 재난관리 실패 사례이다.

대구 지하철 화재사고는 한 개인의 방화로 시작되었다. 그러나 우리나라 재난관리의 다양한 문제점이 복합적으로 결합하며 대형사고로 이어졌다. 주요 문제점은 안일한 화재 발생 초기 대응, 상황 전파 및 협조체계 미흡, 현장지휘체계의 혼선, 철저한 안전교육의 부재, 전동차 내장 불량, 역사 소방설비의 미비, 응급의료 부족, 그리고 최우선으로 고려되지 않은 승객들의 안전 등이다. 상기한 문제점들에 관해 사전에 점검하고 초기 대응이 적절하게 이뤄졌다면 대규모 인명피해는 막을 수 있었다.

1990년대 성수대교 붕괴(1994년), 삼풍백화점 붕괴(1995년), 그리고 태풍 루사(2002년)와 매미(2003년)로 인한 심각한 피해를 경험한 이후 발생한 대구 지하철 화재사고는 우리나라 재난관리체계의 변화에 주요한 촉발 기제가 되었다. 참사 이후 지속해서 반복되는 각종 재난으로부터 국민의 생명과 재산을 보호하기 위한 근본적이고 종합적인 범정부 대책 수립의 필요성이 본격적으로 대두되었다.

이에 정부는 2004년 3월 「재난 및 안전관리 기본법」을 제정하였다. 특히, 안전관리에 관한 중요 정책을 심의·총괄하는 중앙안전관리위원회를 만들고 당시 행정자치부에 중앙재난안전대책본부를 설치하였다. 또한 국가 재난관리 전담기구인 소방방재청을 같은 해 6월에 출범시키면서 국가와 지방자치단체의 새로운 재난대응관리체계를 확립하였다.

2) 개별법

재난관리에 관한 개별법은 크게 ① 재난의 유형과, ② 관리 기능에 따라 구분할 수 있다(이동규, 2022: 238-240, 임현우, 2022: 163-164).

먼저, 재난 또는 사고유형에 따라 자연재난과 사회재난으로 구분할 수 있다. 자연재난 전반에 대해서는 '자연재해대책법'으로 통합하여 운용되고 있다. '풍수해(風水害)'를 중심으로 태풍, 홍수, 호우, 강풍, 풍랑, 해일, 조수, 대설 등의 재난에 관한·복구 및 그 밖의 대책에 관하여 필요한 사항을 규정하고 있다. 이외에 지진・지진해일 및 화산활동으로 인한 재해는 「지진・화산재해대책법」에서 규정하고 있다. 또한 산사태에 관해서는 「급격사지 재해예방에 관한 법률」, 하천 관련해서는 「하천법」과 「소하천정비법」 등으로 보완하고 있다. 한편, 사회재난은 다양한 개별법에 의해 관리되고 있다. 철도 안전에 대한 「철도안전법」, 교통안전에 대한 「교통안전법」, 감염병에 대한 「감염병의 예방 및 관리에 관한 법률」, 방사능 사고에 대한 「원자력시설 등의 방호 및 방사능 방재대책법」 등이 있다.

다음으로, 관리 기능에 따라 분류할 수 있다. 예를 들어, 이재민의 구호와 생활안정에 관한 「재해구호법」, 풍수해로 발생하는 재산 피해에 관한 「풍수해보험법」 등이 있다. 이와 함께 화재진압에 대해서는 「소방기본법」, 위급상황에 대해서는 「119구조・구급에 관한 법률」, 수상에서의 수색, 구조에 관해서는 「수상에서의 수색・구조 등에 관한 법률」 등이 있다.

2. 재난관리 조직 및 기구

「재난 및 안전관리 기본법」 제4조에서는 "국가 및 지방자치단체는 재난으로부터 국민의 생명・신체 및 재산을 보호할 책무를 지고, 재난의 예방과 피해경감을 위하여 노력해야 하며, 발생한 재난을 신속히 대응・복구하기 위한 계획을 수립・시행하여야 한다"고 재난 및 안전관리 관련 국가 등의 책무를 규정하고 있다. 이에 따른 재난관리 정부조직 및 기구는 국가적 차원과 지방정부 차원으로 구분하여 살펴볼 수 있다.

1) 국가적 차원의 재난관리체제

국가적 차원의 재난관리체계에서 먼저 재난 및 안전관리 업무의 총괄・조정의 역할은 「재난 및 안전관리 기본법」 제6조에 따라 행정안전부 장관에게 있다.

다음으로, 재난 및 안전관리 관련 심의 기능을 수행하는 위원회 기구가 있다. 「재난 및 안전관리 기본법」 제9조에 따르면, 재난 및 안전관리에 관한 사항을 심의하기 위해 국무총리 소속으로 '중앙안전관리위원회'가 있다. 이는 국가 재난관리체계의 최고 의사결정기구로 재난 및 안전관리에 관한 중요 정책, 국가안전관리기본계획, 재난 및 안전관리업무의 조정, 재난사태의 선포, 특별재난지역의 선포, 관계 기관 간 협력, 재난 및 사고의 예방사업 등을 심의한다. 중앙안전관리위원회의 위원장은 국무총리가 된다. 또한 「재난 및 안전관리 기본법」 제10조에 따라, 중앙안전관리위원회에 상정될 안건을 사전에 검토하고 심의하기 위해 산하에 '안전정책조정위원회'가 있다. 안전정책조정위원회의 위원장은 행정안전부 장관이 된다. 이외에 「재난 및 안전관리 기본법」 제12조에 의해 '중앙재난방송협의회', 「재난 및 안전관리 기본법」 제12조의2에 의해 '중앙안전

그림 3-2 우리나라 재난관리체계

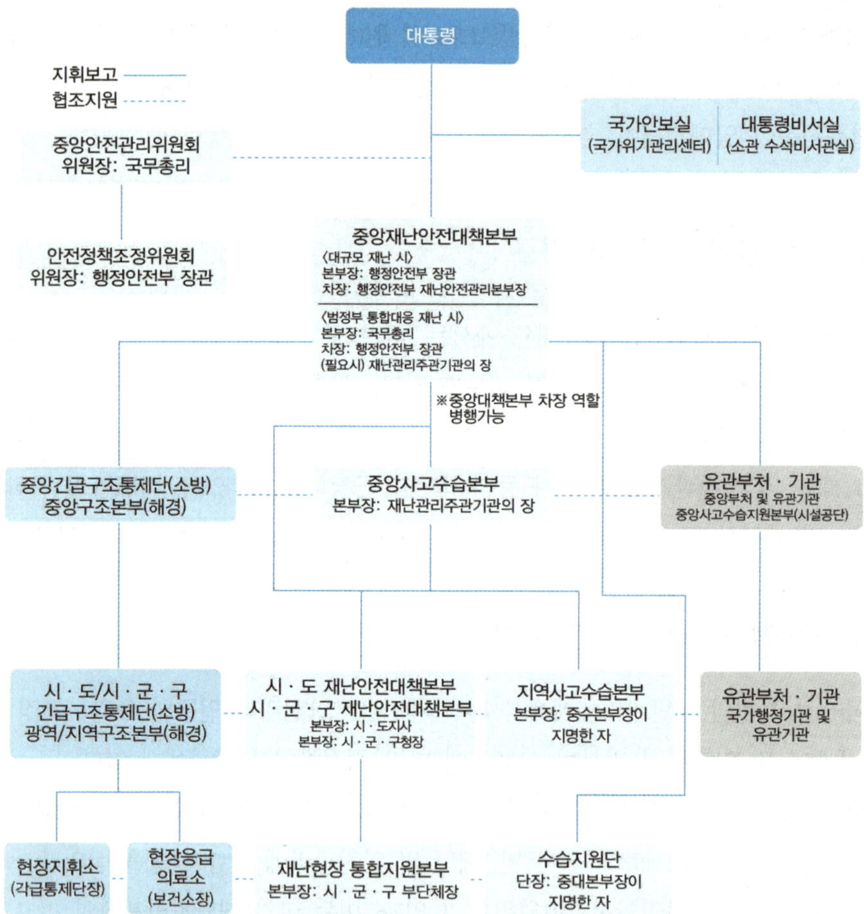

출처: 행정안전부(2021: 10).

관리민관협력위원회'가 있다.

다음으로, 재난발생 시 대책본부 형태 기능을 수행하는 재난관리기구가 있다. 「재난 및 안전관리 기본법」 제14조에 따라 대책본부 형태의 재난관리기구로 '중앙재난안전대책본부'가 있다. 이는 대규모 재난의 대응·복구 등에 관한 사항을 총괄·조정하고 필요한 조치를 위해 사전 구성되고 한시적으로 가동되는 조직이다. 중앙대책본부장은 행정안전부 장관이 된다. 다만, 재난의 효과적인 수습을 위하여 필요한 경우(국무총리가 범정부적 차원의 통합 대응이 필요하다고 인정하는 경우, 행정안전부 장관이 국무총리에게 건의한 경우, 중앙사고수습본부장의 요청을 받아 행정안전부 장관이 국무총리에게 건의하는 경우)에 한해서 국무총리가 중앙대책본부장의 권한을 행사할 수 있다. 또한 「재난 및 안전관리 기본법」 제15조의2에 따라, 재난이 발생하거나 발생할 우려가 있는 경우에 재난관리주관기관의 장이 재난상황을 효율적으로 관리하고 재난을 수습하기 위하여 '중앙사고수습본부'를 설치·운영하여야 한다. 「재난 및 안전관리 기본법」 제49조에 따라 긴급구조에 관한 사항의 총괄·조정, 긴급구조기관 및 긴급구조지원기관이 하는 긴급구조활동의 역할분담과 지휘·통제를 위하여 소방청에 '중앙긴급구조통제단'을 둔다.

2) 지방정부의 재난관리체제

지방정부의 재난관리체계는 국가적 차원에 대응하여 의사결정기구로서의 위원회 형태의 기구와 대책본부 형태의 재난관리기구로 구성되어 있다.

먼저, 「재난 및 안전관리 기본법」 제11조에 따라 지역별 재난 및 안전관리에 관한 사항을 심의·조정하기 위하여 '지역안전관리위원회'를 둔다. 국가적 차원의 중앙안전관리위원회에 대응하는 조직으로 지역위원회는 해당 지역에 대한 재난 및 안전관리정책에 관한 사항, 안전관리계획에 관한 사항, 재난 및 안전관리업무의 추진에 관한 사항, 재난이나 그 밖의 각종 사고가 발생하거나 발생할 우려가 있는 경우 이를 수습하기 위한 관계 기관 간 협력에 관한 사항 등에 대해 심의한다. 또한 지역안전관리위원회에 상정될 의안을 검토하고, 재난 및 안전관리에 관한 관계 기관 간의 협의·조정 등을 위하여 '안전정책실무조정위원회'를 둘 수 있다. 이외에 「재난 및 안전관리 기본법」 제12조에 의해 '지역재난방송협의회'가 있다.

다음으로, 「재난 및 안전관리 기본법」 제16조에 따라 관할 구역에서 재난의 수습 등에 관한 사항을 총괄·조정하고 필요한 조치를 위하여 '지역재난안전대책본부'를 둔다. 또한 「재난 및 안전관리 기본법」 제15조의2에 따라 중앙사고수습본부장은 필요한 경우 '지역사고수습본부'를 구성하여 운영할 수 있다. 「재난 및 안전관리 기본법」 제50조에 따라, 지역별 긴급구조에 관한 사항의 총괄·조정, 해당 지역에 소재하는 긴급구조기관 및 긴급구조지원기관 간의 역할분담과 재난현장에서의 지휘·통제를 위하여 '지역긴급구조통제단'을 둔다.

3. 재난관리 제도

1) 재난예방

우리나라 재난예방 제도는 「재난 및 안전관리 기본법」 제4장에 따른다. 먼저, 재난관리책임기관의 장은 「재난 및 안전관리 기본법」 제25조의2에 따라 재난예방조치를 실시하여야 한다. 재난관리책임기관에게 소관 관리대상 업무의 분야에서 재난발생을 사전에 방지하도록 하는 것이다. 구체적인 조치사항은 다음과 같다. 첫째, 재난에 대응할 조직의 구성 및 정비, 재난의 예측 및 예측정보 등의 제공·이용에 관한 체계의 구축, 재난발생에 대비한 교육·훈련과 재난관리 예방에 관한 홍보, 재난이 발생할 위험이 큰 분야에 대한 안전관리체계의 구축 및 안전관리규정의 제정이 있다(재난 및 안전관리 기본법 제25조의2 제1항 제1호~제4호). 둘째, 시설관리 사항이다. 국가핵심기반시설·특정관리대상지역·재난방지시설 등에 대한 점검 및 관리하여야 한다(재난 및 안전관리 기본법 제25조의2 제1항 제5호·제6호 및 제26조·제26조의2·제27조). 셋째, 재난관리자원의 비축과 장비·인력 지정에 관한 사항이다(재난 및 안전관리 기본법 제25조의2 제1항 제7의2호). 재난의 대응 및 복구에 필요한 다양한 자원을 비축하고 인력을 사전에 지정·관리하여야 한다.

다음으로, 「재난 및 안전관리 기본법」 제29조에 따라 재난관리책임의 장은 재난방지시설을 점검·관리해야 하며, 재난 및 안전관리업무를 담당하는 공무원이나 직원은 행정안전부 장관이 실시하는 전문교육을 받아야 한다(재난 및 안전관리 기본법 제29조의2). 또한 행정안전부 장관은 정부합동안전점검단을 편성하여 안전점검을 실시할 수 있으며, 행정안전부 장관 또는 재난관리책임기관의 장은 긴급안전점검을 실시할 수 있다

(재난 및 안전관리 기본법 제30조, 제31조, 제32조). 그리고 행정안전부 장관은 대규모 재난의 발생에 대비한 단계별 예방·대응 및 복구과정, 재난에 대응할 조직의 구성 및 정비 실태, 안전관리체계 및 안전관리규정, 재난관리기금의 운용 현황 등을 평가할 수 있다(재난 및 안전관리 기본법 제33조의2). 마지막으로, 「재난 및 안전관리 기본법」 제33조의3에 따라, 시장·군수·구청장은 전년도 재난의 발생 및 수습 현황, 재난예방조치 실적, 재난관리기금의 적립 현황, 현장조치 행동매뉴얼의 작성·운용 현황, 그 밖에 재난관리에 관한 중요 사항이 포함된 재난관리 실태를 매년 1회 이상 관할 지역주민에게 공시하여야 한다.

2) 재난대비

재난대비 제도는 「재난 및 안전관리 기본법」 제5장에 따른다. 먼저, 「재난 및 안전관리 기본법」 제34조의3에 의해 행정안전부 장관은 재난관리를 효율적으로 수행하기 위하여 국가재난관리 기준을 제정하여 운용하여야 한다. 그리고 체계적인 재난관리를 위해 기능별 재난대응 활동계획을 작성하여 활용하여야 한다(재난 및 안전관리 기본법 제34조의4). 특히, 재난유형에 따라 위기관리 매뉴얼을 작성·운용해야 하며, 이는 재난대응활동계획과 서로 연계되도록 하여야 한다(재난 및 안전관리 기본법 제34조의5). 또한 다중이용시설 등의 위기상황 매뉴얼 작성·관리하고 주기적으로 훈련을 실시하여야 한다(재난 및 안전관리 기본법 제34조의6).

다음으로, 「재난 및 안전관리 기본법」 제34조의9에 따라 행정안전부 장관은 매년 재난대비훈련 기본계획을 수립하고 재난관리책임기관의 장에게 통보하여야 한다. 이를

표 3-1 위기관리 매뉴얼 유형(재난 및 안전관리 기본법 제34조의5 제1항)

구분	내용
위기관리 표준매뉴얼	• 국가적 차원에서 관리가 필요한 재난에 대하여 재난관리체계와 관계 기관의 임무와 역할을 규정한 문서 • 위기대응 실무매뉴얼의 작성 기준이 됨
위기대응 실무매뉴얼	• 위기관리 표준매뉴얼에서 규정하는 기능과 역할에 따라 실제 재난대응에 필요한 조치사항 및 절차를 규정한 문서
현장조치 행동매뉴얼	• 재난현장에서 임무를 직접 수행하는 기관의 행동조치 절차를 구체적으로 수록한 문서

토대로 재난안전관리와 직접 또는 간접적으로 관련 있는 기관을 대상으로 매년 정기적으로 또는 수시로 재난대비훈련을 실시하여야 한다(재난 및 안전관리 기본법 제35조). 훈련 이후 훈련참여기관의 장은 훈련과정 및 훈련결과에 대한 점검·평가를 실시해야 하며, 훈련과정에서 나타난 미비한 사항이나 개선·보완 사항을 조치해야 한다. 이외에 재난관리자원 비축·관리, 재난현장 긴급통신수단의 마련, 안전 기준의 등록 및 심의 등, 재난안전통신망의 구축·운영 등이 있다(재난 및 안전관리 기본법 제34조·제34조의2·제34조의7·제34조의8).

3) 재난대응

재난대응 제도는 크게 응급조치와 긴급구조로 구분된다. 응급조치에는 먼저 「재난 및 안전관리 기본법」 제36조에 따라 행정안전부 장관은 대통령령으로 정하는 재난이 발생하거나 발생할 우려가 있는 경우 사람의 생명·신체 및 재산에 미치는 중대한 영향이나 피해를 줄이기 위하여 긴급한 조치가 필요하다고 인정하면 중앙위원회의 심의를 거쳐 재난사태를 선포할 수 있다. 다음으로, 「재난 및 안전관리 기본법」 제37조에 따라 긴급구조통제단장은 경보의 발령 또는 전달이나 피난의 권고 또는 지시, 진화·수방·지진방재, 그 밖의 응급조치와 구호, 피해시설의 응급복구 및 방역과 방범, 그 밖의 질서 유지, 긴급수송 및 구조 수단의 확보, 급수 수단의 확보, 긴급피난처 및 구호품의 확보, 현장지휘통신체계의 확보, 그 밖에 재난발생을 예방하거나 줄이기 위하여 필요한 사항으로서 대통령령으로 정하는 사항 등에 대해 응급조치하여야 한다. 또한 위기경보의 발령·동원명령을 할 수 있다(재난 및 안전관리 기본법 제38조·제39조·제40조). 또한 「재난 및 안전관리 기본법」 제40조에 따라 재난이 발생하거나 발생할 우려가 있는 경우에 사람의 생명 또는 신체에 대한 위해를 방지하기 위해 필요하면 해당 지역주민이나 그 지역 안에 있는 사람에게 대피하거나 선박·자동차 등을 대피시킬 것을 명할 수 있다. 만약 대피명령을 받은 사람이 그 명령을 이행하지 아니하여 위급하다고 판단되면 그 지역 또는 위험구역 안의 주민이나 그 안에 있는 사람을 강제로 대피시키거나 퇴거시킬 수 있다(재난 및 안전관리 기본법 제42조). 또한 도로의 구간을 지정하여 해당 긴급수송 등을 하는 차량 외의 차량통행을 금지하거나 제한하는 통행제한을 요청할 수도 있다(재난 및 안전관리 기본법 제43조).

긴급구조 제도로 먼저 「재난 및 안전관리 기본법」 제54조에 의해 긴급구조기관의 장은 재난이 발생하는 경우 긴급구조기관과 긴급구조지원기관이 신속하고 효율적으로 긴급구조를 수행할 수 있도록 재난의 규모와 유형에 따른 긴급구조대응계획을 수립·시행하여야 한다. 이를 토대로 지역통제단장은 재난이 발생하면 소속 긴급구조요원을 재난현장에 신속히 출동시켜 필요한 긴급구조활동을 하게 하여야 한다(재난 및 안전관리 기본법 제51조). 재난현장에서는 시·군·구 긴급구조통제단장이 긴급구조활동을 지휘한다(재난 및 안전관리 기본법 제52조). 주요 현장지휘 항목은 재난현장에서 인명의 탐색·구조, 긴급구조기관 및 긴급구조지원기관의 인력·장비의 배치와 운용, 추가 재난의 방지를 위한 응급조치, 긴급구조지원기관 및 자원봉사자 등에 대한 임무의 부여, 사상자의 응급처치 및 의료기관으로의 이송, 긴급구조에 필요한 물자의 관리, 현장접근 통제, 현장 주변의 교통정리, 그 밖에 긴급구조활동을 효율적으로 하기 위하여 필요한 사항 등이다. 긴급구조는 재난상황이 끝난 후 대통령령으로 정하는 바에 따라 긴급구조지원기관의 활동에 대하여 종합평가를 하여야 한다(재난 및 안전관리 기본법 제53조).

4) 재난복구

재난복구 제도는 재난피해조사 및 복구계획 수립, 특별재난지역 선포 및 지원, 재정 및 보상으로 구분된다. 먼저, 재난피해조사 및 복구계획 수립에서 「재난 및 안전관리 기본법」 제58조와 제59조에 따라 재난으로 피해를 입은 사람은 피해상황을 신고할 수 있으며, 재난관리책임기관의 장은 재난으로 인하여 피해가 발생한 경우에는 피해상황을 신속하게 조사하여야 한다. 피해조사가 마쳐지면 지체없이 자체복구계획을 수립·시행하여야 한다.

다음으로, 특별재난지역 선포 및 지원에서 「재난 및 안전관리 기본법」 제60조에 따라 중앙대책본부장은 대통령령으로 정하는 규모의 재난이 발생하여 국가의 안녕 및 사회질서의 유지에 중대한 영향을 미치거나 피해를 효과적으로 수습하기 위하여 특별한 조치가 필요하다고 인정하거나 지역대책본부장의 요청이 타당하다고 인정하는 경우에는 중앙위원회의 심의를 거쳐 해당 지역을 특별재난지역으로 선포할 것을 대통령에게 건의할 수 있다. 이후 특별재난지역의 선포를 건의받은 대통령은 해당 지역을 특별재난지역으로 선포할 수 있다. 특히, 국가나 지방자치단체는 특별재난지역으로 선포된 지역에 대하여는 응급대책 및 재난구호와 복구에 필요한 행정상·재정상·금융상·의료상의 특별지원을 할 수 있다(재난 및 안전관리 기본법 제61조).

마지막으로, 재정 및 보상에서 「재난 및 안전관리 기본법」 제62조에 따라 재난관리에 필요한 비용은 그 시행의 책임이 있는자가 부담한다. 또한 「재난 및 안전관리 기본법」 제66조 제1항에 따라 국가는 자연재난 또는 사회재난 중 특별재난지역으로 선포된 지역에 해당하는 재난의 원활한 복구를 위하여 필요하면 그 비용의 전부 또는 일부를 국고에서 부담하거나 지방자치단체, 그 밖의 재난관리책임자에게 보조할 수 있다.

제 3 절 재난관리 주요 쟁점: 리질리언스(Resilience)

1. 리질리언스(Resilience) 등장 배경

최근 우리 사회에서 재난은 인간의 통제 대상이 아니라 삶의 일부로서 재난을 완전하게 예방하고 피하는 것은 불가능하다는 사고 하에, "어떻게 하면 재난을 효과적으로 겪을 수 있을까?"라는 인식의 전환이 이루어지고 있다. 재난피해를 최소화하고 최대한의 복구 역량을 가지는 지속가능한 사회를 구축하는 것이 재난관리 정책의 핵심 목표로 변화하였다. 이에 강조되는 개념이 '재난 리질리언스(Resilience)'이다. 재난관리의 패러다임이 재난의 충격을 흡수하고 적응함과 동시에 피해로부터 빠르게 복구하고 나아가 더 나은 사회로 나가는 '리질리언스(Resilience)' 개념을 중심으로 전환되고 있다.

국제적으로도 UNDRR은 2005년 '효고 행동강령(Hyogo Framework for Action 2005-2015): 재난에 대응하기 위한 국가와 커뮤니티의 리질리언스 구축(building the resilience of nations and communities)'을 채택하며, 리질리언스 형성과 향상을 재난위험감소(disaster risk reduction)의 주요한 목표로 설정하였다.[2] 이후 UNDRR은 '센다이 재난위험경감강령 2015~2030(Sendai Framework for Disaster Risk Reduction)'을 발표하였다. 여기서 '리질리언스 구축을 위한 재난위험경감 투자(investing in disaster risk reduction for resilience)'와

2) UNDRR은 재해위험경감을 위한 행동 방향 및 강령을 정하기 위해 10년 주기로 '세계 재난위험감소 회의(WCDRR)'를 개최하여 국제협약에 대해 합의 및 채택하고 있다.

'효과적 대응과 복구 · 재활 · 재건축에 있어 더 나은 재건(built back better)을 위한 재난 대비 강화'를 행동 우선순위로 합의하였다(UNDRR, 2015).

2. 리질리언스(Resilience) 의미와 속성

리질리언스라는 용어는 "다시 뛰어오른다(To jump back)"라는 의미의 라틴어 'resilio'에 어원을 두고 있다(Klein, 2003: 35; 이대웅, 2019: 254). 홀링(Holling, 1973)은 「Resilience and Stability of Ecological Systems」에서 '적응적 재생주기(adaptive renewal cycle)' 이론을 활용하여 리질리언스라는 용어를 최초의 과학적 개념으로 채택하여 정립하였다(Alexander, 2013: 2711). 해당 연구에서 홀링(Holling, 1973: 14)은 리질리언스를 "시스템의 지속 능력(persistence of systems) 및 외부 변화와 교란(change and disturbance)을 흡수하여(absorb) 현 상태의 동일한 관계를 유지하는 능력"이라고 정의하였다.

재난관리 영역에서 리질리언스 개념은 팀머만(Timmerman, 1981)이 "재난발생을 흡수하고 복구할 수 있는 능력"으로 정의하며 처음으로 도입하였다. 이후 브루노 외(Bruneau et al., 2003), 만에나(Manyena, 2006), 노리스 외(Norris et al., 2008), 알드리치(Aldrich, 2012) 등을 중심으로 재난관리 영역에서 리질리언스가 본격적으로 논의되기 시작하였다. 개념을 종합하여 정리하면 재난관리 영역에서 리질리언스는 "국가, 지방자치단체 또는 커뮤니티가 재난의 영향을 적시에 효과적으로 저항 · 흡수 · 적응하여, 이로부터 회복하고 더 나은 상태로 나아갈 수 있는 역량"으로 정의할 수 있다.

특히, 재난 리질리언스가 높은 사회와 낮은 사회는 재난 이후 복구까지의 과정과 성과가 다르게 나타난다. 예를 들어, 유사한 시스템 수준을 갖춘 두 사회가 재난이라는 특정사건을 경험하게 되었을 때, 재난 리질리언스가 낮은 사회는 높은 사회에 비해 재난으로부터 받는 충격이 더 크다. 또한 복구 기간을 비교하여도 재난 리질리언스가 높은 사회는 단기간 내에 재난 이전 정상 상태로 회복하는 반면에, 재난 리질리언스가 낮은 사회는 원래 상태로 회복하는 데 상대적으로 더욱 많은 시간이 소요된다. 즉, 재난 리질리언스가 높은 사회는 낮은 사회보다 재난으로부터 받는 충격을 흡수하고 적응하며 나아가 복구하는 역량이 높다.

다음으로, 브루노 외(Bruneau et al., 2003: 737-738)는 리질리언스의 속성으로 견고성(Robustness), 중복성(Redundancy), 자원동원성(Resourcefulness), 신속성(Rapidity)을 제시하

였다. 이를 4R이라 한다. 견고성이란 재난의 충격을 흡수하고 견뎌낼 수 있는 시스템의 강도를 의미한다. 중복성은 재난발생 시 핵심 기능들의 대체 또는 백업 정도를 의미한다. 자원동원성은 재난관리에서 조직 내·외부의 다양한 자원을 이용할 수 있는 역량을 의미한다. 신속성은 재난으로부터 대응하고 빠르게 복구할 수 있는 역량을 의미한다.

3. 재난관리 패러다임의 변화와 혁신

최근의 재난관리 패러다임은 재난 리질리언스에 주목하며, 재난 이후 우리 사회가 정상 상태로의 회복과 함께 더 나은 미래를 위해 재건해 나아가야 함을 강조하고 있다. 우리가 재난 리질리언스를 강조하며 적극적으로 정책을 마련하고 시간과 자원을 투자하는 것은 우리 사회의 지속가능한 발전과 함께 그 안에서 삶을 영위하는 인간 그 존재 자체를 위한 것이다. 그렇다면, "우리는 어떻게 재난 리질리언스를 구축하고 강화해야 하는가?"

UNDRR(2017a: 3-4)은 2015년 제3회 회의에서 채택한 센다이 행동강령(Sendai

그림 3-3 기후변화와 재난에 강한 도시 만들기 열 가지 필수사항

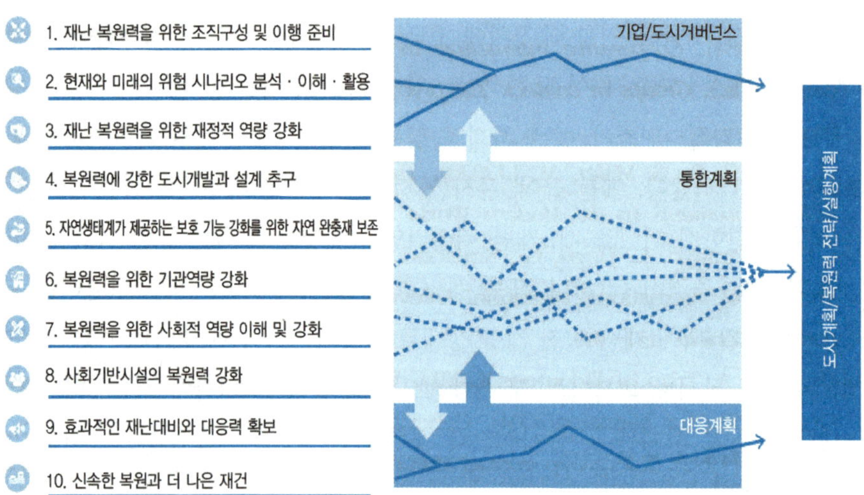

출처: UNDRR(2017a: 4).

Framework for Disaster Risk Reduction)의 목표를 달성하기 위해 100개가 넘는 도시 및 전문 파트너와 함께 열 가지 필수사항을 선정하였다. 이는 지방자치단체 리더와 정책입안자가 재난위험을 줄이고 리질리언스 구축을 위한 정책 수립과 의사결정을 지원하며, 정책의 집행에 필요한 필수사항으로 구성하였다. 따라서 우리는 리질리언스 패러다임에 대응하고 변화하기 위해서는 이를 참고할 필요가 있다.

UNDRR(2017b: 32)이 제시한 열 가지 필수사항을 구체적으로 살펴보면 다음과 같다. 먼저, ①번에서 ③번까지의 필수사항은 관리방식과 재정적 역량을 다루고 있다.

① **재난 복원력을 위한 조직구성 및 이행 준비**: 강한 리더십, 명확한 조정/화합, 책임감 기반 조직구조 시행, 재난위험경감 계획 수립

② **현재와 미래의 위험 시나리오 분석·이해·활용**: 위험과 취약성에 관한 최신 데이터 정보 유지, 참여 프로세스 기반 위험도 평가 준비, 도시 개발과 장기계획 목표 수립 근거로 활용

③ **재난 복원력을 위한 재정적 역량 강화**: 재난에 의한 주요한 경제적 파급효과 이해 및 평가 통한 재정계획 수립. 복원력 활동 지원을 위한 재정 메커니즘 확인 및 개발

④번에서 ⑧번까지의 필수사항은 다차원의 계획과 재난대비에 대해 다루고 있다.

④ **복원력에 강한 도시개발과 설계 추구**: 취약성 중심 위험도 평가를 통한 위험 감소, 미래 위험 예방 위한 도시계획과 개발 수행

⑤ **자연생태계가 제공하는 보호 기능 강화를 위한 자연 완충재 보존**: 도시 내·외에 있는 자연생태계 파악·보호·관찰하고 위험도 경감을 위한 자연생태계 이용 활성화

⑥ **복원력을 위한 기관역량 강화**: 복원력 역량 격차 발견 및 감소 위해 정부기관, 민간부문, 학계, 전문가, 시민사회 등 모든 기관의 역량 이해

⑦ **복원력을 위한 사회적 역량 이해 및 강화**: 지역사회 및 정부 주도로 다중매체 채널 통한 사회적 연결성과 상호 유대감 강화

⑧ **사회기반시설의 복원력 강화**: 주요 사회기반시설에 대한 보호, 보강, 유지를 위한 전략 개발 및 위험 경감을 위한 사회기반시설 건설

⑨번과 ⑩번의 필수사항은 재난대응과 재난 이후 복구에 대해 다루고 있다.

⑨ **효과적인 재난대비와 대응력 확보**: 대비계획 수립 및 개선, 조기경보시스템 연결, 비상관리역량 강화. 재난 이후 지역사회는 이재민의 거주지와 생계를 포함하여 재건할 수 있도록 지원 및 요구사항 중시

⑩ **신속한 복원과 더 나은 재건**: 장기계획에 맞추어 재난 이후 복원 · 재활 · 재건축 전략 수립하고 더 나은 도시환경 제공

이와 함께 기존 재난관리가 중앙정부 주도의 명령과 통제 중심이었다면, 최근 재난관리는 중앙정부와 지방정부 간의 소통과 협력을 기반으로 한 거버넌스 형태로 변화하고 있다. 이는 재난관리의 주체가 '중앙' 단독에서 '지방'과의 협력으로 변화하고 있는 것을 의미한다. 특히, 지방정부는 재난현장의 최일선에 있는 재난관리의 일차적 책임기관이자 대응기관이다. 따라서 우리나라 지방정부 역시 리질리언스 구축 및 강화를 위해 노력하여야 한다. 이를 위해 UNDRR(2017a)이 개발한 재난 리질리언스 스코어카드(disaster resilience scorecard for cities)를 활용할 필요가 있다. 이는 앞선 열 가지 필수사항을 기반으로 구성되어 있다. 특히, 스코어카드는 지방정부의 리질리언스 관련 계획과 상태를 점검 및 평가할 수 있게 한다. 열 가지 필수사항 가운데 어느 부분에 어떤 노력이 필요한지 도출할 수 있다. 즉, 지방정부가 미래의 재난위험에 대비하여 현재 리질리언스를 어떻게 구축하고 개선시킬 것인지를 파악할 수 있게 한다. 이는 지방정부의 재난관리 정책 우선순위를 결정하게 하며, 결과적으로 재난 리질리언스의 향상을 이끌 수 있다(UNDRR, 2017b: 91).

제 4 절 맺음말

재난으로부터 자유로운 개인과 지역, 그리고 국가는 존재하지 않는다. 재난의 '관리'는 우리 모두의 삶에서 마주하는 문제와 도전이다. 재난으로 인해 인류는 문명과 역사의 후퇴를 경험하였으며 생명과 재산 나아가 삶의 터전을 잃어버리기도 하였다. 그럼에도 불구하고 역사 속 인류는 재난을 극복하며 지속적인 문명의 발전을 이룩해왔다. 그

러나 현대사회에서 마주하는 재난은 "우리가 재난을 이겨내고 다시 회복하고 발전할 수 있을 것이다"라는 지속가능한 생존과 번영에 대한 믿음에 의심을 심어주고 있다. 재난은 과거와 비교해 발생원인과 양태는 복잡해지고 규모와 피해의 불확실성은 커지며, '사악한 문제(wicked problem)'로서 우리 곁에 다가오고 있다.

따라서 재난을 바라보는 정부의 관점과 대응전략에 혁신적인 변화가 요구된다. 특히, 재난은 그 원인과 결과 간의 인과관계가 복합구조의 형태를 가진다. 또한 문제의 양적 그리고 질적 스펙트럼은 이전과 비교할 수 없을 정도로 새롭게 확장되며 다양하게 나타나고 있다. 이에 정부는 실제적인 문제 해결을 위해 다양한 전공지식과 실무적 경험을 종합적으로 적용하는 이른바 학제적 접근 또는 연합학문적(multidisciplinary) 접근에 기반을 둔 정책적 고민이 필요하다.

이와 함께 국민의 안전을 최우선의 가치로 삼고 각종 재난을 예방하고 재난발생 시 신속히 대응하고 회복하기 위한 리질리언스를 강화하여야 한다. 리질리언스 향상을 위해 공공과 민간이 함께 협력하여야 한다. 특히, 리질리언스는 사회를 구성하는 다양한 요소들에 의해 구성되는 복잡한 구성체계를 지니고 있다. 따라서 모든 이해관계자가 우리 사회의 리질리언스 구축과 강화를 위해 협업과 소통에 노력을 기울여야 한다. 또한 지방정부를 중심으로 지역사회 내 다양한 이해관계자의 참여와 신뢰에 기반을 두는 네트워크를 형성해야 한다. 이를 통해 재난위험 거버넌스를 강화하여 리질리언스를 향상시키고 재난위험을 경감하여야 한다.

지금까지 이 장은 정부 재난관리의 '내용과 과정'에 대해 다루었다. 특히, 이 책의 집필 동기와 대상 독자를 고려하여 재난관리의 기초적이고 핵심적인 내용으로 쉽게 구성하기 위해 노력하였다. 이 장이 정부의 재난관리에 관한 관심을 불러일으키고 나아가 더욱 깊이 있는 지식과 소양을 쌓기 위한 결심의 마중물이 되기를 바란다.

참고문헌

이대웅(2019). 한국 지방정부의 재난관리 정책에 관한 연구: 재난 회복탄력성의 비교분석을 중심으로. 성균관대학교 박사학위논문.

이대웅(2021). 재난관리 연구에서 회복탄력성(Resilience)의 개념과 측정에 관한 연구: 선행연구 검토를 중심으로. 『국정관리연구』, 16(3): 23-54.
이동규(2022). 『한국재난관리론』. 서울: 윤성사.
임현우(2022). 『재난관리론: 이론과 실제』. 서울: 박영사.
행정안전부(2021). 『대한민국 재난안전관리』.

Aldrich, D. P.(2012). *Building resilience: Social capital in post-disaster recovery*. University of Chicago Press.
Alexander, D. E.(2013). Resilience and disaster risk reduction: an etymological journey. *Natural Hazards and Earth System Sciences*, 13(11): 2707-2716.
Berman, E. M., & West, J. P.(1998). Responsible risk-taking. *Public Administration Review*. 346-352.
Bruneau, M., Chang, S. E., Eguchi, R. T., Lee, G. C., O'Rourke, T. D., Reinhorn, A. M., … & Von Winterfeldt, D.(2003). A framework to quantitatively assess and enhance the seismic resilience of communities. *Earthquake Spectra*, 19(4): 733-752.
Comfort, Louis K.(1988). Designing Policy for Action: The Emergency Management System, L. K. Comfort(ed.). *Managing Disaster*. Dorham, North Carolina: Duke University Press.
FEMA(2007). Principles of Emergency Management Supplement.
Holling, C. S.(1973). Resilience and stability of ecological systems. *Annual Review of Ecology and Systematics*, 4(1): 1-23.
Klein, R. J., Nicholls, R. J., & Thomalla, F.(2003). Resilience to natural hazards: How useful is this concept? *Global Environmental Change Part B: Environmental Hazards*, 5(1): 35-45.
Lasswell, H. D.(1951). The Policy Orientation. *In The Policy Sciences: Recent Developments in Scope and Method*. Edited by D. Lerner & HD Lasswell, Etc.[With a Bibliography]. Stanford University Press.
Manyena, S. B.(2006). The concept of resilience revisited. *Disasters*, 30(4): 434-450.
Norris, F. H., Stevens, S. P., Pfefferbaum, B., Wyche, K. F., & Pfefferbaum, R. L.(2008). Community resilience as a metaphor, theory, set of capacities, and strategy for disaster readiness. *American Journal of Community Psychology*, 41(1-2): 127-150.
Petak, W. J.(1985). Emergency management: A challenge for public administration. *Public Administration Review*, 45: 3-7.
Timmerman, P.(1981). *Vulnerability, resilience and the collapse of society: A Review of Models and Possible Climatic Applications*. Toronto, Canada. Institute for Environmental Studies, University of Toronto.

Turner, B. A.(1978). *Man-made Disasters*. London: Wykeham Publications.

UNDRR(2015). Sendai Framework for Disaster Risk Reduction 2015~2030.

UNDRR(2017a). Disaster Resilience Scorecard for Cities.

UNDRR(2017b). How To Make Cities More Resilient: A Handbook For Local Government Leaders.

Vugrin, E. D., Warren, D. E., & Ehlen, M. A.(2011). A resilience assessment framework for infrastructure and economic systems: Quantitative and qualitative resilience analysis of petrochemical supply chains to a hurricane. *Process Safety Progress*, 30(3): 280-290.

Wildavsky, A. B.(1988). *Searching for Safety*(Vol. 10). Transaction Publishers.

제4장

이민행정

유민이(이민정책연구원)

제 1 절 이민행정이란 무엇인가

1. 이민행정의 개념과 특성

바야흐로 이주의 시대(The age of migration)이다. 2020년 기준 약 78억 명의 세계인구 중 3.6%에 해당하는 2억 8천만 명이 모국을 떠나 이주하였고, 이들이 본국에 송금한 금액은 7,020억 달러가 넘는다(McAuliffe & Triandafyllidou, 2021). 이주자의 비율은 1970년 8,400만 명보다 최근 세 배 이상 증가하며 이주의 규모는 가속도가 붙고 있다. 대한민국 역시 이러한 세계적 흐름과 다르지 않다. 국내에 체류하는 외국인의 규모는 2007년 100만 명을 넘어섰으며, 2019년 252만 명까지 증가하였으나, 코로나19 펜데믹의 영향으로 2021년 12월 말 기준 195만여 명이 체류 중이다.

이러한 체류외국인 규모는 주민등록인구의 3.8%(2021년 기준)를 차지하고, 전라남도와 같은 광역지방자치단체의 인구보다도 더 큰 규모인 것을 알 수 있다. 국내에 가족결합(혼인 등), 경제활동, 학업, 기타 인도주의 등의 이유로 이주하는 외국인의 규모가 점차 증가하며 하스 외(Haas et al, 2020)의 「이주의 시대(*The Age of Migration*)」에서는 대한민국을 신흥(후발)이민국가로 분류하기도 한다.

이민행정을 더욱 구체적으로 정의내리기 위해서는 이민정책에 대한 개념화가 선행

그림 4-1 국내 체류외국인 규모 변화(1998~2021)

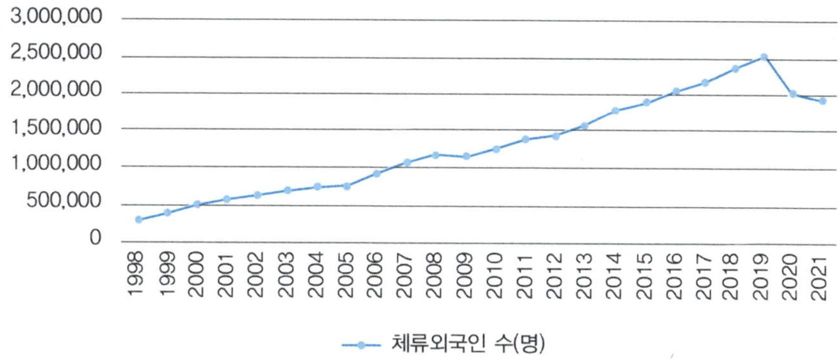

자료: 법무부 출입국·외국인정책 통계연보 각 연도.

되어야 한다. UN(1998)에서는 이민정책을 "내국인과 외국인의 이입(immigration)과 이출(emigration)을 관리함으로써 인구이동의 양과 질을 통제하려는 정책"이라고 정의하여 자국의 인구를 송출하는 이출까지도 이민정책의 범위에 포함하고 있다. 하지만, 한 국가의 이민정책은 자국의 노동시장상황과 국민의 사회적 태도 등을 고려하여 결정하는 국경관리적 성격이 강하므로 '유입'을 중심으로 논의가 이루어지고 있다고 볼 수 있다(이규용 외, 2015: 205). 따라서 국제이주기구(IOM)가 정의한 "내·외국인의 출입국관리를 포함한 국경관리와 자국의 영토 내 거주하는 이주민의 체류관리 및 정착에 대한 정부의 정책"이라는 이민정책의 개념이 더욱 적합한 것으로 보인다. 행정은 "사회문제를 예방 및 처방(해결)하고자 하는 정부의 일"로 정의할 수 있으므로, 이민행정은 "내·외국인의 출입국관리를 포함한 국경관리와 자국의 영토 내 거주하는 이주민의 체류관리 및 정착에 대한 문제에 선제적으로 대응하거나 해결하기 위한 정부의 일"로 정의할 수 있으며, 출입국관리, 유입, 체류관리, 정착 및 통합과 관련한 사무가 이민행정에 포함된다고 할 수 있다(유민이·라휘문·박윤, 2020). 이민행정에 해당하는 범주를 보다 구체화하면 〈표 4-1〉과 같다.

이민행정이 포괄하는 주요 영역이 내재하는 특성들을 그대로 가지고 있다. 이민의 영역은 국가주도성과 국제성, 복잡성, 그리고 이민질서행정과 사회통합행정의 연계를 특징으로 한다(김환학, 2016). 먼저, 이민행정은 국가의 관점에서 방향이 결정 및 추진되

표 4-1 이민행정의 주요 영역 및 내용

<table>
<tr><th colspan="2">구분</th><th>주요 내용</th></tr>
<tr><td rowspan="4">이민
행정</td><td>출입국관리
(국경관리)</td><td>대한민국에 입국하거나 출국하는 모든 국민 및 외국인을 대상으로 출·입국 전부터 공항만에서의 출·입국까지의 전 과정을 관리·심사함으로써 신속하고 안전한 국경관리 도모</td></tr>
<tr><td>유입</td><td>대한민국에 이입하려는 적극적 이주(여행, 노동, 결혼, 교육, 은퇴, 투자 등)와 소극적 이주(난민, 무국적자 등)를 통제, 관리, 유치하는 정책</td></tr>
<tr><td>체류관리</td><td>대한민국에 체류하려는 목적에 따라 기간 및 대한민국에서의 활동 허가내용을 결정하고 적용하며, 미등록이주 및 불법체류 등을 관리</td></tr>
<tr><td>정착 및 통합</td><td>90일 이상 장기체류자에 대한 관리 및 행정서비스의 제공
국익을 위한 장기체류자 유치 및 선발
대한민국 구성원으로서의 적응, 통합, 역량 강화 등</td></tr>
</table>

출처: 유민이·라휘문·박윤(2020: 9).

는 것이 일반적이다. 일부 국가의 경우 매해 유입하는 이민자의 규모를 결정하기도 하며, 대부분의 국가는 국익에 도움이 되는 이민자를 선발하는 권한을 이민과 관련한 다양한 제도를 통해 지니고 있다. 국경에서의 행정작용이 이민행정 분야의 주요 분야이므로 전국 공통의 기준을 중심으로 이민행정이 수행된다. 따라서 이민과 관련한 법률과 국가정책(기본계획 등)에 따라 수행되며, 일부 이민자에 대한 지원 등은 지방자치단체에 일임하기도 한다.

두 번째 특징인 국제성과 복잡성은 국제이주환경의 영향과 관련된다. 이민행정은 국제이주환경에 대한 영향이 크므로 신축적인 행정작용이 요구된다는 점이다. 대한민국에서는 대표적으로 2018년 제주도 예멘 난민 이슈, 2020년 아프가니스탄 특별기여자 이슈 등이 있었다. 국제상황에 따라 대규모로 외국인이 국내 입국한 사례로 국제적인 이슈가 국내환경에 직접적으로 영향을 미친 사례라고 볼 수 있다. 따라서 이민행정은 불명확하고 예측불가능한 경우가 많으며, 이에 따라 신축적인 대응이 강하게 요구되는 분야라고 할 수 있다.

참고사례 제주 예멘 난민 이슈

2018년 예멘출신 난민 551명이 제주도에 입국에 대한민국 정부에 난민지위를 요청한 사건으로, 예멘은 정부군과 후티 반군 간 내전으로 인해 3년 동안 1만 명이 숨지고 100만 명이 콜레라에 감염되었으며, 200만 명의 피난민이 생겼다. 이 중 30만 명은 국외로 탈출하였고, 이 가운데 500여 명이 말레이시아를 거쳐 제주도에 입국하게 되었다. 난민이 이슈화된 전례가 없었던 대한민국에서는 이 사건으로 인하여 난민수용에 대한 찬반논란이 거세게 이슈화되었으며 다양한 사회적 논의가 오가게 되었다. 반대하는 입장에서는 난민의 이질적인 종교 등의 문제로 '난민법과 무사증 입국제도의 폐지'에 대한 청원이 이어진 반면, 대한민국은 국제사회의 일원으로서의 역할을 다해야 하는 책무 역시 가지고 있었다. 결과적으로, 총 551명 중 484명이 난민에 대한 심사를 받게 되었고, 이 중 0.41%인 2명이 난민으로 인정되었으며, 85%인 412명이 인도적 체류허가를, 56명(12%)이 불인정되었다.

제주출입국 · 외국인청(2020). 『2018 제주 예멘 난민 백서』에서 일부 통계 인용

참고사례 아프가니스탄 특별기여자

아프가니스탄 내전 발발에 따라 아프가니스탄 내부에서는 국외피난길에 오른 사람이 57만 명에 달하게 되었다. 이에 대한민국 정부는 대사관, 한국국제협력단(KOICA), 바그람 한국병원, 바그람 한국 직업훈련원, 차리카 한국 지방재건팀(PRT)에서 근무한 현지인 직원과 가족을 특별기여자로 분류하여 수용하기로 결정하였다. 최종적으로 391명이 '난민'과는 다르게 '특별기여자'라는 명칭으로 국내에 입국하게 되었고, 이들은 거주 체류자격(F-2)을 부여받아 매회 5년의 체류기간, 그리고 외국인에게 허용된 취업활동을 할 수 있도록 조치하였다.

마지막으로, 질서행정과 사회통합행정의 연계는 이민행정이 규제적 특성과 급부적 특성을 동시에 있다는 특징과 연관된다. 어떠한 외국인을 받아들일 것인지(선발), 얼마나 체류하게 할 것인지(체류), 그리고 체류하는 외국인에게 어떠한 활동까지를 허용할 것인지(목적 외 활동 제한) 등을 국가 차원에서 엄격하게 정하고 통제하는 규제적 특성을 내포하고 있는 한편, 이미 유입된 외국인의 사회적응을 정부 차원에서 지원하는 급부적인 성격을 동시에 지닌다는 점이다. 따라서 이민행정을 담당하는 조직은 때로는 통제적이며 때로는 지원적인 정책을 펼쳐야 할 책임이 있다.

2. 관련 주요 이론

이민현상과 관련한 주요 이론은 국제이주의 원인, 이민자들의 적응, 그리고 이민자에 대한 내국인의 수용성으로 구분할 수 있다.

먼저, 국제이주의 원인과 관련한 이론으로는 매시 외(Massey et al, 1993)가 제기한 발생(initiation)과 영속화(prepetuation)이론 등이 있다. 발생론은 국제이주의 원인을 신고전경제학에서 찾고 있는데, 노동력의 수요와 공급에 대한 지역 간 격차를 국제 인구이동의 근본적 원인으로 보고 있다. 이 이론에 의하면, 인구이동은 자본은 부족하나 노동력은 풍부한 국가로부터 자본은 풍부하지만 노동력은 부족한 국가로 발생한다. 예를 들어, 우리나라의 1970~1980년대 노동력은 풍부하였지만 자본이 부족했던 시대에는 자국민이 중동 및 유럽지역으로 이출이 많았던 반면, 최근 자본은 풍부하지만 노동력이 부족한 시점에서는 외국인 노동력을 적극적으로 받아들이는 양상을 통해 확인할 수 있다. 이러한 발생론은 거시적인 접근으로서, 이를 미시적 차원으로 접근할 수도 있다. 개인은 자신의 인적자본(교육 수준, 언어능력, 경험 등)을 투자하여 가장 큰 순이익(비용-이익)을 얻을 수 있는 곳으로 이주한다는 것을 가정한다. 따라서 각 국가가 처한 구조적 상황 외에도 개인의 인적자본에 바탕한 손익의 계산에 따라 국제이주가 발생하며 국제이주는 개인이주의 총합에 불과하다는 입장이다. 하지만, 신고전주의경제학에서 말하는 발생론은 국가 간 임금격차가 없을 것을 가정한다고 해도 필연적으로 발생할 수밖에 없다는 주장이 신이주경제학자(new economics of labor migration theory)에 의하여 제기되었다. 신이주경제학을 최근 정리한 포룸베스쿠(Porumbescu, 2015)에 의하면 저개발국에서 타 국가로의 이출은 전형적으로 가구 단위로 결정된다고 보고 있다. 즉, 사람들은 가구에서 기대하는 소득을 최대화하고, 저개발국 시장상황의 위험요소를 최소화하며 불안정을 줄이기 위하여 개발된 국가로 이주한다는 것이다. 따라서 발생론이라고 하더라도 이주에 대한 기본적 시각 및 분석 단위[국가, 집단(가구), 개인] 등에 따라 다양한 설명을 제공하고 있다.

국제이주의 원인에 대한 두 번째 이론은 영속화론으로 영속화론은 이주의 흐름이 형성된 후 후속 이주의 원인을 규명하는 데 더욱 유용한 이론이다. 매시 외(Massey et al, 1993)는 한 사회에서 이주가 맥락화되어 지속적으로 영속화되는 현상을 설명하며, 이주가 '맥락화'되는 조건은 누적원인론을 통해 설명한다. 즉, 이출자가 있는 가구의 소득이 높아지면 타 가구구성원은 상대적 박탈감을 느끼게 되어 또 다른 이출자가 발생하게 된다. 또한 한 지역에 이출자가 많아질수록 그 지역의 문화가 이출의 가능성을 높이게 되며, 이출자들은 이입된 지역의 높은 소득과 생활방식에 유인을 느끼게 되어 반복이동하는 경향이 있다고 본다. 그리고 이러한 현상이 반복되면 이민자가 많이 종사하는 직업들이 특정화되어 '이민직업'이라는 낙인이 발생하는데, 이주자들이 많은 국가에서는 이러한 이민직업에 대한 종사를 꺼리게 되고, 해당 직업군은 지속적으로 이주자들이 채우게 되는 구조적 요인이 된다. 따라서 누적원인론에서는 가구-지역-국가의 영역으로 점차 확장하여 송출국과 유입국이 구분되고 공고화되는 상황을 설명하고 있다.

다음으로는 이민자들이 이주 후 유입국 적응에 관련한 이론을 살펴본다. 적응과 관련한 이론은 이민자들의 어떤 특성이 유입국에 적응하는 데 중요한 영향을 미치는가와 관계된다. 대표적으로 치즈윅(Chiswick, 2018)은 이민 후 새로운 인적자본의 축적(언어능력, 새로운 기술 습득 등)이 이민자의 적응에 중요한 영향이 있다고 본다. 즉, 이주의 시간효과가 매우 강하다고 보고 있다. 하지만, 이러한 관점은 이주 전 본국으로부터의 코호트 효과를 고려하지 못했다는 비판을 받고 있다. 이외에 이민자의 적응과 관련하여 센즌브레너와 포르테스(Sensenbrenner & Portes, 2018)는 내국인과 이민자의 한계를 노정하고, 이민자들의 인종집단특수시장이론을 제기하며 적응에 대한 경험적 연구를 수행하였다. 인종집단특수시장이론은 내국인과 이민자는 대등하게 경쟁하기에는 한계가 있기 때문에, 경쟁에서 뒤처지게 되면 이민자는 주로 이차노동시장에 진입하게 되거나 또는 인종집단별로 노동시장을 별도로 형성하게 된다는 것이다. 대표적으로 차이나타운, 코리아타운 등이 그 예이다. 이러한 인종집단시장은 인종집단 내 물질적·사회적 자원의 동원량에 따라 노동시장의 규모가 결정된다고 보았다. 따라서 이러한 노동시장의 규모가 클수록 이민자의 적응도 역시 높아진다고 볼 수 있다.

이민자의 적응에 대한 이론은 이민자가 가지고 있는 인적자본 외에도 수용국의 입장에 의해서도 영향을 받게된다. 포르테스(Portes, 1995)는 이른 편입양태(mode of incorporatopn)로 설명하고 있는데, 수용국이 이민자에 대한 정부정책 방향(수용, 중립, 거부 등)이 무엇인지, 수용국 시민사회의 이민자에 대한 여론이 어떠한지, 그리고 이민집단들이 얼마나 강한 공동체를 형성하고 있는지 등이 적응에 영향을 미친다고 보고 있다. 즉, 이민자의 적응에 수용국의 정부의 입장과 정책의 중요성에 대해서 설명하고 있다는 점에서 시사하는 바가 큰 연구라고 볼 수 있다.

이민현상과 관련한 이론 중 마지막 유형은 내국인의 이민자에 대한 수용성에 관한 이론으로, 최근 들어 더욱 주목받고 있는 분야이다. 이 연구들에서는 수용국 국민들이 이민자에 대한 인식에 영향을 미치는 요인을 밝히고자 하고 있다. 내국인이 이민자에 대한 인식에 영향을 미치는 요인으로는 크게 경쟁 및 위협이론, 접촉가설, 사회정체성 이론 등이 있다. 먼저, 경쟁 및 위협이론은 노동시장에서의 경쟁 위협 혹은 경쟁 모델은 기술 수준이 낮고 2차 노동시장에서 주로 종사하는 선주민이 대체로 기술 수준이 낮은 이주민들과 일자리를 두고 경쟁하면서 이주민들에 대해 부정적인 인식을 갖는 것을 말한다(Scheve & Slaughter, 2001). 가령, 저숙련에 저기술의 일자리는 비교적 진입하기 쉽기 때문에 이주민들이 접근하기보다 용이한 일자리이다. 이에 고숙련·고기술의 직종이나 일자리에 비해 국민과의 경쟁이 많이 발생할 수 있다. 이렇게 비숙련 외국인 노동자의 유입에 따라 일자리를 둘러싼 고용 경쟁이 심화되면서 국내 비숙련 노동자들의 고용안정성 및 임금에도 부정적인 영향을 주는 것으로 나타났다. 따라서 노동시장 경쟁 모델에 따르면, 이주민의 유입이 발생하는 노동시장 내 경쟁으로 인해 이주민에 대한 인식 전반에 부정적인 영향을 미치게 된다는 것이다.

접촉가설은 일상생활에서 이민자를 직접대면으로 접촉하거나 매체나 교육을 통해 간접접촉을 하면서 인종과 사상, 문화의 차이에 따라 갈등이 발생할 수 있고, 집단 간 편견이나 긴장을 완화할 수 있음을 설명하는 가설이다. 접촉가설의 대표적인 학자인 알포트(G. W. Allport)는 특정한 상황에서의 직접접촉이 편견을 감소할 수 있다는 접촉가설을 제시하였으며, 이와 더불어 여러 접촉이론가들은 인종 간 접촉이 집단 간의 편견을 감소시키며 관계를 개선한다는 사실을 제시해왔다(Amir, 1969; Cook, 1984; Pettigrew, 1998; Bennett, 2007). 특히, 페티그루(Pettifrew, 1998)는 이민자와의 일반적인 접촉이 아닌 양질의 접촉을 통해야만 접촉가설의 효과가 나타난다고 보고 있는데, 여기에서 말하는 '양질의 접촉'은 다음과 같다. 첫째, 접촉이란 집단 간 이해와 호혜적 지식을 생성할 수 있을 만큼 친밀하여야 하며, 둘째, 다양한 집단의 구성원들이 동등한 지위여야 하고, 셋째, 구성원 간 협력을 유도하여야 하며, 넷째, 제도적 지원이 제공되어야 한다(Bennett, 2007). 이를 통해 접촉의 효과성을 제고할 수 있으며, 이러한 접촉 조건을 독립적으로 적용하기보다 통합적으로 적용될 때 효과는 더욱 극대화될 수 있다(Pettigrew & Tropp, 2006).

마지막으로, 사회정체성 이론은 별개의 두 집단이 있다는 사실만으로도 각 집단 간 배척이 일어나며, 집단 간 관계에 대한 측면을 설명하고 불공평한 세력을 지닌 집단과

집단 간 관계에 대하여 관심을 가진다는 이론으로 설명된다(Taylor & Mogahaddam, 1987). 이를테면 한국인의 경우, '나는 대한민국 국민이다'와 같이 자신의 정체성을 국가라는 사회범주에 동일시할 때 나타나게 되며, 이러한 사회정체성이 자아정체성의 중요한 일부이다(안상수 외, 2012). 이러한 사회정체성 이론에 따르면, 대한민국 국민은 대한민국 국민으로서 자신의 국가에 대한 정체성을 지니게 되고, 자신의 자존감을 높이기 위한 수단으로 정체성을 공고히하며 이와 관련하여 '우리(자신이 소속된 집단)가 더 낫다'는 주장을 함으로써 다문화 수용성을 저해하기도 한다(안상수 외, 2012).

제 2 절 한국의 이민행정 현황 및 정책

이 절에서는 실질적인 관점으로 들어가 대한민국에서 수행되는 이민행정의 실제를 다룬다. 이를 위하여 이민행정을 담당하는 정부의 추진체계, 그리고 이로부터 파생된 이민과 관련한 정책들의 방향성과 추진방법 등을 구체적으로 다룬다.

1. 이민행정 추진체계

1) 조직

이민행정과 관련한 정부조직은 위원회와 같은 합의제 행정기관과 독임제 정부부처들이 있다. 먼저, 위원회는 대표적으로 외국인정책위원회, 다문화가족정책위원회, 외국인력정책위원회가 있으며, 여기에 재외동포정책위원회, 문화다양성위원회, 그리고 최근 인구문제의 대안으로서 이주민의 유입과 관련한 대안이 제기되며 저출산고령사회위원회 역시 관련된 위원회로 볼 수 있다. 이상의 위원회 특성을 정리하면 다음의 〈표 4-2〉와 같다.

저출산고령사회위원회를 제외하고는 다섯 위원회 모두 국무총리 소속으로, 외국인정책위원회, 다문화가족정책위원회, 재외동포정책위원회, 문화다양성위원회는 국무총리를 위원장으로 한다. 한편, 외국인력정책위원회는 국무조정실장이 위원장이다. 위원회는 위원회에 상정할 안건과 위원회에서 위임한 안건을 처리하기 위한 실무위원회를 두고 있는데(저출산고령사회위원회의 경우 운영위원회), 실무위원회의 장이 배출된 부처가 사실상 각 위원회의 주무부서라고 볼 수 있다. 즉, 외국인정책위원회는 법무부, 다문화가족정책위원회는 여성가족부, 외국인력정책위원회는 고용노동부, 저출산고령사회위원회는 보건복지부에서 주로 담당하며, 문화다양성위원회는 실무위원회는 없지만 문화체육관광부가 주무부서라고 볼 수 있다. 위원회는 대체로 심의와 조정 기능을 하고 있으며, 외국인력정책위원회만 외국인근로자 도입업종과 규모, 송출할 수 있는 국가지정 및 취소 등을 의결할 수 있는 의결권을 가진다.

이민정책과 직접적인 관련이 있는 위원회는 외국인정책 · 다문화가족정책 · 외국인력정책위원회 세 개의 위원회로, 출입국관리와 체류관리는 주로 외국인정책위원회, 유입에 관한 정책은 외국인정책위원회와 외국인력정책위원회, 정착 및 통합과 관련한 위원회는 모든 위원회가 속한다. 위원회에서는 주로 각 위원회의 주요 정책에 대한 5년 단위의 중 · 장기 기본계획과 연 단위의 시행계획을 수립하고, 추진실적을 평가하며, 이러한 계획에 대한 조정 및 협력에 대한 기능을 주 기능으로 한다. 따라서 수립되는 기본계획 및 시행계획에 따라 관계되는 부처들은 각 부처별 관련 사업들을 제출하고 수행하게 되는데, 참여하는 부처들의 관계의 경중차이는 있지만 대부분의 부처가 위원회들의 계획에 참여하게 된다.

하지만, 이러한 위원회는 연간 개최 횟수가 1~2회 정도에 그치고 있어 실질적인 심의 기능을 수행하는 게 어렵고 형식적이라는 비판이 있으며, 부처 및 지방자치단체가 관련된 사업을 수행한 것에 대한 평가 기능 역시 미흡하다고 할 수 있다. 사업수행의 결과를 환류하거나 바람직한 수행 방향으로 나아갈 수 있는 컨설팅 등의 기능을 수행하지 않음으로써, 평가의 목적을 달성하고 있지 않기 때문이다. 또한 위원회에서는 위원회간, 각 부처 간의 수평적 협력, 그리고 부처와 지방자치단체 간 수직적 협력 또는 조정을 할 수 있는 실질적 권한이 부여되지 않음으로써 조정 기능 역시 미약하다고 볼 수 있다.

표 4-2 이민행정 관련 위원회 현황

구분	외국인정책 위원회	다문화가족정책 위원회	외국인력정책 위원회	재외동포정책 위원회	문화다양성 위원회	저출산고령사회 위원회
법적 근거	재한외국인 처우기본법 제8조	다문화가족지원법 제3조 제4항	외국인근로자의 고용 등에 관한 법률 제4조	재외동포정책 위원회 규정	문화다양성의 보호와 증진에 관한 법률 제7조	저출산고령사회 기본법 제23조
소속	국무총리	국무총리	국무총리	국무총리	국무총리	대통령
위원장	국무총리	국무총리	국무조정실장	국무총리	국무총리	대통령
실무 위원장	법무부 차관	여성가족부 차관	고용노동부 차관	국무 차장	–	운영위원장 (보건복지부 장관 1인, 대통령 지명 1인)
성격	심의·조정	심의·조정	심의·의결	심의·조정	심의·조정	심의
주요 기능	– 외국인정책 기본계획 수립 – 외국인정책 시행계획 수립, 추진실적 및 평가 – 재한외국인의 사회적응	– 다문화가족정책 기본계획 수립 – 다문화가족정책 시행계획 수립, 추진실적 점검 및 평가 – 다문화가족과 관련한 조사, 연구, 정책의 분석, 평가 – 각종 다문화가족지원 사업조정 및 협력	– 외국인근로자 관련 기본계획 수립 – 외국인근로자 도입업종 및 규모에 관한 사항 – 외국인근로자를 송출할 수 있는 국가의 지정 및 지정 취소	– 재외동포정책 기본방향의 수립 – 재외동포 정착지원 – 재외동포의 법적·사회적 지위 향상, 유대 강화, 정체성 함양 – 재외동포의 국내·외 경제활동 지원 – 재외동포 관련 부처별 사업계획	– 기본계획의 수립 및 변경 – 기본계획의 이행평가 – 문화다양성 실태조사 – 문화다양성 보호와 증진을 위한 부처 간 협조 및 업무조정 – 문화다양성 보호와 증진을 위한 국가 간 협력	– 저출산고령화에 대비한 중·장기 인구구조 분석과 사회경제적 변화 전망 – 저출산고령화 사회정책의 중·장기 정책목표와 추진 방향 – 기본계획 및 시행계획 – 저출산고령 사회정책 조정 및 평가

출처: 각 법에서 정리.

이민행정과 관련한 기획 및 집행하는 독임제 행정기관인 중앙부처는 사실상 전 부처에 걸쳐 있다고 봐도 무방하다. 〈표 4-3〉은 이 중 가장 핵심적인 다섯 개 부처의 관련 업무를 정리한 표이다.

표 4-3	이민행정 담당 부처(2020년)

기획			집행(서비스전달)		
부처	대상	주요 내용	집행기관	수행방식	주요 내용
법무부	재한 외국인 국적 취득자	– 외국인정책 총괄 – 출입국, 체류관리 – 사회통합 – 난민, 국적	출입국 외국인청 (사무소)	정부조직	– 외국인 체류허가 – 이민자 사회통합
			사회통합 프로그램	위탁	– 이민자 자립, 사회적응
고용 노동부	외국인 노동자	– 고용허가, 직장적응 – 외국인력 도입체계 관리 – 이민자 직업교육, 훈련지원 – 결혼이민자 취업지원	외국인력 지원센터	위탁	– 고용허가제 대상 – 적응지원을 통한 인력 수급 원활화
			고용센터	정부조직	– 결혼이민자 취업성공 패키지 – 고용허가제 관련 민원
여성 가족부	결혼 이민자, 다문화 자녀 등 다문화가족	– 결혼이민자 정착지원 – 이주배경 아동 · 청소년지원 – 국제결혼 관련 피해자 보호 등	다문화 가족지원 센터	지방자치단체 직영, 위탁	– 다문화가족의 한국사회 조기적응 및 사회통합 지원
행정 안전부	외국인주민 (등록)	– 지방자치단체 외국인 정착지원 – 외국인범죄 및 외국인 밀집거주지역 생활 개선	지방자치단체 지원센터	지방자치단체 직영, 위탁	– 관내 외국인주민의 사회적응 지원
교육부	다문화학생 외국인 유학생	– 다문화, 이주배경아동, 청소년 교육지원 – 우수 외국인유학생 유치기반 조성 – 외국인유학생 관리 및 활용방안 확충	교육청	정부조직	– 다문화학생 공교육진입 및 적응 지원

출처: 기획은 설동훈(2017: 96)에서 재구성, 집행은 자체 작성.

법무부는 이민행정에 있어 유입-체류-통합 전 과정에 걸쳐 업무를 수행하고 있으며, 대상 역시 가장 포괄적이다. 한국에 장 · 단기로 체류하는 외국인에 대한 출입국 및 체류관리를 맡고 있으며, 장기거주 외국인들을 대상으로는 조기적응 및 사회통합 프로그램을 지원하며 통합 영역 역시 담당하고 있다. 법무부 출입국외국인정책 본부 산하에는 특별행정기관으로 출입국 · 외국인청(사무소)이 설치되어 있으며, 각 청(사무소)에서는 출입국심사, 체류관리, 불법체류관리 등 조사 및 사범 업무, 통합업무 등을 수행하고 있으며, 사회통합 프로그램의 경우 기본적으로 본부에서 지정 및 통합적으로 관리하고 청(사무소)에서는 관할지역 내 위탁기관에 대한 관리가 이루어진다.

고용노동부는 다양한 재한외국인 중 외국인노동자, 그 중에서도 비숙련외국인노동자(E-9)를 대상으로 하며, 이들의 도입체계와 도입규모, 고용허가 및 직장적응 등에 대한 업무가 이루어진다. 그리고 내국인을 대상으로 한 취업지원에 결혼이민자를 포함하여 프로그램을 제공하고 있다.

여성가족부는 결혼이민자와 그 가족을 대상으로 다양한 지원프로그램을 기획하여 제공하고 있는데, 특히 기초자치단체별로 설치된 다문화가족지원센터를 통해 여성가족부의 다문화가족에 대한 프로그램 전달체계를 세부화하고 접근성을 높이려고 시도하였다. 구체적으로, 결혼이민자의 초기정착에서 교육, 역량개발을 등을 위한 프로그램과 다문화가족의 자녀에 대한 프로그램 역시 수행 중에 있다. 그리고 결혼이민자를 대상으로 한 인권과 관련한 서비스(폭력피해여성 보호 등)도 제공하며 주로 통합관점의 업무를 중심으로 지원하고 있다.

행정안전부는 지방자치단체에서 외국인주민에 대한 각종 편의 및 지원을 제공하고자 지방자치단체에 외국인주민과 관련한 지원체계의 표준을 정하여 권고하고, 직접적으로 외국인주민과 관련된 프로그램을 수행하기보다는 해당 프로그램을 차별화하여 제공하고자 하는 지방자치단체를 지원하는 형식으로 간접적으로 업무가 이루어지고 있다. 이민행정과 관련하여 지방자치단체는 지역사회 통합에 중점을 두고 있으므로 행정안전부 역시 통합을 중심으로 한 행정업무를 수행한다고 볼 수 있다.

마지막으로, 교육부는 유학생 또는 다문화학생을 대상으로 하며, 유학생의 유치와 관리, 그리고 다문화학생의 공교육 진입과 적응지원 등 이원화된 업무가 있다. 유학생과 관련해서는 유입과 관리에, 다문화학생의 경우 통합과 관련한 업무를 더욱 집중한다고 볼 수 있다.

이상의 내용을 바탕으로 이민행정을 수행하는 주요 중앙부처에 대하여 알아보았다. 외국인과 관련한 행정을 총괄적으로 수행하는 법무부 외에도 대상 및 이민 단계별로 집중하여 행정서비스를 제공하는 부처들과 전달체계가 구성되어 있다. 이민행정을 부처별로 담당하는 이러한 구조는 각 부처의 기능상 전문성을 살려 업무를 수행할 수 있다는 장점이 있으며, 외국인을 대상화하기보다는 일반 행정업무에 편입시키므로 업무가 고도화될 경우 '주류화(mainstreaming)' 관점에서 장점이 있다. 하지만, 부처별 조율이 이루어지지 않은 상태에서 각 부처의 기능에 맞는 대상을 선정하여 행정서비스를 진행하게 될 경우 업무의 중복과 사각지대가 발생할 가능성이 높고, 특히 일선 및 지방의 전달체계로 갈수록 부처별 업무 영역에 대응해야 하는 비효율이 커지게 된다. 이러한 비효율을 방지하기 위하여 위원회를 설치하여 조정하고 있지만 위원회 역시 대상별 기능별로 분화되어 있는 형태이므로, 이민행정을 중·장기 국가전략적 관점에서 진행을 하기가 어렵다는 문제점은 지속되고 있다.

2) 법·제도

이민행정과 관련된 법률은 대표적으로 출입국관리법, 재한외국인 처우 기본법 등 일곱 개 법률이며, 법무부, 여성가족부, 고용노동부 등이 소관하고 있다. 각 법률의 목적과 주요 내용을 제정순서에 따라 〈표 4-4〉와 같이 정리하였다.

표 4-4 이민정책 관련 부처별 소관 사무(직제규정)

법률	목적	주요 내용	소관 부처
국적법 (제정: 1948.12.20)	대한민국의 국민이 되는 요건을 정함.	- 국적취득방법 - 복수국적자 법적지위 - 국적상실자 처리	법무부
출입국관리법 (제정: 1963.3.5)	대한민국에 입국하거나 대한민국에서 출국하는 모든 국민 및 외국인의 출입국관리를 통한 안전한 국경관리, 대한민국에 체류하는 외국인의 체류관리와 사회통합 등을 규정	- 국민 및 외국인의 출입국 - 외국인의 체류 - 외국인 등록 - 사회통합 프로그램 - 강제퇴거 및 보호	법무부
재외동포의 출입국과 법적지위에 관한 법률 (제정: 1999.2.3)	재외동포의 대한민국 출입국과 대한민국 안에서의 법적지위 보장	- 재외동포 체류자격 - 재외동포의 거소신고 - 재외동포 부동산거래, 외국환거래, 건강보험 등	법무부
외국인근로자의 고용 등에 관한 법률 (제정: 2003.8.16)	외국인근로자를 체계적으로 도입·관리하여 원활한 인력수급 및 국민경제의 균형 있는 발전 도모	- 외국인력정책위원회 - 외국인근로자 고용 절차 및 관리 - 외국인근로자 보호	고용 노동부

재한외국인 처우기본법 (제정: 2007.5.17)	재한외국인에 대한 처우 등에 관한 기본적인 사항을 정함으로써 재한외국인이 대한민국 사회에 적응하여 개인의 능력을 충분히 발휘할 수 있도록 하고, 대한민국 국민과 재한외국인이 서로를 이해하고 존중하는 사회환경을 만들어 대한민국의 발전과 사회통합에 이바지함을 목적으로 함.	– 외국인정책 기본계획 수립, 추진체계 – 재한외국인의 처우	법무부
다문화가족 지원법 (제정: 2008.3.21)	다문화가족 구성원이 안정적인 가족생활을 영위하고 사회구성원으로서의 역할과 책임을 다할 수 있도록 함으로써 이들의 삶의 질 향상과 사회통합에 이바지함을 목적으로 함.	– 다문화가족 기본계획 수립 – 다문화가족 실태조사 – 다문화가족 지원센터 설치	여성 가족부
난민법 (제정: 2012.2.10)	「난민의 지위에 관한 1951년 협약」, 「난민의 지위에 관한 1967년 의정서」 등에 따른 난민의 지위와 처우 등의 사항을 정함.	– 난민인정인청 및 심사 – 난민위원회의 설치 및 구성 – 난민인정자, 인도적 체류자 등의 처우	법무부

이민행정과 유관한 각 법률의 제정시기와 목적 등을 살펴보면 국내 이민행정의 전개와도 연관성이 높다는 것을 알 수 있다. 대한민국 국민의 기준을 정하는 국적법은 대한민국 건국 후 바로 제정되어 국민과 국민이 아닌자의 구분을 명확히 하였다. 이후 출입국관리법은 1963년 제정하여 내국인과 외국인의 입국, 출국과 관련한 사항을 정하고 있다. 이러한 출입국관리법은 2022년 8월 18일까지 52차례의 개정을 거쳐 기존의 출입국과 관련한 규율 외에도 외국인의 체류 및 국내 행정기관에 등록, 외국인의 사회통합 등으로 그 범위를 넓혀갔다. 실질적으로 이민행정의 전반을 다루는 법률이라고 볼 수 있다.

이후 이민행정 관련 새로운 법률은 제정되지 않다가 1999년 재외동포의 출입국과 법적지위에 관한 법률(약칭: 재외동포법)이 제정되며, 국내에 체류하는 외국국적동포를 국내 체류외국인과는 별도의 독립적인 법률로 대상화하였다.[1] 애초에 재외동포법은 유럽과 미주지역을 대상으로 글로벌 인재를 국내 노동시장에 활용할 수 있도록 자유로운 출입국과 활동을 보장하기 위하여 제정되었다. 하지만, 초기 목적과는 달리 중국 및 구

1) 이 법에서 다루는 재외동포는 '대한민국의 국적을 보유하였던 자의 직계비속을 지칭하는 외국국적동포'뿐 아니라 '대한민국 국민으로서 외국의 영주권을 취득한 자'를 모두 포괄하고 있지만 제3조~제17조는 대체로 외국국적동포에 대한 내용을 다루고 있다.

소련 동포의 대거 이주가 제정 이후 이루어졌고, 이로 인한 내국인 일자리 침해 등의 문제가 제기되며 재외동포 체류자격(F-4)의 단순노무직 취업을 금지하는 조항이 신설되었다. 하지만, 노동현장에서 동포 단순노무직에 대한 수요가 높아짐에 따라 별도의 체류자격(방문취업제, H-2)을 신설하여 연간 도입규모를 설정하여 관리하고 있다. 이러한 제약에도 불구하고 우리나라는 동포에 대한 유입과 정착을 타 외국인에 비하여 장려하고 있는데, 재외동포자격 및 영주자격(F-5)에 대한 취득요건을 점차 완화하여 체류자격 취득이 용이하도록 제도가 점진적으로 변화하고 있기 때문이다.

외국인근로자의 고용 등에 관한 법률(약칭: 외국인고용법)은 2003년 8월 16일 제정되었다. 외국인고용법은 1990년대 이후 비전문 · 비숙련 노동시장에 외국인근로자가 대거 유입되며, 발생한 다양한 부작용(외국인근로자의 인권침해 문제 등)을 최소화하면서도 내국인의 고용기회 보호 및 중소기업 인력부족을 해소하기 위한 방안으로 '고용허가제'가 대두된 것과 관련이 있다. 이 법에 따라 외국인력 정책위원회에서는 외국인력의 도입 업종이나 규모, 송출국을 결정하게 되며 연간 5만~6만 명 사이의 외국인근로자 도입쿼터를 정하고 있다. 즉, 외국인고용법은 1980년대 이후 우리나라의 급속한 경제성장 및 이에 따른 자본증가와 함께 발생한 일부 업종의 노동력 부족 문제를 해결하기 위한 방안으로 제기되었다고 볼 수 있다.

이후 재한외국인 처우 기본법과 다문화가족지원법은 각각 2007년, 2009년에 제정되었는데, 이 두 가지 법의 제정은 우리나라에서 이민행정에 대한 패러다임이 변화하는 계기가 되었다고 해도 과언이 아니다. 앞서 언급한 바와 같이 2007년을 기점으로 국내 체류외국인의 수가 100만 명을 넘어섰고, 1990년대 중반 이후로 결혼에 의한 이주(결혼이민자)가 활발해짐에 따라 외국인이 단순히 대한민국에 노동력을 제공하고 본국으로 귀환하는 존재라는 생각을 벗어나 대한민국에 정착하고 영주할 수 있다는 인식을 갖게 된 것이다. 따라서 대한민국으로 이주한 외국인, 그리고 그들의 2세에 대한 정부 차원의 적극적 접근이 필요하다는 인식 하에 노무현 정부에서 두 가지 법률이 제정되었다. 이 법률들로 인한 정책상 가장 큰 변화는 대한민국의 외국인 및 다문화가족에 대한 정책 방향을 결정하고 중 · 장기적 계획을 세우는 기본계획이 수립되기 시작했다는 점이며, 이러한 정책들의 체계적 추진을 위하여 국무총리 산하에 위원회를 신설하여 주요 사항을 결정하도록 했다는 점이다. 다음의 이민정책 방향에 대한 내용에서는 재한외국인 처우 기본법을 중심으로 '외국인정책 기본계획'의 변화와 이를 통해 본 정책 방향성을 설명한다.

2. 이민정책 방향

1) 외국인정책 기본계획 추진체계

재한외국인처우기본법 제2장은 외국인정책의 수립 및 추진체계에 대하여 정하고 있다. 법무부 장관은 관계중앙행정기관 장과 협의하여 5년마다 외국인정책에 대한 기본계획을 수집해야 하며(제5조 제1항), 외국인정책 기본계획에는 ① 기본목표와 추진 방향, ② 외국인정책의 추진과제, 방법과 시기, ③ 필요한 재원의 규모와 조달방안 등을 포함하도록 하고 있다(제5조 제2항).

또한 기본계획에 따라 연도별 시행계획을 수립·시행하도록 하고 있는데(제6조 제1항), 시행계획에서는 중앙행정기관 소관별 계획뿐 아니라 지방자치단체의 장 역시 위임한 사무에 대해 연도별 시행계획을 수립하도록 되어 있다(제6조 제2항). 그리고 지방자치단체의 시행계획이 중앙행정기관의 시행계획에 부합되지 않으면 중앙행정기관의 장은 지방자치단체장에게 그 변경을 요청할 수 있으며, 당해 시행계획의 이행사항을 중앙행정기관의 시행계획에 따라 점검이 가능하다(제6조 제3항).

그림 4-2 외국인정책위원회 구성 및 담당 영역

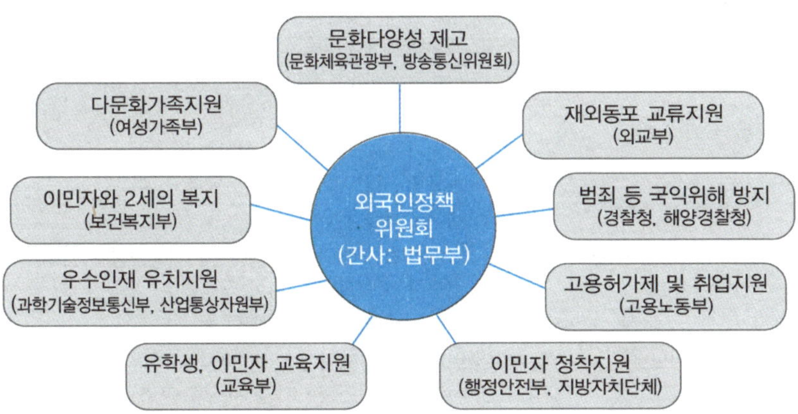

출처: 법무부(2018).

이러한 기본계획은 동법 제8조 제2항의1과 2에 따라 외국인정책위원회에서 수립, 추진실적, 평가결과 등을 심의 및 조정하게 되는데, 위원회는 위원장 1인을 포함한 30명 이내의 위원으로 구성되며, 위원장은 국무총리가 위원은 중앙행정기관의 장과 외국인정책에 대한 학식과 경험이 풍부한 자 중 위원장이 위촉하는 자 등으로 30인 이내로 구성된다(제8조 제3항).

2) 외국인정책 기본계획의 주요 내용

현재 제3차까지 나온 외국인정책 기본계획은 각 회차별 정하는 비전과 목표에 따라 해당 기간의 외국인정책에 대한 현황과 이슈, 지향점들을 살펴볼 수 있다는 데에서 유용하다. 제1차 외국인정책 기본계획에서는 외국인정책을 "대한민국으로 이주하고자 하는 외국인에 대해 일시적·영구적 사회구성원 자격을 부여하거나, 국내에 살아가는 데 필요한 제반 환경의 조성에 관한 사항을 정치·경제·사회·문화 등 종합적 관점에서 다루는 정책"으로 정의한다(외국인정책위원회, 2008: 2). 기본계획에서는 2008년 이전의 외국인정책을 통제관리 중심의 정책기조, 새로운 정책문제에 대한 적시성 있는 대안의

표 4-5 제1차 외국인정책 기본계획의 비전과 목표

비전: 외국인과 함께하는 세계 일류국가	
정책목표	중점과제
적극적인 이민허용을 통한 국가경쟁력 강화	1-1. 우수인재 유치를 통한 성장동력 확보 1-2. 국민경제의 균형발전을 위한 인력 도입 1-3. 외국인에게 편리한 생활환경 조성
질 높은 사회통합	2-1. 다문화에 대한 이해 증진 2-2. 결혼이민자의 안정적 정착 2-3. 이민자 자녀의 건강한 성장환경 조성 2-4. 동포의 역량 발휘를 위한 환경 조성
질서 있는 이민행정 구현	3-1. 외국인 체류질서 확립 3-2. 국가안보 차원의 국경관리 및 외국인정보 관리 3-3. 건전한 국민확보를 위한 국적업무 수행
외국인 인권보호	4-1. 외국인 차별방지 및 권익보호 4-2. 보호과정의 외국인 인권 보장 4-3. 선진적 난민인정·지원 시스템 구축

출처: 외국인정책위원회(2008: 13).

미흡, 중·장기적·종합적 대응 미흡 등의 문제가 있었다고 평가하며(외국인정책위원회, 2008: 8), 외국인정책의 기본방향을 '자본과 기술을 보유한 세계적 인재가 모여드는 국가로 양성하기 위한 "국가전략"으로서 외국인정책 추진', '미래 우리사회의 인적구성을 결정하는 정책으로서 사회적 파급효과가 광범위하므로 중·장기적·종합적 관점에서 추진'으로 정하였다.

이에 따라 제1차 외국인정책 기본계획은 '외국인과 함께하는 세계 일류국가'라는 비전을 정하고 적극적인 이민허용을 통한 국가경쟁력 강화, 질 높은 사회통합, 질서 있는 이민행정의 구현, 외국인 인권보호 등 네 가지 정책목표를 설정하였다.

비전과 목표에 따라 2009년 1,045억 원(190개 과제), 2010년 1,163억 원(173개 과제), 2011년 1,852억 원(165개 과제), 2012년 1,937억 원(149개 과제)의 예산이 집행되었다. 정기선 외(2011)는 제1차 기본계획에 대하여 국내 체류 중인 외국인을 대상으로 한 적극적인 육성형 외국인정책이 추진되었지만, 세부적으로는 사회통합의 방향성과 목표를 명확히 정립하고 부처별 일관된 실행계획을 수립할 필요가 있음을 지적하였다.

제2차 기본계획에서는 제1차의 외국인정책이라는 용어가 제1차 때에는 '이민'이라는 용어가 해외이민(emigration)과 혼동할 우려가 있어 외국인정책이라는 용어를 사용했지만 사실상 국제사회에서 통용되는 국경(border) 및 이주민(migrant)을 대상으로 하는 이민정책(immigration policy)과 일치한다고 하며, 외국인정책은 실제로 이민정책을 의미하지만 용어 혼동을 방지하기 위하여 외국인정책이라는 개념을 사용한다고 하였다(외국인정책위원회, 2012: 7). 그리고 제1차 기본계획이 우수인재 유치, 이민자의 사회적응 지원 등의 새로운 분야에 대한 기반이 조성되었다면, 제2차 기본계획은 국민의 다양하고 상반된 요구들을 최대한 반영하여 균형 잡힌 정책기조 유지를 통한 안정적 미래를 준비하는 것을 중점에 두었다고 하였다(외국인정책위원회, 2012: 22).

표 4-6 제2차 외국인정책 기본계획의 비전과 목표

비전: 세계인과 더불어 성장하는 활기찬 대한민국	
정책목표	중점과제
개방: 경제활성화 지원과 인재 유치	1-1. 내수활성화 기여 외래관광객 유치 1-2. 국가와 기업이 필요한 해외 인적자원 확보 1-3. 미래 성장동력 확충을 위한 유학생 유치 1-4. 지역 균형발전을 촉진하는 외국인 투자 유치

통합: 대한민국의 공동가치가 존중되는 사회통합	2-1. 자립과 통합을 고려한 국적 및 영주제도 개선 2-2. 체계적인 이민자 사회통합 프로그램 운영 2-3. 국제결혼 피해방지 및 결혼이민자 정착 지원 2-4. 이민배경 자녀의 건강한 성장환경 조성 2-5. 이민자 사회통합을 위한 인프라 구축
인권: 차별방지와 문화다양성 존중	3-1. 이민자 인권존중 및 차별방지 제도화 3-2. 다양한 문화에 대한 사회적 관용성 확대 3-3. 국민과 이민자가 소통하는 글로벌 환경조성
안전: 국민과 외국인이 안전한 사회구현	4-1. 안전하고 신뢰받는 국경관리 4-2. 질서 위반 외국인에 대한 실효적 체류관리 4-3. 불법체류 단속의 패러다임 다변화 4-4. 외국인에 대한 정합적인 정보관리 역량 제고
협력: 국제사회와의 공동발전	5-1. 이민자 출신국, 국제기구 등과의 국제협력 강화 5-2. 국가 위상에 부합하는 난민정책 추진 5-3. 동포사회와의 교류, 협력 확산

출처: 외국인정책위원회(2012: 22).

이러한 반영한 비전과 목표는 〈표 4-6〉과 같다.

제2차 기본계획의 5대 목표를 달성하기 위한 세부추진과제는 146개로, 2조 971억 원이 소요된 것으로 파악된다. 과제 수는 2013년도 194개에서 207개(2014년도), 201개(2015년도, 2016년도), 189개(2017년도) 등으로 연차별로 과제 수에 차이가 있었다. 제2차 기본계획에 대하여 이수영 외(2017)는 각 분야별 성과를 소개하는 한편, 우수 외국인재 유치 성과는 미흡한 데 비해, 단순 기능인력의 장기거주가 진행된다는 점, 외국인 유입 증가에 따른 국민 일자리의 침해 우려, 결혼이민자 위주의 정책으로 인한 그 외의 재한 외국인 지원과의 형평성 차이 문제, 외국인 인권보호를 위한 구체적 실행체계의 부족 등을 한계로 꼽고 있다.

마지막으로, 2018년부터 시행되고 있는 제3차 외국인정책 기본계획에서는 제1차와 제2차의 한계 보안을 위하여 5년의 기간 동안 선순환적 이민환경 마련을 위한 골든타임으로 활용하고, 국민과 이민자의 신뢰기반 조성을 통해 사회통합을 강화하며, 시민사회 및 지방자치단체와 협력하여 지속가능한 외국인정책 추진체계를 구축해야 함을 시사점으로 꼽고 이를 바탕으로 〈표 4-7〉과 같이 비전과 목표를 제시하였다.

표 4-7 제3차 외국인정책 기본계획의 비전과 목표

비전: 국민 공감! 인권과 다양성이 존중되는 안전한 대한민국	
정책목표	중점과제
국민이 공감하는 질서 있는 개방	1-1. 우수인재 유치 및 성장지원 강화 1-2. 성장동력 확보를 위한 취업이민자 유치·활용 1-3. 관광객 및 투자자 등 유치를 통한 경제 활성화 1-4. 유입체계 고도화 및 체류·국적 제도 개선
이민자의 자립과 참여로 통합되는 사회	2-1. 이민 단계별 정착 지원 및 사회통합 촉진 2-2. 이민배경 자녀 역량 강화 2-3. 이민자 사회통합을 위한 복지지원 내실화 2-4. 이민자의 지역사회 참여 확대
국민과 이민자가 함께 만들어가는 안전한 사회	3-1. 안전하고 신속한 국경관리체계 구축 3-2. 체류외국인 관리체계 선진화
인권과 다양성이 존중되는 정의로운 사회	4-1. 이민자 인권보호 체계 강화 4-2. 여성·아동 등 취약 이민자 인권증진 4-3. 문화다양성 증진 및 수용성 제고 4-4. 동포와 함께 공존·발전하는 환경 조성 4-5. 국제사회가 공감하는 선진 난민정책 추진
협력에 바탕한 미래 지향적 거버넌스	5-1. 이민 관련 국제협력 증진 5-2. 중앙부처·지방자치단체·시민사회 협력 강화 5-3. 이민정책 및 연구기반 구축

출처: 법무부(2018: 23).

〈표 4-7〉의 비전과 목표를 달성하기 위하여 총 약 1조 1,413억 원을 5년 간 투자할 계획이 진행 중이며, 2018년도 2,335억 원, 2019년도 2,317억 원, 2020년도 2,261억 원, 2021년도 2,285억 원, 2022년도 1,931억 원의 연차별 예산이 편성되었다. 제3차 기본계획은 2020년 현재 진행 3년차로 아직 평가가 어렵지만 체류외국인의 증가와 체류목적의 다양화, 국내 생산인구의 지속적 감소 등을 고려할 때 외국인정책의 중요성은 점차 커질 것으로 예측할 수 있다.

제 3 절 이민행정을 둘러싼 주요 쟁점 및 과제

1. 이민자 유입규모 증가 및 다양화

외국인·다문화와 관련한 행정조직이 본격적으로 설치된 2007년과 비교할 때, 2007년 3천 9백여 만 명의 내·외국인 출입국이 있었다면, 2019년도에는 9천 3백여 만 명의 출입국 함으로써 약 2.35배 증가한 수치를 보이고 있다.[2] 입국에 있어서는 약 2.34배, 출국은 2.35배가 증가하였다. 특히, 외국인의 출입국은 내국인의 출입국 규모보다 그 증가율이 더욱 높은데, 2007년 외국인의 입국이 642만여 명이었다면, 2019년에는 1,788만 명 정도로 약 2.78배가 증가하였다. 출국의 경우도 유사하다. 내·외국인을 막론하고 출입국 규모가 증가했다는 것은 출입국에 소요되는 다양한 행정적 투입 역시 증가했음을 의미한다. 출입국자 규모 증가에 따라 출입국행정 역시 전산화, 자동화 등 시스템 개선에 있어 비약적인 발전이 있어 왔지만 그럼에도 불구하고 10년이 조금 넘는 기간 동안 출입국자의 급격한 증가는 더욱 많은 행정수요를 야기한다.

흥미로운 것은, 2007년도에 비하여 2019년도의 등록외국인 구성의 변화에 있다.[3] 2007년도에 비하여 구성비에서 감소가 있었던 체류자격은 주로 비정주형 이민에 속하는 반면, 가장 눈에 띄게 비율이 늘어난 체류자격은 재외동포에게 부여하는 비자로, H2와 F4가 2007년에는 35%였으나 2019년에는 41%까지 증가한 것을 알 수 있다. 그 외에 거주(F-2)와 영주(F-5) 역시 약 세 배 가량 체류인원이 증가하였고, 구성비 역시 4%에서 12%가 되었다. 결혼이민자의 경우 구성비는 줄어든 것을 알 수 있지만, 사실상 줄어든 몫은 귀화를 통해 한국국적을 취득한 비율이라고 볼 수 있다.

등록외국인 구성의 변화는 우리나라에 교육이나 취업 학업 또는 경제적 목적으로 한시적으로 체류한 후 본국으로 귀환하는 외국인보다는 한국에서 삶의 터전을 잡고 살기 위하여 이주하거나, 또는 한시적으로 이민을 왔다가 정주하게 되는 비율이 상당부분 높아졌음을 의미한다. 한시적 이민과 달리 정주형 이민은 적응과 정착, 한국사회로의

---

2) 법무부 출입국·외국인 통계연보 각 연도(12월 기준 연간 출입국자).

3) 코로나19 이후 등록외국인의 급격한 변화로 인하여 코로나19 직전이었던 2019년도를 기준점으로 하였다.

그림 4-3 등록외국인 구성의 비교(2007년과 2019년)

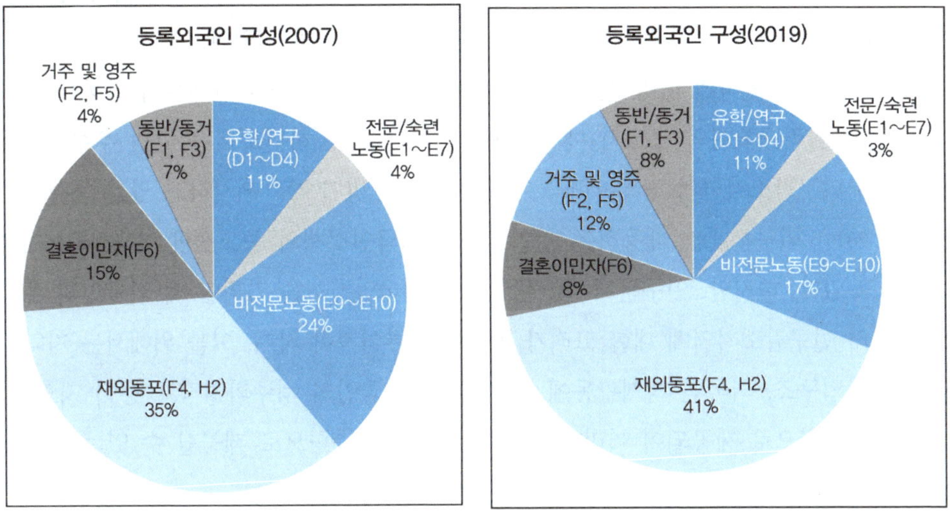

출처: 법무부 출입국외국인통계 2007년, 2019년 각 연도에서 정리.

통합 등에 정부적 차원의 관심이 더욱 커져야 함을 의미하며, 이들이 한국사회에서 역량을 발휘하고 기여할 수 있도록 하는 것에도 관심을 기울여야 함을 뜻한다. 즉, 한시적 이민자가 많았을 때에 비하여 행정수요의 규모와 다양성이 더욱 커졌음을 의미한다.

2. 생산인구 감소와 인구정책으로서 이민정책 관점변화

통계청(2019: 3)의 중위추계 시나리오[4]에 따르면, 우리나라의 인구는 2028년 5,194만 명까지 증가한 이후 감소세가 지속되어 2067년에는 3,929명(1982년 수준)에 이를 것으로 전망하고 있다. 특히, 2017년부터 65세 이상 고령인구의 수가 유소년인구(0~14세)의 수보다 많고, 2067년에는 유소년인구 수의 5.7배가 될 것으로 예측하고 있으며, 생산연령인구 역시 지속적으로 감소하여 2067년에는 2017년의 47.5%(1,784만 명)가 되며 이에 따라 생산연령인구의 백 명당 부양할 인구가 2056년에는 100명을 넘어설 것으로 전망된다.

4) 인구변동요인별(출산율, 기대수명, 국제순이동) 중간 수준의 가정을 조합한 기준 시나리오.

그런데 인구변동요인 중 자연증가(출생, 사망)는 출생자보다 사망자가 더 많아지는 구조가 진행되고 있지만 국제이동에 따른 이주민의 유입은 지속적으로 인구성장에 기여할 것으로 예측되며 외국인유입에 대한 관심이 높아지게 되었다.

이러한 문제 의식에 따라 인구구조 변화에 대응하기 위하여 관계부처 합동으로 작성된 「경제활력대책회의 보고서」에 따르면, 인구대책 중 하나로서 외국의 우수인재를 활용하여 인구감소지역의 경제활력을 제고하는 것을 방안으로 제시하고 있는 등(관계부처합동, 2019) 인구문제를 대응하는 방안으로서 외국인정책의 중요성에 대한 공감대가 형성되고 있다. 하지만, 인구문제 대응방안으로 외국인정책을 기획할 때 외국인의 유입뿐 아니라 인구감소지역에 대한 고려가 동시에 이루어져야 하며, 이를 위해서는 지역의 경제와 산업구조, 외국인 경제활동에 대한 수요, 외국인의 정주환경정보 등이 지역 차원에서 복합적으로 제공되어 이러한 정보를 수요자 맞춤형으로 제공할 수 있는 역할을 담당할 수 있는 거점기관이 필요한 것으로 보인다.

3. 글로벌 인재 유치 경쟁 심화

세계적으로 경제가 저성장 추세가 지속되며, 기업의 경쟁력 확보와 저출산·고령화 사회에 대응하기 위한 동력으로 글로벌 외국인재를 유치하는 방안이 고려되고 있다. 인재유치정책은 선발이민국가뿐 아니라 우리나라를 둘러싼 동아시아 국가들 역시 적극적으로 수립해 나가고 있는데, 예를 들어 일본의 경우 일본의 경제성장에 기여할 수 있는 외국인 인재를 적극적으로 유치하는 방안을 채택해 왔다. 그 결과 2008~2017년 동안 외국인인재의 수는 49만 명에서 128만 명으로 3배 가까이 증가한 것을 알 수 있는데(김은지 외, 2019), 우리나라의 경우 전문 및 숙련인력에 해당하는 E-1~E-7비자를 가지고 체류하는 사람의 수가 2007년 32,054명에서 2019년 44,143명으로 약 1.38배 증가한 것과 대조적이다. 김은지 외(2019)에서는 일본의 외국인인재 급증 배경을 ① 고도 외국인재와 유학생 수용촉진 정책, ② 고용환경 개선으로 영주자 및 일본인과 결혼한 외국인 배우자의 취업 증가, ③ 기능실습제도의 활용진전 등을 꼽고 있다.

이후에도 일본은 2018년 12월 8일, 출입국관리 및 난민인정법을 개정하여 14개 업종에 한하여 특정 기능이라는 새로운 체류자격을 신설하였다. 즉, 2019년 4월부터 새로운 체류자격으로 '특정 기능 1호'와 '특정 기능 2호' 제도를 신설하여, 특정 기능 1호는 외식, 숙박, 간병, 농·어업 등[5]기본적으로 가족동반을 허용하지 않고 체류기간 상한을 통상 5년으로 설정하는데, 특정기능 1호 중 사업 소관 상청이 규정한 일정한 시험에 합격하게 되면 특정 기능 2호가 부여된다. 특정 기능 2호 자격이 주어지면 가족동반이 가능하고 사실상 영주권을 취득한 것으로 여겨진다.

이러한 개정의 핵심은 일본에서 겪고 있는 산업 내 인재부족을 해결하기 위하여 비숙련노동자를 대상으로 하는 영주권에 준하는 자격을 획득할 기회가 주어지는 체류자격이 마련되었다는 것이다. 인재부족이 심각한 업종에서 취업이 가능한 새로운 채류자격이 마련됨에 따라 외국인 인재의 수용이 확대될 것으로 예상된다. 그리고 이러한 정책과 함께 2019년 4월부터 변화하는 또 한 가지는 법무성 산하의 '국' 단위로 편성되어 있던 입국관리국을 '청'으로 승격하여 '입국재류관리청'으로 신설하며, 외국인에 대한 업무를 담당하는 전담조직으로서 승격이 이루어졌다는 점이다.

이러한 상황은 비단 일본에만 적용되는 것은 아니다. 선발이민국가의 경우 우수인재 유치에 대한 정책은 일찍이 시작되었고, 아시아에서도 일본, 중국 등 글로벌인재를 유치하기 위해 지원을 이민·외국인정책 차원에서 적극적으로 수행하고 있다. 인구감소 및 저출산·고령화시대가 가속되고 있는 한국의 상황에서 이러한 글로벌 인재 유치 경쟁에서 뒤처지게 될 경우, 인구 유치를 위한 이민정책을 수행할 때 현재와 같이 전문·숙련 외국인보다는 한국인이 기피하는 인력 부족직종의 인력도입에 대한 제자리걸음을 할 수밖에 없는 위기에 봉착하게 된다. 국내취업을 목적으로 외국인을 유치하려고 하는 이러한 노력은 단순히 고용을 담당하는 하나의 부처에서 책임을 질 수 있는 구조가 아니며, 인재의 유치, 체류자격, 이들의 한국적응과 통합 등으로 이어지는 유기적 구조 하에서 이루어져야 할 필요가 있다.

4. 반이민정서 및 사회갈등비용의 증가

한국이 직면한 이민행정 환경변화의 마지막 요소는 반(反)이민정서의 증대와 이로 인한 사회갈등비용의 증가이다. 이민정책은 앞선 정의에서도 언급하였듯이 이주민에 대한 지원과 통합만을 의미하는 것이 아니라 유입관리부터 시작하여 국가경쟁력과 인

5) 외식, 숙박, 간병, 농업, 어업, 식음료, 제조업, 소재형 산업, 산업기계 제조업, 전기전자정보산업, 건설업, 조선공업, 항공업, 자동차정비업 등.

구차원의 접근 역시 함께 이루어지고 있다. 그러므로 인구감소 시대에서는 필수적으로 고려해야 할 정책으로 여겨진다. 하지만, 반이민정서가 지속적으로 악화될수록 이민정책을 정부 차원에서 또는 정치적 차원에서 논의할 기회를 잃게 되며 주요 정책대안으로 배제될 가능성이 크다. 우리나라의 상황에 적합한 전문·숙련 외국 인재를 적극적으로 유치하기 위한 방안을 고안하는 데 주력해야 하는 시점을 놓치게 된다는 것이다. 따라서 범부처 차원에서 향후 이민정책이 나아가야 할 방향에 대한 비전과 원칙을 세우고, 중·장기적 관점에서 달성가능하면서도 국민정서를 고려한 목표를 세워 추진해 나가야 할 것이다.

제 4 절 소결

이 장에서는 한국사회의 주요 행정·정책 문제 중 '이민행정'과 관련한 내용을 다루었다. 우리나라는 오랜 기간 단일민족의 정체성을 유지함에 따라 '이민'이라는 영역을 행정 및 정책화하는 시기가 얼마 되지 않았다. 그럼에도 불구하고 2000년대 중반 이후 이민행정과 관련한 추진체계의 신설, 국가 기본계획의 수립 등에 따라 급격히 발전하는 양상을 보이고 있다. 이 시기 이민행정에 기초적인 인프라의 구축은 현 시점에서 패러다임의 변화로 다시 한 번 변화를 맞이할 시기가 되었다.

2022년 현재에는 2000년대 중반의 이민행정체계를 유지한 채 점직적인 변화와 발전이 이루어졌으나, 앞서 제시한 이민행정을 둘러싼 다양한 쟁점(이민자 유입규모 확대와 다양화, 생산인구 감소와 인구정책으로 이민정책 관점 변화, 글로벌 인재 유치 경쟁 심화, 반이민정서 및 사회갈등비용 증가 등)을 해결하기 위한 방안 역시 모색해야 할 시점에 다달았다. 이에 따라 이민행정을 효율화하기 위한 이민행정의 독립적 정부조직 설치, 다부처 업무에 대한 조정 기능 강화, 이민재정의 효율화 등이 제기되고 있다. 이민 영역의 국제성과 복잡성 등의 성격은 필연적으로 선제적 이민행정 대응보다는 후발적 대응이 빈번하도록 고착화될 수밖에 없었다. 하지만, 이민 분야의 이슈화에 대한 사후 신축적 대응을 위하여 이민행정의 효율화에 대한 시대적 요구는 분명할 것으로 보인다.

참고문헌

김은지 외(2019). 『일본의 외국인인재 정책변화와 우리의 활용 전략』. KOTRA.

김환학(2016). 이민법체계의 형성과 문제점. 『행정법연구』, (44): 159-189.

법무부(2018). 제3차 외국인정책 기본계획.

법무부(1998, 2021). 『출입국・외국인정책 통계연보』.

안상수・민무숙・김이선・김금미・이명진(2012). 『국민 다문화수용성 조사 연구』. 연구보고 2012-02. 서울: 여성가족부.

외국인정책위원회(2008). 『2008~2012 제1차 외국인정책 기본계획』.

외국인정책위원회(2012). 『2013~2017 제2차 외국인정책 기본계획』.

유민이・라휘문・박윤(2020). 『이주민 유입 증가에 대응하기 위한 합리적 행정조직구조 및 설계 방안』. 이민정책연구원 연구보고서. No. 2020-04. 이민정책연구원.

이규용・김기선・정기선・최서리・최홍엽(2015). 『이민정책의 국제비교』. 한국노동연구원.

제주출입국・외국인청(2020). 『2018 제주 예멘 난민 백서』.

Amir, Y.(1969). Contact hypothesis in ethnic relations. *American Sychological Association*, 71(5): 319-342.

Bennett, C. I.(2007). *Multictural Education: Theory and Practice*. 6/E. Person Education.

Chiswick, B. R.(2018). The effect of Americanization on the earnings of foreign-born men. In *Interdisciplinary Perspectives on the New Immigration*. 111-136. Routledge.

Cook, S. W.(1984). *Cooperative interaction in multiethnic contexts*. N. Miller & M. B. Brewer(eds.). *Groups in contact: The psychology of desegregation*. 155-182. Academic Press.

Haas, H., Castles, S., & Miller, M. J.(2020). *The Age of Migration: International Population Movements in the Modern World Sixth Edition*. The Guilford Press.

Massey, D. S., Arango, J., Hugo, G., Kouaouci, A., Pellegrino, A., & Taylor, J. E.(1993). Theories of international migration: A review and appraisal. *Population and Development Review*. 431-466.

McAuliffe, M. & A. Triandafyllidou(eds.)(2021). *World Migration Report 2022*. International Organization for Migration(IOM). Geneva.

Pettigrew, T. F.(1998). Intergroup contact theory. *Annual Review of Psychology*, 49: 65-85.

Pettigrew, T. F., & Tropp, L. R.(2006). A Meta-analytic test of intergroup contact theory. *Journal of Personality and Social Psychology*, 90(5): 751-783.

Portes, A.(ed.)(1995). *The economic sociology of immigration: Essays on networks, ethnicity, and entrepreneurship*. Russell Sage Foundation.

Porumbescu, A.(2015). Defining the New Economics of Labor Migration Theory Boundaries: A Sociological-Level Analysis of International Migration. *Revista de Stiinte Politice*, (45).

Scheve, K. F., & Slaughter, M. J.(2001). Labor market competition and individual preferences over immigration policy. *Review of Economics and Statistics*, 83(1): 1333-1345.

Sensenbrenner, J., & Portes, A.(2018). Embeddedness and immigration: Notes on the social determinants of economic action. In The *Sociology of Economic Life*. 93-115. Routledge.

Taylor, D. M., & Moghaddam, F. M.(1987). *Theories of Intergroup Relations: International Social Psychological Perspectives*. New York : Praege.

United Nations(1998). *International Migration Policies*. New York: United Nations.

제5장

관광정책

김동현(한국문화관광연구원)

제 1 절 관광정책이란 무엇인가

1. 관광의 개념과 분류

1) 관광이란 무엇인가?

관광현상이 복잡하고 다양한 요소들이 복합적으로 상호작용하기 때문에 관광의 정의는 상호 간 유사하면서도 상이한 면을 가지고 있다. 김병용 · 조광익(2019)은 주요 학자들의 관광에 대한 정의를 설명하면서 경제적, 사회문화적, 여가활동적, 시스템적 관점으로 나누어 설명하고 있다.

경제적 관점에서는 관광에 관하여 일정한 지역, 주 또는 타국을 여행하면서 체재하고, 다시 되돌아오는 외래객의 유입 · 체재 및 유출이라고 하는 형태를 취하는 모든 현상으로 설명하고 있다.

사회문화적 관점에서는 관광지 지역주민과 관광객 간의 상호작용에 초점을 맞추어, 관광을 통해 지역주민의 문화에 대한 자긍심 고취와 새로운 외부문화나 제도의 접촉기회를 증대시키는 긍정적 측면뿐만 아니라 지역주민의 유대감 상실이나 환경오염 및 전통문화 붕괴와 같은 부정적 측면을 동시에 강조하고 있다.

여가활동적 관점에서 관광객의 유쾌하고 다양한 여가활동에 맞추어 관광을 정의하고 있다. 메드상(Medecin, 1966)의 정의를 토대로 기분 전환, 휴식, 미지의 자연경관 경험, 교양과 경험을 넓히기 위한 여행, 거주지를 떠나 체재하면서 하는 여가활동으로 설명하고 있으며, 세계관광기구(UNWTO)가 관광이 인간의 삶의 질을 향상시키는 데 중요한 역할을 한다고 강조하고 있다.

시스템적 관점은 관광현상을 이루는 요소의 집합이나 요소와 요소 간 관계에 초점을 둔다. 레이퍼(Leiper, 1979, 1990)는 관광의 체계를 관광송출지, 관광목적지, 송출지와 목적지 사이의 관광여행 통과 루트(교통과 의사소통 루트), 여행과 관광산업(숙박, 교통, 서비스 제공기업, 조직 등)의 구성으로 보았다.

2) 관광의 분류

관광의 분류는 국적과 국경, 관광목적, 지역구분, 여행기간에 따라 분류할 수 있다(김병용 · 조광익, 2019). 국적과 국경에 의한 분류는 관광행위가 이루어지는 이동공간에 따라 국내관광과 국제관광, 관광자의 국적에 따라 내국인과 외국인을 기준으로 이루어진다. 즉, 내국인 국적자가 국내를 관광할 경우 내국인 국내관광(domestic tourism), 내국인 국적자가 국외를 관광할 경우 내국인 국외관광(outbound tourism), 외국인 국적자가 우리나라를 방문할 경우 외국인 국내관광(inbound tourism)으로 구분하며 외국인 국적자가 국외를 관광할 경우는 외국인 국외관광(overseas tourism)이다.

관광목적에 의한 분류는 순수한 관광을 목적으로 하는 경우와 두 가지 이상의 목적으로 관광을 하는 겸목적관광으로 구분한다. 순수목적관광은 오락, 휴양, 견문확대 등의 목적으로 관광을 하는 것을 말한다. 겸목적관광은 사업과 관광, 회의와 관광, 종교관광, 쇼핑관광, 의료관광 등과 같이 다양한 목적을 가지고 여행하는 것을 말한다.

지역구분에 의한 분류는 일정한 지역 내에서 이루어지는 역내관광(intra-regional tourism)과 지역 간을 이동하여 관광을 하는 역외관광(inter-regional tourism)으로 구분된다. 역내관광은 특정 지역에 속해 있는 관광자가 지역 내 다른 국가로 이동하는 형태로 우리가 일본이나 중국을 여행하는 것을 의미한다. 역외관광은 특정 지역 내 속해 있는 한 국가의 관광자가 다른 지역 내 다른 국가로 이동하는 형태로, 우리가 유럽의 국가들로 여행하는 것을 의미한다.

여행기간에 의한 분류는 관광기간을 기준으로 구분하며, 당일관광과 숙박관광으로 구분된다. 당일관광은 관광목적지에서 1박 이상을 체류하지 않고 되돌아오는 형태의 여행이다. 숙박관광은 관광지에서 최소 1박 이상을 체류하는 형태로 단기 숙박관광과 장기 숙박관광으로 분류된다.

2. 관광정책의 의의 및 특성

1) 관광정책의 정의

관광정책에 대한 학자들의 정의는 다양한다. 권순(2004)은 관광정책을 국가나 공공적 관광기관이 국가의 관광적 이익을 촉진·보호하기 위하여 취해지는 정책활동이라 규정하고 있다. 김상태 외(2016)는 관광을 관광객과 기타 방문객을 유치하고 응대하는 과정에서 관광객과 관광사업자, 정부, 지역사회 간의 상호작용의 결과로 생기는 현상과 관계의 총체로 정의하고, 관광정책을 정부가 관광과 관련하여 시행할 것과 시행하지 않을 것을 선택하는 것 모두라고 정의하고 있다. 김병용·조광익(2019)은 한 나라의 관광 행정활동을 종합적으로 조정하고 추진하기 위한 기본방향을 명시하는 여러 가지 방책으로 설명하고 있다.

2) 관광정책의 특성

관광정책은 몇 가지 특성이 있다. 첫째, 관광정책의 개념적 범위가 확대되고 있으면서 융·복합적 성격이 강해지고 있다. 즉, 전통적 관광정책의 영역은 숙박, 항공, 식음료, 여행사, 관광지 등에 국한되어 강조되었으며, 최근에는 다양한 산업 분야(예: 한류, 의료, MICE, 스포츠 등)와 융·복합 및 연계가 중요시되면서 관광정책의 영역이 확대되고 있다(김병용·조광익, 2019).

둘째, 다양한 행위자들이 연계되어 추진된다. 관광정책은 문화체육관광부를 중심으로 국토교통부, 기획재정부, 환경부 등이 관련되어 있으며, 정책을 효과적으로 조정하기 위하여 국가관광전략회의가 추진되고 있다.

셋째, 종합적 시책의 성격을 가진다. 관광을 통해 주민생활의 향상을 도모하면서, 인간의 창조적 활동을 위한 다양한 조건들을 정비하기 위한 시책이며, 관광대상이나 관광관련 시설증 단독으로 정비하기보다 지역 전체 또는 관광의 다면성을 배려한 조치로 추진된다는 것이다(권순, 2004).

3) 관광정책의 유형

관광정책의 유형 분류에 대하여 알리라가(Arrillaga, 1995)는 대상, 범위, 지역, 수단 및 방법 등에 따라 관광정책을 분류하고, 정책 종류를 아홉 가지로 제시하고 있다. 대상에 의한 분류는 경제정책, 문화정책으로 세분화하고, 범위에 의한 분류는 대외정책과 대내정책으로, 지역에 의한 분류는 전국적, 지방적, 국지적 정책으로, 그리고 마지막으로 수단과 방법에 의한 분류는 다시 대외정책, 대내정책으로 구분한다.

현재 문화체육관광부의 관광정책 분류는 매년 발간하는 「관광동향에 관한 연차보고서」를 기준으로 살펴볼 때 국민관광, 국제관광, 관광자원개발, 관광산업정책으로 구분해 볼 수 있다. 국민관광은 국민의 관광기회 확대를 위한 목적에서 국내관광 진흥활동, 관광수용태세 개선, 계층별 · 생애주기별 관광지원정책 등이 해당하며 남북관광 교류 협력 또한 여기에 해당한다. 국제관광은 방한 외래인 관광객을 주요 대상으로 한다. 방한 관광 진흥활동, 외래관광객 수용태세 개선, 국제협력 증진 등이 해당한다. 관광자원개발은 관광지 · 관광단지 개발, 광역권 관광개발사업 등 지역관광개발사업 등이 해당한다. 마지막으로, 관광산업육성은 여행업, 국제회의업 등 관광업종별 진흥정책과 관광인력 양성, 융 · 복합 관광서비스 사업화 지원(R&D), 관광벤처사업 등이 여기에 해당한다.

3. 관광정책의 전개

1) 관광정책 전개 개요

역사적으로 관광정책은 제2차 세계대전 이후 전후복구는 물론 방대해진 정부부문의 영향력에 대한 인식이 새롭게 제기되면서 시작되었다. 그 이전에는 정부나 관광기구의 중요성에 대한 인식이 확산되었음에도 불구하고 관광정책의 실제적 중요성에 대한 관심과 이해가 부족한 상태에서 전개되어 왔다. 관광정책에 대한 관심이 부족한 이유를 살펴보면 다음과 같다. 첫째, 정부나 민간부문의 많은 의사결정자 중 상당수가 관광의 정치적 특성에 대해 제대로 인식하지 못했다. 둘째, 관광의 정치학에 대한 연구수행에 대한 공적 관심이 부족했다. 셋째, 관광은 아직도 진지한 학문적 연구대상으로 인정받지 못하고 있다. 넷째, 관광에 대한 정치 · 행정적 연구를 수행하는 데 있어서 많은 방법론적 문제가 있다(Hall, 1994: 4).

그러나 국제적 차원에서 관광의 경제적, 사회적 비중이 증가하면서 자연스럽게 관광정책에 대한 관심이 증대하기 시작하였다. 1980년 마닐라에서 열린 세계관광기구(UNWTO) 총회에서 관광의 개인적, 사회적 중요성 및 관광을 위한 여가권의 보장, 그리고 관광의 대중화를 위한 정부의 개입이 강조되는 등 국제기구를 중심으로 관광정책의 방향을 공동 모색하는 노력이 전개되기 시작하였다. 1990년대 이후에는 정부개입의 범위가 정치적, 경제적, 사회적 측면뿐만 아니라 환경적 측면으로도 더 확대되었다. 2000년 서울에서 열린 아시아태평양경제협력제(APEC)의 서울선언에서는 아태지역에 있어서 관광의 중요성에 대한 국제적 공감대가 형성되기 시작하였다(김상태 외, 2016).

2) 정부별 관광정책의 흐름

우리나라에서도 관광정책은 점차 중요해지고 있다. 우리나라의 관광정책은 박정희 정부에서 경제정책의 하위 분야로 인식하면서 경제발전을 위한 외화획득의 수단적 개념에서 출발하였다. 초기 외래관광객을 중심으로 한 외국인 중심의 관광정책에서 현재는 국가의 중요한 경제정책으로서 관광산업이 보다 중요하게 다루어지고 있다. 역대 정부의 관광정책은 박정희 정부의 발아기, 전두환 · 노태우 · 김영삼 정부의 형성기, 김대중 · 노무현 정부의 확충기, 이명박 · 박근혜 정부의 성장기로 구분할 수 있다. 관광정책의 특성상 국내 · 외 경제 및 사회환경 변화에 따라 관광정책의 기조가 변화되어 오고 있다(이윤경 · 김동현 외, 2017). 보다 중요한 것은 현재 사회환경의 변화에 따라 관광은 국내외를 막론하고 여가활동의 중요한 수단으로서 기능하고 있으며, 세계화 · 지방화에 따른 관광 분야의 경제적 중요성은 지속적으로 높아지고 있다는 것이다(김상태 외, 2016).

박정희 정부는 관광정책 발아기로 관광을 경제기반 구축과 경제성장 차원에서 경제정책의 하위 분야로 인식하였다. 당시 관광정책이 시작된 것은 관광객에 의해 외화 획득과 국제수지의 개선을 통해 경제발전에 이바지할 수 있다는 기대 때문이었으며, 관광을 통한 국제교류진흥에 기대가 높았기 때문이다.

전두환 · 노태우 · 김영삼 정부 시절의 관광정책의 환경은 정치적으로 사회주의체제

그림 5-1 관광정책의 역대 정부별 변화 개요

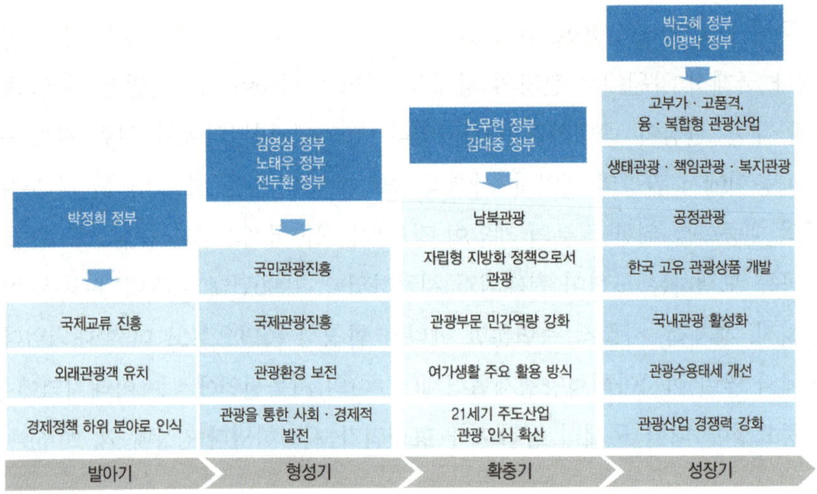

출처: 이윤경 · 김동현 외(2017).

몰락, 경제적으로는 자유무역주의, 사회문화적으로 정보화 사회로 진입하는 등 급격한 변화가 일어난 시기이다. 국내에서도 군사정부에서 문민정부로의 정치환경의 변화가 있었고 경제적으로 관 주도의 경제성장 계획에서 민간 주도의 경제성장으로 전환되는 시기였다. 당시 자유무역주의가 확산됨에 따라 관광산업진흥과 국가 간 교류증대를 위한 관광정책이 수립되었으며, 관광을 통한 사회 · 경제적 발전을 위한 정부정책 추진이 주로 이루어졌다. 또한 당시 관광정책과 관련하여 전통적인 기능인 입법 · 조정 · 재정 · 계획 기능과 현대적 기능인 관광환경 보전과 보호 · 관광을 통한 경제, 사회, 문화적 발전, 여가 및 휴가권 보장 등이 추가되었다. 전두환 정부와 노태우 정부에서는 외화획득과 경제성장 차원에서 관광정책의 방향을 국제관광진흥에 두었으나, 김영삼 정부에 들어서 국제관광진흥을 통한 외화획득에서 국민관광진흥으로 정책기조가 변환된 시기이다.

김대중 정부와 노무현 정부 때에는 관광이 확충된 시기이다. 자유화, 개방화, 실리를 추구하는 현상이 두드러지고, 경제적으로는 유럽의 단일통화 등 세계경제가 재편되면서 21세기를 주도할 산업으로 관광이 급부상하였다. 사회문화적으로 수명연장에 따른 고령화 사회로의 진입이 가시화되면서 여가에 대한 욕구가 증가하였으며, 욕구 충족을 위한 다양한 여가행태의 발전에 따라 관광이 여가생활에 있어 중요한 부분을 차지하기 시작하였다.

노무현 정부는 핵심적 국정과제로 국가균형발전과 지방분권을 설정하고 지역발전에 있어서 지방자치단체가 주도적 역할을 할 수 있도록 권한을 강화하고 중앙정부 주도에서 지방으로의 분권화를 추진하는 등 국가균형발전을 목표로 제시하였다. 1994년 지방자치제도 실시 이후 정부 주도에서 지방자치단체로 관광정책의 추진체계가 이양되기 시작하였으며, 관광정책의 원활한 추진을 위해 민간부문의 역량을 강화하기 위한 시도가 계속되었다. 당시 국가균형발전전략은 수도권과 비수도권이 함께 상생할 수 있는 전략을 목표로 자립형 지방화를 실현하는 것을 목표로 하였으며, 지역관광에 대한 관심도 증대와 햇빛정책 추진에 따른 남북관광이 대두된 시기이기도 하였다.

이명박 정부 당시의 관광정책을 둘러싼 외부환경은 유럽의 재정위기, 미국의 서브프라임모기지 사태로 인해 세계경제가 불안정하고 세계의 자연재해로 경제·환경적으로 불안정한 시기였다. 세계경제 불황 속에서 문화비전으로 '소프트파워가 강한 창조문화 국가'를 설정하고 4대 정책목표 중 네 번째로 관광산업의 경쟁력 강화를 설정하였으며, 관광산업 관련 과제로 관광 수용태세 개선, 국내관광 활성화, 한국 고유 관광상품 개발 등을 제시하였다. 경제적 측면에서 관광활동의 긍정적 효과에 대한 관심이 증가하면서 관광활동의 부정적 영향을 최소화하고, 긍정적 영향을 미칠 수 있도록 하는 공정관광에 대한 관심이 증대되었다. 이와 유사하게 생태환경에 미치는 부정적 영향을 최소화하는 생태관광, 관광객의 관광지 문화를 보존할 책임을 강조하는 책임관광, 복지관광 등에 대한 관심이 증대됨에 따라 이와 관련된 정책이 추진되었다.

박근혜 정부 출범과 함께 관광산업은 정책적으로 높은 관심대상으로 부상하였는데, 이는 중국관광시장의 성장에 따른 외래관광객 급증으로 국가성장을 견인할 산업으로 간주하였기 때문이다. 관광산업을 포함하는 유망서비스산업 발전이 국가발전 중심축으로 부상하며 서비스산업의 생산성 및 국제경쟁력 강화가 국가 발전의 주요 과제였기 때문에, 새로운 부가가치 창출을 위한 관광산업 등 서비스 산업의 역할 강화가 필요하였기 때문이다. 주변국 역시 관광산업 육성을 위한 노력으로 국제경쟁이 심화되는 상황에서 한국관광산업의 경쟁력 강화를 위한 새로운 정책패러다임 요구가 확대되었다. 관광부문 국정과제로 고부가, 고품격 융·복합형 관광산업 집중 육성으로 2017년 외래관광객 1,600만 명 유치 및 국내관광 활성화가 제시되었다. MICE, 의료, 한류, 크루즈, 레저, IT, 융·복합 관광을 육성하기 위한 정책을 수립하고, 대체공휴일제 도입 추진, 방학분산제 등 여가산업 육성을 위한 제도를 개선하는 등 관광을 통한 국민행복, 관광복지를 실현하고자 하였다.

문재인 정부는 일 중심에서 일과 생활의 균형을 중요시하는 사회로의 전환이 이루어지던 시기로 여가의 중요성이 매우 높아졌다. 관광은 앞으로 하고 싶은 여가활동에서 부동의 1위를 차지하였으며, 보편적 권리로 인식되는 단계까지 발전한 시기였다. 관광복지 확대와 관광산업 활성화를 통해 자유로운 여가생활, 내·외국인에게 편안한 관광환경 조성, 융·복합 및 고부가의 관공산업 정책을 추진하였다. 그러나 코로나19로 인하여 외래관광객이 급감하는 등 관광산업 생태계 전반에 위기가 발생하였고, 위기 극복과 미래를 준비하는 데 보다 관광정책의 초점이 맞추어졌다.

제 2 절 한국의 관광정책 제도 및 정책 방향

1. 관광정책 제도 현황

1) 헌법

「헌법」은 국가의 통치조직과 통치작용의 기본원리 및 국민의 기본권을 보장하는 근본규범이다. 정부가 관광정책을 추진할 수 있는 근거는 현행 「헌법」 제119조 제1항, 제2항, 제10조, 제15조 등이다.

정부가 관광을 산업으로 육성하는데 헌법적 근거는 「헌법」 제119조 제1항에서 찾아볼 수 있다. 해당 조항은 시장경제질서를 규정하고 있으며, 제119조 제2항에서는 개인과 기업의 경제활동의 자유를 보장하고 있다. 보다 구체적으로, 해당 조항은 '국민에게 생활의 기본적 수요 충족'과 '사회정의의 실현', 그리고 '균형 있는 국민경제의 발전'을 목적으로 '필요한 범위' 내에서 경제에 관한 규제와 조정을 할 수 있도록 규정하고 있다.

또한 제10조의 행복추구권과 제15조에서는 직업의 자유를 규정하고 있다. 해당 조문은 국가가 개인적인 관광의 자유를 누리거나 관광업에 종사하는 것을 존중하고, 그들의 자유와 창의를 통하여 국가의 경제가 유지되고 발전한다는 자유주의적 원칙을 선언하고 있는 것으로 해석할 수 있다.

2) 관광기본법

1976년 「관광사업진흥법」이 폐지되면서 1975년 분리입법된 「관광기본법」은 제1조(목적)에 규정된 것과 같이 "국제친선의 증진과 국민경제의 향상을 기하고 건전한 국민관광의 발전을 도모함을 목적"으로 제정되었다. 동법은 관광에 대한 정부의 역할을 규정한 최초의 법령이며, 관광 관련 법령에 관한 기본법이라는 점에서 의미가 있다.

「관광기본법」은 관광발전을 위한 정부의 책임과 임무 및 관광진흥을 위한 각종 법제상의 조치 등을 포함한 선언적 규정을 포함하고 있으나, 실제 관광산업정책과 관련 규정을 포함하고 있지 않아 그 실효성에 대해서는 지적이 계속되고 있다(류광훈, 2012: 24). 첫째, 「관광기본법」은 관광산업진흥을 위한 조항과 더불어 관광소비자 보호, 관광인프라 조성 등이 규정되어 있지 못하고, 관광사업의 영위와 관광자원의 개발과 관련된 절차와 규제를 중심으로 내용을 이루고 있다(김영준, 2003). 「관광기본법」이 관광법제의 모법의 지위를 가지고 있으나, 단순한 조문으로만 나열되어 있어 일종의 선언적 성격에 그치고 있어 형식상으로만 존재하고 실행력을 갖지 못하는 한계가 지적된다(류광훈, 2012: 33).

둘째, 「관광기본법」의 제1조(목적)에서 규정된 것과 같이 정부의 역할은 국제친선의 증진과 국민경제 및 국민복지의 향상, 그리고 건전한 국민관광의 발전 도모이다. 2000년 「관광기본법」 제1조(목적)가 개정되면서 정책목표로써 '국민복지'가 추가되었다는 점은 제정 당시와 비교할 때 관광을 '경제'에 초점을 맞추었던 것에서 국민의 행복추구를 위한 '복지'로 관광정책의 목표가 확대되었다는 것으로 볼 수 있다. 이는 「관광기본법」이 제정되던 당시에는 관광정책의 목표가 경제성장의 수단에 한정되었으나,[1] 「헌법」에

1) 「관광기본법」이 제정되던 당시 박정희 정부는 전쟁후 경제기반 구축과 경제성장을 목표로 경제부처를 전면에 부각시키는 형태로 행정체계를 정비하였다. 이 과정에서 관광은 경제정책의 하위분야로 인식되었다. 예를 들어, '제1차 경제개발 5개년 계획(1962~1966년)'에 관광부분계획을 포함시킴으로써 본격적으로 관광정책을 경제정책의 하위부문으로 인식하였다. 이후 '제2차 경제개발 5개년 계획(1967~1971년)', '제3차 경제개발 5개년 계획(1972~1976년)'에 관광을 모두 포함시키면서 경제성장의 주요 동인으로 인식하고 있었다고 볼 수 있다. 이러한 박정희 정부가 관광을

보장된 국민의 행복추구권과 복지권리의 확장 등이 고려된 변화라고 추정된다. 하지만, 여전히 「관광기본법」의 목적은 관광에 대한 인식의 변화, 즉 국민의 여가활동 증진 등을 통한 행복추구와 인간의 기본권으로써의 '쉴 권리'를 보장하고 있다고 보기 어렵다.

셋째, 정부의 관광정책과 관련한 기본적 기능설정은 「관광기본법」에서 규정되어 있다. 그러나 이러한 기능 설정은 「관광기본법」이 제정된 1970년대의 시대적 상황을 고려한 것으로, 현재의 관광여건과 관광산업의 시대적 가치와 과제 등을 충분히 담고 있지 못하고 있다(류광훈, 2012: 35-36).

3) 관광진흥법

국내·외 관광환경 변화에 따라 기존 「관광사업법」과 「관광단지개발촉진법」은 폐지·통합되어 전두환 정부 시기인 1987년 「관광진흥법」으로 전부개정되었다. 당시 전부개정의 주요 내용은 「관광사업법」에 의한 관광지에서의 관광자원의 보호·관리 업무와 「관광단지개발촉진법」에 의한 관광단지의 개발업무가 각각 개별법으로 이원화되어 있던 것을 「관광진흥법」에서 통합한 것이 핵심이었다. 당시 전부개정에 관한 제·개정의 이유는 「관광사업법」을 관광여건의 조성과 진흥에 기여하기 위한 「관광진흥법」으로 그 제명을 변경하고, 「관광단지개발촉진법」을 폐지하여 그 내용을 이 법에 흡수·통합하는 한편, 현행 규정상 불합리한 제도나 행정 절차를 보완하려는 것이었다.

「관광진흥법」은 그동안 수십 차례에 걸쳐 개정이 이루어졌지만, 많은 문제점을 지적받고 있다. 첫째, 법령상의 체계가 다수의 조문수와 넓은 영역 범위로 인해 일관적이지 못하다는 평가를 받고 있다(박영도, 2012). 심원섭(2011)은 「관광진흥법」의 경우 관광사업에 대한 규제내용과 관광지 개발에 대한 내용, 관광의 진흥과 홍보에 대한 내용들이 혼재되어 있어 법제의 일관성을 보여주고 있지 못하고 있다고 평가하였다.

둘째, 법적 안정성에 대한 문제이다. 관광에 대한 인식제고, 관련 법제의 개정 등으로 인한 사회적 요구에 신속하게 대처하기 위해 관련 내용을 법체계에 편입하는 과정

경제정책으로 활용하고자 했던 것은 케인즈(J. M. Keynes)의 이론을 모형화하여 자본의 투자가 성장, 즉 현대화를 의미하는 것이었다(Naomi, 1991: 423). 경제성장모형은 국가발전 상태를 단순하게 계량화할 수 있다는 점과 어떤 형태의 국가발전도 경제성장 없이는 국가발전을 이룩할 수 없다는 점에서 매우 설득력이 있다. 이러한 관점에 따라 당시의 관광정책은 오로지 경제성장의 한 요소로서 여겨졌고 경제적 기능이 강조되었다.

에서 전체적인 입법체계가 체계적으로 정리되지 못하였다. 법률, 시행령, 시행규칙 등에 관련 조문을 추가하고 있는 등 전반적으로 법령체계가 매우 복잡하게 되어 있다. 이러한 법령체계를 유지하면서, 관광 관련 입법정책이나 입법환경의 변화에 따라 「관광진흥법」을 개정해오면서 법체계 전체가 체계정당성을 상실하여 법의 운용과정과 해석에 있어서 모순이나 저촉을 낳게 될 가능성이 높다는 평가이다.

셋째, 성격이 다른 영역을 단일법률에서 다룬다는 것이다(류광훈, 2012: 40). 「관광진흥법」은 사업법제와 개발법제가 혼재되어 있으며, 규제업종과 진흥업종이 같이 다루어지고 있는 것이 문제로 지적될 수 있다. 또한 관광진흥과 관련된 내용은 한정적이라는 것 또한 문제로 지적하였다. 동법의 개정빈도가 비교적 많고 조문의 개폐 및 신설이 많아 조문 수가 점차 증가하면서 내면적인 과잉규범화를 가져오게 되었다고 지적한다. 내용면에서도 불충분한 것도 지적되는 등 법규범의 전체 구조가 체계화되어 있지 못하는 등 다양한 문제를 지적하였다.

넷째, 관광사업 육성을 위한 지원내용은 오히려 미흡하다. 관광사업 육성을 위한 정부와 지방자치단체의 지원내용이 구체화되어 있지 않으며, 관광사업에 대한 지원사항은 대개 막연하고 소수인 반면에, 규제 및 처벌 조항은 매우 상세하고 다수 포함되어 있어 「관광진흥법」의 제정목적에 부합하지 않는다는 지적이다(신용석 · 심원섭, 2007). 류광훈 · 최승묵(2007)은 현행 「관광진흥법」상 관광사업에 대한 지원은 재정지원에 대한 규정(제76조)이 유일한 상황인 반면, 여행업, 관광숙박업 등 세부 관광사업별로 등록 등과 관련된 각종 자격사항, 관련 시설 등의 기준, 관광사업 운영 관련 준수사항, 등록취소 등 법률 위반 시 조치사항은 다수 포함되어 있음을 지적하고 있다.

다섯째, 공정한 시장질서 확립 및 소비자 보호 방안이 미흡한 것으로 평가된다. 국민소득 증가, 여가시간 증대 등으로 인해 국민들의 관광활동이 증가함과 동시에 각종 안전사고, 불공정 거래 등 소비자 피해도 증가하고 있으나 이에 대한 대책은 마련되어 있지 않다(류광훈 · 최승묵, 2007). 여행자 안전 위협, 저가 해외여행 상품의 쇼핑 및 옵션 강요, 사기성 분양 및 회원모집, 계약금 반납 거부 등 계약사항 불이행 등으로 소비자 피해가 증가한 사례가 있음에도 소비자 보호에 대한 규정이 미흡하여 소비자의 피해가 증가하고 있으며, 이에 대한 해결도 미흡한 상황이다. 산업이 생산한 재화 및 서비스가 공정한 방법과 경로를 통해서 소비자에게 전달될 수 있도록 규정함은 물론 소비자 보호의 의무를 부과하고 관련 분쟁발생 시 공정하고 신속하게 해결하기 위하여 분쟁조정

장치 등을 두고 있으나 동법에서는 이러한 장치를 마련하지 못하고 있다는 것은 정부 역할이 미비함을 드러내고 있다고 평가될 수 있다.

마지막으로, 「관광진흥법」은 우리나라 관광사업을 7개 부문 31개 세부 업종으로 구분하고 있다. 관광사업체의 다각화 차원에서 다양한 분류체계를 지니고 있지만 세부적으로 들어가면 업종 간·업종 내 불균형적 성장이 심각하게 나타나고 있는 형편이다(장병권, 2011). 특히, 「관광진흥법」이 규정하고 있는 관광사업 업종은 핵심 서비스 등에 일관성이 부족하고 UNWTO, 통계청 등의 산업분류와 상이하여 관광사업 육성 정책 수립에 어려움이 발생하게 된다. 또한 정보통신기술의 발달, 산업 간 융·복합 심화 등의 환경변화에 따라 새로운 관광 영역이 등장하고 있으나 현행 관광사업 분류체계에서는 수용이 어렵다는 점은 문제이다.

4) 관광진흥개발기금법

관광정책의 관련 분야와 사업규모가 커지면서 정부는 관광개발사업의 공적재원 마련과 관광사업의 효율적 발전과 관광외화수립의 증대 등을 위해 관광진흥개발기금을 설치하기로 하고 1972년에 「관광진흥개발기금법」을 제정하였다. 즉, 관광정책의 관련 분야와 사업규모가 커지면서 안정적 정책수행을 위해 기금을 조성하는 것이었다(류광훈, 2012: 25).

제정 초기 기금의 재원은 '정부로부터의 출연금', '기금의 운용에 의하여 생기는 수익금 및 기타의 재원'이었다. 이후 개정을 통해 출국자 납부금, 카지노사업 기부금 등이 추가되었다. 1980년대 이후 나타난 우리나라 재정운용의 특징 중 하나인 특별회계와 예산 외로 운영되는 기금의 급속한 팽창에 따라 관광정책 예산 또한 관광진흥개발기금으로 운영되고 있다. 다만, 예산운용의 특수목적화 경향의 증대와 재정운용의 통일성 저해 등의 단점을 지니고 있다는 점에서 문제가 될 수 있다(김희수, 2014: 10). 즉, 현재의 관광재정의 기금 중심 운영이 항구성 측면에서 문제가 발생할 수 있다는 점이 지적된다.

2. 관광정책 추진체계

1) 관광 담당 정부조직의 변화

우리나라 정부조직에서 관광을 담당하는 조직이 처음 신설된 것은 1954년 2월이며, 당시 6·25 전쟁 이후 도로 및 숙박시설 등의 재건을 위하여 교통부 육운국(陸運局) 내에 관광과가 설치되었다. 1960년대에 들어 관광에 대한 관심이 시작되면서, 1961년 「관광사업진흥법」(현 관광진흥법)이 제정되었다. 그와 동시에 1961년에 교통부의 육운국에서 교통부의 관광공로국이 분리되면서 '관광'이라는 명칭이 국 단위에서 처음 사용되었다. 당시 관광육성을 위한 사업계획을 수립하거나 국제 관광기관과의 연락 및 협력을 담당, 외래관광객 유치를 위한 홍보, 자원개발 등에 초점을 맞추는 한편, 자동차 운수사업과 항공개발을 당시 관광공로국의 업무 영역에 포함시켰다. 1963년 3월에는 관광공로국에서 관광국이 분리되면서 관광과에서 관광국(1국 2과)으로 승격되었다. 이 시기에 관광정책 조직은 관광정책이 교통정책과 유사하거나 연계성이 높다고 판단하여 교통부 내의 부서로서 존재하게 되었다.

1960년대 관광정책 조직은 1970년대로 들어서면서 법적 기반 조성과 함께 부처 내 정책의 세분화가 이루어지기 시작한다. 좀 더 자세히 살펴보면, 1970년대에 「관광진흥개발기금법」(1972년)과 「관광진흥법」(1975년)이 제정되면서 관광발전을 위한 법적 기반이 조성되었다. 그해 8월 교통부 관광국의 조직도 2개 과(기획과, 업무과)에서 4개 과(기획과, 진흥과, 지도과, 시설과)로 확장되어 체계적인 업무 분담이 가능하게 되었다. 이는 당시 관광산업이 가지는 가치가 국가경제의 자립을 도모하는 등 다수의 이익을 창출할 수 있으며, 외부성을 가지는 것으로 인식하였기 때문으로 보인다. 이로 인해 1979년 2국 6과로 조직체계와 정부가 담당해야 할 업무 영역이 확대된 시점이라고 볼 수 있다. 다만, 1979년 관광진흥국의 기획과에서 관광종사원의 양성 및 훈련 업무를 담당했으며, 관광지도국의 지도과의 경우 관광협회 등 민간업체에 대한 지도 감독 기능을 보유하고 있다는 점에서 당시 민간에서 역할수행을 인식하고 있었다.

1970년대 이후에는 관광국의 기능과 역할이 1968년에 발족된 문화공보부로 이관되는 것이 타당하다는 의견이 제시되기 시작하였고, 정부의 조직개편 때마다 관광국의 이관에 대한 논의가 진행되었다. 그러나 이후에도 관광국은 계속 교통부에 소속되어 있었으며, 1979년 9월에는 1국에서 2국(관광진흥국, 관광지도국)으로 확대·개편되었고, 관광지도국 내에 국민관광과가 신설되었다.

1980년대에 1986년 서울 아시안게임과 1988년 서울 올림픽이 개최되고, 1989년 전국민 해외여행 자유화가 실시되면서 관광 분야에 많은 변화가 나타나게 되었다. 1986년 서울 아시안게임과 1988년 서울 올림픽 등 메가이벤트를 치룬 후 1994년 12월 건설부와 교통부가 '건설교통부'로 통·폐합되면서 관광국의 조직과 기능이 1993년 신설된 문화체육부로 이관되었다. 이에 대해 호텔, 위락단지 등의 대규모 시설을 관할하는 건설교통부가 권한을 보유하고 있어야 관광개발이 용이하다는 의견이 제시되기도 하였다.

당시 김영삼 정부는 행정개혁의 구호로 작은 정부를 표방하면서 정부조직 개편을 추진하였다. 특히, 정부는 관광정책을 건설 교통이 아닌 문화정책과 유사하거나 연계가 있다고 판단하여 관광정책 조직을 교통 및 건설정책에서 최초로 분리하였다. 그 결과 교통부의 관광 기능을 문화체육부로 이관하게 되었다. 그에 따라 관광정책 주무 장관의 통제 범위도 바뀌게 되었다.

이러한 관광조직의 변화는 김대중 정부에서 관광에 대한 인식변화와 함께 조직 개편의 전환을 맞게 된다. 1997년 12월 IMF 경제위기를 거쳐 김대중 정부가 집권하면서 외국인 관광객 및 외화 유치의 중요성을 인식하게 되었으며, 1998년 2월 정부조직 개편에 따라 '문화체육부'에서 '문화관광부'로 명칭이 변경되면서 '관광'이라는 명칭이 처음으로 정부부처 단위 명칭으로 사용되었다. 당시 문화관광부는 1차관보 2실 6국 5관 29과로 구성되었고, 5담당관 16개 소속 기관으로 편성되었다. 이후 관광부분에서는 큰 조직 개편이 나타나지 않았으며, 문화부분에서 '과'와 '실'의 명칭이 변경되는 등의 소폭의 변화가 있었다. 그간 일부 부처의 국 혹은 실 수준에서 부처 명칭으로 승격한 이와 같은 변화는 관광정책 주무 장관의 통제 범위가 가장 광범위해지고 강력해지게 만들었다.

그와 동시에 1999년 5월 해외홍보 업무는 국정홍보처로 이관되었으며, 문화재 관련 업무는 문화재청으로 이관되면서 문화관광부 조직은 1차관보 2실 6국 4관 27과 4담당관 9개 소속 기관으로 축소되었다. 해외홍보 업무의 이관은 관광정책 업무와 집행업무의 분리를 가져 왔다.

2005년 3월에는 관광레저도시 추진을 위하여 관광레저도시추진기획단이 신설되고 하위에 기획총괄팀, 관광레저시설팀, 투자협력팀이 구성되었다. 2007년에는 아시아문화중심도시추진단이 신설되는 등 이 시기에 관광정책은 좀 더 구체화되기 시작한다. 관광레저도시는 관광과 레저 기능을 중심으로 산업·주거·의료·교육·문화 등 정주시설이 복합된 자족형 도시를 표방하였다. 관광레저도시는 「기업도시개발특별법」에 의한 기업도시 3개 유형(산업교역형, 지식기반형, 관광레저형) 중 하나로서, 민간기업의 주도로 개발되며 민간의 합리적인 투자계획에 의해 다양한 레저와 생활시설 도입을 목표로 한다. 2005년 시범사업 지역(태안, 해남·영암)이 선정되어 현재 추진 중에 있다. 관광레저도시추진기획단의 신설은 그간 관광정책 조직 변화 중 가장 주목되는 변화로써 정부의 정책 의지에 따라 추진한 사업을 부처 내 관광정책의 업무와 분리하여 집행업무를 독립적으로 한 사건 중 하나이다.

이후 2008년 2월 이명박 정부가 집권하면서 '문화관광부'는 국정홍보처, 정보통신부의 디지털콘텐츠 기능을 통합하여 '문화체육관광부'로 확대·개편되었으며, 관광국은 관광산업국으로 명칭이 변경되었다. 2008년 8·15 광복절에서 '저탄소 녹색성장'이라는 국가비전을 제시한 후 2009년 5월 관광레저기획관 아래에 '녹색관광과'가 신설되었다. 이 시기에 관광정책 주무 장관의 통제 범위는 관광에서 산업을 강조하는 방향으로 이루어졌다.

2013년 3월 박근혜 정부가 집권하면서 관광산업국이 다시 관광국으로 변경되었으며, 2014년 10월에는 '문화융성'이라는 국정기조를 실현하고 관광·체육·관광레저 분야 총괄·조정 기능을 강화하기 위해 문화예술정책실과 관광체육레저정책실이 신설되었다(2차관 4실 6국 1단 10관 → 2차관 6실 1단 16관). 또한 같은 해 8월에는 2018년 평창동계올림픽 추진과 특별구역에 관한 주요 정책을 심의·조정하기 위하여 동계올림픽특구기획단이 신설되었다. 2016년 4월에는 관광산업정책 총괄 조정 및 국제관광정책 기능 강화를 위해 체육관광정책실을 체육정책실과 관광정책실로 분리하고, 관광정책실 아래에 국제관광정책관을 신설하는 등 조직을 개편하였다(2차관 1차관보 6실 16관 50과 → 2차관 1차관보 7실 16관 51과).

이후 문재인 정부에서는 관광정책실이 폐지되었으며, 현재 관광정책국과 관광산업정책관 2국 체계로 개편되었다. 2022년 현재 관광정책국에는 4과(관광정책과, 국내관광진흥과, 국제관광과, 관광기반과), 관광산업정책관에는 3과(관광산업정책과, 융합관광산업과, 관광개발과)로 운영되고 있다.

2) 유관기관의 변화

관광정책의 핵심적인 기관은 한국관광공사가 대표적이다. 한국관광공사는 1962년 「국제관광공사법」이 제정되면서 설립되었다. 국제관광공사의 업무는 제정 당시에는 국내관광 선전, 관광객 제반편의, 외국관광객 유치 등이었다. 관광선도사업을 목적으로 한 정부투자기관으로 국제관광공사와 국영항공사 대한항공공사의 설립되면서 정부조직 이외 관광정책 추진이 이루어지기 시작하였다고 볼 수 있다.

설립 당시 한국관광공사는 호텔(워커힐, 반도, 타워, 조선 등), 아리랑택시, 대한여행사 등을 직영으로 운영하였으나, 지속적인 적자가 발생하여 1965년부터 단계별 매각을 통해 민영화를 거치게 된다. 한국관광공사는 1969년에 도쿄 해외지사를 신설하고 호텔학교(현 관광인력개발원)를 개설하였으며, 1975년에는 경주관광개발공사(자회사)를 설립하였고, 1977년에는 경주호텔학교(경주관광교육원)를 개설하였다. 이로써 해외마케팅을 위한 전초기지와 관광개발을 위한 기관, 그리고 교육기관을 통해 업무 분화를 도모하였다. 특히, 한국관광공사는 1971년부터 경주 보문관광단지를 시작으로 설악동 관광단지(1973년), 제주 중문관광단지(1982년) 등을 직접 개발하는 등 관광개발의 주도적 역할을 수행하였다. 이후 국제관광공사는 여러 수익사업에 참여하였으나 수익성을 확보하지 못해 직접경영보다는 주식 중심의 간접투자 방식으로 전환하였으며, 이후 민간이 담당하기 어렵거나 공공적 특성이 있는 관광진흥업무 · 홍보업무 · 개발업무를 담당하였다. 전두환 정부 시기 「국제관광공사법」에서 「한국관광공사법」으로 일부 개정(1982년)되면서 국제관광공사는 현재의 한국관광공사로 개편되었다. 1982년 11월 명칭을 '한국관광공사'로 변경하였으며, 1993년 설립했던 서남관광개발공사(자회사)를 1995년 인수합병하고, 1999년 경주관광교육원은 폐쇄하였다. 이후 2005년 9월 외국인 전용 카지노 '세븐 럭'을 운영하는 그랜드코리아레저(자회사)를 설립하여 운영하고 있으며, 2014년 강원도 원주로 사옥을 이전하였다. 현재 한국관광공사는 5개 본부(관광디지털본부, 관광산업본부, 국민관광본부, 국제관광본부, 경영혁신본부)로 구성되어 있으며, 약 770명이 근무하고 있다.

관광정책의 또 하나의 축으로써 정책 연구기관인 현재의 한국문화관광연구원이 있다. 한국문화관광연구원은 문화 분야와 관광 분야가 별도로 설립되었다. 관광 분야는 1985년 11월 교통개발연구원 내 관광연구실로 설립되었고, 1996년 4월 한국관광연구원이 별도로 개원하였다. 2001년 8월 '한국문화정책개발원'과 '한국관광연구원'의 통합계획이 발표되었고, 두 개 기관이 통합되어 2002년 12월 (재)한국문화관광정책연구원이 개원하였다. 이후 2007년 12월에 '한국문화관광연구원'으로 명칭이 변경되었으며, 2016년 5월 법정법인으로 전환되었다. 현재 3본부(경영기획본부, 문화연구본부, 관광연구본부) 2센터(문화산업연구센터, 정책정보센터)로 구성되어 있으며, 약 140여 명이 근무 중에 있다.

제 3 절 관광정책 주요 쟁점 및 과제

1. 관광정책 환경변화 전망

관광정책 환경변화 전망을 토대로 주요 쟁점을 살펴보면 다음과 같다. 김현주 외(2021) 『제6차 관광진흥 5개년 계획 수립을 위한 기초연구』에서 STEEP 분석틀에 따라 다음 〈표 5-1〉과 같이 환경변화 전망을 제시하였다.

표 5-1 제6차 관광진흥 5개년 계획 환경변화 전망

구분	정책대응 시급성과 영향력 모두 높음	관광 분야 영향력이 높음	정책대응 시급성이 높음
사회	• 고령 사회화 • MZ 세대 영향력 확대 • 건강 및 웰니스에 대한 관심 증대 • 개인 위생 및 안전 관련 관심 증가 • 1인 가구 및 나홀로 소비 증가		• 지방소멸 위협
기술	• 데이터 경제 시대의 도래 • 신기술 발전 및 사회 적용 가속화	• 디지털 정보 격차 심화	
경제	• 플랫폼 중심 산업구조 변화 • 오프라인에서 온라인 시장 이동 • 비대면 사업의 성장		
환경	• 감염병의 주기적 발생 위협 증가 • 청정 · 친환경 관심 증가 • 기후변화 대응 노력 증가 • 지속가능한 발전 지향		
정치		• 급변하는 남북관계	

출처: 김현주 외(2021).

사회적(S) 환경에서는 고령 사회화, MZ 세대 영향력 확대, 건강 및 웰니스에 대한 관심 증대, 개인 위생 및 안전 관련 관심 증가, 1인 가구 및 나홀로 소비 증가가 중요할 것으로 예상되었다. 기술적(T)으로는 데이터 경제 시대의 도래, 신기술 발전 및 사회 적용 가속화이며, 경제적(E) 환경은 플랫폼 중심 산업구조 변화, 오프라인 시장에서 온라인 시장으로 이동, 비대면사업의 성장 등이 중요한 환경변화로 전망되었다. 환경적(E) 환경에서는 감염병의 주기적 발생 위협 증가, 청정・친환경 관심 증가, 기후변화 대응 노력 증가, 지속가능한 발전 지향 등이 중요한 요인으로 선택되어졌다. 정치적(P) 환경에서는 급변하는 남북관계가 중요해질 것으로 예상되었으나, 정책적으로 대응의 시급성이 높지는 않을 것으로 전망되었다.

2. 주요 쟁점

1) 코로나19 이후 관광산업정책

관광산업 측면에서는 코로나19에 따른 관광산업의 재건과 관광산업의 혁신 성장 기반 마련을 위한 정책대응 요구가 증가할 것으로 전망된다. 코로나19로 인해 국가 간 관광교류가 중단된 상황에서 메타버스, XR 등 기술 요소와 결합한 다양한 관광콘텐츠가 온라인을 중심으로 확장하였다. 이러한 변화는 코로나19 회복 단계에서도 지속될 것으로 전망되며 향후 기술 혁신이 관광산업의 경쟁력을 좌우할 것으로 전망된다. 특히, 코로나19 이후 전 세계적으로 관광산업의 재건이 중요한 아젠다로 부여되는 상황에서 플랫폼 경제의 확산, 기술혁신 등 관광환경 변화에 따라 제6차 관광진흥 5개년 계획 수립 단계에서도 관광산업의 재건 및 혁신 성장을 위한 정책 수립 요구가 증가할 것으로 예상된다.

2) 기후변화와 관광정책

코로나19로 인한 감염병위기를 경험하면서 사회, 경제적으로 지속가능한 관광을 실현하기 위한 정책수요가 증가할 것으로 전망된다. 관광수요 측면에서도 친환경, 자연중심의 관광행태에 관한 선호도가 증가하고 있으며, 이러한 트렌드 변화에 따라 향후 관광의 지속가능한 성장을 위한 정책기조가 다시 부상할 것으로 전망된다. 특히, 전 세계적으로 기후변화 대응이 중요한 정책 아젠다로 논의되면서 관광 분야에서도 2050 탄소중립을 위한 대안 모색이 요구되고 있다.

3) 계층 간, 지역 간 격차해소 요구

제6차 관광진흥 5개년 계획은 코로나19로 인한 위기상황이 가져온 다양한 정책수요를 고려해야 한다. 관광시장의 회복 단계에서 관광산업의 조기 회복과 성장도 우선적으로 고려해야 할 요소이며, 성장의 이면에서 파생되는 부정적 요소를 완화하기 위한 정책도 균형감 있게 다룰 필요가 있다. 코로나19로 인한 경기 침체로 야기된 계층 간 소득격차, 지역 발전의 불균형 이슈가 관광정책에도 영향을 미칠 것으로 전망된다. 따라서 관광의 양극화와 지역 불균형을 해소하기 위한 포용적 성장을 추구하는 정책수요가 지속될 것으로 예상된다.

4) 관광에 대한 보편적 권리 향유

최근 관광 권리는 국제 헌장 및 규약 등을 통해 여가활용권리, 참여 보장 등을 통해 장애인 대상의 관광 권리에서 일반국민을 대상으로 하는 보편적 권리로의 개념 확대가 논의되고 있다. 국내에서도 지방자치단체 조례 등(예: 인천광역시 '관광진흥 조례', 서울특별시 '관광진흥 조례')을 통해 사회적 · 경제적 · 신체적 제약 없이 관광활동에 참여하고 향유할 수 있는 권리인 시민의 관광 권리가 규정되어 있으나, '차별없는 참여와 향유 권리'라는 점에서 아직까지 보편적 권리 측면의 관광 권리가 규정되었다고 보기는 어렵다. 관광 권리에 대한 국제적 논의와 최근 지방자치단체 조례 등의 제정, 그리고 코로나19 이후 관광활동의 중요성에 대한 국민적 인식이 변화하고 있는 상황에서 관광 권리에 대하여 특정 대상(예: 장애인)이 아닌 보편적 국민의 권리로써 인정할 수 있는 것인지에 대하여 검토가 필요하다.

제4절 소결

1989년까지 해외여행 자유화 이전까지 관광은 일종의 사치재로 인식되어져 왔다. 즉, 정부에서 억제하고 통제해야 할 대상으로 인식되어져 왔으나 지금은 중요한 경제적, 사회적 가치를 가지는 것으로 정부의 주요한 정책 영역이 되고 있다.

주 52시간 제도 정착에 따라 여가활동의 중요성이 증대되고 있으며, 제4차 산업혁명 이후 인간의 노동활동에 대한 인식 변화는 대표적 여가활동이 관광에 대한 인식을 변화시키고 있다. 특히, 코로나19로 인하여 당연하게 여겨졌던 여행의 행복이 각 국가의 봉쇄정책과 사회적 거리두기 방침으로 인하여 제한되었다. 평범한 일상에서 누렸던 여행의 중요성을 재인식하면서 관광에 대한 인식 전환이 이루어지고 있다. 한국문화관광연구원(2021)이 발표한 '위드 코로나 시대: 문화 · 관광 · 콘텐츠 분야에 미친 영향과 국민인식' 조사 결과에서 관광에 대한 국민의 인식 변화를 여실하게 보여준다.

관광정책의 개념적 범위가 확대되고 있으며, 융 · 복합적 성격이 강화되고 있는 관광정책은 다양한 행위자들의 연계와 복합적 · 종합적 시책으로 추진되는 현대 정책의 특징을 여실히 보여준다.

참고문헌

김광근 외(2007). 『신관광학 개론』. 서울: 백산출판사.

김병용 · 조광익(2019). 『관광학원론』(제3판). 서울: (주)한올출판사.

김상태 · 박상곤 · 김동현(2016). 『관광과 정부의 역할』. 한국문화관광연구원.

김영준(2003). 『관광 자원 개발 법제 개선 방안』. 한국문화관광정책연구원.

김현주 · 최경은 · 김동현 · 안희자(2021). 『제6차 관광진흥 5개년 계획 수립을 위한 기초연구』. 한국문화관광연구원.

김희수(2014). 『관광부문 재정운용체계 개편방안 연구』. 한국문화관광연구원.

류광훈(2012). 『관광법제 체계 개편방안 연구』. 한국문화관광연구원.

류광훈 · 김현주 · 정광민 · 손현 외(2017). 『관광법제 개편 방안 연구』. 문화체육관광부 연구용역보고서.

류광훈 · 최승묵(2007). 『(가칭)관광산업 진흥에 관한 법률 제정 연구』. 한국문화관광연구원.
박영도(2012). 『특별법 입법체계 개선방안』. 한국법제연구원.
신용석 · 심원섭(2006). 『관광법제 체계화 및 개선방안』. 한국문화관광연구원.
심원섭(2011). 『관광정책 추진체계 개편방향 연구』. 한국문화관광연구원.
이윤경 · 김동현 외(2017). 『문화부문 정책의 중장기 발전방안 연구』. 문화체육관광부 연구용역보고서.
장병권(2011). 한국관광 대도약을 위한 관광법제 정비방안. 『관광학연구』, 35(4): 357-368.

Hall, C. M.(1994). *Tourism and politics: policy, power and place*. John Wiley & Sons.
Leiper, N.(1979). The framework of tourism: Towards a definition of tourism, tourist, and the tourist industry. *Annals of Tourism Research*, 6(4): 390-407.
Leiper, N.(1990). Tourist attraction systems. *Annals of Tourism Research*, 17(3): 367-384.

제6장

소비자정책

김진열(한국소비자원)

제 1 절 소비자정책이란 무엇인가?

문구점에서 연필을 사는 어린아이, 인터넷쇼핑몰을 통하여 의류를 구매하는 청소년, 방문판매원으로부터 화장품 등 생필품을 구매하는 어르신까지 국민의 대부분이 각자의 방식으로 소비활동을 하고 있으며 이들을 소비자라고 할 수 있다. 그리고 이들이 소비생활을 하는 과정에서 제품의 품질이 기대에 미치지 못하거나, 거래조건 등이 소비자에게 불리하게 정해져 있는 등 다양한 형태의 소비자문제를 경험할 수 있다. 이러한 소비자문제에 대하여 소비자의 권익을 보호하고 건전한 거래질서를 확립하고자 하는 것이 소비자정책이라 할 것이다. 각각의 소비자 · 소비자문제 · 소비자정책 등의 용어들이 일상에서 흔하게 접하는 경제적 · 사회적 용어이므로, 그 개념의 광범위함에도 불구하고 용어 자체에 대한 거리감은 크지 않다 할 것이다. 그러나 권리의 주체로서, 법적 개념으로서의 이들 용어는 보다 엄밀하게 정의될 필요가 있으며, 소비자정책을 논의하기에 앞서 이들 개념의 명확화가 필요하다.

1. 소비자와 소비자문제

1) 소비자

소비자와 관련된 기본적인 사항을 규정한 「소비자기본법」과 동법 시행령에서는 소비자의 개념에 대하여 다음과 같이 정의하고 있다.

(소비자기본법) 제2조(정의)

1. "소비자"라 함은 사업자가 제공하는 물품 또는 용역(시설물을 포함한다. 이하 같다)을 소비생활을 위하여 사용(이용을 포함한다. 이하 같다)하는 자 또는 생산활동을 위하여 사용하는 자로서 대통령령이 정하는 자를 말한다.

(소비자기본법 시행령) 제2조(소비자의 범위)

1. 제공된 물품 또는 용역(이하 "물품 등"이라 한다)을 최종적으로 사용하는 자. 다만, 제공된 물품 등을 원재료(중간재를 포함한다), 자본재 또는 이에 준하는 용도로 생산활동에 사용하는 자는 제외한다.
2. 제공된 물품 등을 농업(축산업을 포함한다. 이하 같다) 및 어업활동을 위하여 사용하는 자. 다만, 「원양산업발전법」 제6조 제1항에 따라 해양수산부 장관의 허가를 받아 원양어업을 하는 자는 제외한다.

이와 같이 소비자는 일반적으로 사업자와 대비되는 개념으로, 사업자가 제공하는 물품 등을 소비생활을 위해 사용하는 자라고 볼 수 있다. 주의할 점은, 시행령에서 정하는 바와 같이 물품 등을 '최종적으로' 사용하는 자를 소비자로 보고 있으므로, 구매행위가 생산활동을 위한 원재료 또는 자본재일 경우 소비자의 개념에 해당되지 않는다.[1)] 다만, 사업자가 제공한 물품 등을 생산활동을 위하여 사용하더라도 농·축산업 및 어업활동을 위하여 사용하는 경우(어업활동을 위해 구입한 어선의 원동기, 농업활동을 위한 저온저장고 등)는 소비자로 인정된다. 이외에도 소비와 관련된 특별법(전자상거래법, 방문판

1) 예를 들어, 회사에서 내부 직원에게 제공하기 위하여 다이어리를 구매한 경우, 최종적으로 소비하기 위한 물품을 구매한 것이므로 소비자에 해당하나, 사진관을 운영하면서 사진촬영업을 영위하기 위해 구입한 카메라는 자본재에 해당하여 법률상 소비자에 해당하지 않는다(한국소비자단체협의회 외, 2022).

매법 등)에서는 개별적으로 소비자의 정의를 구체화하고 있다.[2)]

2) 소비자문제

소비자의 소비생활에서 발생하는 다양한 형태의 '문제'들을 해결하기 위하여 관련 제도와 정책이 수립되고 있다. 보다 명확하게 '소비자문제'란, "소비자가 상품이나 용역에 관한 거래관계를 체결하는 중 또는 그 상품을 이용하는 과정에서 경험하는 불만이나 피해"를 의미한다(여정성, 2008). 대량생산과 대량소비가 가속화되면서 소비자의 거래관계에서 발생하는 문제들이 사회문제로 인식되기 시작하였고, 이는 정부의 개입을 요구하게 되었다.

시장을 있는 그대로 둘 경우 해결이 어려운 문제에 대하여 정부 개입의 필요성이 요구된다. 현재 시장상황에서, 시장의 구조적 문제에 의한 불완전 경쟁(imperfect competition), 완제품의 소비가 보편화된 사회에서 소비자들은 사업자들이 공개하는 한정적 정보에 의존할 수밖에 없는 상황에서 발생하는 불완전 정보(imperfect information), 소비자들의 편향된 선택행동에서 기인하는 제한된 합리성(bounded rationality)으로 인하여 발생하는 문제는 시장 또는 소비자 스스로가 해결하기 어려운 문제로서 정부의 개입을 필요로 하게 된다(여정성 외, 2020).

2. 소비자정책

1) 소비자정책의 연혁

소비자정책이란 시장경제에서 소비자문제를 해결하기 위하여 정부가 법과 제도 등을 통하여 시장에 직·간접적으로 개입하는 일련의 과정을 말한다. 이러한 소비자정책은 과거 열등한 지위에 있는 소비자를 보호하는 데 초점을 맞췄던 '보호론적 관점'에서 소비자가 자주적으로 문제를 해결할 수 있도록 지원해 주는 '주권론적 관점'으로 패러다임이 변화하고 있다(소비자정책위원회). 소비자정책을 통하여 소비자에게는 직접적인

---

2) 소비자 기본법 및 관련 특별법에 의하여 '소비자' 개념에 해당될 경우 이 법들에 의하여 보호받을 수 있으나, 소비자에 해당되지 않을 경우 민법 등 일반 계약 관련 규정이 적용된다는 점에서 차이가 있다.

그림 6-1 소비자정책을 통한 선순환 구조 개념도

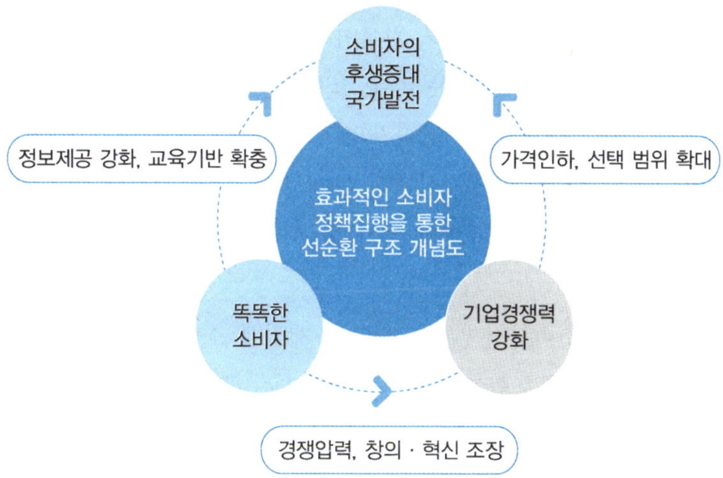

출처: 공정거래위원회 홈페이지.

후생증대를 가져오며, 기업에게는 기술개발과 가격인하를 유도하는 경쟁압력으로 작용하는 선순환 구조를 형성할 수 있다.

소비자정책[3]이 등장한 시기는 1960년대로, 1962년 미국 케네디(John F. Kennedy) 대통령이 보낸 소비자이익의 보호에 관한 특별교서를 소비자정책의 기원으로 볼 수 있다. 이후 영국, 프랑스 일본 등 소비자정책을 마련하고 소비자보호 관련 법률을 제정 시행하였다.

우리나라의 소비자정책은 1968년 소비자보호요강 제정[4]과 1970년대 시민단체의 소비자운동을 중심으로 소비자문제에 대한 인식이 확산되었으며, 1980년 소비자보호법 제정을 계기로 법제도적 기반이 마련되었다. 1982년 소비자보호법 시행령이 제정되었고, 이 시기에 소비자보호 관련 법령의 정비가 활발하게 이루어졌다[독점금지 및 공정거래에 관한 법률(1980년), 약관의 규제에 관한 법률(1986년) 등]. 이후 1986년 소비자보호법 전부 개정을 통하여 소비자정책 실무 전반을 담당하는 한국소비자보호원(현 한국소비자

3) 이하 내용은 한국소비자원(2017)의 내용을 요약 정리하였다.
4) 1968년 당시 신진자동차공업주식회사의 폭리문제가 이슈화되어, 이를 계기로 정부가 소비자문제에 관한 정부의 기본 대응 방향과 임무를 담은 소비자보호요강을 제정하게 되었다.

원)을 설치하면서 국가정책으로서의 모습과 추진체계를 갖추게 되었다.

1990년대에도 소비자보호 관련 법령의 정비가 지속되었으며, 이 시기에는 급속한 시장개방 및 지방자치제도의 정착으로 인하여 소비자정책의 외연 확장이 급속도로 이루어졌다. 특히, 1996년 OECD 가입은 국내 소비자정책과 법제도가 선진화되는 계기가 되었다. 2000년대 들어 디지털화, 지방화가 빠르게 진행되면서 소비자정책의 기본방향도 변화가 있었으며, 이에 따라 전자상거래 등에서의 소비자보호에 관한 법률 등이 제정되었으며, 환경친화적 소비와 관련한 국가 및 사업자의 노력 의무가 소비자보호법에 규정되었다.

2000년대 중반까지 소비자정책은 1980년대 제정된 소비자보호법을 토대로 집행되어 왔으나, 2006년 소비자보호법이 소비자기본법으로 개정되면서 소비자정책이 소비자의 '보호' 위주에서 소비자주권실현으로 전환되는 계기가 되었다. 2010년대 이후 글로벌 금융위기, 가습기 살균제로 인한 소비자 피해 등 일련의 사건을 거치면서 금융소비자 보호정책과 소비자 안전정책이 주요 이슈가 되었다.

이상과 같이 소비자를 둘러싼 환경의 변화에 따라 소비자정책은 끊임없이 변화를 거듭해 왔으며, 현재도 지속가능한 소비, 고령화 시대, 코로나19로 인하여 급증한 비대면 거래 등 사회변화에 따라 소비자정책도 끊임없이 변화하고 있다.

2) 소비자정책의 범위

소비자정책은 크게 규제행정과 지원행정으로 구분할 수 있고 각각의 범주는 다시 거래 적정화, 안전성 보장, 정보제공, 소비자교육, 피해구제의 다섯 개 영역으로 크게 구분할 수 있으며, 각각의 영역의 목적은 아래의 〈표 6-1〉과 같다.

표 6-1 소비자정책의 범위 및 목적

범위		근거	목적
규제 행정	거래 적정화	소비자기본법 제12조	사업자의 불공정한 거래조건이나 거래방법으로 인하여 소비자가 부당한 피해를 입지 않고 합리적인 선택을 할 수 있도록 함.
	안전성 보장	소비자기본법 제8조, 제45조~제52조	각종 위해로부터 소비자를 보호하고, 사업자의 소비자안전에 대한 인식을 제고함.

지원 행정	정보 제공	소비자기본법 제13조	소비자가 물품 등을 합리적으로 선택할 수 있도록 하기 위하여 물품 등의 거래조건・거래방법・품질・안전성 및 환경성 등에 관련되는 사업자의 정보를 소비자에게 제공함.
	소비자 교육	소비자기본법 제14조	소비자가 올바른 권리행사를 하고 물품과 관련된 판단능력을 높이고 자신의 선택에 책임을 지는 소비생활을 할 수 있는 역량을 강화함.
	피해 구제	소비자기본법 제31조, 제53조~제76조	소비자의 불만을 처리하고 관련 피해를 구제함.

각 영역별로 고유한 목적을 가지고 있으며, 목적을 달성하기 위하여 관련 규정을 두고 있다. 영역별 규정 및 주요 내용을 살펴보면 다음과 같다.

거래 적정화는 불공정한 거래조건이나 거래방법에 대하여 소비자가 부당한 피해를 입지 않도록 하는 것을 목적으로 한다. 사업자의 부당한 행위를 지정・고시, 약관거래・방문판매・다단계판매・통신판매 등 특수한 거래상황에 대한 시책을 강구함으로써 그 목적을 달성하고자 한다.

안전성 보장은 각종 위해로부터 소비자를 보호하고, 사업자의 소비자안전에 대한 인식을 제고하는 것을 목적으로 한다. 이러한 목적에 의하여 어린이・노약자 등 취약계층의 보호, 위해발생 우려에 대한 시정요청, 결함 있는 물품에 대한 사업자의 자진수거 의무 및 행정기관의 수거・파기 등의 권고・명령, 위해정보의 수집・분석・방지 조치 등에 관한 내용을 규정하고 있다.

정보제공은 소비자가 물품 등을 합리적으로 선택할 수 있도록 그와 관련된 정보를 소비자에게 제공하는 것을 목적으로 하며, 이를 위하여 가격・품질비교 정보제공, 국내・외 가격차 조사 및 발표 등을 주요 내용으로 하고 있다.

소비자교육은 소비자가 올바른 권리행사를 하고 판단능력을 높이는 등 소비자의 역량을 강화하는 것을 목적으로 한다. 이를 위하여 국가와 지방자치단체가 소비자교육 프로그램을 개발하고, 소비자교육과 학교교육・평생교육을 연계하는 정책을 수립하고, 소비자 능력 향상을 위한 다양한 사업을 실시하도록 하고 있다.

피해구제는 소비자의 불만을 처리하고 관련 피해를 구제하는 것을 목적으로 한다. 소비자기본법에서는 이를 위하여 소비자단체협의체의 자율적 분쟁조정, 사업자의 자율적 불만 처리 권장, 한국소비자원의 피해구제, 소비자소송 등과 관련된 내용들을 규정하고 있다.

제 2 절 한국의 소비자정책 현황

1. 제도 현황

헌법 제124조는 "국가는 건전한 소비행위를 계도하고 생산품의 품질향상을 촉구하기 위한 소비자보호운동을 법률이 정하는 바에 의하여 보장한다"라고 정하고 있다. 소비자의 권리가 기본권에 해당하는지에 대해서는 해석의 여지가 있으나, 헌법상 소비자보호를 위한 규정을 두고 있다.

소비자와 관련한 국가의 가장 기본이 되는 법률은 「소비자기본법」으로 이 법에서는 소비자의 권리와 책무, 국가·지방자치단체 및 사업자의 책무, 소비자정책의 종합적 추진을 위한 기본적인 사항 등을 규정하고 있다.

소비자기본법 외에 소비자관련법은 광의와 협의로 구분하여 볼 수 있다. 협의의 소비자관련법은 소비자보호를 주된 목적으로 하는 법률로 약관규제법, 표시광고법, 방문판매법, 전자상거래법 등이 포함되며, 주로 공정거래위원회 소관 법률이 여기에 해당된다. 광의의 소비자관련법은 법률의 기능 또는 관리품목에 소비자 관련 규정이 포함되어 있으면 소비자관련법으로 본다. 광의에 의하면 공정거래위원회 소관 법률 이외에도 소

표 6-2 소비자정책 관련 주요 법령

구분		주요 법령	
		공정거래위원회 소관	타 부처 소관
규제행정	거래 적정화	공정거래법, 표시광고법, 할부거래법, 방문판매법, 약관규제법, 전자상거래법 등	전기용품 및 생활용품 안전관리법, 산업표준화법 등
	안정성 보장	소비자기본법	약사법, 식품위생법, 전기용품 및 생활용품 안전관리법 등
지원행정	정보 제공	표시광고법	각 부처 개별 법령
	소비자 교육	소비자기본법	평생교육법
	피해 구제	소비자기본법, 제조물책임법	민법

출처: 공정거래위원회.

비자 관련 규정을 포함하고 있는 경우 소비자관련법으로 보고 있다.[5)]

2. 소비자정책 추진체계

우리나라의 소비자정책은 심의·의결기구인 소비자정책위원회, 소비자정책의 주무부처인 공정거래위원회, 소관 영역에서 개별적으로 소비자 관련 정책을 추진하는 중앙부처와 지방자치단체, 공정거래위원회 산하에서 소비자정책을 종합적으로 추진하고 지원하는 한국소비자원으로 추진체계가 구성된다.[6)]

소비자정책위원회는 「소비자기본법」 제23조에 의하여 소비자의 권익증진 및 소비생활의 향상에 관한 기본적인 정책을 심의·의결하기 위해 설치되었다. 기본계획 및 종합시행계획, 소비자정책의 추진 및 조정 등 소비자정책에 관한 사항을 심의·의결하며, 소비자의 권리를 제한하는 법령·고시 등의 개선을 위해 필요한 조치를 권고할 수 있다. 위원장은 2인이며(국무총리, 민간위원장), 중앙행정기관장, 소비자원장, 소비자대표, 경제계대표를 포함하여 25인 이내의 위원으로 구성된다. 공정거래위원회는 간사로서 소비자정책위원회를 지원한다.

공정거래위원회는 우리나라 소비자정책의 주무부처로서, 과거 재정경제부와 공정거래위원회로 이원화되어 있던 소비자정책 추진 기능이 2008년 정부조직 개편을 통하여 공정거래위원회로 일원화되었다. 소비자정책과 관련하여, 소비자정책 기본계획을 수립 및 추진하고, 중앙행정기관과 지방자치단체가 수립한 시행계획을 취합·조정하여 종합시행계획을 수립한다. 또한 이들 종합시행계획의 추진실적을 평가·환류함으로써 국가 소비자정책 전반의 수립·집행·환류 과정을 총괄하는 기능을 한다.

한국소비자원은 1987년 「소비자보호법」에 따라 소비자권익 증진 시책의 종합적인 추진을 위하여 경제기획원 산하 '한국소비자보호원'으로 설립되었다. 2007년 '한국소비자보호원'의 명칭이 '한국소비자원'으로 변경되었으며, 재정경제부 산하에서 공정거래위

---

5) 이혜연·여정성(2011)의 연구에 따르면, 우리나라의 소비자관련법은 전체법률의 약 23.9%에 해당하는 것으로 보고 있다.

6) 지방의 소비자행정은 지방소비자정책의 심의·의결을 위한 별도의 지방소비자정책위원회가 설치되어 있으며, 실질적인 집행은 각 지방자치단체의 담당부서가 담당하고 있다. 또한 지방소비자정책을 전문적으로 지원하는 지방소비생활센터가 설치되어 있다. 이를 통하여 소비자교육, 소비자정보제공, 기타 소비자권익 관련 사무를 담당하고 있다.

표 6-3 소비자정책 주요 추진주체

구분	소비자정책위원회	공정거래위원회	한국소비자원
역할	소비자정책 심의 · 의결	소비자정책 총괄 · 조정	소비자정책 종합 추진
성격	심의 · 의결 기구	중앙행정기관	준정부기관
주요 기능	• 주요 소비자정책에 대한 심의 · 의결(소비자정책 기본계획, 종합시행계획 등) • 정부 법령 등의 소비자 지향성 평가	• 소비자정책의 수립 · 총괄 및 조정 • 분야별 소비자시책의 수립 · 시행 • 소비자정책위원회 운영 • 소비자정책 기본계획과 시행계획의 수립 • 소비자단체의 등록 · 지원 • 지역소비자시책에 관한 기본계획 수립 · 시행 • 소비자생활협동조합법 운용	• 제도 · 정책연구 및 건의 • 시험 · 검사 및 거래조사 · 분석 • 소비자정보 수집 · 제공 • 국제협력 • 소비자교육 · 홍보 · 방송 • 소비자 불만처리 및 피해구제 • 소비생활 조사 · 연구 • 국가 또는 지방자치단체 의뢰 업무 • 기타 소비자 권익증진 및 안전과 관련한 업무

출처: 지광석 외(2016) 인용.

원회 산하로 이관되었다. 소비자정책을 종합적으로 추진하고 지원하는 역할을 하고 있으며, 소비자전문기관으로 관련 제도 · 정책연구, 시험 · 검사, 소비자정보 수집 및 제공, 소비자교육 · 홍보, 소비자 불만처리 및 피해구제 등 소비자정책 전반에서 다양한 역할을 수행하고 있다.

3. 소비자정책 기본계획

소비자기본법 제21조에서는 주무기관인 공정거래위원회에 3년 단위로 기본계획을 수립할 책무를 부여하고 있다. 소비자정책 기본계획은 중앙 · 지방정부가 수행하는 소비자정책의 중기 청사진으로서, 중 · 장기적인 경제 · 사회 환경에 대한 조망을 기반으로 소비자정책의 기본방향과 중요과제들을 포함하고 있다. 공정거래위원회가 각 부처 및 지방자치단체의 의견을 반영하여 수립하며, 소비자정책위원회의 심의 · 의결을 거쳐 기본계획이 확정되며, 2009년 제1차 기본계획을 시작으로 현재까지 총 5차에 걸쳐 기본계획을 수립하여 추진하고 있다.

소비자정책 기본계획은 국가 소비자정책의 마스터플랜으로서, 중앙부처 및 지방자치단체의 정책이 소비자 지향적으로 추진될 수 있도록 기본계획의 비전과 전략을 공유하고 구체적인 추진계획을 수립하도록 한다는 점에서 의의를 가진다. 특히, 2017년 소비자기본법 개정을 통하여 소비자정책위원회가 공정거래위원회 소속에서 국무총리 소속으로 격상되었으며, 소비자정책 기본계획의 내실화를 위하여 소비자정책의 추진실적에 대한 평가를 2019년부터 정식으로 실시함에 따라 소비자정책 기본계획의 실효성은 점차 강화되고 있다.

2008년 공정거래위원회는 제1차 소비자정책 기본계획을 수립하였으며, 제1차 기본

표 6-4 제1차~제5차 소비자정책 기본계획 비전 및 정책목표

구분	비전	정책목표
제1차 ('09~'11)	실질적인 소비자 주권의 실현	• 소비자안전의 강화 • 거래의 공정화 및 적정화 • 소비자 교육 및 정보제공의 촉진 • 소비자 피해의 원활한 구제 • 소비자정책 추진체계의 효율화 • 맞춤형 정책
제2차 ('12~'14)	소비자가 주역이 되는 시장 구현	• 안전한 소비환경 구축 • 신뢰할 수 있는 거래환경 조성 • 소비자교육 및 정보제공의 효율화 • 소비자 피해의 원활한 구제 • 소비자와 기업의 상생기반 조성 • 효율적인 소비자정책 추진
제3차 ('15~'17)	소비자가 함께 만드는 더 나은 시장	• 창조경제 시대에 걸맞은 소비자 역량 지원 강화 • 안심하고 신뢰할 수 있는 시장환경의 확대 • 소비자정책의 글로컬 민관협력체계 구축
제4차 ('18~'20)	소비자 중심의 공정한 시장환경 구현	• 선제적 소비자 안전확보 • 소비가치 주도 소비자 역량 강화 • 신뢰할 수 있는 거래환경 조성 • 신속·공정한 소비자분쟁 해결 • 소비자정책 협력 강화
제5차 ('21~'23)	디지털 시대 새로운 소비자가 이끄는 공정한 시장경제	• 신뢰할 수 있는 거래환경 조성 • 디지털 전환기 소비자 역량 제고 • 국민체감 소비생활 안전 확보 • 공정하고 실효성 있는 분쟁 해결 • 과학적·협력적 소비자정책 추진 및 글로컬 협력체계 강화

계획을 통하여 '실질적인 소비자 주권의 실현'을 목표로 믿을 수 있는 시장 구축, 역량 있는 소비자 육성, 책임지는 기업문화 확산, 효율적 · 능동적 정책추진을 기본방향으로 설정하였다.

2012년부터 적용되는 제2차 소비자정책 기본계획은 '소비자가 주역이 되는 시장 구현'을 비전으로 제시하고 있다. 그리고 소비자정책의 기본방향으로, 세계화에 따른 국제 거래의 일반화로 증가하는 위해요소에 적극 대응하여 안전한 소비환경 구축, 소비취약계층(노인, 결혼이민자 등)을 상대로 한 불공정행위에 엄정 대처, 정보비대칭이 심화되는 환경에서 소비자가 주권자로서 역할을 할 수 있도록 교육과 정보제공, 신속하고 효율적인 피해구제를 위한 제도 개선 등을 설정하였다.

2015년부터 적용되는 제3차 소비자정책 기본계획의 비전은 '소비자가 함께 만드는 더 나은 시장'이며, 제1 · 2차 기본계획이 추진체계의 정비와 제1차 기본계획의 계승 · 발전이었다면 제3차 기본계획은 기존의 계획의 큰 틀을 유지하면서도 시장환경 변화 및 정부정책기조를 보다 적극적으로 반영하고 있다. 인구고령화, 사회적 양극화, 소비시장의 글로벌화 등 정책적 여건 변화에 대응하여 소비자 역량 강화, 신뢰할 수 있는 시장환경 확대, 소비자정책의 민관협력체계 구축을 주요 내용으로 하고 있다.

2018년 제4차 소비자정책 기본계획의 비전은 '소비자 중심의 공정한 시장환경 구현'이며, 기본계획의 수립과정에서 소비생활지표 및 소비자시장지표 분석을 통하여 소비자의 정책요구를 적극적으로 반영하고 있다. 기본방향으로 합리적인 소비와 시장에 대한 적극적인 감시 · 참여를 통하여 소비가치를 주도하는 역량 있는 소비자 양성, 물리적 위험요소 및 불법 · 부당 거래환경으로부터 소비자를 보호하는 시장환경 조성, 다양한 주체의 협력을 통한 정책의 실효성 제고를 설정하였다.

현재 추진되고 있는 제5차 소비자정책 기본계획의 비전은 사회변화를 반영하여 '디지털 시대 새로운 소비자가 이끄는 공정한 시장경제'로 설정하고 있다.[7] 이러한 비전에 따라, 디지털 경제로의 전환 추세에 발맞춰 체계화된 소비자교육과 정보제공을 통해 소비자 역량 제고, 데이터 및 증거에 기반한 이슈 탐지 및 정책 수립 · 집행 기능 고도화

7) 새로운 소비자란, 소극적인 피해구제와 보호의 대상으로만 머무르지 않고, 소비자의 권리와 역할을 인지하고 자신이 원하는 방향으로 기업과 정부를 이끄는 하나의 경제주체로서의 적극적인 소비자를 의미한다. 공정한 시장경제란, 소비자들의 선택을 받기 위한 기업들의 경쟁과 혁신이 경제성장의 동력이 되고, 이러한 성장의 혜택을 모든 소비자와 기업들이 함께 공정하게 누리는 시장경제를 의미한다.

등을 기본방향으로 설정하고 있다.

제 3 절 소비자정책의 주요 쟁점 및 과제

1. 주요 쟁점

코로나19의 확산으로 인하여 사회 전반에 큰 변화가 생긴 것과 같이, 국내 · 외적으로 많은 정책환경의 변화가 발생하고 있다. 이에 따라 각 분야의 정책 또한 사회변화에 가급적 빠르고 효과적으로 대응하고자 하는 노력을 지속하고 있다. 이러한 대응은 소비자정책에서도 지속적으로 논의가 이루어지고 있으며 실제 정책에 반영되고 있다.

앞서 살펴본 바와 같이 국가의 소비자정책이 나아갈 방향은 소비자정책 기본계획을 통하여 나타나고 있다.[8] 다양한 외부의 정책환경 및 정책수요를 파악하여 변화 방향을 설정하고, 이를 범부처 차원에서 공유하고 소비자 관련 정책에 반영하게 된다. 2021년부터 2023년까지 추진되는 제5차 소비자정책 기본계획에는 현재 소비자 관련 정책이 직면한 정책환경 변화를 분석하고 있다. 이하에서는 이러한 정책환경 변화가 가져올 문제점을 살펴보고 이를 통하여 향후 소비자정책이 나아갈 방향을 검토한다.[9]

1) 저성장기조, 인구구조 변화

현재 우리나라뿐만 아니라 전 세계적으로 지속적인 저성장 기조가 지속되고 있으며, 이로 인하여 민간 소비지출이 둔화되는 현상이 두드러지고 있다. 또한 향후 경기상황에 대한 전망도 비관적인 의견이 많아 소비회복에 대한 기대감은 크지 않다. 이에 따라 코로나19 직전 104.2였던 소비자심리지수(CCSI)[10]가 70.8까지 떨어진 후 회복 중이

---

8) 공정거래위원회(2021). 『제5차 소비자정책 기본계획』을 중심으로 재정리.

9) 이하에서 분류한 세 가지 정책환경 변화 이외에도 다수의 정책환경 변화가 존재하며 이들에 대한 정책적 대응이 이루어지고 있다. 여기서는 급진적이고 주요한 변화를 중심으로 정책변화를 설명하고 이에 대한 정책 방향을 제시하고자 한다.

10) CCSI(Consumer Composite Sentiment Index)가 100보다 낮으면, 소비자들이 현재의 경기상황을 장기 평균 경기상황보다 비관적으로 본다는 것이다.

나 어느 수준까지 회복할 수 있을지 예측이 쉽지 않은 상황이다.

저성장 기조의 지속과 함께 저출산·고령화 문제도 소비자문제의 증가를 야기하고 있다. 고령인구의 증가로 고령자가 겪는 소비자문제가 큰 비중을 차지하고 있으며, 초저출산·만혼·비혼의 증가로 1인 가구가 증가하여 1인 가구의 소비생활 특성(소포장, 간편식, 생활가전, 생활서비스 관련 시장 확대) 및 문제 경험을 반영한 정책수요가 증가하고 있다.

2) 생활안전·감염병 등 불안 요소 대두

신기술·신물질 적용 제품, 해외직구의 증가 등으로 인하여 안전규제의 사각지대가 증가하고 있으며, 특히 어린이·노인·장애인 등 안전취약계층의 사고위험 노출이 증가하고 있다. 또한 신종감염병의 확산으로 인하여 국외여행, 예식, 숙박 등의 소비자 민원 및 분쟁이 폭발적으로 증가하였으며, 마스크·손소독제와 같은 위생용품의 온라인 거래에서 불완전성이 노출[11)]되었다. 그리고 코로나19로 인하여 비대면 거래 및 서비스가 일상화되면서 이를 위한 디지털 기술이 사회 전역에 상용화됨에 따라, 세대 간, 지역 간, 계층 간의 디지털 정보격차 가속화 우려가 지속되고 있다.[12)]

3) 데이터 기반 혁신 및 신기술·신유형 거래 확대

데이터3법(개인정보보호법·신용정보법·정보통신망법) 개정으로 데이터 경제 이행 가속화 및 지능·정보화 초연결 사회로의 이행이 가속화되고 있다. 이와 동시에 개인 데이터 유출, 소비자정보 판매, 개인정보 자기 결정권 침해 등 소비자 피해 발생 우려가 커지고 있는 상황이다.

또한 기술의 발전으로 인하여 가상현실, 사물인터넷, 3D 프린터, 드론 등 신제품 및 새로운 서비스가 출시되고 있으나 안전성에 대한 사전검증이 미흡하거나 이전 사회에서 경험하지 못한 부작용을 일으킬 가능성이 크다. 아울러 거래방식에 있어서도 온라

11) 마스크 구매대란(일방적 계약취소 및 미이행, 가격인상)으로 온라인 플랫폼의 책임문제가 제기되었다.

12) 2021년 일반국민 대비 정보취약계층의 정보화 수준은, 일반국민의 정보화 수준을 100으로 가정할 때 저소득층(95.4%), 장애인(81.7%), 농어민(78.1%), 고령층(69.1%)으로 나타났다(한국지능정보사회진흥원, 2021).

인·모바일거래의 활성화 및 구독·공유경제가 확대되어 이와 같은 신유형 거래에서 소비자문제의 책임주체, 책임 범위에서 소비자의 피해가 커지고 있다.

2. 주요 과제

앞서 검토한 정책환경 변화를 기초로 소비자정책 환경 및 향후 방향을 검토해보면 다음과 같이 크게 두 가지의 주요 과제를 도출할 수 있다. 우선, 인구구조의 변화에 따라 사회가 점차 다문화, 고령화되어 가면서 이들이 소비생활의 약자로서 정상적인 소비생활을 영위하지 못할 가능성이 커지고 있다는 문제점이 있다. 이들은 소비자로서 신기술에 취약하여 신기술의 위해에 보다 많이 노출될 수 있으며, 신유형 거래에도 익숙하지 못하여 거래과정에서 불리·부당한 지위에 있을 수 있다. 다음으로, 일반적인 소비자라 하더라도 급격한 기술변화와 새로운 거래 행태의 등장으로 소비생활 과정에서 피해를 입을 가능성이 크다. 이러한 문제 의식을 바탕으로 이하에서는 현재 등장하고 있는 구체적인 문제를 살펴보고 향후 소비자정책이 대응할 수 있는 방안을 검토해 볼 필요가 있다.

1) 소비취약계층 소비자 역량 강화

(1) 문제의 제기

정부기관, 은행, 백화점 등 공공장소를 비롯하여 패스트푸드 매장, 커피전문점까지 키오스크(kiosk) 매장이 급격하게 늘어나고 있다. 그리고 한 번쯤은 이 기계들 앞에서 적잖히 당황하는 사람을 본 기억이 있을 것이다. 그리고 그들은 높은 확률로 어르신들일 것이다. 무인 키오스크의 확산이라는 사회변화가 어르신들을 비롯한 소비취약계층의 원활한 소비생활에 일정 수준 장애요인으로 작용하고 있는 것이다.

우리나라의 인구구조에서 부각되고 있는 변화로 출생아 수 감소와 고령인구 증가로 인한 사회의 노화, 다문화가정의 증가를 들 수 있다. 베이비부머의 노년기 진입이 본격화되고, 출생아 수 감소로 인한 총 인구의 감소와 고령화 현상은 더욱 가속화되고 있다. 통계청의 장래인구추계(2021)에 따르면, 2025년 65세 이상 인구 구성비는 20.6%에 이를 것으로 나타났고, 2050년에는 40.1%에 이를 것으로 나타났다. 또한 2021년 전국의

다문화 가구는 34만 6,017가구이며, 이 중 결혼이민자 가구가 82.4%를 차지하고 있다.13)

이와 같은 인구구조의 변화에 따라, 소비취약계층으로 분류되는 고령자 및 결혼이민자의 비중이 높아져 이들이 소비생활에서 겪게 되는 문제 또한 증가하고 있다. 이들 소비취약계층은 전체 소비자 중 상당한 비중을 차지하고 있으며, 디지털 접근성이 상대적으로 낮고, 정보에 취약하여 다른 세대에 비하여 소비자문제를 겪을 확률이 높다.14) 특히, 스마트 기기를 비롯한 변화하는 기술환경 적응이 이들의 주요한 소비자문제로 등장하고 있다.

(2) 정책 방향

어린이 · 청소년 · 고령자 · 결혼이민자 등 소비활동 및 경제활동에 있어서 취약계층으로 분류되는 이들에 대한 지금까지의 정책은, 이들을 의존적이고 보호해야 할 존재로 보아 그에 따른 정책이 수행되어 왔다.

그러나 소비자정책의 패러다임 변화에 따라 이들의 보호와 함께 소비자주권의 주체로서 스스로의 권익을 지키고 역량을 향상시킬 수 있도록 하는 정책이 보다 활발하게 이루어지고 있으며, 앞으로도 이러한 노력들이 강화될 필요가 있다.

디지털 취약계층의 역량 제고를 위한 금융 · 디지털 리터러시 격차 해소 교육 프로그램 개발 및 수행, 고령자의 전자상거래 및 비대면 거래 관련 교육 활성화, 어린이 · 청소년의 전자상거래 증가에 따른 학교교육과 연계한 소비자교육기반 마련 및 콘텐츠 개발이 보다 활발하게 추진되어야 한다. 실제 제5차 소비자정책 기본계획에서는 소비자역량 제고 목표 하에 연령별 · 계층별 맞춤형 소비자 정보제공 강화 및 디지털 역량 강화 및 정보격차 해소를 위한 과제들이 수립되어 추진되고 있다.

---

13) 2021 전국 다문화가족 실태조사.

14) 앞으로의 고령자는 이전 세대의 고령자와 달리, 청 · 장년세대와의 사회적 능력의 격차가 줄어들고 있는 것은 사실이다. 따라서 이윤정(2022)에서는 지금까지 고령자 정책이 고령자를 의존적 존재로 간주하여, 노화로 인하여 발생된 결과인 '돌봄의 대응'에 초점을 맞추었다면, 베이비부머가 고령자로 진입하는 현시점에서는 고령자의 '능력'과 이들이 보유한 '가능성'을 인정하고 삶의 주체로서 적극적인 사회적 역할을 할 수 있도록 패러다임이 전환되어야 한다고 하고 있다. 그럼에도 불구하고 여전히 그 격차가 존재하고 있음은 부인할 수 없다.

2) 신기술 · 신유형 소비자문제에 대한 대응 강화

(1) 문제의 제기

신기술의 발전 및 새로운 거래유형의 활성화는 소비자의 다양한 욕구를 충족시켜 줄 수 있으며 소비생활을 보다 다양하게 만드는 등 긍정적인 영향을 줄 수 있다. 그러나 반면, 이러한 기술들이 기술발전의 관점에서만 진화를 거듭할 경우 이를 통하여 다양한 소비자문제를 야기할 수 있으며, 이들 기술 및 거래형태에서 낙오된 소비자가 발생할 우려 또한 동시에 상존하고 있다. 최근 우리 사회는 블록체인, NTF(non-fungible token), 메타버스, 자율주행자동차 등 대부분 용어조차 생소한 기술들이 발전을 거듭하고 있으며 활용 분야 또한 넓어지고 있다. 그러나 이러한 기술들이 소비생활과 연계되면서 다양한 소비자문제를 야기하고 있다.

NTF(대체불가능토큰)를 거래했을 경우 일반적인 소비자거래로 포함시킬 수 있을 것인가?[15] 메타버스에서 경험하는 콘텐츠의 품질에 불만이 있을 경우 소비자로서 권리를 인정받을 수 있을 것인가?[16] 메타버스 환경에서 자연스럽게 노출되는 상품은 그것이 단지 사실을 표현한 것인지 허위·과장이 있을 경우 규제를 받게 되는 광고에 해당하는 것인가? 자동차의 자율주행기술이 보다 발전하여 완전자율주행이 가능해 졌음을 가정하고 만일 사고가 발생하였다면, 차량에 탑승한 사람을 운전자로 보아 운전자의 책임인지, 아니면 차량에 탑승한 사람은 운전조작을 하지 않으므로 승객으로 간주하여 자율주행기술에도 불구하고 사고를 방지하지 못한 자동차 제작사의 책임인지? 이와 같이 기술발전에 따른 다양한 문제가 제기되고 있다.

또한 거래유형에 있어서도 새로운 소비자문제가 등장하고 있다. 리셀(resell, 혹은 resale)시장 등 개인 간 거래가 활성화되면서 발생하는 새로운 유형의 소비자문제(거래 전 탐색 비용의 증가, 계약불이행 등)[17]는 어떻게 대응할 것인가? 최근 리셀시장에서 새롭

---

15) NFT 거래는 기본적으로 거래소가 플랫폼 역할을 하며 원작자가 민팅(minting), 즉 토큰을 발행하면서 시작되어 다양한 구매자가 해당 NFT를 순차적으로 사고 파는 행위(거래)의 반복이 가능하다. 따라서 최초 판매자는 일종의 사업자의 지위에 있게 되며, 거래소는 중개자인 플랫폼 기능을 하게 되지만 2차 거래 시점부터 각 거래 당사자는 순수한 의미의 사업자라고 보기 어려우며 개인 간 거래(peer to peer: P2P)로 보아야 한다는 시각 존재한다(정영훈, 2022).

16) 허민영(2022)에서는 현행의 소비자분쟁해결 기준 혹은 콘텐츠 이용자 보호에 관한 가이드라인으로는 가상현실에서 제공하는 콘텐츠나 메타버스의 콘텐츠 품질에 대한 분쟁을 해결하기는 한계가 있어 이에 대한 제도적 보완이 필요하다고 하고 있다.

17) 중고 제품의 경우, 제품의 상태나 사용 이력 등에 관한 정보는 전적으로 판매자에게 의존하게 되

게 대두되고 있는, 소수의 구매자에 의한 한정판 사재기 행위(매점매석)로 제품 및 서비스 구매 기회를 잃을 경우 이를 통해 유발되는 기형적 시장구조(제품에 대한 선호도가 하락하고 리셀러만 이익을 취하는 구조)를 어떻게 대응할 것인가? 등 다양한 문제가 끊임없이 발생하고 있다.

(2) 정책 방향

앞서 살펴본 신기술·신유형 거래로 인하여 등장한 소비자문제는 아직까지 논의 및 제도의 개선이 진행되고 있는 단계로 소비자의 권익을 보호하고 공정한 거래질서를 확립하기 위한 제도 및 정책이 완비되지 못하였다. 또한 이러한 신기술·신유형의 경우 기술발전이라는 또 다른 중요한 목적이 있기 때문에 다방면의 정책이 서로 충돌하는 양상을 보일 수도 있다는 점에서 대응하기 어려운 측면이 있다.

결국, 이러한 문제는 이들 신기술이 가지고 있는 가치를 극대화하고 활성화하는 과정에서 발생할 수 있는 문제에 대해서 소비자는 물론 해당 기술과 관련된 다양한 이해관계자들이 참여하여 종합적이고 체계적인 관전에서 기본방향과 개선방안이 도출될 필요가 있다.

아울러 소비자의 권익 보호를 위한 법제도의 정비 및 정책의 수립·추진과 더불어 생소한 기술 및 거래유형에 대하여 소비자의 역량을 높이는 노력이 우선적으로 이루어질 필요가 있다. 소비자의 이해를 높이고 발생가능한 문제들을 알리는 교육 및 프로그램의 운영 등을 활성화하고 적극적으로 홍보하는 등의 방식으로 해당 분야의 소비자 역량을 강화하는 방안이 필요하다.

고, 소비자가 각각의 정보의 진위를 검열하는 것은 어려운 상황이며, 소비자와 판매자가 각자 주관적인 품질 기준을 가지고 있어 충분한 품질 인식이 이루어지기 힘들기 때문에 소비자의 의사결정과정 중 탐색 단계에서 발생하는 비용이 큰 편이다. 또한 리셀시장은 중고 거래의 성격을 지니고 있어 소비자와 판매자가 거래를 약속하고 성사시키더라도 계약 불이행 및 허위 매물 등의 사기 피해가 여전히 발생한다. 실제 한국 인터넷진흥원에 신고된 전자거래 조정신청 총 5,163건 중 4,177건이 개인 간 거래 조정신청 건수로 전체의 약 80.9%를 차지하는 것으로 나타났다(이보한, 2022).

제 4 절 결론

우리나라에 소비자정책이 등장한 이래 소비자정책은 소비자의 권익보호와 공정한 거래질서를 확립하기 위하여 지속적으로 변화와 발전을 거듭해 왔으며, 이러한 변화와 발전은 현재도 진행형이다.

그러나 갈수록 외부적인 정책환경은 점점 더 급격하게 변화하고 있으며, 사회 전반에 일정 수준 이상의 파급효과를 가질 수 있는 새로운 기술과 상품의 등장도 그 주기가 점점 짧아지고 있다. 또한 코로나19와 같은 이전에 경험하지 못한 사태로 인하여 소비행태와 거래행태에 전면적인 변화의 충격이 닥칠 수 있으며, 예측할 수 없었던 신기술 및 신유형의 소비가 또 다른 충격을 줄 수 있다.

이러한 사회적 변화를 감지하고 대응하기 위하여 소비자정책을 수립하고 추진하는 주체들은 지속적으로 소비자정책을 발전시키고자 한다. 그럼에도 불구하고 사회 전반의 다양한 변화들은 소비자보호의 사각지대를 만들 수 있으며 소비자의 안전을 위협할 가능성을 만들어 낸다.

급변하는 사회와 정책환경 속에서 정부 및 관련 기관에 의존하는 소비자정책의 수립・추진은 소비자문제의 해결에 한계가 있을 수 있다. 소비자가 소비활동 중에 겪는 다양한 일들이 가장 직접적이고 시급한 문제들이며, 이러한 문제는 소비자가 가장 잘 알 수밖에 없다. 따라서 향후 소비자정책에서는 민간(소비자)의 참여를 통한 거버넌스 체계의 강화가 중요한 정책 방향의 하나로 설정될 필요가 있다. 소비자정책의 계획・수립・집행 등 전 과정에서 소비자의 실질적인 참여를 확대함으로써 소비자정책의 문제대응력과 실효성을 높일 수 있을 것이다. 아울러 소비자 스스로도 보호받아야 하는 존재가 아닌 소비자주권의 주체로서 자신의 권리를 찾고 불공정한 거래구조를 개선해 나가는, 보다 적극적인 노력과 요구가 필요할 것이다.

참고문헌

공정거래위원회(2021). 『제5차 소비자정책 기본계획』.

여성가족부(2021). 『전국 다문화가족 실태조사』.

여정성(2008). 소비자정책. 『한국행정 60년』(제3권). 한국행정연구원. 파주: 법문사.

여정성 · 신세라 · 사지연(2020). 『소비자정책』. 파주: 교문사.

이보한(2022). 리셀 시장의 현황과 소비자이슈. 『소비자정책동향』, 제122호.

이윤경(2022). 인구 초고령사회와 미래 정책 이슈. 『소비자정책동향』, 제121호.

이혜연 · 여정성(2011). 우리나라 소비자관련법의 범위와 분류. 『소비자정책교육연구』, 7(3).

정영훈(2022). NFT(대체불가능토큰) 관련 주요 동향과 소비자 이슈. 『소비자정책동향』, 제122호.

지광석 · 이승진 · 김남수(2016). 『소비자권익을 위한 관련 부처의 정책거버넌스에 관한 연구』. 한국소비자원 정책연구보고서.

통계청(2021). 『장래인구추계』.

한국소비자원(2017). 『소비자정책 I : 과거, 현재 그리고 미래』.

한국소비자원(2022). 『소비자 개념 이것만 알면 어렵지 않아요: 법률 · 사례 · 실무적용기준』.

한국지능정보사회진흥원(2021). 『디지털정보격차실태조사』.

허민영(2021). 메타버스 관련 주요 논의 동향과 소비자이슈. 『소비자정책동향』, 제117호.

공정거래위원회 홈페이지(www.ftc.go.kr)

소비자정책위원회 홈페이지(www.consumer.go.kr/ccp)

제7장

청년정책

정기용(경기복지재단)

제 1 절 청년정책의 의의

1. 청년의 의미

청년에 대한 사회적 관심이 증가한 시점은 2000년대 초반 이후로 우리나라에서는 청년을 사회적 집단 및 정책의 대상으로 인식한지 약 20년이라는 시간이 지났다. 2000년대 이후 우리나라는 저출산·고령화가 빠르게 진행되면서 경제성장의 동력인 청년인구가 감소하게 되었고, 저성장을 예방하기 위해 청년의 경제활동과 사회진출이 활발히 이루어져야 하지만, 사회환경의 변화로 청년들의 경제활동은 과거보다 더 지연되고 있다(최하예·황성수, 2018; 전경숙, 2021). 특히, 외환위기 이후 비정규직 근로자 및 청년실업의 증가 등 노동시장구조의 변화와 함께 경쟁이 심화되면서 청년이 겪는 문제가 사회적 관심으로 등장하게 된 것이다(최순종, 2019). 이와 함께 2020년 새로운 질병이 전세계에 퍼지는 팬데믹(pandemic) 발생에 따른 경제위기로 청년의 사회진출은 더욱 지연되고, 그 결과 결혼과 출산을 기피하는 청년이 증가하고 있어 사회적 문제가 더욱 심각해지고 있다.

이와 같이 청년이 겪는 어려움이 사회적 관심으로 등장하면서 청년들의 겪는 문제가 의제화 및 정책화되었고, 그 과정에서 청년이 정책에 참여할 수 있는 기회가 증가하게 되었다. 정책 거버넌스를 통해 청년이 스스로 정책에 참여하게 되면서 청년에 대한 사회적 인식이 변화하였고, 그 결과 청년을 정책대상으로 인지하고 청년을 위한 정책의 필요성이 증가하게 되었다. 청년을 위한 체계적이고 종합적인 정책 수립의 사회적 요구를 반영한 법적 기반인 「청년기본법」이 2020년 2월 제정되었고 그해 8월 시행되었다(전경숙, 2021; 정기용 외, 2022).

청년정책에 대한 세부적인 논의를 진행하기 전 청년이라는 정책대상의 개념을 파악하는 것이 선행되어야 한다. 청년정책은 외국인정책, 장애인정책, 여성정책 등과 같이 정책대상의 특성이 잘 변화하지 않고 대상을 특정할 수 있는 정책과 달리 청년이라는 정책대상을 사전에 정의해야 한다. 청년은 아동, 청소년, 노년 등과 같이 특정 시기의 연령집단이 정책대상이므로 국가별·지역별·시대별·문화별 등에 따라 대상에 대한 인식이 다르므로 정책대상을 어떻게 정의할 것인지 중요하다(김기헌 외, 2019).

청년의 사전적 정의를 살펴보면 청년을 "신체적·정신적으로 한창 성장하거나 무르익은 시기에 있는 사람"[1]으로 정의하고 있다. 하지만, 사전적 정의 이외에 법·제도적 및 사회적 관점에서 청년의 의미를 구분할 수 있다(전경숙, 2021). 먼저, 사회적 관점에서는 청년을 아동 또는 청소년기를 거친 젊은 성인으로 인식되면서 전환기를 과도기적 단계로 파악하고 있다(이정봉, 2021). 즉, 현실적인 상황을 고려하여 청년을 특정 연령으로 정의하는 것보다 사회적 연령으로 바라보는 것이 필요하다는 것이다(김기헌 외, 2018). 고등학교만 졸업해서 취업을 준비하는 청년과 대학 또는 대학원을 늦게 졸업해서 취업을 준비하는 청년은 연령에서는 차이가 있으나 취업을 준비한다는 공통점이 존재한다. 따라서 이러한 차이를 인정하고 사회적 관점에서 접근해 청년을 파악하는 것이 필요하다(김기헌 외, 2020).

이러한 내용을 바탕으로 사회적 관점에서 청년의 의미를 세부적으로 살펴보면 특정 생애과정, 이행 단계를 중심으로 논의되는데(Bendit, 2006), 청년은 아동 또는 청소년기를 지나 성인기로 성장하는 과도기적 단계로 학교에서 노동시장으로 전환을 의미하며, 취업, 독립, 결혼 등을 통해 사회관계를 새롭게 형성하는 시기(Batles & Carstensen, 1999), 사회적 지위를 확보하기 위한 투쟁 등 사회화 과정과 고유한 가치가 있는 과정(Asing, 2010) 등 사회적 개념에서는 청년을 생물학적인 연령에 큰 의미를 두지 않고 학교에서

1) 표준국어대사전.

사회로의 진출, 가족으로부터 독립하여 새로운 가족으로 이행하는 것과 같은 사회적 관계와 관련되어 있다(정기용 외, 2022). 이와 함께 최근 청년에 대한 새로운 개념으로 '후기 청소년 유예'가 논의되고 있는데, 청년이 취업, 주거 독립, 가족구성 등 사회적 관계를 형성하는 과정에서 어려움을 느끼면서 성인으로 전환이 지연되고 있어 성인이 아닌 '후기 청소년'이라는 인식이 형성되고 있다(박미희 외, 2018).

하지만, 사회적 관점에서 정책을 추진하기 위한 정책대상으로 청년을 정의할 경우 현실적인 문제가 발생하므로 청년에 대한 명확한 정의가 필요하다(김기헌 외, 2020). 이러한 내용을 반영하여 법・제도적 관점에서는 청년을 "19세 이상 34세 이하의 사람"으로 정의하고 있다(청년기본법 제3조 제1호). 다만, 일부 다른 법령 및 조례에서 청년의 연령을 다르게 적용할 경우 그 목적에 따라 청년의 연령을 다르게 정의할 수 있다(청년기본법 제3조 제1호).

2. 청년 인구 동향

최근 10년 간(2012~2022년) 「청년기본법」상 정의된 19세 이상 34세 이하의 청년 인구의 규모는 지속적으로 감소하고 있다. 구체적으로 살펴보면, 2012년 11,399,682명에서 2022년 8월 기준 10,274,074명으로 1,125,608명이 감소하였다. 이러한 경향을 성별로 구

표 7-1 청년(19~34세) 인구규모(2012~2022)

(단위: 명, %)

구분	2012	2013	2014	2015	2016	2017	
전체	11,399,682	11,389,354	11,267,431	11,115,904	10,947,615	10,762,344	
남성	5,916,986	5,918,502	5,870,486	5,800,402	5,714,868	5,624,426	
여성	5,482,696	5,470,852	5,396,945	5,315,502	5,232,747	5,137,918	
구분	2018	2019	2020	2021	2022.8	2012~2022 변화분	변화율
전체	10,632,633	10,606,899	10,510,567	10,365,440	10,274,074	−1,125,608	−9.87
남성	5,560,223	5,549,719	5,500,470	5,424,392	5,378,070	−538,916	−9.11
여성	5,072,410	5,057,180	5,010,097	4,941,048	4,896,004	−586,692	−10.70

출처: 통계청. 시・군・구/성/연령(1세)별 주민등록연앙인구. https://kosis.kr에서 2022.9.10. 인출한 자료를 활용하여 저자 작성.

그림 7-1 청년(19~34세) 5세 단위 인구규모(2012~2022)

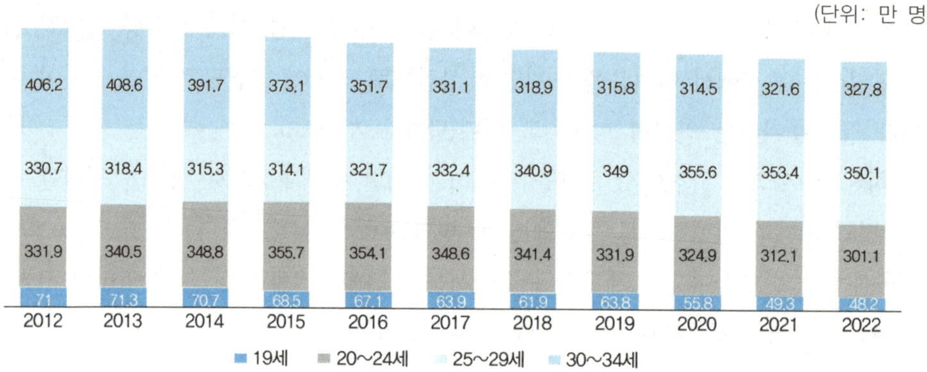

출처: 통계청. 시 · 군 · 구/성/연령(5세)별 주민등록연앙인구. https://kosis.kr에서 2022.9.10. 인출한 자료를 활용하여 저자 작성.

분하여 살펴보면 남성이 같은 기간 동안 538,916명으로 감소하였으며(-9.11%), 여성은 586,692명이 감소하여(-10.70%) 남성보다 여성이 더 크게 감소한 것으로 나타났다.

청년(19~34세)을 5세 단위로 구분하여 청년의 규모를 살펴본 결과 연령대별 청년 규모의 변화가 다른 것으로 나타났다. 먼저, 19세 연령의 청년규모가 동일한 기간 동안 가장 큰 비율로 감소하였으며(-227,673명, -32.06%), 다음으로는 30~34세 청년(-784,097명, -19.30%), 20~24세 청년 순으로 감소한 것(-307,964명, -9.28%)으로 나타났다. 다만, 25~29세 청년은 증가한 것(194,126명, 5.87%)으로 나타났다. 19세의 청년 인구가 크게 감소한 것은 2000년대 초반부터 시작된 저출산의 영향이 현재 반영된 것으로 생각할 수 있으며, 2022년 6월 통계청의 인구동향 자료를 살펴보면 2022년 2/4분기 합계출산율은 0.75로 향후 청년을 포함한 대한민국 인구가 크게 감소할 것으로 예상된다.

다음으로, 통계청의 장례인구추계를 바탕으로 미래 청년 인구의 규모를 전망[2)]하면 다음과 같다. 중위 추계 시나리오에 따르면, 19~34세 청년 인구는 2020년 10,510,567명에서 향후 10년 간 153만명이 감소하고, 2070년에는 4,987,948명으로 2020년의 47.5% 수준으로 감소할 전망이다. 세부적으로 살펴보면 남성과 여성의 감소율은 비슷하지만 20~24세의 경우 56.51%, 19세 56.19%, 25~29세 54.97%, 30~34세 45.06% 감소할 것으

2) 중위추계 기준(기본 추계: 출산율-중위/기대수명-중위/국제순이동-중위).

로 나타나면서 전체 청년 인구의 규모가 크게 감소할 것으로 예상된다.

저출산 · 고령화의 영향으로 청년 인구는 감소하지만 향후 노년부양비의 급격한 증가로 총부양비가 크게 증가할 것으로 예상된다. 그 결과 청년의 삶은 더욱 어려워지게 되고 결혼과 출산이 기피되는 등 사회문제를 심화시키는 악순환으로 이어질 가능성이 존재한다. 이러한 문제는 2000년대 초반부터 등장하였으며, 문제를 해결하기 위해 제1차 저출산 · 고령사회 기본계획이 2006년 시작으로 5년 주기의 정책이 수립 및 추진되고 있으나 효과성이 부족하다는 논란이 제기되고 있다(국회예산정책처, 2020). 이러한 문제의 원인은 청년이 아닌 사회구조적인 영향으로 생애주기 단계상 청년에게 집중적으로 나타나고 있으므로(임덕영 외, 2017; 김지경 · 이윤주, 2018), 청년에 대한 정확한 이해를 바탕으로 다양한 관점에서 청년을 위한 정책대안 설계가 필요하다(정기용 외, 2022).

표 7-2 청년(19~34세) 인구규모 전망(2030~2070)

(단위: 세, 명, %)

구분	2020	2030	2040	2050	2060	2070	2020~2070 변화분	변화율
남성	5,500,470	4,713,931	3,697,388	2,723,526	2,761,181	2,607,770	−2,892,700	−52.59
여성	5,010,097	4,263,767	3,396,203	2,489,146	2,526,026	2,380,178	−2,629,919	−52.49
19	558,416	484,626	277,872	311,520	293,079	244,628	−313,788	−56.19
20~24	3,249,676	2,369,431	1,881,703	1,485,315	1,643,131	1,413,318	−1,836,358	−56.51
25~29	3,556,477	2,693,051	2,478,245	1,447,776	1,783,072	1,601,569	−1,954,908	−54.97
30~34	3,145,998	3,430,590	2,455,771	1,968,061	1,567,925	1,728,433	−1,417,565	−45.06
전체	10,510,567	8,977,698	7,093,591	5,212,672	5,287,207	4,987,948	−5,522,619	−52.54

출처: 통계청. 시나리오별 추계인구(성 및 5세별 추계인구). https://kosis.kr에서 2022.9.10. 인출한 자료를 활용하여 저자 작성.

3. 청년정책의 의미와 변화

1) 청년정책의 의미

정책대상인 청년은 전술한 내용과 같이 2020년 2월 제정된 「청년기본법」 제3조 제1호에 의해 "19세 이상 34세 이하의 사람"으로 정의된다. 정책대상인 청년의 정의가 명확하게 결정되었다면 다음으로 청년정책의 정의를 살펴보면 「청년기본법」 제3조 제4호는 청년정책을 "청년발전을 주된 목표로 하는 것으로서 국가 또는 지방자치단체가 시행하는 정책"으로 정의하고 있으며, 여기에서의 청년발전은 "청년의 권리보호 및 신장, 정책결정 과정 참여확대, 고용촉진, 능력개발, 복지향상 등을 통하여 정치·경제·사회·문화의 모든 영역에서 청년의 삶의 질을 향상시키는 것"을 의미한다(청년기본법 제3조 제2호).

다만, 「청년기본법」에서 청년정책을 "청년발전을 주된 목표"로 정의하면서 정책대상인 청년의 발전을 위한 지원 정책에 초점이 맞춰져 있다는 지적이 있다. 세부적으로 살펴보면 청년지원이란 "청년발전을 위하여 청년에게 제공되는 사회적·경제적 지원"(청년기본법 제3조 제3호)을 의미하는데, 이러한 내용은 청년을 둘러싼 환경을 개선할 수 있는 정책이 포함되지 않았다는 한계점이 존재한다(김기헌 외, 2020). 이와 함께 과거 청년정책은 체계적으로 설계된 종합정책이 아닌 개별적인 관점에서 수동적인 정책으로 진행되었다. 특히, 청년의 일자리 분야에 집중하여 정책이 추진되었으며, 청년을 지원하기 위한 사회적 합의가 충분히 형성되지 못한 채 시행된 문제점이 존재하였다(최하예·황성수, 2018).

2) 중앙정부 및 지방자치단체의 청년정책 변화[3)]

(1) 중앙정부

전술한 "청년의 의미"에서 살펴본 내용과 같이 청년에 대한 정책은 2000년대 초반 이후 청년에 대한 관심이 증가하면서 발전하였다. 2000년대 초반 김대중 정부에서 청년에 대한 사회적 관심이 증가하였으며, 노무현·이명박·박근혜 정부를 거치면서 청년정책이 구체화되었다.

첫째, 김대중 정부(1998~2002)의 청년정책을 살펴보면 사회적으로 IMF 외환위기를 겪으면서 중·장년층에서 대량 실업이 발생하였고, 이에 대응하기 위하여 전체 실업의 규모를 축소하고 취업취약계층(기능·연령·학력 등)을 중심으로 실업대책이 진행되었다. 당시 청년은 주된 정책대상이 아니었으므로 실업대책은 청소년(15~24세)의 미취업 관련 내용을 다루었으나 청년에 대한 정책은 부족하였다. 하지만, 당시 사회적 환경은

---

3) 중앙정부 및 지방자치단체의 청년정책 변화의 내용은 국무조정실(2022)의 『2021년 청년정책백서』의 내용을 재구성하였다.

IMF 외환위기와 함께 정보통신기술의 발달로 세계화가 진행되었으며, 이에 따라 청년의 활동이 증가하고 청년을 대상으로 하는 문화콘텐츠가 증가하는 등 글로벌 청년문화가 발달하게 되면서 청년에 대한 관심이 증가하게 되었다. 김대중 정부의 청년정책은 실업대책위원회를 중심으로 추진되었으며, 실업대책에서 청년에 대한 정책은 상대적으로 부족하였으나 정부지원 인턴제, 청년점포 임차지원 등 다양한 정책이 등장하게 되었다.

둘째, 노무현 정부(2003~2007)의 사회적 환경은 IMF 외환위기 이후 비정규직 근로자의 증가 등 노동시장의 구조가 변화하면서 청년의 실업 및 우울감이 사회적 문제로 집중되었다. 청년에 대한 문제가 사회적 관심으로 등장하면서 청년이 정치 및 정책에 참여할 수 있는 기회가 증가하게 되고, 청년을 위한 정책 역시 증가하게 되었다. 노무현 정부는 청년의 실업문제를 해결하기 위해 2004년 3월 「청년실업해소 특별법」(현 청년고용촉진 특별법)을 제정하고, 청년실업대책특별위원회를 구성하여 청년고용촉진대책을 추진하였다. 대표적인 청년정책으로는 청소년 직장체험, 해외취업지원, 기능사 양성훈련, 고용정보망 운영, 청년고용촉진장려금 등이 있으며, 청년고용촉진대책은 노동 공급 측면, 노동 수요 측면, 노동 인프라 측면을 고려한 종합적인 대책이었다. 노동 공급 측면에는 대학의 현장적합성 부족과 중소기업 미스매칭과 관련된 정책, 노동 수요 측면에서는 공공부문 일자리 및 해외취업, 노동 인프라 측면에서는 취업 정보제공, 진로지원 등이 다양한 측면이 포함된 대책이 추진되었다.

셋째, 이명박 정부(2008~2012)에서는 2008년 시작된 글로벌 금융위기와 청년실업률의 장기화를 해결하기 위해 2009년 10월 「청년실업해소 특별법」을 「청년고용촉진 특별법」으로 개정하고 고용률 70%를 목표로 제시하였다. 이와 함께 청년고용촉진특별위원회를 구성하여 청년을 공공기관 정원의 3% 이상으로 고용하는 의무화고용제, 취업정보를 전달하기 위한 중소기업 취업정보 통합데이터베이스 구축 등 청년이 노동시장으로 진입할 수 있는 정책을 추진하였다. 이와 함께 공공기관 청년인턴제, 바이오 전문인력 양성, 신규직업자 직업훈련, 취업성공패키지 등 다양한 정책을 추진하였다.

넷째, 박근혜 정부(2013~2017) 역시 청년의 고용률을 높이는 정책기조를 유지하였다. 특히, 저출산·고령화에 대한 문제가 심각하게 논의되었으며, 청년을 위한 복지정책, 대학 창업지원의 필요성 증가 등 다양한 이슈가 등장하였다. 박근혜 정부에서는 이명박 정부에서부터 이어진 청년고용촉진특별위원회가 청년정책을 추진하였으며, 대표적으로 청년의 해외취업을 촉진하기 위한 해외취업지원(K-Move), 청년내일채움공제 등을 실시하였고, 대기업과 정규직 근로자의 경직성, 근로환경 및 처우개선 등 노동시장의 이중구조를 해소하기 위한 다양한 정책을 추진하였다.

다섯째, 문재인 정부(2017~2022)에서는 사회로 이행하는 과정에서 청년들이 겪는 어려움을 해결하고 청년의 실업문제를 우선적으로 해결하기 위해 2018년 3월 청년일자리 대책을 발표하였다. 청년일자리 대책은 취업청년의 소득과 주거, 자산형성, 고용증대 지원과 창업활성화, 취업기회 창출, 취업 및 창업을 위한 실질적 역량 강화를 중심과제로 추진하면서 청년의 근본적인 일자리 문제를 해결하기 위해 사회구조 개선을 병행하여 실시하였다. 청년일자리 대책 이외에 청년고용촉진방안, 지역주도형 청년일자리 창출방안, 청년창업 활성화 방안 등 다양한 청년 일자리 정책을 발표 및 추진하였다. 주요 청년정책으로는 신직업 Making Lab 신설, 공공임대주택 공급, 청년저축계좌 신설과 함께 2020년 2월 「청년기본법」 제정, 2020년 12월 제1차 청년정책 기본계획 수립 등 다양한 정책과 주요 대책을 추진하였다.

표 7-3 역대 정권별 청년정책 특징

구분	김대중 정부 (1998~2002)	노무현 정부 (2003~2007)	이명박 정부 (2008~2012)	박근혜 정부 (2013~2017)	문재인 정부 (2017~2022)
주요 이슈	외환위기, 청년 관심 증가, 청년참여 및 활동, 글로벌 청년문화	노동시장 구조변화, 청년실업, 경제양극화, 청년 우울증	글로벌 경제위기, 청년실업 장기화, 일자리 창출, 일자리 질 개선, 청년창업활동	저출산・고령화, 청년복지정책, 경제 개혁, 일자리 문제	청년 실업, 팬데믹 현상, 청년의 삶 전반 관심 확대
추진 체계	실업대책 위원회	청년실업대책 특별위원회	청년고용촉진 특별위원회	청년고용촉진 특별위원회	청년정책 조정위원회, 각 부처 전담조직 신설
주요 정책	정부 지원 인턴제, 청년점포 임차지원	청소년 직장체험, 해외취업지원, 고용정보망 운영, 청년고용촉진 장려금	공공기관 청년인턴제, 해외취업연수, 신규직업자 직업훈련, 취업성공패키지	청년버스(취업상담), 내일채움공제, 청년창업, 2030정책참여단, 중소기업직업체험	청년저축계좌, 청년 일자리대책, 청년기본법 제정, 청년정책 기본계획 수립

출처: 김지경・변금선(2019), 국무조정실(2022) 재구성.

(2) 지방자치단체

지방자치단체는 중앙정부보다 먼저 청년정책에 관심을 가졌다. 서울시는 2015년 1월 최초로 청년기본조례를 제정하면서 청년의 주거안정·부채경감·생활안정 등 다양한 권익 증진을 위해 청년정책위원회, 협의체, 청년 전담부서 등을 다양한 추진체계를 구축하였으며, 청년이 정책과정에 참여함으로써 실질적으로 문제를 해결하고자 정책을 추진하였다. 서울시 이후 대구, 광주, 경기, 전남 등 광역자치단체에서도 2015년 청년기본조례를 제정하였으며, 2022년에는 모든 광역자치단체가 청년기본조례를 제정하였다. 경기도는 2017년 제1차 경기도 청년정책 기본계획(2018~2022)을 수립하였으며, 청년정책위원회가 청년정책을 심의 및 의결하고, 「경기도 청년기본조례」 제17조(청년지원단의 설치·운영)에 따른 전담조직인 경기청년지원사업단을 구축하여 청년참여기구, 청년네트워크 등 사업을 실시하고 있다. 이와 함께 대부분의 광역자치단체 역시 종합적인 청년정책을 추진하기 위해 기본계획을 수립 및 추진하고 있으며, 청년기본조례에 도입 목적으로 종합적인 청년정책 추진의 필요성을 규정하고 있다.

지방자치단체는 중앙정부가 추진하는 일자리 중심의 청년정책의 한계를 인지하고 자체적이고 주도적으로 청년정책을 추진하면서 청년정책의 발전에 큰 역할을 수행하고 있다. 특히, 지방자치단체는 지역 청년들의 현실을 자세하게 파악할 수 있어 청년에 대한 문제 의식이 중앙정부보다 상대적으로 높았으며 청년의 의견을 직접 정책에 반영하는 등 다양한 정책을 추진하였다. 향후 지방자치단체는 중앙정부와 함께 청년을 위한 정책을 구상하고 운영하는 역할을 수행하는 등 그 중요성이 증가하고 있다.

제 2 절 청년정책 현황

1. 청년기본법

1) 입법 배경 및 추진 경과

기본법이란 사회의 기본적인 원칙 또는 준칙 등 일정한 법 분야에서 제도, 정책 등에 관한 원칙과 기준을 정한 법률 또는 국정 운영을 위한 제도와 정책의 방향성을 지시하는 법률을 의미한다(박영도, 2006; 박광동, 2021). 따라서 청년기본법은 청년정책의 원칙과 기준을 정한 법률이자 방향성을 나타내는 법이라고 할 수 있다. 2020년 청년을 정책대상으로 하는 「청년기본법」이 제정되었으나 입법을 통해 청년을 정책대상으로 하는 최초의 법은 2004년 3월에 제정된 「청년실업해소 특별법」(현 청년고용촉진 특별법)이다. 이 법은 "청년미취업자의 고용을 확대하고 국내·외 직업능력개발훈련을 적극 지원함으로써 청년실업해소 및 지속적인 경제발전과 사회안정에 기여함"을 목적으로 수립되었다(청년실업해소 특별법 제1조). 이후 정부는 고용노동부 산하에 2004년 '청년실업대책특별위원회' 및 2010년 '청년고용촉진특별위원회'를 설치하여 청년정책을 추진하였다. 다만, 「청년실업해소 특별법」은 청년을 15세 이상 29세 이하로 규정하면서 「청년기본법」상 청년의 개념(19~34세)과는 차이가 있었으며, 청년의 고용을 촉진하는 것이 주된 목적이었다(이율경, 2017; 김달원, 2020; 국무조정실, 2022).

「청년기본법」을 제정하게 된 배경은 제1절 '청년의 의미'에서 살펴본 내용과 같이 2000년대 초반 이후 지속된 고용시장 악화와 경제적 어려움 등 청년이 겪는 어려움을 해결하기 위함이었다. 이후 2008년 글로벌 금융위기를 겪으면서 청년의 고용환경과 경제적 환경은 더욱 악화되었으며, 청년은 주거비 부담과 등록금 인하 등 문제 해결을 위해 정부의 대책을 지속적으로 촉구하였다(전경숙, 2021; 국무조정실, 2022). 청년이 겪는 어려움은 취업뿐만 아니라 교육, 주거, 건강, 문화 등 삶의 전 영역에서 어려움을 겪고 있어 청년의 행복한 삶을 보장할 수 있는 사회적 요구가 증가하였다(오재호, 2020).

청년정책은 지방자치단체가 지역의 청년 여건에 맞는 정책과 사업을 중앙정부보다 먼저 추진하였다. 서울시는 청년의 겪는 어려움을 해결하고자 2013년 249명의 청년위원으로 구성된 '서울청년정책네트워크'를 설치하여 청년을 위한 정책제안 활동을 하였으나 일자리 관련 사업을 제외한 다른 분야에서는 정책제안을 할 수 있는 법률적 근거가 부족하였다. 서울시는 이러한 문제점을 바탕으로 2015년 1월 전국 지방자치단체 최초로 서울특별시 청년기본조례를 제정하였다(최하예·황성수, 2018; 국무조정실, 2022). 서울시를 시작으로 전국적으로 다른 지방자치단체에서도 청년기본조례를 제정하였으며, 2019년 지방정부·청년 공동 실천문이 지방정부협의회에서 발표되었다(국무조정실, 2022).

정치권에도 「청년기본법」을 제정하기 위한 과정이 진행되었다. 2014년 3월을 시작으로 19대 국회에서 청년발전기본법안을 발의하였으나 회기 만료로 폐기되었다. 2016년 5월 20대 국회에서 신보라 의원 등 122인이 청년기본법안을 발의하였고, 이후 2019

년까지 총 10건의 유사 법안이 발의되었다. 하지만, 청년정책은 다양한 부처와 관련된 정책이 추진된다는 점과 업무효율성 등을 고려해야 2019년 5월 국무조정실에서 청년정책을 총괄 수행하는 것으로 결정되었다. 이후 2019년 11월 의결되었으며, 2020년 1월 본회의 의결을 거쳐 2월 제정되었고 2020년 8월부터 시행되었다. 이 과정에서 청년의 연령을 정의하기 위해 18세부터 39세까지 다양하게 논의되었으나 최종적으로 19~34세로 결정되었다(국무조정실, 2022; 김종세, 2022).

2) 주요 내용

「청년기본법」의 목적은 "청년의 권리 및 책임과 국가와 지방자치단체의 청년에 대한 책무를 정하고 청년정책의 수립 · 조정 및 청년지원 등에 관한 기본적인 사항을 규정"하는 것으로 제정되었다(청년기본법 제1조). 청년을 위한 정책결정 과정에 청년의 의견을 반영하여 문제를 해결하기 위함이다. 「청년기본법」은 청년의 정의 규정, 국가와 지방자치단체의 책무, 청년의 날, 청년정책 기본계획 및 시행계획 수립 · 시행, 청년 실태조사, 청년정책 연구사업, 추진조직인 청년정책조정위원회 구성 및 운영, 청년정책 책임관 지정 등 청년정책 기본계획, 총괄 · 조정에 관한 내용으로 구성되어 있다. 이와 함께 청년의 권익증진을 위해 고용촉진과 일자리 질 향상, 창업지원, 능력개발 지원, 주거지원, 복지 · 금융생활 · 문화활동 · 국제협력 지원 등 시책 마련을 의무규정으로 하고 있다. 「청년기본법」의 주요 내용을 정리하면 〈표 7-4〉와 같다.

표 7-4 「청년기본법」 주요 내용

법 조항	내용
제3조 (정의)	1. "청년"이란 19세 이상 34세 이하인 사람을 말한다. 다만, 다른 법령과 조례에서 청년에 대한 연령을 다르게 적용하는 경우에는 그에 따를 수 있다. 4. "청년정책"이란 청년발전을 주된 목표로 하는 것으로서 국가 또는 지방자치단체가 시행하는 정책을 말한다.
제4조 (국가와 지방자치단체의 책무)	국가와 지방자치단체는 청년발전에 필요한 법적 · 제도적 장치를 마련하여 시행하여야 한다.
제7조 (청년의 날)	청년발전 및 청년지원을 도모하고 청년문제에 대한 관심을 높이기 위하여 대통령령으로 청년의 날을 지정한다(매년 9월 세 번째 토요일).

제8조 (청년정책 기본계획의 수립)	국무총리는 5년마다 청년정책에 관한 기본계획을 수립·시행하여야 한다(기본방향, 추진목표, 분야별 주요 시책, 재원의 조달방법 등).
제9조 (연도별 시행계획의 수립·시행 등)	관계 중앙행정기관의 장과 특별시장·광역시장·특별자치시장·도지사 및 특별자치도지사는 기본계획에 따라 연도별 시행계획을 매년 수립·시행하여야 한다.
제11조 (청년 실태조사 등)	정부는 기본계획 등 효율적인 청년정책을 수립하기 위하여 청년의 고용·주거·교육·문화 등에 대한 실태를 조사하여 공표하여야 한다
제12조 (청년정책 연구사업)	국무총리는 종합적이고 체계적인 청년정책의 수립·시행 및 지원을 위한 연구사업을 수행하여야 한다.
제13조 (청년정책조정위원회)	청년정책에 관한 주요 사항을 심의·조정하기 위하여 국무총리 소속으로 청년정책조정위원회를 둔다.
제14조 (지방청년정책조정위원회)	시·도지사는 관할 지역의 청년정책에 관한 주요 사항을 심의·조정하기 위하여 지방청년정책조정위원회를 둔다.
제15조 (정책결정 과정에 청년의 참여 확대)	관계 중앙행정기관의 장 및 시·도지사는 청년정책 결정과정의 자문·심의 등의 절차에 청년을 참여시키거나 그 의견을 수렴하여야 한다.
제16조 (청년정책책임관의 지정 등)	관계 중앙행정기관의 장 및 시·도지사는 그 기관의 청년정책을 효율적으로 수립·시행하기 위하여 소속 공무원 중에서 청년정책책임관을 지정하여야 하고, 필요한 경우 청년정책에 관한 전문인력을 둘 수 있다.

3) 의의

「청년기본법」은 청년정책을 위한 국가와 지방자치단체의 책무 및 정책 추진 체계와 청년의 고용 촉진, 복지, 금융, 문화 등 다양한 분야가 포함된 법으로 청년정책의 원칙과 기준, 방향성을 제시하여 과거와는 차별화된 청년정책이라는 점에서 의미가 크다. 「청년기본법」이 가지는 의미를 세부적으로 살펴보면 다음과 같다.

첫째, 청년정책의 기본이념을 제시하였다. 청년이 인간으로서의 존엄 및 가치 실현과 함께 행복한 삶을 영위할 수 있도록 청년의 기본적 권리를 규정하고 있으며, 민주시민으로서의 사회적 책무를 의무화하였다는 점에서 의미가 크다. 이와 함께 국가와 지방자치단체에게 책무를 의무화하였으며 청년정책의 범위가 청년의 전반적인 삶으로 확대되었고, 종합적인 청년복지정책으로 전환되었다는 점에서 의미가 있다(김달원, 2020; 오재호, 2020; 김종세, 2022).

둘째, 청년은 정책대상이 아닌 중앙정부 및 지방자치단체의 청년정책 결정과정에 적극적으로 참여할 수 있게 되었다. 「청년기본법」은 청년정책에 관한 주요 사항을 심의 및 조정하기 위해 청년정책조정위원회를 설치하고 위원회를 구성할 때 위촉직 위원 중 일정 비율 이상을 청년으로 위촉하도록 규정하고 있다(청년기본법 제12조 제2항). 즉, 정책결정에 청년의 의견수렴 및 반영이 의무화된 것으로 청년은 정책대상이자 정책주체로서 역할을 수행할 수 있게 되었다.

셋째, 청년의 명확성이다. 「청년기본법」은 청년을 19세 이상 34세 이하로 규정하고 있다. 「청년기본법」이 제정되기 전에는 청년의 연령과 범위에 대한 명확한 규정이 없고 개별 법령 또는 조례에서 청년을 규정하고 있어 청년의 연령 및 범위가 명확하지 않았다. 하지만, 청년이라는 정책대상이 명확해지면 정책결정자는 청년정책을 일관성 있게 추진할 수 있으며, 정책수요자인 청년 역시 향후 정책을 예측할 수 있다는 점에서 의미가 있다(이송림, 2020; 김봉철, 2021).

넷째, 청년정책 추진 체계의 제도화이다. 청년정책은 과거 다양한 부처에 분산 및 중복되어 추진되어 왔으나, 「청년기본법」을 통해 국무조정실에서 청년정책을 총괄 수행하며 청년정책조정위원회가 신설되고 청년정책 기본계획 및 시행계획 수립 및 시행이 규정되면서 청년정책이 체계적으로 추진될 수 있는 기반을 마련하였다(김종세, 2022).

2. 중앙정부 청년정책 기본계획 및 시행계획

1) 청년정책 기본계획

국무총리는 청년기본법에 명시된 이념(청년기본법 제2조)을 구현하기 위해 5년마다 청년정책 기본계획(이하 “기본계획”)을 수립 및 시행해야 한다. 2020년 12월 제1차 기본계획(2021~2025)이 수립되었으며, 향후 5년 간의 청년정책의 기본방향과 추진 방향, 추진과제 등이 포함되어 있다. 제1차 기본계획은 「청년기본법」이 시행된 이후 처음 수립된 기본계획이라는 점에서 의미가 있으며, 이를 토대로 2021년부터 청년정책 시행계획(이하 “시행계획”)이 수립되어 추진되고 있다.

제1차 기본계획은 ‘원하는 삶을 사는 청년, 청년이 만들어 가는 미래’라는 비전을 토대로 참여와 주도, 격차 해소, 지속가능성을 3대 원칙으로 설정하였다. 이와 함께 일자리, 주거, 교육, 복지 · 문화, 참여 · 권리를 5대 분야 20개 중점과제, 270개 세부과제로 구성되어 있다. 기본계획에 포함된 5대 분야의 주요 정책사례를 살펴보면 다음과 같다(관계부처 합동, 2020).

첫째, 일자리 분야에서는 코로나 극복을 위해 2021년 55.5만 명에서 2025년까지 128만 명(+α)의 청년구직자를 지원한다. 이와 함께 일하는 청년의 사회보장을 강화하기 위해 고용보험의 사각지대에 있는 특수형태 근로종사자(예: 택배기사, 보험설계사 등), 플랫폼 종사자, 프리랜서 등 2020년 10월 405.7만 명에서 2025년 529.4만 명까지 고용보험의 적용을 단계적으로 확대한다. 청년의 창업활성화 및 내실화를 위해 아이디어 발굴부터 교육·사업화, 자금, 재창업 등 기술창업 전 주기를 지원한다.

둘째, 주거 분야에서는 청년 1인 가구 수요 증가에 따른 청년주택 24.3만 호와 대학기숙사 3만 호를 포함한 총 27만 4천 호의 청년주택을 공급한다. 또한 청년의 전·월세 비용 경감을 위해 2025년까지 3.5만 가구에게 주거급여를 지급하고 40만 가구에 저금리 전·월세 자금 대출을 지원한다. 고시원 및 반지하 거주 등 최저주거 기준에 미달하는 청년가구의 10%(3만 호)를 감축할 수 있도록 집중 지원한다.

셋째, 교육 분야는 저소득층의 청년의 대학등록금 부담 제로화를 추진하며, 혁신공유 대학을 지정 및 운영을 통해 미래사회를 선도하는 핵심인재 10만 명을 양성한다. 교육과 일자리 연계를 강화하기 위한 고졸 청년 취업 및 사회 안착 지원, 지역인재 양성 직업교육 등을 실시하며, 언제 어디서나 배움이 가능하도록 온라인 지식공유체계(K-MOOC) 강화 등 온택트 교육기반을 구축한다.

넷째, 복지·문화 분야에서는 청년의 사회출발을 위한 자산 형성과 재기를 지원하기 위해 현재 희망키움통장 Ⅰ·Ⅱ, 내일키움통장, 청년희망키움통장, 청년저축계좌 다섯 개 사업을 (가칭)희망저축계좌 Ⅰ·Ⅱ로 통합하고, 서비스 및 인센티브를 추가로 지원한다. 이와 함께 취약계층의 청년에게 지원을 확대하기 위해 긴급자금을 2025년까지 5,000억 원을 지원하며, 연 10.3회의 문화생활을 2025년까지 매월 1회 문화생활을 할 수 있도록 문화활동기반을 강화한다.

다섯째, 참여·권리 분야에서는 정책결정 과정에서 청년의 주도성을 확대하기 위해 2020년 13.9%의 청년참여 정부위원회를 2025년까지 30%로 지정하고, 청년참여위원회 중 청년위원 위촉비율을 2025년까지 20% 이상 위촉할 수 있도록 한다. 다음으로, 청년 친화적 정책 전달체계를 확립하기 위해 중앙정부 및 지방자치단체의 모든 청년정책을 편리하게 접근하고 이용할 수 있도록 온라인 플랫폼을 연계한다. 또한 청년의 활동공간의 수요를 충족시키기 위해 2020년 광역·기초자치단체 104개의 청년센터를 2025년까지 226개 전 기초자치단체별 1개소 이상의 청년공간 확대를 추진한다.

2) 청년정책 시행계획

제1차 기본계획을 바탕으로 2021년부터 32개 중앙행정기관이 합동으로 시행계획을 수립 및 추진하고 있다. 시행계획은 제1차 기본계획과 같이 5대 분야로 구성되어 있으며, 2021년에는 308개 과제 총 23.8조 원이 투입되었으며, 2022년에는 376개 과제 총 24.6조 원이 투입될 예정이다. 2021년 청년정책의 평가와 2022년 정책의 방향을 살펴보면 다음과 같다(관계부처 합동, 2022).

2021년에는 청년정책을 본격적으로 추진하면서 정부정책으로 원활하게 안착할 수 있도록 정부의 역량을 집중하였다. 5년 기본계획과 연동된 2021년 시행계획은 청년정책을 체계화하였고, 5개 분야별 정책 추진을 통해 청년정책을 확장시켰다. 이와 함께 청년정책 전담조직이 설치되고 청년정책조정위원회의 전문성이 제고되는 등 청년정책을 추진하기 위한 기반을 구축하였다. 하지만, 청년정책이 확대됨에도 불구하고 청년이 체감하는 어려움은 지속되었다. 따라서 2022년 시행계획은 코로나19의 영향으로 변화한 경제 및 사회구조에 대처하기 위해 청년의 역량을 증진시키고 양질의 일자리 기회 확충과 함께 다양한 정책수요에 대응할 목적으로 추진되고 있다. 제1차 기본계획과 2021~2022년 시행계획의 주요 내용을 정리하면 〈표 7-5〉와 같다.

표 7-5 청년정책 기본계획 및 시행계획 분야별 주요 내용

구분	기본계획(2021~2025)	2021년 시행계획	2022년 시행계획
일자리	• 2025년까지 128만명(+α) 청년구직자 지원 • 일하는 모든 청년 고용보험 가입(2025년까지 529.4만 명 고용보험 적용) • 청년창업 기술 중심 전환 및 전 주기 지원체계 강화	• 청년구직자 101.8만 명(+α) 지원 • 특수고용 직종 근로자 고용보험 확대 및 추가 발굴 • 청년 종사 업종 표준계약서 개발·보급 • 온·오프라인 청년창업 전 주기 패키지 지원	• 청년구직자 62.5만 명(+α) 지원 • 민관협업 청년 일자리 창출 및 취업 역량 제고 • 청년희망 ON 프로젝트 후속 조치 지원 • 신산업 분야 및 현장 중심 취·창업 역량 제고 지원
주거	• 청년주택 27.3만 호 공급(대학생 기숙사 3만 호 포함) • 청년 40만 명 전·월세 자금 대출 지원	• 청년주택 5.4만 호, 기숙사 0.6만실 공급 • 3.1만 명 청년가구 주거급여 분리 지급	• 청년주택 5.4만 호 공급 • 청년 8만 명 대출지원+월세 특별지원 15.2만 명 • 주거취약계층 주거상향 지원

	• 최저주거 기준 미달 청년가구 10% 감축(3만 호)	• 청년 8만 명+α 전 · 월세 자금 대출 지원 • 초장기 정책모기지 도입 등 내집 마련 지원 • 선도 지방자치단체 선정, 주거상향 지원사업 본격화	사업 추진 지방자치단체 확대 ('21년 12개, '22년 15개) • 청년 친화형 주거모델 보급
교육	• 저소득층 대학등록금 부담 제로화 • 미래사회 선도 핵심인재 10만 명 양성 • 포스트코로나19 대응 온택트 교육기반 구축	• 저소득층 장학금 지원 강화 • 혁신공유대학 8개 컨소시엄(46교) 지정, 프로그램 운영 • 대학입학금 단계적 폐지 • K-MOOC 청년 참여 인센티브 강화	• 서민 · 중산층 가구 실질적 반값등록금 실현(94만 명) • 수요 맞춤형 인재양성 계획 수립 • 진로-교육-취업연계 지원프로그램(WE-Meet) 신규 추진 • 사회 초기정착을 위한 취업연계장려금 지원
복지 문화	• 희망저축계좌 Ⅰ, Ⅱ(가칭) 신설 및 10만 명 지원 • 취약청년 긴급자금: 5,000억 원 지원('25년) • 문화가기반 확대: 연 10.3회('20) → 연 12회('25)	• 청년저축계좌 등 1.8만 명 지원 • 자산형성지원 통합 및 확대 방안 수립 • 마음건강 바우처 (월 20만 원) 시행	• 청년내일저축계좌(10.4만 명), 청년희망적금, 청년형 소득공제 장기펀드 등 청년 자산형성 지원제도 개편 • 청년층 정신건강 서비스 강화 및 청년 건강 인프라 확대 • 청년 취약계층(자립준비청년, 청년 사각지대, 청년 장애인) 지원 확대
참여 권리	• 청년참여 정부위원회 30% 지정 • 청년참여위원회 청년위원 위촉비율 20% 달성 • 온 · 오프라인 청년정책 전달체계 구축	• 청년참여위원회 비율 확대 ('21년 17.1%) • 청년위원회 추가 확대 방안 마련 • 온-오프라인 통합 청년정책 전달체계 구축 방안 수립 • 청년마당 표준 운영계획 수립	• 청년인재 DB 구축 • 온 · 오프라인 청년정책 인프라 구축 등 • 정부-민간 two-track으로 청년정책 지역협력 체계 활성화 • 청년 공동체 연계 · 참여사업 추진(청년마을, 청년두레, 로컬크리에이터 활성화 등)

출처: 제1차 청년정책 기본계획(2021~2025), 2021년 청년정책 시행계획, 2022년 청년정책 시행계획 재구성.

3. 청년정책 추진체계

1) 청년정책조정위원회

(1) 청년정책조정위원회(위원장 국무총리)

청년정책이 기성세대를 중심으로 청년과의 공감대 형성 없이 만들어지고 있다는 비판이 제기되자 청년을 단순히 정책 수혜대상이 아닌 정책참여자로 포함되어야 한다는 의견이 제기되었다(국무조정실, 2022). 이후 국회와 정부, 청년단체 등은 청년 및 청년 전문가가 청년정책의 심의 및 조정과정에 참여해야 할 필요성을 인식하고, 2020년 9월 "청년정책에 관한 주요 사항을 심의·조정하기 위하여 국무총리 소속으로 청년정책조정위원회를"를 설치하였다(청년기본법 제13조 제1항).

청년정책조정위원회는 위원장인 국무총리와 부위원장 2명(정부 1명, 민간 1명)을 포함하여 40인 이내로 구성되며, 주요 역할은 기본계획의 수립 및 변경에 관한 사항, 시행계획의 수립 및 추진실적 점검에 관한 사항, 청년정책의 조정 및 협력에 관한 사항, 청년정책의 분석·평가 및 이행사항 점검에 관한 사항, 청년정책의 제도개선에 관한 사항, 청년정책에 관한 국가와 지방자치단체 간 역할조정에 관한 사항 등 총 일곱 가지의 사항을 심의·조정한다(청년기본법 제13조 제2항).

청년정책조정위원회는 위원회의 심의사항을 전문적으로 검토하고 효율적으로 위원회를 운영하기 위하여 위원장 포함 40인 이내로 구성하는 실무위원회를 2021년 3월 설치하였다. 또한 2021년 11월 여섯 개 분야(일자리, 교육, 주거, 생활, 참여·권리, 기획·균형발전)에 대한 전문위원회를 설치하여 청년정책을 심의 및 조정하고 있다. 청년정책조정위원회의 구성체계를 정리하면 〈표 7-6〉과 같다.

표 7-6 청년정책조정위원회 구성 및 체계

구분	구성	구성체계
청년정책 조정 위원회	• 위원장: 국무총리 • 부위원장 2명 (정부, 민간 각 1명) • 40인 이내	• 당연직(20명): 국무총리, 관계부처 장관(17명), 자치단체 협의체 추천 자치단체장(광역 1명, 기초 1명) • 위촉직(20명): 청년정책 전문가 또는 청년단체 대표 등 청년을 대표하는 사람
실무 위원회	• 위원장: 국무조정실장 • 부위원장 2명 (정부, 민간 각 1명) • 20인 이내	• 당연직(10명): 국조실장, 관계 중앙부처 차관(7명), 조정위원회 위원이 소속된 자치단체 부단체장으로서 해당 기관의 장이 지명(광역 1명, 기초 1명) • 위촉직(10명): 청년정책 전문가 또는 청년단체 대표 등 청년을 대표하는 사람
전문 위원회	• 위원장: 실무위원장 지명 • 각 전문 분야별 10인 이내	• 실무위원회 위원장 위촉 • 청년정책 전문가 또는 청년단체 대표 등 청년을 대표하는 사람

출처: 청년포털 홈페이지(https://2030.go.kr/).

(2) 지방 청년정책조정위원회

중앙정부의 청년정책 이외에 시 · 도의 청년정책에 관한 주요 사항을 심의 및 조정하기 위해 17개 시 · 도는 지방 청년정책조정위원회를 구성 및 운영하고 있다(청년기본법 제14조, 시 · 도 조례). 지방 청년정책조정위원회는 청년정책 기본계획 및 시행계획의 수립 및 변경에 관한 사항, 시행계획 추진 점검 및 평가에 관한 사항, 청년정책 시행을 위한 사업의 조정 등에 관한 사항은 심의 및 조정하는 역할을 수행한다. 서울, 부산, 대구, 경기, 강원 등 17개 시 · 도의 지방 청년정책조정위원회 위원은 2021년 6월 기준 총 393명(당연직 106명, 위촉직 287명)으로 구성되어 있다. 전체 위촉직 위원 중 청년의 비율은 60.6%를 차지하고 있으며, 특히 울산, 전남, 충남, 제주는 위촉직 위원 중 청년의 비율이 70%를 넘는 등 타 시 · 도보다 청년위원이 상대적으로 많이 구성되어 있다(국무조정실, 2022).

2) 청년정책조정실

과거 대통령직속 청년위원회가 2017년 6월에 폐지된 이후 각 기관에서 개별적으로 추진하고 있는 청년정책을 총괄하기 위해 2019년 5월 청년정책추진단이 설치되었다. 2020년 8월 「청년기본법」이 시행되자 다양한 청년정책의 수요를 반영하고 청년정책의 조정 기능을 강화하기 위해 청년정책추진단을 청년정책조정실로 확대 및 개편하였다.

그림 7-2 청년정책조정실 조직도

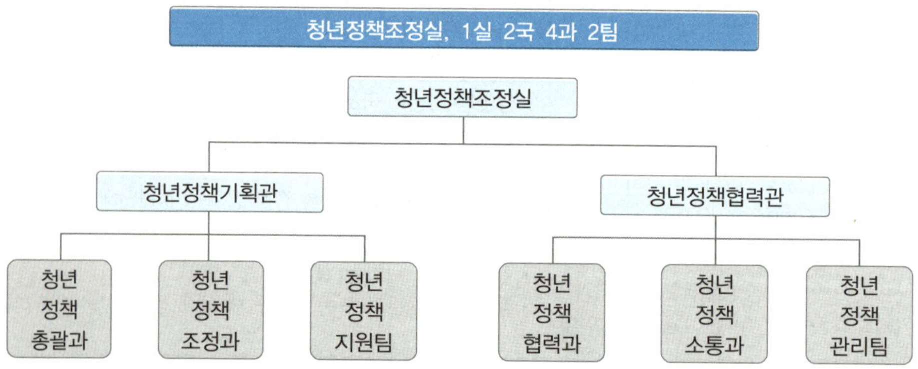

출처: 청년포털 홈페이지(https://2030.go.kr/).

청년정책조정실은 청년과의 소통 및 청년 관련 정책을 총괄하고 조정업무를 수행하기 위한 목적으로 국무조정실에 소속되어 있다(국무조정실, 2022).

3) 중앙부처 및 지방자치단체 조직 정비

「청년기본법」 시행 이후 청년정책에 대한 수요가 증가하자 청년정책의 실행력을 높이고 체계적 및 종합적인 청년정책을 지원하기 위해 청년정책과 관련된 주요 분야 아홉 개 부처에 청년 전담조직이 신설되었다. 이와 함께 해당 부처의 청년정책을 효율적으로 수행하기 위해 관계 중앙행정기관 소속 공무원 중에서 청년정책책임관을 지정하였다(청년기본법 제16조).

17개 시·도는 「청년기본법」이 제정되기 이전부터 지역의 청년정책을 총괄할 수 있는 청년정책 전담조직을 설치 및 운영하고 있다. 시·도는 지역의 청년정책을 효율적으로 시행하기 위해 지역의 소속 공무원 중에서 청년정책책임관을 지정하여 지방 청년정책조정위원회 운영과 지역의 청년정책을 총괄 및 조정하는 역할을 수행하고 있다. 「청년기본법」이 시행된 이후 아홉 개 중앙부처에 청년정책 전담조직이 신설되면서 중앙과 지방자치단체 간 협업이 필요하게 되어 중앙부처와 시·도는 전담부서(조직)협의회를 구축하여 청년정책 업무를 연계 및 협조하고 있다(국무조정실, 2022).

제 3 절 청년정책의 주요 쟁점 및 과제

1. 청년 범위의 명확화

'청년의 의미' 부분에서 논의한 내용과 같이 청년은 법·제도적 및 사회적 관점에 따라 다르게 정의할 수 있으나 정책을 추진하기 위한 정책대상으로 명확하게 규정하기 위해 「청년기본법」은 청년을 "19세 이상 34세 이하의 사람"으로 정의하고 있다. 하지만, "일부 다른 법령 및 조례에서 청년의 연령을 다르게 적용할 경우 그 목적에 따라 청년의 연령을 다르게 정의할 수 있다"고 단서를 규정하면서(청년기본법 제3조 제1호),

「청년기본법」에 규정된 청년과 다른 정부정책 및 조례에서의 청년이 일치하지 않는 경우가 나타났다. 「청년기본법」이 가진 의미 중 하나가 청년의 연령과 범위를 명확히 한 것이지만 정부정책, 타 법률 및 조례에서 청년의 의미를 다르게 정의할 수 있다고 규정하면서 청년을 대상으로 하는 정책 및 사업에 따라 다양한 청년연령 기준이 적용되었다. 이러한 내용은 청년정책의 내용과 정책대상자인 청년이 중복되거나 사각지대가 발생할 가능성이 존재할 수 있음을 의미한다(심미경, 2020; 임유진, 2020).

세부적으로 살펴보면, 먼저 통계청의 자료를 살펴보면 국제적 통계 기준 및 국내 상황을 고려하여 2002년 6월부터 경제활동인구조사에서 청년실업률과 청년층의 취업 관련 특성을 파악하기 위해 15~29세를 대상으로 조사를 하고 있다. 이와 함께 고용노동부의 '청년내일채움공제'와 '청년채용특별장려금'은 15~34세를 대상으로 사업을 실시하고 있으며, '청년취업성공패키지'와 '국민취업지원제도'에서는 청년을 18~34세로 규정하고 있다. 국토교통부에서 실시하는 '공공지원 민간임대주택'에서는 청년을 19~39세로 규정하는 등 중앙정부에서 추진하고 있는 사업에 따라 연령의 기준이 다르게 적용되고 있다.

타 법률 및 조례를 살펴보면, 「청년고용촉진 특별법」에서는 청년을 15~29세로 정의하고 있으며, 「중소기업 인력지원 특별법」에서는 청년실업자를 15~34세, 「중소기업창업 지원법」은 39세 이하, 「고용보험법 시행령」은 15~34세로 규정하는 등 사업의 특성에 따라 청년의 기준이 다르게 적용되고 있다. 특히, 지방자치단체가 청년정책을 추진하기 위해 제정한 「청년기본조례」에서도 지역에 따라 청년의 연령이 15세에서 49세까지 규정되어 있다.

주요 국제기구 및 해외 주요국의 청년(youth)의 연령 기준을 확인하면 국제연합(UN)은 1985년 "International Youth Year(세계 청소년의 해)" 선포에서 청년을 15~24세로 규정하였으며, 국제노동기구(ILO) 및 세계보건기구(WHO)에서도 청년을 15~24세로 규정하고 있다. 세계은행(World Bank)은 청년은 12~24세로 규정하고 있고, 유럽연합(EU)은 청년보장(youth guarantee)에서는 15~25세, 청년전략(youth strategy)에서는 15~29세로 규정하고 있다. 주요 국가에서의 규정하고 있는 청년의 연령 규제를 살펴보면 미국은 0~25세, 독일 18~27세, 프랑스 18~25세, 영국 13~19세, 일본 18~30세 등 우리나라와 비교하면 상대적으로 연령이 낮게 규정되어 있다(이창호, 2016; 임유진, 2020; 전경숙, 2021; 이정봉, 2021; 김종세, 2022). 주요 국제기구 및 해외 주요국에서의 청년의 연령 기준이

표 7-7 국내 및 해외 주요 청년연령 범위 규정

구분	법령 · 정책 및 국가명	청년연령
국내	「청년기본법」	19~34세
	통계청(경제활동인구조사)	15~29세
	청년내일채움공제, 청년채용특별장려금(고용노동부)	15~34세
	청년취업성공패키지, 국민취업지원제도(고용노동부)	18~34세
	공공지원 민간임대주택사업(국토교통부)	19~39세
	「청소년 기본법」	9~24세
	「청년고용촉진 특별법」	15~29세
	「중소기업 인력지원 특별법」	15~34세
	「중소기업창업 지원법」	39세 이하
	「고용보험법 시행령」	15~34세
	서울, 인천, 대구, 광주, 제주, 충북, 충남 청년기본조례	19~39세
	대전, 강원, 전남, 전북 청년기본조례	18~39세
	세종, 부산, 울산, 경기, 경남 청년기본조례	19~34세
	경북 청년기본조례	15~39세
	전남 강진군 청년기본조례	19~49세
	경북 의성군 청년발전기본조례	19~45세
해외	국제연합(UN), 국제노동기구(ILO), 세계보건기구(WHO)	15~24세
	세계은행(World Bank)	12~24세
	유럽연합(EU) 청년보장/청년 전략	15~25세/15~29세
	미국	0~25세
	독일	18~27세
	프랑스	18~25세
	영국	13~19세
	일본	18~30세

출처: 국가법령정보센터(https://www.law.go.kr/), 임유진(2020), 박광동(2021), 이정봉(2021), 김종세(2020) 재구성.

우리나라보다 상대적으로 낮은 이유는 청년을 나타내는 'Youth'의 의미가 청소년과 청년의 개념을 포함하는 경우가 많기 때문이다(이창호, 2016; 임유진, 2020).

청년을 나타내는 Youth의 관점에서 우리나라 법률을 살펴보면, 우리나라는 청소년과 청년을 모두 'Youth'로 표현하고 있다. 「청년기본법」의 영문명은 「Framework Act On Youth」이며, 「청소년 기본법」의 영문명 역시 「Framework Act On Youth」로 작성하고 있다.4) 즉, 서로 다른 두 법의 영문명이 동일한 것으로 'Youth'라는 단어가 청소년과 청년을 모두 나타내고 있다. 이와 함께 「청년기본법」에서는 청년을 19~34세로 규정하고 있으나, 「청소년 기본법」에서는 청소년을 9~24세로 규정하고 있어 청년과 청소년의 범위가 중복되고 있다. 국내 및 해외에서 규정하고 있는 청년의 연령 범위를 정리하면 〈표 7-7〉과 같다.

〈표 7-7〉과 같이 국내의 법령 및 정책에 따라 청년의 연령 규정이 다르며, 청년기본조례도 지역별 연령 차이가 나타나 청년의 의미를 명확하게 파악할 수 없는 문제점이 존재한다. 따라서 정책대상이 중복되거나 지원을 받지 못하는 청년이 발생하지 않도록 사각지대를 해소할 수 있는 법령의 보완이 필요하다. 특히, 「청년기본법」과 「청소년 기본법」에서의 연령 중복에 대한 문제와 청년 및 청소년에 대한 명칭을 명확하게 규정할 필요가 있다. 또한 청년청책의 일관성을 유지하기 위해 「청년기본법」에 맞춘 지방자치단체 「청년기본조례」의 청년연령 조정이 필요하다. 다만, 일부 지방자치단체는 저출산·고령화의 영향과 지역의 현실 및 특징을 반영하여 청년연령을 규정하고 있어 모든 지방자치단체가 청년연령의 범위를 동일하게 설정하는 것에는 한계가 있다. 따라서 국가 및 지방자치단체가 청년정책을 추진하는 과정에서 정책적 일관성은 유지하되 지역적 현실을 고려하여 유기적으로 청년연령의 범위를 조정할 수 있도록 개선이 필요하다.

2. 청년정책의 접근성 강화

중앙정부의 2022년 청년정책 시행계획은 총 376개의 과제를 32개 부처에서 추진하고 있다(관계부처 합동, 2022). 이와 함께 지방자치단체에서 추진하고 있는 청년정책을 포함한다면 정책의 종류 및 수와 정책을 추진하고 있는 주체는 매우 다양하지만 청년정책을 통합적으로 확인할 수 있는 기능은 부족한 상황이다. 청년정책에 대한 정보 전달체계가 중앙정부-지방자치단체가 통합되지 않고 다양할 경우 정책수요자인 청년이 본인에게 적용되는 정책을 정확하게 파악하는 것이 쉽지 않으며, 결국 정책의 접근성과 효과성은 떨어질 수밖에 없다. 따라서 중앙정부 및 지방자치단체의 청년정책을 정책수요자인 청년이 쉽게 비교·파악할 수 있는 통합서비스 플랫폼 제공이 필요하다.

---

4) 대한민국영문법령 홈페이지(https://elaw.klri.re.kr/).

현재, 서울 및 경기를 비롯한 13개의 광역자치단체가 청년포털을 운영하고 있으나 각 청년포털의 정책 검색시스템이 동일하지 않고, 또한 청년포털을 운영하고 있지 않는 광역자치단체도 있다. 따라서 중앙정부 및 지방자치단체의 청년정책 정보를 통합하여 전달하는 기능과 함께 청년의 정책수요를 파악하고 의견을 수렴할 수 있는 통합적 플랫폼을 구축한다면 정책에 대한 청년의 관심도는 증가하고 청년정책에 대한 접근성과 효과성은 더욱 증가할 것이다.

3. 청년정책의 방향성 확립

중앙정부와 지방자치단체는 청년정책 추진을 통해 궁극적으로 지향하는 정책의 가치관이 일치하여야 한다. 청년을 사회적 미성숙한 존재로 파악해서 지원의 대상으로 파악할 것인지, 청년의 사회적 자립을 통해 미래를 청년에게 맡길 것인지 등 청년의 위상을 먼저 확립하여, 이러한 가치관을 청년과 공유하고 향후 정책을 결정 및 추진하는 것이 필요하다. 현재의 청년정책은 아동 및 청소년에서 성인으로 이행하는 과정의 청년에게 당장의 어려움을 극복하기 위한 단기적인 관점에서 지원하는 정책이 많다. 하지만, 향후 미래를 대비하는 중・장기적인 관점에서 청년의 사회적 자립과 인재를 양성할 수 있는 정책은 부족하다(오재호, 2020).

따라서 청년의 정책참여를 확대하고 중・장기적인 관점에서 청년의 사회적 자립을 통한 충분한 역량을 갖출 수 있는 정책추진이 필요하다. 이와 함께 「청년기본법」 제5조에 규정한 내용과 같이 성인으로서 가정・사회 및 국가의 성숙한 구성원이 될 수 있도록 청년의 권리와 책임에 대한 방향성을 확립하는 것이 필요하다.

제 4 절 소결

2000년대 초반 이후 사회적・경제적 환경의 변화로 일자리, 주거, 교육 등 청년들이 겪는 어려움은 지속적인 사회문제로 작용하고 있으며, 최근 발생한 팬데믹의 영향으로 청년의 사회진출은 더욱 지연되고 있다. 특히, 저출산・고령화가 가속되고 있는 현실에서 경제적 어려움으로 결혼과 출산을 기피하는 청년이 증가하는 등 청년의 삶은 더욱 힘들어지고 있다. 향후 미래사회의 주역인 청년이 겪는 문제를 해결하고 지속가능한 사회를 위해 청년을 정책대상으로 인지하고 청년을 위한 정책대응의 필요성이 증가하고 있다.

이러한 사회적·경제적 현실을 고려하여 청년이 인간으로서의 존엄 및 가치를 실현하고 행복한 삶을 영위할 수 있도록 2020년 2월 「청년기본법」이 제정되었다. 「청년기본법」의 제정으로 청년정책은 종합적인 청년복지정책으로 전환되었으며, 국가 및 지방자치단체의 책무를 규정하는 등 통합된 청년정책을 추진할 수 있는 기반을 마련하였다. 이와 함께 청년을 명확히 규정하여 일관성 있는 청년정책을 추진할 수 있게 되었으며, 중복 및 분산된 청년정책을 총괄할 수 있는 정책추진 체계를 제도화하였다는 점에서 의미가 있다. 「청년기본법」을 근거로 중앙정부 및 지방자치단체는 청년정책 기본계획과 시행계획을 수립하고 추진하는 등 청년정책 분야가 발전하고 있다.

그러나 「청년기본법」 제정과 중앙정부 및 지방자치단체의 청년정책 기본계획·시행계획 등을 통해 청년에게 다양한 사회적·경제적 지원이 정책적으로 제공되고 있으나 한계점과 향후 보완해야 할 부분이 존재한다. 먼저, 「청년기본법」에서 규정한 청년의 범위와 정부정책 및 타 법률에서 규정한 청년의 범위가 일치하지 않아 정책대상의 중복 및 사각지대가 발생할 가능성이 있다. 이러한 문제를 해결하기 위해 정책적 일관성을 유지하되 정부정책과 지역적 현실을 고려한 청년의 연령 범위를 개선해야 한다. 이와 함께 중앙정부 및 지방자치단체의 다양하고 분산된 청년정책을 정책수요자인 청년이 쉽게 접근하고 청년의 의견을 반영할 수 있는 청년정책 전달체계를 개선해야 한다. 마지막으로, 청년정책의 방향성과 가치관을 확립하고 이를 청년과 공유하여 정책을 결정하고 추진하는 것이 필요하다. 현실적인 어려움을 해결하기 위한 단기적인 정책이 아닌 중·장기적인 관점에서 청년의 사회적 자립을 통한 발전할 수 있는 정책설계가 필요하다. 이러한 청년정책의 개선과 함께 청년 역시 가정·사회 및 국가의 성숙한 구성원이 될 수 있도록 책임과 노력이 필요하다.

참고문헌

관계부처 합동(2020). 『제1차 청년정책 기본계획('21~'25)』.

관계부처 합동(2021). 『2021년 청년정책 시행계획』.

관계부처 합동(2022). 『2022년 청년정책 시행계획』.

국무조정실(2022). 『2021 청년정책백서』.

김기헌 · 배상률 · 성재민 · 배진우(2018). 『청년 핵심정책 대상별 실태 및 지원방안 연구 Ⅰ: 청년 니트(NEET)』. 한국청소년정책연구원 연구보고서.

김기헌 · 유민상 · 김창환 · 정지운(2019). 『청년 핵심정책 대상별 실태 및 지원방안 연구 Ⅱ: 학교 졸업예정자』. 한국청소년정책연구원 연구보고서.

김기헌 · 차세영 · 이승호 · 김문길 · 박미선(2020). 『청년정책 현황 진단 및 정책추진 실효성 제고 방안 연구』. 경제 · 인문사회연구회 협동연구총서.

김달원(2020). 청년기본법 시행에 따른 청년정책 방향. 『보건복지포럼』, 2020(6): 2-4.

김봉철(2021). 청년기본법에 대한 입법적 평가와 청년정책의 실효성 확보를 위한 입법적 개선방안. 『입법학연구』, 18(1): 57-80.

김종세(2022). 청년기본법 제정 의미와 법정책적 과제. 『법학연구』, 22(1): 143-159.

김지경 · 변금선(2019). 포용국가 실현을 위한 청년정책 개선 방안. 한국청소년정책연구원 연구보고서.

박광동(2021). 『청년기본법 시행에 따른 청년 관련법령 체계 정비 기본방향 연구』. 한국법제연구원.

박미희 · 이봉주 · 노혜진 · 박호준(2018). 청년니트 지원사업의 초기 성과 분석: '희망플랜' 사업을 중심으로. 『한국청소년연구』, 29(3): 331-366.

박영도(2006). 『기본법의 입법모델연구』. 한국법제연구원.

심미경(2020). 「청년기본법」 시행에 따른 광주 · 전남 청년정책 대응방향. 『광주전남 정책 Brief』, 제194호. 광주전남연구원.

오재호(2020). 청년기본법, 어디를 향해 가야 하나? 『이슈&진단』. 1-25.

이송림(2020). 「청년기본법」 제정 의의와 향후 과제. 『이슈와 논점』, 제1659호. 국회입법조사처.

이율경(2017). 청년고용촉진특별법상 청년할당제의 법적 쟁점. 『노동법연구』, (43): 143-170.

이정봉(2021). 이행기 관점 청년정책에 대한 비판적 검토. 『한국노동사회연구소 이슈페이퍼』, 2021(8): 1-21.

이창호(2016). 청소년과 청년의 연령 구분 및 청소년 청년 정책 사례. 『청소년정책 리포트』, 2: 1-15. 여성가족부/한국청소년정책연구원.

임유진(2020). 국제기구의 청년 담론과 한국의 청년 정책. 『문화와 정치』, 7(4): 91-121.

전경숙(2021). 청년기본법 제정의 의의와 청년정책의 방향성 고찰. 『입법과 정책』, 13(1): 117-146.

정기용 · 이성욱 · 민효상(2022). 청년의 인구사회경제적 요인에 따른 정책영역별 이질성과 동질성에 관한 연구. 『국정관리연구』, 17(2): 73-103.

정기용 · 조민혁 · 민효상(2022). 경기도 청년들의 결혼 및 출산 인식 차이에 관한 연구: 감성분석과 교차분석을 활용하여. 『GRI 연구논총』, 24(3): 119-148.

최순종(2019). 청년정책의 전망과 방향성에 대한 제언. 『청소년학연구』, 26(1): 253-273.

최하예 · 황성수(2018). 우리나라 청년정책의 정책수단 유형분석 연구: 지방정부의 정책과제 단위사업을 중심으로. 『한국정책과학학회보』, 22(3): 75-99.

Ashing, I.(2010). Youth and youth policy-a Swedish perspective. *Introduction to Youth Policy-Swedish and Turkish Perspectives*.

Baltes, M. M., & Carstensen, L. L.(1999). Social-psychological theories and their applications to aging: From individual to collective. *Handbook of Theories of Aging*, 1: 209-226.

Bendit, R.(2006). Youth sociology and comparative analysis in the European Union member states. *Papers: Revista de Sociologia*. 49-76.

제8장

반려동물정책

주지예(성균관대 국정전문대학원 BK21Four 교육연구단 연구교수)

제 1 절 반려동물정책이란 무엇인가

1. 반려동물정책의 개념과 의의

반려동물정책은 동물복지정책의 하위 분야[1] 중 하나로, 반려동물[2]에 대해 인간이 지켜야 할 의무와 책임, 그리고 인간사회에서 반려동물이 생명 존엄성을 지킬 수 있는 공존 방향 등을 포함한 규범적 성격의 정책이다.

동물복지정책이 주요한 정책 분야로 성장하기까지에는, 관습적인 동물착취와 동물의 근본적인 윤리적 지위에 대한 문제 의식에서 발생한 전 세계적인 동물해방운동 및 동물보호운동이 가장 큰 시발점이었고, 선진국을 중심으로 확산된 동물보호 혹은 동물복지법 제정과 동물보호 · 복지정책 집행의 과정이 있었다.

독일은 1933년 가장 먼저 동물보호법을 제정한 세계 최초의 국가로, 실험에 이용되고 있는 동물이 고통스러워하는 모습에서 논의가 출발한 것으로 알려져 있다. 독일의 「동물보호법」(법률번호 BGBl. I S. 1277, 2021.8.10. 개정)은 인간은 동물의 복지를 고려하

1) 동물복지정책은 반려동물, 실험동물, 농장동물 대상으로 세부 추진정책을 달리한다(박형준 · 주지예 · 조민혁, 2017).

2) 동물보호법 시행규칙(2022.6.18. 시행) 제1조의2(반려동물의 범위)에 따르면, 개, 고양이, 토끼, 페럿, 기니피그, 및 햄스터를 반려동물로 본다.

고 동물을 보호해야 하는 의무 명시하며 동물 또한 인간과 같은 생명체임을 명문화하고 있는데, 제1절 제1조에 따르면 "이 법은 인간의 이웃인 동물에 대한 책임을 바탕으로 동물의 생명과 안녕을 보호하는 것을 목적으로 한다. 누구도 정당한 이유없이 동물에게 통증, 고통 및 상해를 가하여서는 아니된다"라고 되어 있다(세계법제정보센터, 2022. 9.18 검색). 개정 전 1972년도 법안에서는 "동물과 인간은 이 세상의 동등한 창조물이다"라고 규정했었고, 독일 「민법」의 "동물은 물건이 아니다"라는 규정(조선일보, 2020. 1.13)은 지금까지도 각국의 동물보호·복지 발전논의에 많은 기준점이 되어주고 있다.

국내에서는 1991년 동물보호법이 최초로 제정되었는데, 동물학대 방지 및 국민의 동물보호정신 함양 목적이 공식적인 제정이유로 설명되어 있으나, 당시 1988년 서울 올림픽 개최로 인해 해외로부터의 높은 관심이 이어졌고, 개식용과 같은 국내 동물보호 실태가 비난을 받게 되면서 정부가 관련법을 제정하게 된 것으로 알려져 있다. 총 12조로 최초 제정된 이후 2007년 전부개정, 2011년 전부개정, 2022년 전부개정을 거쳐 총 8장 101조로 체계화되어, 국가와 지방자치단체의 책무 강화 및 그에 따른 효율적인 동물보호정책 추진기반을 강화하고, 실질적인 동물학대 방지 및 동물보호·복지 증진을 도모해가고 있다.

즉, 동물복지정책은 인간이 동물이용 및 동물착취 역사가 오래되면서 그동안 간과되어온 동물의 고통과 생존문제, 그리고 이에 대해 인간이 지녀야 할 도덕적 의무, 인간이기에 동물에 대해 가져야 할 윤리의식 등을 다시 기르고 고취시키고자 추진되는 정부의 실천적 노력이다.

특히, 반려동물은 인간과 가장 가까운 거리에서도 실험에 활용되는 동물, 축산에 활용되는 동물 등과 같이 학대의 문제를 겪고 있고 인간 중심 영역에서 공존방식의 문제와 직결된 직접적인 대상이 된다. 실제 동물보호법 제·개정 이유를 보면, 반려동물 및 유기동물의 학대문제와 반려동물에 대한 국민들의 빠른 인식 향상이 가장 근본적인 이유로 설명되고 있음을 알 수 있다.

반려동물에 대한 구체적인 보호·복지 정책내용은 5개년 단위 동물복지 종합계획으로 수립되는데, ① 동물복지에 관한 기본방향, ② 동물보호·복지 및 관리에 관한 사항, ③ 동물을 보호하는 시설에 대한 지원 및 관리에 관한 사항, ④ 반려동물 관련 영업에 관한 사항, ⑤ 동물의 질병 예방 및 치료 등 보건 증진에 관한 사항 등이 국가 차원의 중·장기 계획에 포함된다. 지금까지 총 세 번의 계획이 마련되었는데, 각 계획마

표 8-1 동물보호 · 복지 정책 중 · 장기 계획

구분	비전	반려동물 분야 추진목표
2008년 동물보호복지 종합대책	(정책목표) 동물보호 · 복지 증진과 동물 이용의 윤리성 제고	(추진 방향) 민간 · 지방자치단체의 자율적인 동물보호 · 복지 향상
2014년 동물복지 5개년 종합계획	사람과 동물의 조화로운 공존: 성숙한 반려동물 문화 조성, 동물 이용의 윤리성 제고	성숙한 반려동물 문화 정착
2020~2024 동물복지 종합계획	동물보호 · 복지 제도 고도화, 인프라 확충을 통한 성숙한 동물보호 · 복지 문화 내면화	동물보호 · 복지에 대한 국민 공감 제고, 반려동물 관련 영업의 건전화, 유기동물 감소 및 재입양 활성화

출처: 농림축산식품부(2008, 2014, 2020). 동물복지종합 계획을 토대로 저자가 재정리.

다 수립 방향에 핵심적으로 고려된 사항은, 공통적으로 국제사회의 동물복지 기준 강조 및 동물에 대한 국민의 인식과 태도의 변화이다. 즉, 반려동물에 대한 국민의 인식 수준과 수요를 반영하며 발전해나가는, 상향식의 정책과정이 만들어지고 있는 것이다.

최근에는 반려동물산업이라는 미래 신산업형태로, 반려동물이 인간의 삶의 영역에 미치는 사회경제적 가치가 급격하게 확대됨에 따라, 이러한 현상을 영업 관련 사항들로 반영하고 있는 반려동물 보호 · 복지 정책은 지속가능한 미래산업 성장을 유도하는 핵심 정책으로서도 의의를 가진다.

결국, 반려동물 보호 · 복지 정책은 인간이 동물과 공존하기 위해 필요한 윤리적 요구이자 사회문화 · 경제적 발전을 성숙한 방향으로 함께 개선해가고 향유에 나가는 공동체적 삶의 방식이다.

2. 반려동물 보호 · 복지 정책의 특성 및 유형

정책의 특성과 유형을 구분할 때, 로위(T. J. Lowi)의 정책유형(Lowi, 1964)과 리플리(R. B. Ripley)와 프랭클린(G. A. Franklin)의 정책유형(Ripley & Franklin, 1980)이 가장 보편적으로 인용되는 기준이다. 반려동물 보호 · 복지 정책의 특성에 비추어 이들의 유형론에 적용시켜 보면 반려동물 보호 · 복지 정책은 규제정책이라 할 수 있다.

반려동물 보호 · 복지 정책은 학대로부터 반려동물을 보호하고 종의 특성에 적합하고 깨끗한 물과 음식을 먹을 권리, 충분한 휴식과 숙면을 취할 권리 등 기본적인 그들의 삶의 조건을 충족시킬 수 있는 복지를 제공하고 하는 목표를 가지고 있다. 그리고 궁극적으로는 사람과 동물의 성숙한 공존문화를 비전으로 하여 추진되는 정책으로 사회 전체적으로는 공익적 특성이 강한 정책이다. 그래서 반려동물 보호·복지 정책은 분배정책유형이라 생각될 수도 있다.

로위가 제시한 네 가지 정책유형 중, 분배정책은 사회적 약자를 지원하는 사회복지 정책이 대표적인 사례로 설명되는 유형으로 개별적 행위에 대한 간접적인 강제력 행사로 추진되는 특성을 지닌다. 사회 전체 이익을 위한 정부의 지원이 있고 다른 집단과의 경쟁이 없어 사회적 갈등 소지가 없는 것이 특징이다. 그러나 반려동물 보호·복지 정책에서 정부는 국민인식 개선을 위한 교육홍보, 유기동물 및 길고양이 문제 해결을 위한 지원, 반려동물 등록제의 등록비 지원 등 한정적인 부분에서만 분배정책적 특징을 보인다. 대부분 반려동물 보호·복지 정책 세부과제들은 반려동물 소유주가 지켜야 할 관리책임 의무, 모든 국민들의 동물학대 금지 의무, 반려동물 관련 영업자가 준수해야 할 사항, 그리고 대상집단이 이를 준수하지 않으면 징역 또는 벌금 및 과태료 등 강제력이 행사되는 내용을 담고 있다. 즉, 규제정책으로서의 특성이 가장 많이 두드러진다.

반려동물에 대한 정책은 소유주 및 관련 영업자들의 관리책임 의무를 강화하고, 맹견의 경우 강력하게 규제해나가는 방향으로 정책이 체계화되어 가고 있다. 이러한 흐름의 배경은 반려동물 양육가구의 증가 및 반려동물에 대한 국민의 수요의 다양화로 설명된다. 농림축산식품부에서 발표한 2021 동물보호에 대한 국민의식조사 보고서에

그림 8-1 연도별 반려동물 양육가구 비율

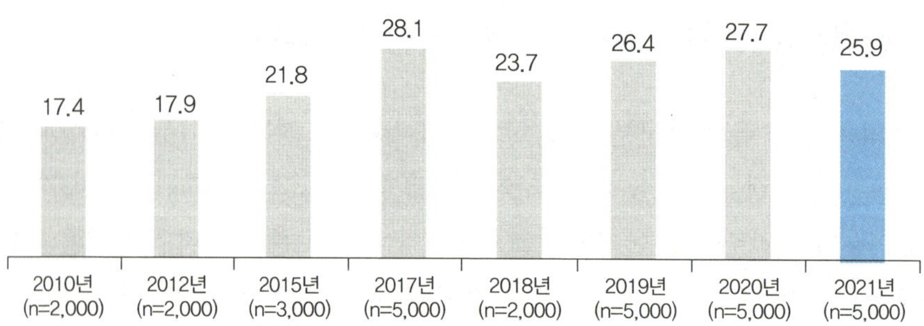

출처: 농림축산식품부(2021.11: 12).

따르면, 반려동물 양육가구는 2021년 기준 25.9%로 매년 지속적인 증가세를 보이고 있다.[3)]

반려동물 양육가구의 증가와 반려동물에 대한 인식향상은 '펫팸(Pet+Family)'이라는 신조어를 탄생시키며 반려동물을 가족구성원으로 대하는 반려동물 가족화 현상이 빠르게 확산시켰고, 그로 인한 반려동물 관련 시장에서의 수요는 다양해지면서 반려동물 산업시장은 급격히 성장세를 보이게 되었다. 펫케어(Pet+Care) 시장으로도 불리는데, 이 시장에서는 사람에 적용되는 수준 또는 사람에게도 적용가능한 수준의 펫푸드(Pet+Food) 및 건강관리 서비스 수요, 그리고 사람의 활동반경에 반려동물 동반 수요 등 펫 휴머니제이션(Pet+Humanization) 현상이 전세계적으로 급증하고 있는 추세다. 이러한 현상들을 바탕으로 반려동물 미래 시장가치가 매우 긍정적으로 예측되면서, 펫코노미(Pet+Economy), 펫테크(Pet+Technology) 등 새로운 키워드로부터 반려동물 분야의 경제적 가치가 강조되고 있다.

즉, 반려동물에 대한 정서적 가치와 경제적 가치가 상호공존하며 상호 가치 상승하

그림 8-2 반려동물 분야의 규제적 특성

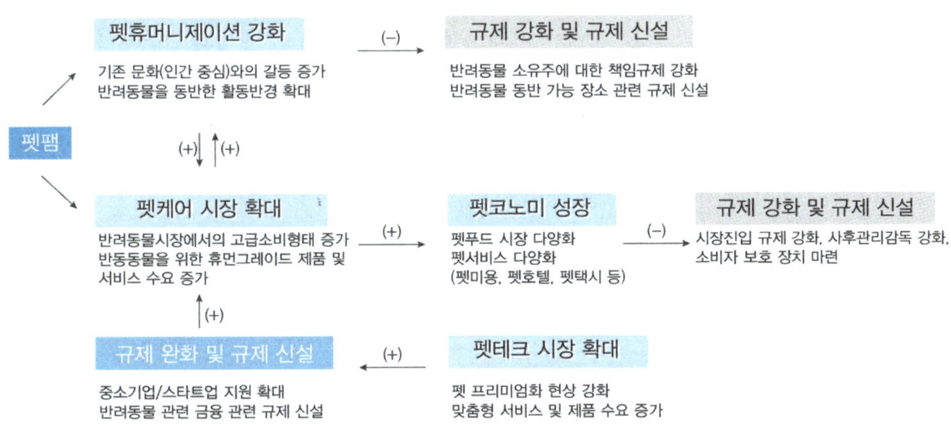

출처: 한국행정연구원(2022.4: 250).

---

3) 보고서에 따르면, 2020년까지 조사 시 사용했던 설문문항과 차이가 있어 해석에 유의할 필요가 있음을 설명하며, 2020년과 동일한 기준으로 2021년 양육비율을 산출하면 28.5%인 것으로 나타났다.

는 정책환경에서, 반려동물 보호·복지 정책은 규제 강화 또는 규제 완화 전략을 적절히 활용하며 규제정책으로서의 특성이 강화되고 있는 것이다.

대표적으로, 반려동물 소유주에 대한 관리책임 의무 강화를 통한 일반국민 및 타인의 반려동물을 보호하고, 펫푸드와 동물의약품 등에 대한 기준 강화를 통해 반려동물의 생명을 보호하는 등 보호적 규제정책 성격이 강조되기도 한다. 반면, 반려동물 시장의 적극적인 산업 활성화를 지원하기 위해 규제혁신(농림축산식품부 보도자료, 2021.10.21). 조치를 취하기도 하며, 규제 대상별 다른 규제전략으로 반려동물 보호·복지 정책은 다각적으로 발전해가는 모습이다.

전 세계적으로 동물보호·복지 이슈는 폐쇄적으로 단일 정책 분야에 해당되는 문제가 아니라, 식품안전정책, 보건의료정책, 환경정책, 방역정책, 지속가능성 등과 주요하게 연계되어 있어 광범위한 차원의 이슈이자 사회목표의 근간이 되는 이슈로 프레이밍되고 있다(Blattner, 2015). 코로나19 팬데믹에서도 세계 각국에서는 감염매개체로서 동물보호·복지 문제가 주요하게 야기되기도 했지만, 사람의 감염예방 및 대응체계처럼 반려동물의 감염예방과 감염 후 대응을 위한 정책수요가 빗발쳤다. 이와 유사하게, 이미 수많은 국가에서는 재난재해상황에서 사람과 반려동물을 모두 보호해야 할 국가의무를 법적으로 규정하며 반려동물 재난재해대응책을 마련해놓고 있다.

정리하자면, 반려동물 보호·복지 정책은 환경을 보호하듯 생명을 존중하는 지속가능한 사회를 위한 정책이자 반려동물은 인간사회에서 또 다른 부류의 사회구성원으로 성장해가고 있다고 볼 수 있으며, 일반국민 또는 시민처럼 국가가 기본적으로 광범위한 영역에서 기본적으로 고려해야 할 중요한 정책 대상집단이 되었다.

3. 동물권, 동물권 정치이론

반려동물을 제도권 내에 포함시켜 국가가 관리하고 책임지기까지 핵심적인 역할을 수행한건 시민사회의 동물보호운동이다. 운동가들은 보통 특정한 신념과 이념을 바탕으로 주장을 하고 사회적 반향을 일으키는데, 동물보호운동은 대표적으로 동물해방론을 시작으로 다양하게 발전되어 왔다.

동물해방론(animal liberation)은 실천윤리학자인 피터 싱어(1975)의 대표적 이론으로, 전 세계 동물해방운동 초기에 가장 강력한 영향력을 미친 이론이다. 피터 싱어(Peter Singer)는 종차별을 지양하며 인간이 일방적으로 동물에게 주어진 불필요한 고통을 받지 않고 지낼 이익을 희생시키고 정당화하는 것은 종차별주의(speciesism)라 주장하며, 이익평등고려원칙(the principle equal consideration of interests)을 적용한 사고방식이 필요함을 강조한다. 이 주장에서 핵심은 인간이라는 이유만으로 동물의 이익이 고려되지 않는 것 자체에 대한 문제점을 지적하는 것이다.

동물권 이론(animal right theory)은 철학교수인 리건(Regan, 1983)에 의해 개발된 논의로, 동물 또한 인식, 기억, 목표, 선호 등을 가진 삶의 주체이며, 인간처럼 내재적 가치를 가지고 태어난 도덕적 권리를 가진 생명체라고 전제한다. 따라서 누군가로부터 고통이나 착취를 당하지 않을 불가침 권리(inviolability right)를 가지고 있기 때문에 인간의 동물착취는 부도덕한 것이라 비판한다. 동물에 대한 기본권적인 접근을 하고 있는 동물권이론은 다양한 학자들로부터 발전되어오고 있는데, 철학자인 킴리카(Kymlicka, 2011)는 동물권을 확장·발전시킨 보다 현실적 차원의 논의로 동물권 정치이론을 주장하였다.

동물권 정치이론은 인간과 동물 간의 관계성에서 발생한 인간의 책임과 의무를 강조한다. 특히, 반려동물의 경우, 다문화주의 관점에서 인간사회 내에 함께 존재하고 있는 원주민·이주민 혹은 소수집단으로 간주되기 때문에 인간은 그들의 특성과 문화를 존중해야 하는 의무를 가진다고 설명한다. 궁극적으로 동물에게 시민권 부여 가능성에 대한 논의까지 발전시키는데, 여기서 장애이론이 차용되어, 언어소통이나 명확한 의사표현 또는 의사전달이 힘든 장애인에게도 시민권이 부여되어 있듯이, 반려동물 또한 직접 사람과 소통하여 권리를 주장할 수 없기 때문에 동물의 표현과 행동을 이해하며 입장을 대변해줄 수 있는 대리인이나 기관이 존재해야 한다는 논리로 전개된다.

국내에서도 동물권에 대한 인식[4)]이 매우 높아졌고, 반려동물, 농장동물 등 각 동물의 범주마다 차별화되고 특화되어 정책들이 개발되고 있다. 그 중 반려동물정책은 건강한 출생부터 그 이후의 삶이 안전하고 행복할 수 있도록 아동권리를 보장하는 아동복지정책과 생활안정·사회통합에 기여할 수 있도록 인간다운 삶 및 권리보장을 목적으로 하는 장애인복지정책으로부터 많은 시사점들을 도출하고 반영하며 발전해가고

---

4) 한국리서치에서 2022년 3월 25~28일에 수행한 동물권에 대한 인식조사에서 국민 10명 중 7명이 동물권에도 기본권이 있다고 동의하였다. 동물권 적용 동물로는 농장동물, 실험동물 등 특수목적을 가진 유형의 동물을 제외한 동물이 동물권을 가진다고 응답하였다(49%).

있다.

즉, 국내에서도 인간과 동물의 관계성에 대한 성찰을 시작으로, 인간이 반려동물의 생명과 권리를 존중해주면서 함께 살아갈 수 있는 고민이 정책적으로 다양하게 반영되고 있는 것이다.

제 2 절 반려동물 보호 · 복지 제도 현황

1. 반려동물 보호 · 복지 제도 현황

국내 「민법」상 동물은 제98조 "유체물 및 전기 기타 관리할 수 있는 자연력"이라는 규정을 근거로 유체물인 물건에 해당되어 취급되고 있다(대한민국 정책브리핑, 2021.7.19). 그러나 반려동물이 물건으로 구분되는 제도적 여건[5]에도 불구하고 국내 반려동물 보호 · 복지 제도는 반려동물을 대하는 태도의 변화, 국민의 인식 수준 향상을 반영해 사람과 동물이 한 생명체로서 사회에서 공존할 수 있는 방향을 모색하여 발전해왔다.

반려동물 보호 · 복지 정책에서 동물보호법은 기본법적인 근거가 되고 있으며, 국가 차원의 중 · 장기 계획으로 수립된 동물복지 5개년 종합계획에 따라 세부 추진과제들이 만들어진다. 정책 특성상 규제적 의무사항들을 중심으로 정책내용들이 구성되어 있으며, 규제 대상별로 반려동물 보호 · 복지를 위해 부과되는 의무사항들을 구분해 볼 수 있다. 그러나 전술했듯이 반려동물 보호 · 복지 이슈는 다양한 정책 분야와의 연계성이 높기 때문에 각 의무사항들을 준수하고 이행하는 데에 적용받는 관련법들이 다수 있다.[6] 다음의 〈표 8-2〉에서 반려동물의 소유주 또는 반려동물 관련 영업자인지 아니면 일반국민인지에 따라서 부과되는 의무사항 및 관련법들을 확인해볼 수 있다.

---

5) 그러나 2021년 7월 19일 법무부에서는 제98조의2(동물의 법적 지위)를 신설하여 "동물은 물건이 아니다"라는 조항을 마련해 입법예고하였으며, 2021년 9월 28일 「민법」 개정안이 국무회의를 통과하였다. 국회통과까지 된다면, 국내 동물보호 강화 및 사회적 공존의 확장 계기가 될 것이라 기대되고 있다.

6) 법제처 및 한국법령정보원에서 운영하는 찾기 쉬운 생활법령정보 사이트(esaylaw.go.kr)에서도 '반려동물과 생활하기'라는 주제로 반려동물과의 생활방식을 세분화하여 각각의 상황에서 지켜야 할 의무와 보호받을 수 있는 사항, 그리고 관련법령들을 자세하게 설명해주고 있다.

표 8-2 규제 대상집단별 반려동물 보호·복지 의무 현황

규제 대상집단	보호·복지 관련 의무	관련법
소유주	동물등록, 반려동물 건강관리 광견병 예방접종 관리 반려동물과의 외출 시 안전관리 반려동물 유기·학대 금지	동물보호법 가축전염병예방법
	분실 시 신고 의무	동물보호법
	재난재해 시 반려동물 대피·대응	동물보호법 재해구호법
	개물림 손해배상책임	민법
	과실로 인한 형사책임 (인명피해, 타인의 반려동물 피해)	형법
	맹견 관리 위험한 동물 관리	동물보호법 경범죄 처벌법
	반려동물 동반 외부활동 시 출입가능 장소 규정준수	자연공원법 도시공원 및 녹지 등에 관한 법률 수목원·정원의 조성 및 진흥에 관한 법률
	반려동물 동반 대중교통 이용 반려동물 동반 해외여행	도로교통법, 도시철도법, 철도안전법 가축전염병예방법
반려동물 관련 영업자 (펫영업자)	반려동물 운송 시(펫운송업) 자격준수 및 이용자 안전 보호	동물보호법, 여객자동차 운수사업법, 화물자동차 운수사업법, 소비자기본법
	사료제조·수입·판매 등(펫푸드) 기준자격 준수 및 소비자권익 보호	사료관리법, 소비자기본법, 소비자분쟁해결 기준
	반려동물 입양·분양·판매 등(펫판매업), 반려동물 의약품·의약외품 판매 등 책임행위의무 준수 소비자권익 보호	소비자기본법, 소비자분쟁해결 기준
동물병원 (수의사)	진료항목 표준화 준수, 진료비 사전개시, 중대진료 사전설명 진료부 제공 의무화, 부가가치세 면세	수의사법
일반국민 (소유주, 펫영업자 포함)	동물보호·복지정책 추진에 협조 의무, 동물학대 금지, 학대행위 목격 시 신고, 학대·유기·유실 동물 신고	동물보호법

출처: 한국행정연구원(2022.4: 257) 수정·인용.

규제 대상들의 실질적 행동변화와 실천력 제고를 위해, 다각적으로 세부 정책들이 반려동물 보호·복지 정책을 통해 새롭게 마련되거나 기존 정책들이 강화되고 있다.

동물보호법과 동물보호법 시행령·시행규칙을 통해 반려동물정책 분야에서 꼭 알아야 할 핵심개념 및 핵심내용을 기준으로, 각 개념적 범주마다 해당되는 시행정책 또는 시행예정인 정책들을 정리하면 〈표 8-3〉과 같다.

표 8-3 반려동물정책의 핵심개념 및 추진정책

구분	핵심내용	추진정책
반려동물	(반려동물 정의) 반려(伴侶) 목적으로 기르는 개, 고양이 등의 동물 (반려동물 범위) 개, 고양이, 토끼, 페럿, 기니피그, 햄스터	동물등록제
	근거) 동물보호법 및 동물보호법 시행령(시행 2021.7.6) *정의는, 동물보호법 전면개정안(시행 2023.4.27)과 동일	기질평가제
	(등록대상동물 정의) 동물의 보호, 유실·유기(遺棄) 방지, 질병의 관리, 공중위생상의 위해 방지 등을 위하여 등록이 필요하다고 인정된 동물 (등록대상동물 범위) 주택·준주택에서 기르는 개, 이외의 장소에서 반려목적으로 기르는 개	기질평가제 재난대응 가이드라인 학대 또는 우려의 경우 강제격리 불가피한 사유의 경우, 반려동물 인수제
	근거) 동물보호법 및 동법 시행령(시행 2021.7.6.) *정의는, 동물보호법 전면개정안(시행 2023.4.27)과 동일	
	(맹견 정의) 도사견, 핏불테리어, 로트와일러 등 사람의 생명이나 신체에 위해를 가할 우려가 있는 개 사람의 생명이나 신체 또는 동물에 위해를 가할 우려가 있어 시·도지사가 맹견으로 지정한 개 (맹견의 범위) 도사견과 그 잡종의 개 아메리칸 핏불테리어와 그 잡종의 개 아메리칸 스태퍼드셔 테리어와 그 잡종의 개 스태퍼드셔 불 테리어와 그 잡종의 개 로트와일러와 그 잡종의 개	목줄·입마개 의무화 보험가입 의무화 공동주택 사육 허가제 수입제한 규제
	근거) 동물보호법 및 동법 시행규칙(시행 2022.6.18) *동물보호법 전면개정안(시행 2023.4.27)에서 정의 추가신설	
소유주	동물의 소유자와 일시적 또는 영구적으로 동물을 사육·관리 또는 보호하는 사람 *기본적으로, 반려동물 책임관리 의무 및 안전관리 의무를 이행해야 함(적합한 사료·물 공급 등 사육환경 조성, 적절한 운동·휴식제공 예방접종·질병치료 등 건강관리, 동물등록, 외출 시 목줄·가슴줄·이동장치 활용 및 배설물 처리 학대금지, 유기금지, 학대행위 사진·영상 등 판매·유포금지, 경품으로 동물 제공 금지 등).	입양 전 교육이수 의무화 학대행위자인 경우, 교육이수 명령 및 소유권 제한 판매의 경우, 소유자 명의로 동물등록 의무화

구분	핵심내용	추진정책
	근거) 동물보호법(시행 2021.7.6) 및 전면개정안(시행 2023.4.27) 동일	영업자 외, 반려동물 온라인 광고 금지
반려 동물 영업	동물생산업: 반려동물을 번식시켜 판매하는 영업 동물수입업: 반려동물을 수입하여 판매하는 영업 동물판매업: 반려동물을 구입하여 판매, 알선 또는 중개하는 영업 동물장묘업: 동물 전용의 장례식장 －동물화장시설: 동물의 사체 또는 유골을 불에 태우는 방법으로 처리하는 시설 －동물건조장 시설: 건조·멸균분쇄의 방법으로 처리하는 시설 －동물수분해장 시설: 화학 용액을 사용해 동물의 사체를 녹이고 유골만 수습하는 방법으로 처리하는 시설	영업 허가제 표준계약서 마련 판매 전 사전 등록제 의무화 반려동물 유통 이력제 우수영업 인증제 영업점검 정례화
	동물전시업: 반려동물을 보여주거나 접촉하게 할 목적으로 영업자 소유의 동물을 5마리 이상 전시하는 영업(단, 야생동물보존 및 국민교육을 위한 동물원 제외)	영업 등록제 서비스업별 등록 기준 및 가이드라인 준수 우수영업 인증제 영업점검 정례화
	동물위탁관리업: 반려동물 소유자의 위탁을 받아 반려동물을 영업장 내에서 일시적으로 사육, 훈련 또는 보호하는 영업	
	동물미용업: 반려동물의 털, 피부 또는 발톱 등을 손질하거나 위생적으로 관리하는 영업	
	동물운송업: 반려동물을 육상에서의 이동목적의 피견인자동차를 이용하여 운송하는 영업	
	근거) 동물보호법 및 동법 시행규칙 제36조(시행 2022.6.18)	
일반 국민	동물보호 협조 의무(동물보호법 제4조 제5항) 동물학대 금지(동물보호법 제8조) 학대동물 및 유실·유기동물 발견 시 신고(동물보호법 제16조))	
	동물보호를 목적으로 하는 법인 또는 비영리단체에서 추천한 사람	동물보호 명예감시원
	대학에서 수의학·축산학·동물관리학·애완동물학·반려동물학 등 동물의 관리 및 이용 관련 분야, 동물보호 분야 또는 동물복지 분야를 전공하고 졸업한 사람	
	동물보호·동물복지·실험동물 분야와 관련된 사무에 종사한 경험이 있는 사람	동물보호 명예감시원
	공무원 신분이면서, 수의사·축산기술사·축산기사·축산산업기사 또는 축산기능사 자격증이 있는 사람	동물보호감시원
	근거) 동물보호법 및 동법 시행령 제14조, 제15조(시행 2021.7.6)	

출처: 핵심내용은 동물보호법(시행 2021.7.6)과 동물보호법 전면개정안(시행 2023.4.27)을 토대로 작성하였고, 추진정책은 『2020~2024 동물복지종합계획』 기준으로 2024년까지 시행예정인 제도까지 모두 포함하여 작성하였다.

종합적인 제도 현황분석에 따르면, 정책의 가장 핵심대상인 반려동물에게는, 국가가 위험가능성으로부터의 안전확보를 제공하기 위해 동물등록제, 강제격리조치, 재난대응 가이드라인 등의 보호·복지 대책을 실시하고 있다. 반면, 반려동물과의 공존을 위해서 소유주에게는 주로 책임제고를 위한 의무부과 양태의 규제, 영업자에게는 권리제한적인 사전·사후 규제형태 위주로 세부 정책들이 추진되고 있다. 그리고 일반국민에게는 일정한 자격을 갖춘 경우, 특정 지위(동물보호감시원 혹은 동물보호 명예감시원)를 부여해 반려동물 보호·복지 실무에 투입하는 시민참여형 정책의 모습도 갖추고 있다.

11년 만에 전면개정된 동물보호법(시행 2023.4.27)은 기존 체계와는 확연히 다른 구성과 내용적 측면에서의 완성도를 갖추었지만, 국내에서 새롭게 시행되는 정책들(기질평가제, 인수제, 입양 전 교육이수 의무화 등)이 다수 포함되어 있어 국민 간 이해도 차이에 따라 사회적 혼란이 발생할 소지가 있다. 따라서 전 국민 대상 적극 홍보가 필수적이며, 실제 현장대응력이 중요하고 지방자치단체 위임사무가 많은 반려동물 보호·복지 정책 특성상, 지방자치단체에서는 관련법에 상응한 수준의 동물보호·복지조례 개정 및 체계화, 그리고 적극적인 민간단체와의 협력 등 혁신적인 이행력 제고 전략 수립에 따라 오랜기간의 사회적 합의로 완성된 새로운 정책의 성패가 달려 있다고 할 수 있다.

그림 8-3 반려동물 보호·복지 정책 체계도

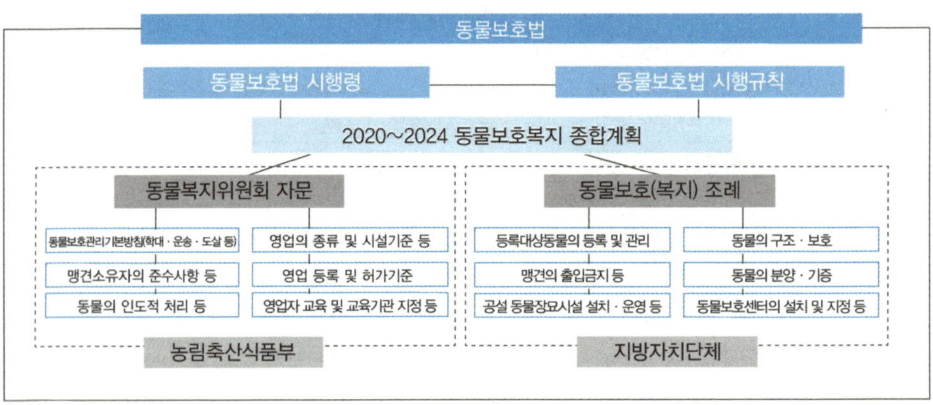

2. 반려동물 보호 · 복지 정책

1) 추진조직

현행 체제에서 반려동물 보호 · 복지 정책의 소관 부처는 농림축산식품부이며, 식품산업정책실 농업생명정책관 소속의 동물복지정책과에서 반려동물 관련 정책을 수립 및 총괄을 담당하고 농림축산검역본부에서 집행 및 관리를 수행한다. 지금의 동물복지정책과는 13개로 구성되어 있는데, 사실 부처 내부에 동물복지정책 전담조직이 구성되고 지금의 형태를 갖추게 되기까지 오래되지 않았다. 동물복지정책의 발전과정보다 실제 추진조직을 체계적으로 갖추는 과정이 상대적으로 부진했고 정책을 수립하고 총괄할 수준의 규모로 본격 성장한 것은 2019년 축산정책국 소속에서 현재의 위치로 확대개편된 시점부터다. 당시 6인의 동물복지팀이 2020년 동물복지정책과로 승격되었고 이후 지금까지 13인 체제로 과 단위를 유지하고 있다.

중앙행정기관 차원에서 또 다른 핵심 조직은 동물복지위원회인데, 농림축산식품부 산하 자문기구로서, 10인 이내의 위원으로 구성되고 종합계획의 수립 · 시행에 관한 사항, 동물의 학대방지 · 구조 · 보호 등 동물복지에 관한 사항들을 다룬다. 하지만, 그동안 동물복지위원회의 기능과 역할의 한계가 항상 지적되었고, 심의조정 기구로서의 기능 강화 및 국무총리 산하 기관으로 격상 논의가 이어져왔다. 결국, 동물보호법이 전면 개정되면서 2023년부터 동물복지위원회는 여전히 농림축산식품부 산하 기관이지만, 동물복지정책의 수립, 집행, 조정 및 평가 등으로 기능이 강화되었고, 위원회의 효율적인 역할수행을 위한 공동위원장 체제 및 20명으로 구성원이 확대되어 분과위원회를 만들 수 있게 되었다.

반려동물 보호 · 복지 정책은 주로 지방자치단체에서 수행해야 할 규제사무들로 구성되어 있는데, 동물등록제 집행 및 관리, 맹견 출입금지 관리, 동물보호센터 설치지정 운영 등이 대표적인 위임사항이고, 각 지방자치단체마다 동물보호 또는 동물복지 조례를 수립해 세부 정책이행기반을 구축하고 있다. 그러나 지방자치단체에서는 중앙행정기관보다 더 큰 인력문제[7)]가 있어 동물병원, 동물보호단체 등과의 협력으로 반려동물

---

7) 농림축산식품부(2020)에 따르면, 2020년 지방자치단체별 반려동물 관련 전담인력은 평균 1.1명으로 조사되었다.

그림 8-4 반려동물 보호 · 복지 정책 추진체계

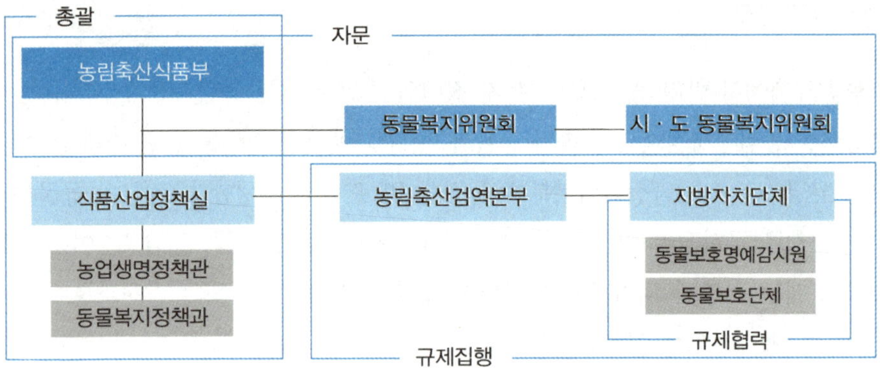

출처: 한국행정연구원(2022.4: 260) 수정 · 인용.

보호 · 복지 정책을 시행해 가고 있는 실정이다. 하지만, 최근 동물보호법 전면개정안에 비추어 지방자치단체 조례를 개정한다면, 광역시도 동물복지위원회 설치를 의무화하고 동물보호명예감시원을 체계적으로 활용할 연간계획 수립으로 지역현안 중심 정책 추진 및 인력문제 해소를 도모할 수 있게 된다.

2) 추진방법

효율적인 정책결정 및 집행을 위해 농림축산식품부는, 반려동물 분야에 적용되는 규제사안에 따라 환경부, 국토교통부, 과학기술정보통신부, 식품의약품안전처 등과 협력체제를 구축하고자 거버넌스 형성에 많은 노력을 기울이고 있다.

일반국민을 비롯한 반려동물 소유자와 반려동물 관련 영업자들에게 공통적으로 적용되는 기본사항인 관리책임 의무를 강화해나가기 위해서는, 먼저 현장에서의 적절한 조치와 문제 발생 시 법적책임 이슈와 직결된 기관인 경찰청, 법무부 등이 있다.

경찰청의 경우, 동물학대 대응뿐만 아니라 동물등록제 감독, 유기유실동물 포획, 맹견관리감독 등 반려동물 보호 · 복지에서 가장 중요한 가치인 현장대응성을 향상시킬 수 있는 핵심적인 협력기관으로 강조되고 있다. 법무부는 최근 "동물은 물건이 아니다"라는 조항을 신설하는 「민법」 개정안을 발표하였듯이, 반려동물 보호 · 복지 정책의 궁극적인 지향성을 사회 전반의 이슈로 확대하여 정책추진 동력을 보다 더 강화하는 데

그림 8-5 반려동물 보호·복지 정책 규제 거버넌스

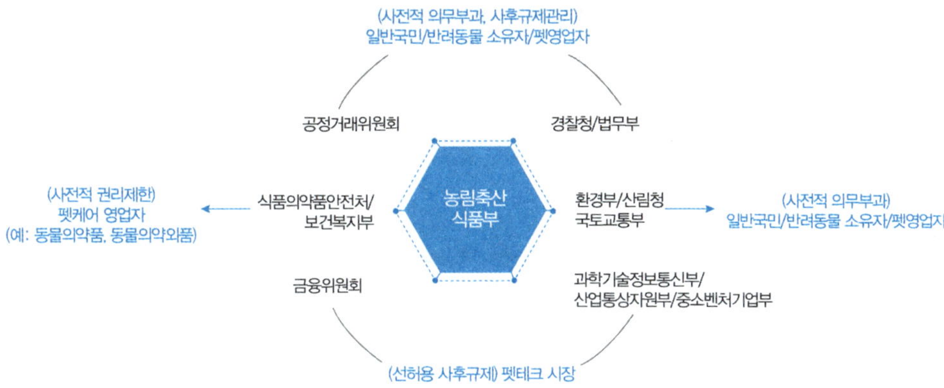

출처: 한국행정연구원(2022.4: 261) 수정·인용.

에 중요한 협력기관이 된다.

반려동물을 동반한 외부활동 시 행동제한 규제 관련해서는, 환경부, 산림청, 국토교통부 등과 연계되어 있는데, 자연공원의 출입제한, 반려동물의 배설물 처리의무, 반려동물 동반 운전 시 안전관리 의무, 대중교통 이용 시 안전관리 의무 등의 사항을 규정하게 된다.

한편, 반려동물산업시장에서는 반려동물의 건강과 생명보호를 위한 펫푸드 규제, 그리고 동물의약품 및 의약외품 제조·판매 규제 등 식품의약품안전처, 그리고 보건복지부와의 협의가 필수적이다. 그리고 새로운 반려동물 관련 서비스 시장 개척과 활성화 진흥을 위해서 선허용 사후규제의 형태로 규제 샌드박스를 협력적으로 활용해 나갈 수 있는 금융위원회, 과학기술정보통신부, 산업통상자원부 등이 핵심 협력기관이다.

3) 추진내용

5개년 단위 국가계획인 '2020~2024 동물복지 종합계획'에서는, 동물보호법 전면개정안(시행 2023.4.27)에 담긴 조항들을 근거로 추진되는 세부 정책내용들이 설명되어 있다. 총 6대 분야 중 반려동물과 관련된 분야는 총 3개의 분야로 동물보호·복지 인식 개선, 반려동물 영업관리 강화, 유기·피학대 동물보호 수준 제고가 해당된다.

그림 8-6 2020~2022 반려동물 보호·복지 정책내용

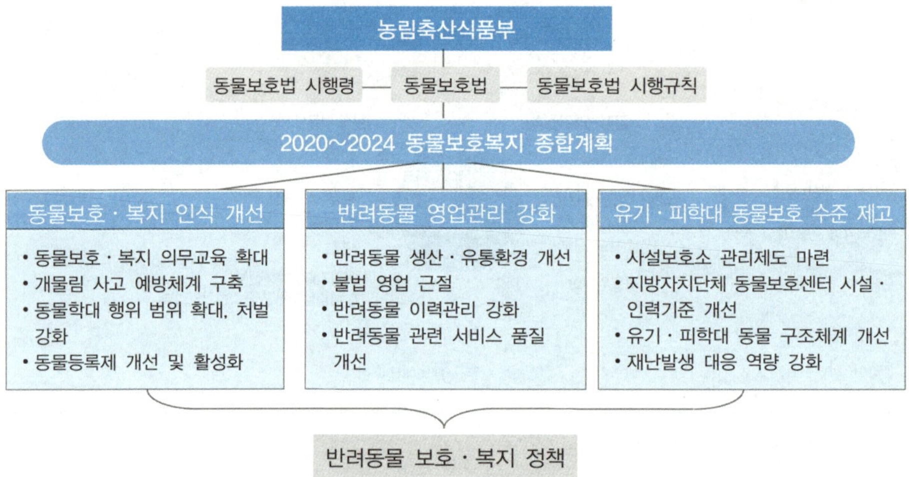

출처: 농림축산식품부(2020). 『2020~2024 동물복지 종합계획』.

첫째, 동물보호·복지 인식 개선 분야에서는, 총 일곱 가지 제도들이 담겨 있다. ① 소유자 대상 의무교육이수제가 있는데, 교육이수자만 동물구매가 가능하도록 하는 제도이다. ② 위험한 개의 기질평가제 실시로 행동교정이나 안락사 명령 등 의무를 부과하는 제도이다. ③ 맹견 생산·판매·수입업자는 판매 전 동물등록이 의무화 및 수입 제한이 적용되고, ④ 맹견의 공동주택 사육 허가제가 실시된다. ⑤ 맹견이 아닌 등록대상동물 판매 영업자는 판매 시 소유자 명의로 동물등록 후 판매 의무화를 준수해야 하고, ⑥ 고양이 동물등록제가 시범사업으로 실시된다. ⑦ 동물학대 소유주에게는 소유권 제한이 집행될 수 있다.

둘째, 반려동물 영업관리 강화 분야에서도 크게 일곱 가지 제도들이 시행된다. ① 동물생산업자는 강화된 인력 기준, 길어진 동물의 출산 휴지기, 사육공간 크기 등 표준 설계도를 준수하는 의무가 생겼다. ② 영업자 이외에는 누구도 온라인상으로 반려동물을 판매하거나 홍보하는 것이 금지되었고, ③ 영업자가 의무적으로 활용해야 할 표준 계약서가 마련된다. ④ 영업자를 대상으로 지방자치단체 합동 점검 및 단속 정례화, ⑤ 반려동물 유통 이력제 도입이 추진된다. ⑥ 우수 영업자에 대한 인증제도가 새롭게 실시되며, ⑦ 반려동물 훈련 국가자격제도 또한 새로운 추진정책이다.

셋째, 유기 · 피학대 동물보호 수준 제고 분야에서는, 크게 여섯 가지 제도들이 추진된다. ① 사설보호소의 신고제가 도입되어 지방자치단체의 환경개선 예산 지원이 추진된다. ② 단, 미신고한 보호소에서는 유기동물 유상 분양 금지제가 시행된다. ③ 유기 · 피학대 동물 구제체계 개선을 위해 광역 단위 전담 포획반 구성 및 운영되어 관할 소방서와 동물보호단체 등과의 협조체계가 활성화될 필요가 있다. ④ 반려동물 인수제의 법적 근거를 마련하여 불가피한 사유가 있는 소유자 대상으로만 지방자치단체에서 반려동물을 인도할 수 있게 한다. ⑤ 재난재해 시 반려동물 동반 대피요령에 대한 가이드라인을 마련하여 재난대응 역량을 제고하고, ⑥ 동물 대피소 마련으로 반려동물과 반려인이 함께 대피할 수 있는 시설지정을 추진한다.

제 3 절 반려동물정책 주요 쟁점 및 과제

1. 주요 쟁점

반려동물 보호 · 복지에 대한 동물보호 혹은 동물복지 수준의 인식에서 동물의 권리에 대한 접근으로 사회적 논의가 확장되었고 국민인식 수준이 향상되었다.

그만큼 정책적으로도 사회적 변화를 반영한 정책들을 새롭게 추진하고 있지만, 여전히 해결되지 못하고 논쟁 중인 개식용 문제를 비롯해 새로운 제도 시행으로 인해 발생하고 있는 또 다른 쟁점들도 있다.

대표적으로 맹견 규제가 신설되면서, '대형견=입마개 착용 의무'라는 인식이 발생함에 따라 일반국민과 대형견 소유주들 간의 갈등이 발생하고 있고, 농림축산식품부에서 반려동물 보유세에 대한 도입 논의 발표 이후 일반국민과 반려동물 소유주들 간의 논쟁이 급격히 확산되고 있다.

그 외에도 일반국민과 반려동물 양육 가구 간의 보편적인 갈등으로 공공장소 및 건물 출입문제, 주택에서 반려동물 양육 이슈 등, 배설물 치우기 등 생활활동 반경에서 발생하는 다양한 이슈들은 현장에서의 대응 및 조치가 명확하거나 적법적이지 않아 여전히 혼란을 야기하고 있다.

그림 8-7 물건에 해당되지 않는 동물 범위에 대한 국민인식 조사 결과

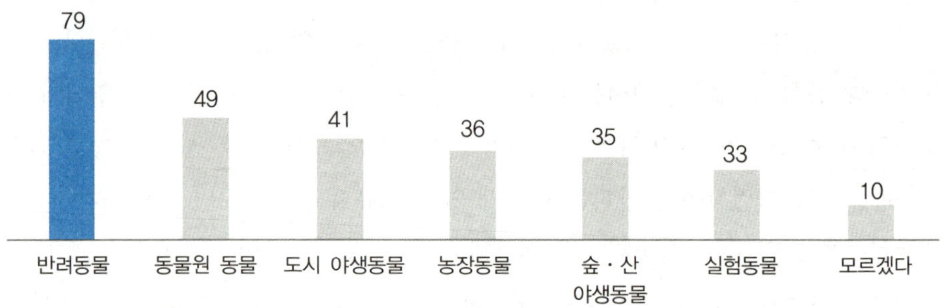

질문: 귀하께서는 "동물은 물건이 아니다"는 문장에서 '동물'이 정의하는 범위는 무엇이라고 생각하십니까?
응답자 수: 1,000명
비고: 복수응답
조사기간: 2022.3.25~3.28

출처: 한국리서치(2022). 정기조사 여론 속의 여론(hrcopinion.co.kr).

최근에는 반려동물 소유주 간의 갈등도 증가하고 있는데, 소형견 소유주와 대형견 소유주 간에 가슴줄 · 목줄 미착용을 의미하는 오프리쉬(off-leash) 이슈가 증가하고 있다. 소형견은 위협적이거나 위험성이 높지 않아서 상황에 따라 종종 오프리쉬를 하는 소유주와 잠재적 위험성으로 인해 가슴줄 · 목줄을 필수 착용하는 대형견 소유주 간 안전관리 책임의무 이행의 차이로 발생하는 갈등이다. 각 반려견에게 위험한 상황이 발생 가능성이 높기도 하고, 반려동물에 대한 사회적 인식에 미치는 영향도 있기 때문에 상호 간의 갈등이 유발되는 추세다. 반면에, 오프리쉬가 된 대형견이 사람 또는 타인의 반려동물이 다치거나 사망하는 사례도 증가하면서 반려동물 소유주의 책임관리 의무에 대한 구체적이고 세분화된 논의가 필요한 실정이다.

2. 주요 과제

반려동물 소유주에 대한 책임관리 의무 강화는 입양 전 교육이수 의무화, 기질평가제 등이 새롭게 시행되고 맹견의 경우 수입제한, 공동주택 사육 허가제 등 규제가 강화되면서 쟁점에 대한 적합한 해결을 위해 정책적으로 다양한 시도들이 추진되고 있다.

그러나 앞서 설명했듯이, 새로운 유형의 갈등과 쟁점들이 발생하고 있어 정부 차원

에서 해결방안을 마련해야 할 과제들이 주어졌다.

반려동물 보호·복지 정책은 지방자치단체 중심으로 집행되는 규제유형의 정책이자 현장에서의 대응조치가 중요한 특성을 지니고 있기 때문에, 지방자치단체별 반려동물 보호·복지에 대한 전문성 강화와 집행력 확보가 핵심요건이다. 내부적으로 반려동물 보호·복지·정책 세부 사업 추진을 위한 조례개정과 추진인력 확보를 위한 관할 구역의 민간단체와의 협조가 핵심적이다. 예를 들면, 서울시 동물보호조례와 같이 다중이용시설의 반려동물 출입 여부 표시를 지원하는 등 반려동물을 동반한 일상생활 활동 범위에 혼란을 해소할 수 있는 매우 구체적인 수준의 조례를 신설 또는 개정하는 방안이 있을 수 있다.

또한 반려견 소유주의 오프라인 교육, 즉 기초적인 행동교정 중심의 실습과 같은 형태의 교육과정 이수를 강화시키는 등 소유주의 안전관리 책임제고 및 실질적인 일반 국민과의 공존에 유익할 수 있도록 현장 중심의 대안마련이 중요한 과제일 것이다.

반려동물 분야에서 가장 논쟁적인 주제인 개식용 문제와 반려동물 보유세 문제는, 전문가 또는 이해관계자 간의 지속적인 논의와 토론에도 불구하고 결단력 있는 정책결정에 어려움이 있다는 것이 지금까지의 제도적 변화과정을 살펴보면 알 수가 있다.

비록 개식용의 문제는 관련법상 불법이라는 해석이 있지만, 관계부처의 협력 부족이라는 지적도 계속되고 있다. 즉 식품의약품안전처의 반려동물 관련 역할이행기반이 명확하게 마련되거나, 사회적 합의 마련을 위한 새로운 전략이 필요하다.

한국의 오래된 관습으로 남아 있는 개식용 문제를 비롯해, 최근에 이슈가 된 반려동물 보유세까지 모든 국민을 대상으로 한 사회적 합의가 필요하고, 충분한 숙의기간 확보가 핵심적일 것이다. 보유세 도입논의 또한 단순히 제도의 도입목적 및 필요성에 대한 이해와 공감이 중요한 것이 아니라, 구체적인 내용과 활용방안, 그리고 향후 계획 등까지 구체화되고 객관적인 정보를 바탕으로 이루어진 이해가 필요한 것이다.

즉, 대국민 사회적 합의를 도출하기 위한 공론화 및 시민참여형조사가 반려동물 보호·복지 정책에 주어진 쟁점들을 해결해 나갈 수 있는 전략이 될 수도 있다.

읽기자료

과거 수많은 일들이 관습과 관행이 되어 왔지만 그 중에서도 도덕적으로 비난을 받고 중지된 예도 많다. 여기서 중요한 것은 사회의 특정한 사고 패턴이다.

관행이 된 동물이용 방식을 더이상 자연적인 현상이라고는 부를 수 없다. 오히려 사람들은 '당연하게 받아들이는 것을 '자연적인' 것이라 혼동하고 있는 것이다.

앙투안 F. 괴첼(2016: 219)

제4절 소결

국내 반려동물 보호·복지 정책은 반려동물에 대한 동물권(animal right)적 접근의 사회적 합의 정도가 향상되어 가고 있고, 실제 기본법인「민법」개정안에서도 물건이 아님을 명시하며 국회통과를 기다리고 있다. 또한 동물보호법이 11년 만에 전면개정되고, 2023년 4월부터 시행됨에 따라 반려동물 보호·복지 정책으로 추진되는 새로운 사업들로 인한 사람과 반려동물 간 공존문화의 질적 향상이 기대되고 있다.

반려동물 보호·복지 정책은 제도적 발전보다 사회적 인식 수준이 더 빠르게 향상되어 왔기 때문에 반려동물에 대한 보호·복지가 사회적 합의를 바탕으로 계속해서 발전해올 수 있었다. 하지만, 최소한의 합의 수준만 반영되거나 합의가 어려운 부분에 대한 이슈는 논의과정에서 배제되는 등 여전히 개선되어야 할 부분이 남아 있다.

정책 특성상, 반려동물 보호·복지 정책의 성패는 정책결정기관의 명확한 정책 방향성 수립과 전략적인 거버넌스 구축, 그리고 규제집행기관의 이해도 및 관심 제고와 집행 역량 향상에 달려 있다. 더 이상 물건이 아닌 생명체를 다루는 정책이고, 인권과 같은 권리에 대한 이슈가 근본적인 쟁점이며, 공존을 위해서는 인간의 개입과 노력이 필수적이기 때문에, 핵심추진조직의 전문성 확보와 적극성이야말로 동물과 함께하는 지속가능한 사회를 실현할 수 있을 것이다.

반려동물 보호·복지 정책이 동물권 패러다임으로 전환되었다고 할 수 있을 만큼의 중요한 시기가 도래했다. 반려동물 혹은 반려동물 소유주, 그리고 관련 영업자들만에게 해당되는 정책이 아니라, 모든 국민이 적극적으로 나서 함께 고민해야 되는 도덕적 책임의무 이행에 대한 정책 분야로 확장되었음을 시사한다.

읽기자료

동물들은 스스로가 해방을 요구할 능력이 없다. … 인간에게는 더 이상 생명체들이 살아갈 수 없는 장소가 될 때까지, 혹은 영원히 계속해서 다른 종들을 억압할 수 있는 힘이 있다. … 도덕성이 자기 이익과 부딪칠 경우에는 아무런 역할도 하지 못한다는 사실을 입증하면서 우리의 횡포가 계속될 것인가? 아니면 어려움을 잘 극복하고, … 진정한 이타성을 발휘할 수 있는 능력이 우리에게 있음을 입증할 것인가?

피터 싱어(2012)

참고문헌

국가법령정보센터. 「동물보호법」(시행 2021.2.12).

국가법령정보센터. 「동물보호법」(시행 2022.4.27).

국가법령정보센터. 「동물보호법 시행규칙」(시행 2022.6.18).

국가법령정보센터. 「동물보호법 시행령」(시행 2021.7.6).

농림축산식품부(2008). 『동물보호복지 종합대책(안)』.

농림축산식품부(2014). 『동물복지 5개년 종합계획안』.

농림축산식품부(2020). 『2020~2024년 동물복지 종합계획』.

농림축산식품부 보도자료(2021.10.21). 2021 반려동물 산업 분야 규제혁신 토론회 개최.

박형준·주지예·조민혁(2017). 『반려동물 보호시대에 반려동물 보호관련 입법을 위한 제도 연구』. 2017년도 국회사무처 연구용역보고서.

법무부 보도자료(2021.9.28). 민법 일부개정법률안 국무회의 통과: "동물은 물건이 아니다."

앙투안 F. 괴첼(2016). 『동물들의 소송』. 이덕임 옮김. 서울: 알마.

이종한 외(2022). 『차기정부 규제개혁의 방향과 과제』. 경제인문사회연구회 협동연구총서 22-45-04. 한국행정연구원.

주지예·박형준(2017). 동물보호정책과정에서 정책혁신가 정책중개자 탐색적 연구: 의원입법 공동발의 연결망 중심성과 중개자분석을 중심으로. 『정책분석평가학회보』, 27(3): 57-96.

피터 싱어(2012). 『동물 해방』. 김성한 옮김. 고양: 연암서가.

한국리서치(2022). 동물권에 대한 인식조사. 『한국리서치 주간리포트』, 제178-1호.

Blattner, Charlotte E.(2015). Global Animal Law: Hope Beyond Illusion The Potential And Potential Limits ofInternationalLawinRegulationAnimal Matters. *Mid-Atlantic Journal on Law & Policy*, 3(1): 10-54.

Kymlicka, Will & Sue Donaldson(2011). *Zoopolis: A Political Theory of Animal Rights*. Oxford University Press.

Lowi, Theodore J.(1964). American Business, Public Policy, Case Studies and Political Theory. *World Politics*, 16(4).

Regan, Tom(2004). *The Case for Animal Rights*(2nd ed.). University of California Press.

Ripley, Randall B. & Grace A. Franklin(1980). *Congress, the Bureaucaracy and Public Policy*(Rev. ed.). Homewood, Illinois: The Dorsey Press.

Singer, Peter(1975). *Animal Liberation: A New Ethics for Our Treatment of Animals*. Random House.

제 3 부

정부의 구성 및 운영 이슈

제9장

입법과정

류영아(국회입법조사처)

제 1 절 입법과정이란 무엇인가?

1. 입법과정의 개념과 의의

1) 입법과정의 개념

“입법(立法, legislation)”은 국가의 법 정립(定立) 작용으로, 국가공동체의 질서를 규율하는 법규범을 만드는 작용이다. 이때 법규범은 일반적[1]이고 추상적[2]인 성격을 가진다.

입법은 행정 및 사법 작용의 규범적 근거를 제공하면서, 행정 및 사법을 규율하는 기능을 한다. 국민으로부터 통치권을 일임받은 국가가 행정권과 사법권을 행사할 때는 국민의 의사가 실체화된 법규범을 따라야 하기 때문이다.

입법은 정당한 권능(權能, authority)을 가진 “입법주체(立法主體)”에 의해 이루어진다. 민주국가에서 입법주체는 주권자인 국민인데, 실무적으로는 주권의 위임에 따라 통치

1) 일반적이란, 법규범이 특정한 대상이나 특정한 사건에만 적용되는 것이 아니라, 불특정한 대상이나 불특정한 다수의 사건에 적용되어야 한다는 의미이다.

2) 추상적이란, 법규범이 구체적인 상황에만 적용되는 것이 아니라, 구체적인 적용대상들이 가지는 공통되는 속성 모두에 포괄적으로 적용되어야 한다는 의미이다.

권을 행사하는 국가기관 등이 입법주체가 된다고 볼 수 있다.

"입법과정(立法過程)"은 입법이 이루어지는 과정을 의미한다. 즉, 법률안을 공식적이며 제도적인 절차에 따라 법률로 만드는 과정, 입법기관이 입법권을 구체적으로 행사하는 과정을 의미한다. 이를 좀 더 폭넓게 보면, 정치적 · 사회적 환경 속에서 법률이 제정 · 개정되는 전반적인 의사결정 과정을 입법과정이라고 정의할 수 있다.

2) 입법과정의 의의

입법과정은 특정한 입법정책적 목표[3]를 가진 법률안이 만들어져 입법부에 제안되고, 입법부에서 법률안을 심의한 후 정부로 이송해 국가원수의 서명 · 공포를 통해 하나의 법률로서 효력을 가지게 되는 전체 과정이다. 입법과정이 「헌법」이나 「국회법」 등 관련법에서 어떻게 규정되어 있는지를 법해석학적 관점에서 규명한다는 점에서 법학적 의의가 있고, 입법과정과 관련된 제도가 어떤지에 관심을 가진다는 점에서 제도적 의의가 있다.

한편, 입법과정은 입법 요구의 투입, 입법화 작용, 입법산출, 환류 등의 과정을 포함한다는 점에서, 입법에 대한 사회적 요청이 발생하고 입법주체의 입법화 작용을 거치며 법규범이 만들어지고, 이러한 법규범이 다시 또 다른 입법에 대한 요청으로 환류되는 과정이라고 볼 수 있다. 입법과정이 법률이 제정되는 과정에 관여하는 국민 · 국회의원 · 이익단체 등의 대립 · 협력 등과 연결된다는 점에서 정치학적 의의가 있고, 입법과정의 방향과 움직임 등에 관한 관심이 중요하다는 점에서 과정적 의의가 있으며, 입법과정에 참여하는 행위자의 영향력 등과 관련된다는 점에서 동태적이라는 의의가 있다.

3) 입법주체의 구분

한국에서 입법주체는 국민으로부터 위임을 받은 국회로, 국회는 국회의원, 국회의원으로 구성된 국회위원회를 통칭한 개념이다. 첫째, 국민의 보통 · 평등 · 직접 · 비밀선거에 의하여 선출되는 국회의원은 4년의 임기를 가진다. 국회의원은 총 300명으로, 지역구 의원 253명과 비례대표 의원 47명으로 구성된다.

---

3) 입법정책적 목표란, 입법을 통해 달성하고자 하는 사회의 바람직한 상태이다.

둘째, 국회 “상임위원회”는 국회의원 중에서 소수의 위원(委員)을 선임해 구성하는 국회의 내부기관이다. 상임위원회는 각 행정부처의 소관 업무에 따라 국회 내에 구성된다. 2022년 9월 현재 국회에는 17개의 상임위원회가 있는데, 국회운영위원회, 법제사법위원회, 정무위원회, 기획재정위원회, 교육위원회, 과학기술정보방송통신위원회, 외교통일위원회, 국방위원회, 행정안전위원회, 문화체육관광위원회, 농림축산식품해양수산위원회, 산업통상자원중소벤처기업위원회, 보건복지위원회, 환경노동위원회, 국토교통위원회, 정보위원회, 여성가족위원회이다.

셋째, 국회 “특별위원회”는 상임위원회의 소관에 속하지 않는 안건이나, 특별히 필요한 안건을 심사하기 위하여 설치하는 위원회로, 담당하는 행정부처가 있는 국회 상임위원회와 구별된다. 2022년 9월 현재 3개의 특별위원회가 활동하고 있는데, 예산결산특별위원회, 윤리특별위원회, 인사청문특별위원회이다.

참고로, 국회에는 국회사무처, 국회도서관, 국회예산정책처, 국회입법조사처, 국회미래연구원 등이 있는데, 이 조직들은 입법주체가 아니고 입법주체를 지원하는 입법 지원기관이다.

2. 입법과정의 특성 및 기능

1) 입법과정의 특성

입법과정은 수평적 관계를 가진 다수의 행위자가 다양한 의견을 의사규칙에 따라 하나로 수렴하는 다원적(多元的, pluralistic) 합동행위라는 특성을 가진다. 입법과정에서 행위자 각각은 상호동등한 권한을 가지고 독립적으로 활동하며 독립적으로 의사결정 권한을 행사하는데, 입법과정을 통해 다양한 이익을 조정·수렴하는 활동을 하고 있다.

입법과정을 통해 형성된 법규범은 사회구성원의 행위에 대한 지침을 제시하고 이를 준수하도록 강제해 사회공동체의 평화로운 존속을 도모한다는 점에서, 입법과정은 규범을 형성하는 특성을 가진다. 입법과정은 사회공동체의 원활한 생활관계를 유지하는데 필요한 질서유지를 위하여 사회구성원들이 준수해야 할 행동 규칙인 법규범을 형성하고, 이러한 법규범의 산출과정에 정당성을 부여함으로써, 법규범이 사회공동체 구성원들에게 안정적으로 수용될 수 있도록 하는 특성을 가진다.

2) 입법과정의 기능

입법과정이 수행하는 기능은 정치적 기능과 정책적 기능으로 구분할 수 있다. 첫째, 정치적 기능을 보면, 입법과정은 다원화된 사회공동체 구성원의 집합적 의사결정 과정이라는 점에서 정치적 기능을 가진다. 또한 입법과정은 법규범을 형성하는 과정에 사회공동체 구성원의 의사를 반영하고 사회적 가치를 권위적으로 배분하는 정치적 기능을 수행한다. 현대 대의민주주의 국가에서 입법과정은 국민주권주의를 실현하고 사회적 가치를 민주적 의사에 따라 배분하고 조정한다. 입법과정은 국민에게 정치참여의 기회를 보장함으로써 국민의 정치적 요구를 수용하고 국민의 정치적 요구를 입법에 반영하는 형식으로 국민주권주의를 실현한다. 입법과정은 다양한 사회구성원의 이해관계와 정치적 요구를 표출하고 이를 대화와 타협으로 조정하는 기회를 제공함으로써 사회적 갈등을 완화하고 사회통합을 촉진한다. 입법과정에서는 서로 상충하거나 모순되는 다양한 입법수요를 조정해 사회적으로 수용성이 높고 부작용을 최소화하는 입법을 산출해 내는 것이 중요하다.

둘째, 정책적 기능을 보면, 입법과정은 사회문제를 해결하기 위한 민주주의 공동체의 노력을 합리적인 절차를 거치면서 법규범으로 구체화한다는 점에서 정책적 기능을 가진다. 입법과정을 통한 의사결정은 사회공동체 내에서 권위 있는 행위자가 정책을 결정하는 과정이라고 볼 수 있고, 입법과정은 결정된 정책을 규범화해 정책의 안정성과 수용성을 높이는 역할을 한다. 규범화된 정책은 정당한 권한을 가진 입법주체가 결정한 것이고 강제성을 가지고 있으므로, 비교적 높은 수용성을 확보할 수 있다. 규범화된 정책은 법규범의 주어진 효력 기간 내에 정책주체와 정책대상을 규율하는 규범으로 작동한다는 점에서, 정책의 지속성과 일관성 등을 확보할 수 있다.

3. 입법과정의 기본원리 및 규범체계

1) 입법과정의 기본원리

입법과정의 기본원리는 혼재된 상반된 가치를 조화시키는 원리라고 볼 수 있다. 즉, 민주성과 효율성의 조화, 정치적 합리성과 정책적 합리성의 조화, 다수결(多數決, majority) 원리와 합의(合議, consensus) 원리의 조화 등이 입법과정의 기본원리가 된다.

첫째, 민주성과 효율성의 조화를 보면, 민주성은 입법과정 전반을 규율하는 이념적 가치이고, 효율성은 최소한의 의사결정 비용으로 양질의 법규범을 가능한 한 많이 제정한다는 점에서 현실적으로 달성해야 하는 이념적 가치라고 볼 수 있다. 입법과정은 절차와 내용에서는 민주적이어야 하지만, 민주적으로 처리하는 과정에서 민주성이 너무 과도하게 강조되면 효율성이 저하될 우려가 있다. 하지만, 입법과정에서 효율성이 과도하게 강조되면 민주성이 저하될 우려가 있다. 이렇게 볼 때, 민주성과 효율성의 상충하는 관계를 극복하고 조화시켜, 민주적이고 효율적인 입법 산출과정을 마련해야 할 것이다.

둘째, 입법과정은 정치과정이자 정책과정이므로 정치적 합리성과 정책적 합리성의 조화가 필요하다. 사회구성원의 정치적 이익 등 복합적인 측면을 종합적으로 고려하는 정치적 합리성은 다원주의적 · 점증주의적 · 배분 지향적이라고 특징지을 수 있다. 한편, 해당 정책의 합리성을 판단하는 정책적 합리성은 총체주의적 · 산출 지향적이라고 특징지을 수 있다. 정치적 합리성과 정책적 합리성이 혼재되고 대립하는 예를 들면, 사회 전체적으로 바람직하다고 평가되는 입법이 입법과정에서 저지되고 정치적으로 조정되기도 하는 사례를 들 수 있다. 다른 한편으로는, 내용상 문제없는 입법이 정치상황의 경색으로 인하여 입법과정에서 지연되는 사례를 들 수 있다. 이론적으로 볼 때, 입법과정에서 정치적 합리성과 정책적 합리성의 조화를 추구할 필요가 있지만, 이 두 가지를 통합할 명확한 가치 기준을 찾는 것은 어렵다고 할 수 있다. 사회가 다원화되고 민주화될수록 정치와 정책과 관련된 가치의 경합에 대해 일률적인 판단을 내리기 어렵기 때문이다.

셋째, 다수결 원리와 합의 원리의 조화가 필요하다. 다수결 원리는 대의제 민주주의가 정착되면서 일반적인 의사결정 원칙으로 자리를 잡았다. 입법과정은 원칙적으로 다수결 원리에 따라 행위자들 간의 이견을 조정하고 최종적인 결과물을 도출하는 과정이다. 하지만, 다수결 원리만 강조하면 소수의 의사와 이익이 배제되기 쉬운 문제점이 있다. 따라서 입법과정에는 다수의 찬성뿐만 아니라 소수의 동의까지 끌어내는 합의 원리의 의사운영방식도 존재한다. 즉, 국회 내 소위원회나 상임위원회의 법률안 심사는 국회의원 전체를 기준으로 하는 다수결 원리보다는 합의 원리를 적용하는 것이라고 볼 수 있다.

2) 입법과정의 규범체계

입법과정은 「헌법」, 「국회법」, 「국회규칙」, 「국회규정」, 선례 및 관행 등의 규범 체계의 규율을 받는다. 첫째, 「헌법」은 국가의 기본규범으로서 국가의 통치조직과 작용, 국가기관 상호 간의 관계, 국민의 기본권을 보장하는 최고규범이다. 한국의 「헌법」은 입법과정을 규율하는 최상위 규범으로, 「헌법」에서는 "국회"에 법률을 제정하는 입법권을 전속시키는 "국회 입법 중심주의"를 채택하고 있다.

둘째, 「국회법」은 대의민주주의 체제 하에서 입법기관의 역할을 담당하는 국회의 조직과 운영에 관해 규율하는 법률 형식의 법규범이다. 국회와 관련된 법률[4]도 실질적인 의미에서 「국회법」이라고 볼 수 있다.

셋째, 「국회규칙」[5]은 입법기관인 국회가 법률의 위임을 받아 제정했거나, 국회의 자율권에 근거하여 제정한 규칙이다. 「국회규칙」은 국회가 자율적으로 내부사항을 규율하는 규범으로, 법률의 바로 아래에 자리하는 하위규범이라는 점에서 「대통령령」과 유사한 단계의 법규범이라고 볼 수 있다.

넷째, 「국회규정」은 법률이나 「국회규칙」의 위임을 받아 제정했거나 국회의장이 정하는 국회 내부의 규범이다. 「국회규정」은 「국회규칙」의 하위규범이다.

다섯째, 선례 및 관행이 있다. 선례는 역대 의회의 입법과정에서 발생한 사례 중에서 성문 규범에 저촉되지 않으면서 동일하거나 유사한 사안이 반복적으로 적용되어 관행으로 인정되거나 규범성이 인정된 사례를 의미한다. 선례 및 관행은 성문 규범이 명확하지 않은 영역에서 입법과정의 행위자들을 규율하는 규범으로 기능할 수 있다.

---

4) 예를 들어, 「국정감사 및 조사에 관한 법률」, 「국회에서의 증언 · 감정 등에 관한 법률」, 「인사청문회법」 등이다.

5) 예를 들어, 「국회사무처법」 등의 위임에 따라 국회의장의 결재로 제정하는 「국회사무처 직제」 등이다.

제 2 절 한국의 입법과정

1. 입법과정 개요

1) 세 단계 입법과정

한국의 입법과정은 국회의원이나 정부가 법률안을 입안해 국회에 제안하고, 국회가 이 법률안을 심의하고 의결한 후 정부로 이송하고 대통령이 공포함으로써 법률로 확정되는 절차와 과정으로 이루어져 있다.

입법 요구를 법규범으로 생산하는 것을 입법과정으로 볼 때, 입법과정은 법률안의 입안(立案) 및 제안(提案), 법률안의 심의(審議), 법률안의 이송(移送) 및 공포(公布)라는 세 단계로 구분할 수 있다. 첫째, 법률안의 입안 및 제안은 제안권자가 입법수요를 파악해 법률안을 만들어서 국회로 보내는 과정이다. 법률안의 입안 및 제안과정의 주된 행위자는 국회의원과 정부이다. 실무에서는, 국회의원이 법률안을 국회에 제안(提案)하는 것을 "국회가 법률안을 발의했다"라고 표현하고, 정부가 법률안을 국회에 제안(提案)하는 것을 "정부가 법률안을 제출했다"라고 표현한다. 입안과정은 입법내용을 확정하고 입법형식을 정립하는 것이고, 입안을 통해 만들어진 법률안은 일정한 형식과 절차에 따라 입법기관에 제안된다. 통상적인 절차를 보면, 입법준비(입법수요 파악 및 조사), 법률안 기초 마련, 비용추계서 등 부속서류 작성, 국회에 제안하는 순서라고 볼 수 있다.

둘째, 법률안의 심의는 입법기관에 제출된 법률안이 내용의 심사를 받고 내용의 수정을 거쳐, 법률안으로 최종 결정되는 과정이다. 법률안 심의과정의 주된 행위자는 국회로, 법률안의 심의과정이 입법과정의 핵심적인 단계라고 할 수 있다. 법률안 심의는 위원회 등 내부기관의 사전 심의를 거친 후, 입법기관 전체 회의의 의결을 통해 법규범으로 승인을 얻는다. 통상적인 절차를 보면, 본회의 보고, 소관 위원회의 심사, 법제사법위원회의 체계 · 자구(字句) 심사, 본회의 심의의 순서라고 볼 수 있다.

셋째, 법률안의 이송 및 공포는 법률이 법률로서 효력을 발생하는 것으로, 입법과정의 완성 단계라고 볼 수 있다. 법률안 이송 및 공포과정의 주된 행위자는 국회와 정부이다. 내용이 확정되고 형식적 정당성을 획득한 법률안은 정부로 이송된 후 공포권자의 공포를 통해 효력을 가진다. 통상적인 절차를 보면, 법률안 의안정리, 법률안 이송, 법률 공포의 순서라고 볼 수 있다.

2) 국회 입법활동의 양적인 규모

국회의 각 대수(代數)의 법률안 접수건수와 처리건수는 국회 입법활동의 양적인 규모를 보여주는 지표로써, 국회가 입법활동을 활발하게 시행하였는지에 대한 정보를 제공한다. 다음의 〈표 9-1〉을 보면, 국회의 법률안 접수건수와 처리건수는 증감의 일정한 양상을 보이지 않다가 제14대 국회부터 지속해서 증가하는 추세를 보인다. 한편, 제16대 국회의 후반기인 2003년 2월에 「국회법」이 개정되면서, 법률안의 발의요건이 기존의 국회의원 20인 이상 찬성에서 국회의원 10인 이상의 찬성으로 완화된 이후로 제17대 국회부터는 법률안의 발의가 보다 쉬워졌고 법률안의 접수건수와 처리건수 또한 매우 증가하였다.

다만, 법률안의 처리율을 보면, 제13대 국회를 기점으로 지속해서 하락하는 양상을 보인다. 법률안 처리율의 지속적인 하락은 국회의 입법활동 실적에 대한 부정적인 평가의 근거로 제시되기도 하는데, 법률안 처리율의 지속적인 하락 이유를 몇 가지로 추론할 수 있을 것이다. 첫째, 법률안의 처리건수 증가율보다 법률안의 접수건수의 증가율이 더 높으므로 법률안 처리율이 지속해서 하락한다고 해석할 수 있다. 즉, 법률안의 접수건수가 매우 가파르게 늘어났기 때문이라고 볼 수 있다.

둘째, 국회 소관 위원회의 법률안 심의과정에서, 가(可) 또는 부(不)로 처리되는 것에 합의하지 않은 법률안을 폐기하지 않고 그대로 두어, 해당 국회의 임기 만료에 따라 해당 법률안이 자동으로 폐기되는 전략을 활용하였기 때문이라고 해석할 수 있다. 이에 대한 설명을 덧붙이자면, 민주화의 진전에 따라 다양한 입법 요구가 법률안으로 제안되기 때문에 국회 소관 위원회의 합의과정에서 다양한 입법 요구가 모두 법규범으로 수용되는 데 한계가 발생할 수 있다. 각계각층의 다양한 입법 요구는 서로 상충하는 때도 많기 때문이다. 최종적인 단일 의사로 수용되기 어려운 입법 요구라도 이에 대해 거부(拒否, rejection)로 의사결정해 법률안을 폐기하기보다는, 소극적으로 의사결정하지 않는 상태로 방치하여, 해당 국회의 임기 만료까지 처리되지 않게 하는 것이다. 이는 정치적 갈등을 확대하지 않으려는 국회의원들의 행태로 볼 수 있다. 즉, 사실상 폐기 처리해야

표 9-1 역대 국회의 법률안 접수 및 처리 실적

구분	합계			의원 및 위원회 발의			정부 제출		
대수	접수(건)	처리(건)	처리율(%)	접수(건)	처리(건)	처리율(%)	접수(건)	처리(건)	처리율(%)
제헌	234	191	82	89	73	82	145	118	81
제2대	398	340	85	182	157	86	216	183	85
제3대	410	216	53	169	101	60	241	115	48
제4대	322	108	34	120	49	41	202	59	29
제5대	296	103	35	137	60	44	159	43	27
국가재건 최고회의	1,162	1,162	100	554	554	100	608	608	100
제6대	658	508	77	416	283	68	242	225	93
제7대	535	442	83	244	170	70	291	272	93
제8대	138	47	34	43	12	28	95	35	37
비상 국무회의	270	270	100	-	-	-	270	270	100
제9대	633	591	93	154	119	77	479	472	99
제10대	129	101	78	5	3	60	124	98	79
국가보위 입법회의	189	189	100	33	33	100	156	156	100
제11대	489	430	88	202	148	73	287	282	98
제12대	379	299	79	211	134	64	168	165	98
제13대	938	806	86	570	447	78	368	359	98
제14대	902	763	85	321	196	61	581	567	98
제15대	1,951	1,561	80	1,144	791	69	807	770	95
제16대	2,507	1,753	70	1,912	1,199	63	595	554	93
제17대	7,489	4,335	58	6,387	3,443	54	1,102	892	81
제18대	13,913	7,612	55	12,220	6,298	52	1,693	1,314	78
제19대	17,822	8,010	45	16,729	7,199	43	1,093	811	74
제20대	24,141	9,139	38	23,047	8,401	32	1,094	738	67
제21대	16,884	4,827	29	16,362	4,566	28	522	261	50
합계	92,789	43,803	47	81,251	34,436	42	11,538	9,367	81

주 1: 처리건수는 법률안이 미처리된 상태에서 국회의원의 임기 만료에 따라 자동 폐기된(임기 만료 폐기된) 건수를 제외한 수치임.

주 2: 제21대 국회의 회기는 2020년 5월 30일부터 2024년 5월 29일까지로, 〈표 9-1〉은 2022년 9월 17일 기준으로 작성됨.

주 3: 국가재건최고회의(1961~1963)는 5·16 군사정변 주체세력이 입법·사법·행정의 3권을 행사하였던 과도기의 국가 최고 통치의결기구임(네이버 지식백과).

주 4: 비상국무회의(1972~1973)는 1972년 10월 18일부터 1973년 3월 11일까지 국회를 대신하여 입법활동과 헌법개정작업을 담당하였음(네이버 지식백과).

주 5: 국가보위입법회의(1980~1981)는 신군부가 1980년에 설치한 임시 입법기구임(네이버 지식백과).

출처: 국회의안정보시스템(http://likms.assembly.go.kr)(최종 검색일: 2022.9.17).

하는 법률안이 처리되지 않고 방치되어, 법률안의 처리율을 하락시키는 결과를 낳았다고 추론할 수 있다.

2. 법률안의 입안 및 제안

법률안의 입안(立案) 및 제안(提案)과정은 입법과정이 공식적으로 시작되기 전에 이루어지는 준비과정으로, 법률안의 내용을 확정하고 일정한 절차적·형식적 요건을 갖춰 법률안을 국회에 발의(제출)하는 과정이다. 입안된 법률안 중에서 국회에 발의(제출)되지 못한 경우가 상당하므로, 법률안의 내용을 완성하는 입안(立案)과 입안된 법률안을 국회에 발의(제출)하는 제안(提案)을 구분하고 있다. 법률안의 입안 및 제안의 주체는 국회의원, 국회 상임위원회, 정부이다.

법률안의 입안 및 제안은 입법 요구가 제기된 사회문제를 공론화해 정책의제로 형성하는 기능을 가진다. 또한 입안 및 제안과정에서 법률안의 내용 및 형식을 사전적으로 검토해, 불필요한 입법수요를 제거하는 기능을 한다. 아울러 법률안이 제안(提案)된 후에 국회의 본격적인 법률안 심의과정을 거친다는 점에서, 법률안의 입안 및 제안과정은 불완전한 규범화 단계에 있다고 볼 수 있다.

1) 법률안의 입안

법률안의 입안(立案)은 입안의 주체(국회의원, 국회 상임위원회, 정부)가 결정한 사회문제 해결방안을 법률안의 형식으로 조문화하는 과정이다. 첫째, 국회의원은 사회문제를 해결하기 위해 법률을 새로 만들거나 기존의 법률을 바꾸기로 하고, 관련된 정보를 수집하고 자료를 조사하며 의견을 수렴하고 이를 법률안의 내용으로 확정한다.

둘째, 국회 상임위원회는 국회의원이 발의하거나 정부가 제출해 상임위원회에 접수된 법률안을 심의한 후, 이 법률안을 대체할 수 있는 대안(代案)의 형식으로 법률안을 입안한다. 참고로, 상임위원회가 독자적으로 완전히 새로운 법률안을 입안할 수도 있으나, 이 책에서는 이에 대한 설명은 생략한다.

셋째, 정부가 법률을 새로 만들거나 기존의 법률을 바꾸려면, 각 행정부처가 초안(부처안)을 작성해 관계 부처와 협의하고 당정 협의를 거친 후 입법예고하고, 규제개혁

위원회의 심사를 거쳐 행정부처가 원안(부처안)을 결정하고 법제처의 심사를 받는 입안 과정을 거친다.

2) 법률안의 제안

법률안의 제안(提案)은 입안의 주체(국회의원, 국회 상임위원회, 정부)가 입안된 법률안을 일정한 형식적 · 절차적 요건을 갖추어 국회에 제출하는 과정이다. 법률안 입안의 주체와 법률안 제안의 주체는 같은데, 국회의원, 국회 상임위원회, 정부이다. 실무적으로는 법률안의 제안(提案)을 제안의 주체에 따라 발의(發議), 제안(提案), 제출(提出)로 구분한다. 즉, 발의(發議)는 국회의원이 법률안을 국회에 제안(提案)하는 것이고, 제안(提案)은 국회 상임위원회가 대안(代案)을 국회에 제안(提案)하는 것이며, 제출(提出)은 정부가 법률안을 국회에 제안(提案)하는 것이다.

우리가 법률안의 제안(提案)이라는 말을 들으면, 이것이 발의, 제안, 제출을 모두 포함하는 광의의 제안(提案)인지, 국회 상임위원회가 법률안을 제안했다는 의미의 협의의 제안(提案)인지를 구분해야 할 것이다. 하지만, 일반적으로 법률안의 제안(提案)은 법률안의 발의, 제안, 제출을 모두 포함하는 의미로 많이 사용된다. 복잡한 내용이므로 이를 〈표 9-2〉로 정리하였다.

첫째, 국회의원은 「헌법」상 법률안 제안권자로, 「국회법」에 따라 법률안을 만들어 발의 정족수 등 발의요건을 충족한 상태에서 법률안을 발의한다. 법률안을 발의하고자 하는 국회의원은 발의안을 작성하고, 발의 이유와 비용추계서[6]와 조세특례평가자료[7]

표 9-2 법률안의 입안 및 제안주체에 따른 명칭 구분

법률안의 입안 및 제안주체	국회의원	국회 상임위원회	정부
협의의 제안(提案)	법률안 발의(發議)	법률안 제안(提案)	법률안 제출(提出)
광의의 제안(提案)	법률안 제안(提案)		

출처: 저자 작성.

6) 비용추계서 첨부를 의무화한 것은 재정부담을 유발하는 법률안이 남발되는 것을 통제하기 위한 것이다.

7) 연간 일정 금액 이상으로 조세를 감면하는 내용의 법률안에 대해서는 조세특례평가자료를 첨부하도록 하여, 조세 감면 등이 국가재정에 미치는 영향을 고려해 입법과정에서 신중한 심사를 하기 위한 것이다.

를 첨부한 후, 10인 이상의 동료 국회의원의 찬성을 얻어 국회의장에게 발의한다. 법률안의 발의는 서면 또는 전자적 방식으로 가능하다.

둘째, 국회 상임위원회에서 의결되어 입안된 대안(代案)은 법제사법위원회의 체계·자구심사를 거쳐 비용추계서 등을 첨부한 후, 국회의장에게 제안하는 절차를 거친다.

셋째, 정부는 법제처 심사를 거쳐 입안(立案)된 법률안을 차관회의 심의 및 국무회의 심의를 거친 후, 국무총리와 관계 국무위원의 부서(副署)를 거쳐 대통령의 재가(裁可)를 받아 국회의장에게 제출한다. 대통령은 온-나라 국정관리시스템에서 전자서명으로 해당 법률안을 재가한다.

표 9-3 법률안 제안과정

법률안의 입안 및 제안주체	국회의원	국회 상임위원회	정부
법률안 제안과정	발의안 작성, 발의 이유와 비용추계서 및 조세특례평가자료 첨부, 동료 국회의원의 찬성, 국회의장에게 발의	법제사법위원회의 체계·자구심사, 비용추계서 및 조세특례평가자료 첨부, 국회의장에게 제안	차관회의 심의 및 국무회의 심의, 국무총리와 관계 국무위원의 부서, 대통령의 재가, 국회의장에게 제출

출처: 저자 작성.

3. 법률안의 심의

법률안이 국회에 제안(提案)되면, 국회는 일정한 절차에 따라 법률안을 심의(審議)한다. 심의는 국회의 구성원인 국회의원들이 토의(討議)를 거쳐 법률안의 내용을 심사(審査)하고 의결(議決)하는 과정이라고 해석할 수 있다.

국회가 법률안을 심의하는 것은 제출된 법률안의 입법화 여부에 관해 결정하고 내용을 확정하는 입법정책결정(立法政策決定)이 공식적으로 이루어지는 과정이다. 법률안을 심의하는 국회의 회의 절차 및 과정 그 자체가 법률안의 심의과정이라고 볼 수 있다. 구성원들이 회의를 통해 법률안에 대한 정보를 공유하고 의견을 교환하며, 각자의 입장과 주장을 상대방에게 설득하려고 노력하고, 이러한 과정에서 대화와 타협을 통해

표 9-4 국회의 법률안 심의과정

법률안의 입안 및 제안주체	국회의원	국회 상임위원회	정부
국회의 법률안 심의과정	본회의 보고 및 소관 위원회 회부, 소관 위원회 심사, 체계 · 자구심사, 심사보고서 제출, 본회의 심의	체계 · 자구심사, 심사보고서 제출, 본회의 심의	본회의 보고 및 소관 위원회 회부, 소관 위원회 심사, 체계 · 자구심사, 심사보고서 제출, 본회의 심의

출처: 저자 작성.

일정한 공감대를 형성한 후 하나의 의사를 도출하는 과정이 국회의 법률안 심의과정이다.

국회의 법률안 심의과정도 법률안의 입안 및 제안주체(국회의원, 국회 상임위원회, 정부)에 따라 차이가 있다. 국회의원과 정부가 제안한 법률안의 심의과정은 본회의 보고, 소관 위원회 회부, 소관 위원회 심사, 체계 · 자구심사, 심사보고서 제출, 본회의 심의과정을 거친다. 이에 비해, 국회 상임위원회가 제안한 법률안에 대한 심의과정은 상대적으로 단순한데, 이는 국회 상임위원회가 제안한 법률안은 기존에 국회의원이 발의하거나 정부가 제출하였던 법률안을 상임위원회가 심사하면서 이 법률안을 대체할 수 있는 대안(代案)을 법률안으로 제안했기 때문에, 이미 본회의 보고, 소관 위원회 회부, 소관 위원회 심사과정을 거쳤기 때문이다.

1) 본회의 보고

국회의원 또는 국회 상임위원회 또는 정부가 법률안을 제안(提案)하면, 국회의장은 이 법률안을 국회의원에게 배부하고 본회의에 보고한다. 「국회법」에서는 국회의장이 법률안을 국회의원에게 배부할 때 이를 전산망에 입력할 수 있도록 하여, 국회의원과 일반국민이 알 수 있도록 하고 있다. 한편, 국회의장이 본회의에 보고하는 과정은 법률안이 제안(提案)된 사실을 전체 국회의원에게 고지(告知, notice)하는 행위라고 볼 수 있다. 본회의 보고를 마쳐야만 법률안을 소관 위원회로 보낼 수 있다.

2) 소관 위원회 회부

법률안의 회부(回附)는 국회의장이 심사 권한이 있는 소관 위원회로 법률안을 보내는 행위를 의미한다. 즉, 국회의장은 본회의에 보고된 법률안을 소관 위원회에 회부하여 심사하도록 한다. 위원회 중심주의를 채택하고 있는 한국의 국회에서는 입법정책을 실질적으로 결정하는 역할을 하는 것이 위원회이므로, 국회의장이 법률안을 소관 위원회로 회부하는 과정은 매우 중요한 의의가 있다. 만약, 국회가 폐회 중이거나 휴회 등으로 국회의장이 본회의에 보고할 수 없을 때는 본회의 보고를 생략하고 법률안을 소관 위원회에 회부할 수 있다.

통상적으로 소관 위원회는 해당 법률안을 담당하는 상임위원회가 되지만, 해당 법률안을 소관 사항으로 하는 특별위원회가 있다면 그 법률안을 상임위원회에 회부하지 않고 그 특별위원회에 회부한다. 이러한 이유로, "소관 위원회 회부"라는 용어를 사용한다.

국회의장이 법률안을 회부할 때에는 "단일 소관주의 원칙"을 따라야 하는데, 단일 소관주의 원칙이란 하나의 안건은 반드시 하나의 위원회에 회부되며 안건을 분할하거나 복수의 위원회에 동시에 회부할 수 없다는 원칙이다. 만약, 여러 위원회에 동시에 회부해 서로 다른 내용의 법률안 심의 결과가 나온다면 이를 조정하기가 쉽지 않기 때문에, 명확성과 효율성 차원에서 단일 소관주의 원칙을 적용하고 있다.

국회의장이 법률안을 위원회에 회부하는 것은 소관 위원회에 법률안을 회부하는 "소관 위원회 회부"를 의미하는데, 이와 더불어 해당 법률안의 소관 위원회는 아니지만 해당 법률안과 관련된 위원회에 법률안을 회부해, 관련 위원회가 소관 위원회에 의견을 제시하도록 하는 "관련 위원회 회부"가 있다.[8)]

---

8) 예를 들어, 국회의원이 국세인 개별소비세를 지방세로 변경하는 내용의 「지방세법 일부개정법률안」을 발의했다면, 소관 위원회는 지방세법을 담당하는 행정안전위원회이고, 관련 위원회는 국세를 담당하는 기획재정위원회이다. 해당 「지방세법 일부개정법률안」은 소관 위원회인 행정안전위원회에 회부되면서 관련 위원회인 기획재정위원회에도 회부되고, 기획재정위원회는 해당 「지방세법 일부개정법률안」을 검토해 행정안전위원회에 의견을 제시한다. 관련 위원회인 기획재정위원회는 의견을 제시할 수만 있고, 해당 「지방세법 일부개정법률안」의 내용을 수정할 수는 없다.

3) 소관 위원회 심사

법률안을 회부받은 소관 위원회는 일정한 기간 입법예고하고 법률안을 상정(上程, introduce)해 심사한다. 위원회 중심주의를 채택하고 있는 한국의 국회에서는 소관 위원회 심사과정이 가장 핵심적인 입법과정이다.

첫째, 소관 위원회는 해당 법률안 제안자의 제안 설명과 위원회 소속 전문위원의 검토보고를 들은 후, 대체토론(大體討論, general debate)을 거쳐 법률안을 소위원회에 회부하여 심사하도록 한다. 이때 해당 법률안이 의원 발의안이라면 발의한 국회의원이 제안 설명을 하고, 정부 제출안이라면 관계 국무위원이 제안 설명을 한다. 제안자가 설명을 마치면 위원회 소속 전문위원이 해당 법률안에 대해 검토한 내용을 보고한다. 전문위원의 검토보고는 소관 위원회가 법률안을 심사할 때 반드시 거쳐야 하는 필수 절차이다. 전문위원의 검토보고 이후에는 소관 위원회 위원들이 대체토론을 실시한다. 대체토론은 법률안 전체에 일반적인 토론인데, 위원들과 법률안 제안자가 질의·답변하는 것을 포함한다. 대체토론이 끝나야 해당 법률안을 소위원회에 회부할 수 있다.

둘째, 소위원회는 법률안을 심사한 후 소관 위원회에 심사 결과를 보고한다. 소위원회는 위원회 위원 중 일부로 구성되는데, 법률안을 심도 있고 효율적으로 심사하기 위해 구성된다. 소위원회의 활동은 위원회가 의결로 정하는 범위에 한정된다.

셋째, 소관 위원회는 축조심사(逐條審査)와 찬반 토론을 거쳐 해당 법률안을 의결한다. 축조심사란, 심사대상인 법률안을 한 조항씩 차례대로 심사하는 방식으로, 법률안을 체계적으로 검토하는 목적을 가진다. 찬반 토론은 최종적으로 법률안의 통과 여부에 대한 표결에 앞서 찬성의견과 반대의견을 개진하는 토론을 하는 것이다. 법률안에 대한 찬반 토론이 끝나면 최종적으로 법률안에 대하여 의결(議決, decide)한다.

소관 위원회는 심사과정 중에 공청회 또는 청문회를 개최하기도 하는데, 법률을 새로 만드는 "제정 법률안"과 법률을 전부 개정하는 "전부개정법률안"은 공청회 또는 청문회를 개최하는 것이 의무사항이다.

표 9-5 국회 소관 위원회의 심사과정

행위주체	과정
해당 법률안 제안자	해당 법률안에 대해 제안 설명
위원회 소속 전문위원	해당 법률안에 대해 검토한 내용을 보고
소관 위원회	대체토론(일반적 토론)을 실시
소관 위원회	대체토론을 마친 법률안을 소위원회에 회부
소위원회	법률안을 심사
소위원회	소관 위원회에 법률안 심사 결과를 보고
소관 위원회	축조심사
소관 위원회	찬반 토론을 거쳐 법률안을 의결

출처: 저자 작성.

4) 체계 · 자구심사

소관 위원회는 법제사법위원회에 법률안에 대한 체계 · 자구심사를 의뢰한다. 법제사법위원회의 체계 · 자구심사는 입법과정상 필수 절차이다. 상임위원회가 제안한 법률안 대안(代案)도 법제사법위원회의 체계 · 자구심사를 받아야 한다.

첫째, 체계심사는 소관 위원회에서 의결한 법률안이 「헌법」 및 다른 법률과 충돌되지 않는지, 하나의 법률안 내에서 조항 간의 자체적인 모순이 있지 않은지, 법체계적 정합성을 갖추었는지 등 법률의 형식체계를 심사하는 것이다.

둘째, 자구심사는 조문의 명확성과 형식적인 통일성을 갖추기 위해 법률안의 자구(字句)를 수정 · 보완하는 절차이다. 입법 의사 표현의 정확성과 법률용어 사용의 통일성을 높이는 작업이다.

체계 · 자구심사는 국회에서 제정하거나 개정하는 법률의 위헌 가능성을 차단하고 법률 상호 간의 충돌이나 모순을 시정하며 법체계상 조화를 도모할 뿐만 아니라, 법률 조문 구성이나 배열 등 형식의 통일성을 유지하고 불명확하거나 잘못 표기된 자구를 수정 · 보완하는 기능을 가진다.

법제사법위원회가 하는 체계 · 자구심사는 법률안의 체계와 자구에 대한 심사만 가능하고, 법률안의 내용까지 심사할 수 있는 것은 아니다.

5) 심사보고서 제출

법제사법위원회는 체계·자구심사를 마친 법률안을 소관 위원회로 송부하고, 이 법률안을 받은 소관 위원회는 체계·자구심사 결과를 반영해 심사 경과와 심사 결과를 서면으로 작성한 후, 국회의장에게 심사보고서를 제출한다.

상임위원회가 제안한 법률안 대안(代案)은 법제사법위원회의 체계·자구심사 결과를 반영해 국회의장에게 제안된다.

6) 본회의 심의

국회의장에게 제출(제안)된 법률안은 본회의(本會議)에 부의(附議)된다. 국회의원들은 본회의에서 소관 위원회 위원장의 법률안 제안 설명 및 심사보고를 들은 후, 질의 및 토론을 거쳐 해당 법률안을 의결한다.

본회의는 국회의원 전원이 참석해 국회의 의사를 결정하는 국회 그 자체이다. 본회의는 국회에 설치된 여러 회의체 중에서 최고기관으로, 국회의 의사가 최종적으로 결정되는 회의체이다.

본회의 심의는 국회 입법과정의 최종 단계로, 본회의 심의는 국회가 심의·의결하는 법률안에 대해 민주적 정당성을 부여하고, 각 소관 위원회에서 결정한 법률안에 대한 조정 기능을 가지며, 법률안의 타당성이나 예상되는 문제점 등을 마지막으로 검증하는 최종 심사 기능을 가진다.

본회의 심의과정을 요약하면, 국회의장이 의사 일정에 따라 안건을 상정하고 소관 위원회 위원장이 법률안 심사 결과를 보고하면 질의·답변·토론한 후에 표결하는 순서로 진행된다. 표결은 법률안에 대한 국회의원 개인의 찬성과 반대 의사를 집결해 회의체의 의사로 결정하는 행위이다. 표결은 안건별로 실시한다.

4. 법률안의 이송 및 공포

1) 법률안의 이송

이송(移送, transfer)은 국회의장이 국회에서 의결된 의안(議案, bill)을 정부로 보내어,

정부가 필요한 조치를 취할 수 있도록 하는 행위이다. 법률안 등 의안의 이송은 의안 정리, 국회의장의 이송 결재, 이송 시행으로 이루어진다. 의안 정리는 국회가 최종적으로 자기 교정하는 절차이다. 국회의장의 이송 결재는 서면 또는 전자결재로 가능한데, 통상적으로 전자결재의 방식을 사용한다. 이송 시행 또한 전자적인 방식으로 이루어진다.

2) 법률의 공포

국회에서 의결된 법률안이 정부로 이송되면, 대통령은 정부로 이송된 법률안을 15일 이내에 공포(公布, proclaim)하고, 대통령이 법률안을 공포한 때에는 공포 사실을 바로 국회에 통지하여야 한다. 만약 대통령이 15일 이내에 법률로 공포하지 않거나, 15일 이내에 법률안을 국회에 환부하여 재의를 요구하지 않으면, 그 법률안은 법률로 확정되고 국회의장이 공포하게 된다.

3) 법률안의 환부 · 재의요구 및 법률안의 재의

대통령이 국회에서 이송된 법률안에 이의(異議, objection)가 있으면 이송된 날로부터 15일 이내에 이의서를 붙여서 해당 법률안을 국회로 환부(還付)하고, 환부한 법률안의 재의(再議, reconsider)를 국회에 요구할 수 있다.

국회는 대통령이 환부하여 재의를 요구한 법률안에 대하여 다시 심의하고 표결한다. 정부에서 국회로 환부된 법률안은 국회 소관 위원회로 회부되지 않고 국회 본회의에서 바로 심의한다.

제 3 절 입법과정의 주요 쟁점 및 과제

1. 표본 민주주의의 대표성

국민 전체집단을 통계학적으로 모집단이라고 한다면, 국민의 대표로 구성된 국회는 모집단의 특성을 추정하기 위해 추출된 표본에 해당한다. 대의민주주의는 표본의 역할을 전제로 한다는 점에서 표본 민주주의라고 부를 수 있을 것이다. 국회라는 표본이 국민이라는 모집단의 의사를 대표하기 위해서는 성별・지역・나이・직능 등 국민의 다양한 특성을 비례적으로 반영해 대표성을 발휘하는 것이 이상적이라고 볼 수 있다.

하지만, 표본 민주주의에서는 왜곡의 문제가 발생할 수 있다. 즉, 국민 전체의 다양한 특성을 국회가 완벽하게 비례적으로 반영하는 것이 사실상 불가능하기 때문이다. 특히, 국회의 구성원이 엘리트 중심으로 충원될수록 국민의 대표성을 반영하는 것이 어려워질 수 있다.

한편, 국민 전체에 대한 표본인 국회의 구성을 이상적으로 만든다고 하여도, 대리인(agent)인 의원과 본인(principal)인 국민 전체의 이익이 상충하는 본인-대리인 문제가 발생할 가능성이 있다. 정보의 비대칭상황에서 일을 부탁하는 본인과 일을 처리하는 대리인의 이해관계가 다르므로, 대리인이 본인처럼 일을 처리하지 않는 문제가 발생하는 것이다. 한편, 국회에서 효율성을 높이기 위해 활용하는 소위원회 또는 위원회 등이 국민 모두의 다양한 특성을 반영할 수 없다는 문제도 발생할 수 있다. 즉, 적은 수의 의원들로 구성된 소위원회 또는 위원회에서 의사결정을 한다면, 적은 수의 표본이 가지는 통계적 오류, 즉 정확성과 대표성이 저하될 가능성이 커지는 것이다.

따라서 모집단인 국민 전체를 대표하는 표본을 구성하는 선거 이후에도, 입법 및 정치과정에 대한 국민의 민주적인 통제와 국민의 참여가 필요하다고 강조할 수 있다.

2. 입법 절차의 정당성

입법 절차란, 입법과정에서 고려되어야 할 내용이 입법에 반영되도록 입법과정에 대한 사회적 합의를 명확하게 하는 절차이다. 입법 절차는 사회적 합의의 산물인 정책을 법규범으로 전환하는 일련의 과정으로, 민주국가에서는 적법하고 정당한 입법 절차를 통해 사회구성원 간의 공통된 합의를 입법화하고, 법규범의 정당성을 확보하며, 사회구성원의 수용성을 확장할 수 있다.

입법 절차는 입법과정에서 입법예고, 공청회, 청문회 등 국민의 의사를 입법에 반영하는 절차이다. 입법 절차는 입법과정에서 부적절하거나 불필요한 입법을 선별해 통제하고, 그 내용을 조정해 법규범의 내용적 타당성과 정당성을 확보하도록 한다.

의사결정 방식을 사전에 결정한 입법 절차는 사전적인 사회계약의 의미가 있으며,

이러한 사전적인 사회계약에 따른 공정한 절차를 통해 산출된 입법의 결과물은 높은 정당성을 가질 수 있다.

입법 절차는 상이한 이해관계와 다양한 의견을 가진 행위자들 간에 최종적인 입법 산출을 위한 경쟁에 있어서 경기의 규칙(rule)으로 작용하므로, 사회구성원 간 경합을 통해 발생할 수 있는 입법 의사결정의 공정성을 확보하는 기능을 가진다. 입법과정에서 입법 절차의 정당성은 매우 중요하다.

제4절 맺음말

대의민주주의는 그 존재 의의와 가치를 가지고 있고, 입법과정이 중요한 의미가 있다. 국민의 대표성을 담보할 다른 제도를 만들기 어렵다는 점에 대의민주주의의 존재 이유가 있을 것이다. 즉, 선거를 통해 국민의 대표로 선출된 국회의원이 입법과정에서 국민의 의견을 반영하고 있다.

전문성이 부족하므로 국회가 오늘날의 복잡·다양한 사회문제를 효과적으로 해결할 수 없다고 하여도, 국민으로부터 직접 수권받지 않은 행정부 공무원들이 사회문제의 해결방안을 최종적으로 결정할 수는 없을 것이다. 즉, 국민이 직접 선출하였고 국민에게 책임을 지는 국회의원들이 복잡·다양한 사회문제의 궁극적인 해결방안을 마련해야 한다는 대의민주주의의 기본원리는 부정될 수 없을 것이다.

특히, 국민의 다양한 의견은 쉽게 일치되기 어려운 것이 일반적인데, 이러한 다양한 의견 중에서 어느 의견이 국민 전체의 이익을 위해 바람직한지를 토론해 검증하고 타협과 설득을 시도하면서 하나의 해결책을 찾아가는 데 적합하고 효율적인 기구가 국회라고 볼 수 있을 것이다. 국회 내에서의 의사결정은 공개된 장에서 토론을 통해 이루어지기 때문에 국민의 참여와 비판이 가능하기 때문이다.

한편, 전 세계적으로 대의민주주의의 현실을 보완하는 측면에서 참여민주주의가 주장되고 있고, 시민단체 등을 중심으로 입법과정에 대한 감시와 관여, 참여 등이 늘어나고 있다. 대의민주주의를 중심으로 하면서 참여민주주의를 보완하는 방식에 대한 고민이 필요한 시점이라고 할 수 있다.

참고문헌

김창수(2021). 경로의존성과 관료정치 그리고 입법성공: 유전자원법 입법과정의 분석. 『지방정부연구』, 25(2): 49-74.

노재석(2016). 『민주주의 입법과정론』. 서울: 오름.

서인석 · 윤병섭 · 조일형(2014). 국회입법과정에서 공동발의 네트워크의 구조와 존속: 성폭력방지법안에 대한 구조변수와 ERGM의 적용. 『한국행정연구』, 23(1): 65-91.

오일석(2016). 『입법과정의 이론과 실제: 법적 쟁점과 실제 사례를 중심으로』. 서울: 홍문관.

임종훈 · 이정은(2021). 『한국입법과정론』. 서울: 박영사.

제10장

공직 리더십

박현욱(한국지방행정연구원)

제 1 절 리더십이란 무엇인가

1. 리더십의 개념과 의의

리더십이란 공동목표를 달성하기 위하여 특정한 동기와 목적을 가진 개인이 구성원에게 영향력을 발휘하는 과정이다(Northouse, 2016; Quick & Nelson, 2013). 리더십의 구성요소는 다음과 같다.

첫째, 공동목표(common goals) 달성이다. 리더십은 구성원들로 이뤄진 팀, 집단, 조직 등이 공동목표를 달성하는 데 의미가 있다. 여기서 공동목표란 리더나 구성원들의 개인적인 목표가 아닌, 리더와 구성원이 함께 노력을 통해 성취해야 할 상호적인 목표를 말한다.

둘째, 조직구성원에 대한 영향력 발휘이다. 리더십은 구성원에게 영향력을 미치는 것을 말한다. 구체적으로, 공동목표를 지향하는 과정에서 구성원에게 다양한 영향을 미치는 것을 말한다.

셋째, 조직의 방향성 제시이다. 리더십은 조직과 조직구성원이 나아갈 방향과 비전에 대한 명확한 제시가 필수적이다.

넷째, 자발적 추종이다. 성원들의 자발적 추종은 리더십은 필수적인 요소이다. 권위, 권력, 억압, 위협 등을 통해 성원들이 리더를 강제적으로 따르게 하는 것이 아니라, 리더의 영향력을 통해 성원들이 자발적으로 리더를 추종하게 하는 것이다.

다섯째, 구성원에 대한 동기부여이다. 동기부여란 개인의 행동을 유발하고, 일정한 방향으로 유도해 나가는 과정이다. 리더십은 조직의 공동목표와 관련되어 조직구성원들의 행동과 태도를 일정한 방향으로 유도해 나간다.

여섯째, 리더십은 성과와 관련이 있다.

2. 공직 리더십 이론 및 유형

1) 전통적 리더십 이론

(1) 자질이론

초기 리더십 연구인 자질이론(trait theory)은 사회적, 군사적, 정치적 위인들에 관한 연구에서부터 시작하였다. 자질이론은 위인들이 가지고 있는 타고난 자질, 성격, 특성, 능력이 무엇인지에 대한 분석에 초점을 맞췄다. 자질이론은 위대한 리더들은 어떠한 자질과 특성을 바탕으로 평범한 사람들과 다른 모습을 나타내는지에 대해 연구하였다. 리더의 개인적 자질과 특성으로는 신체적 특징, 성격과 지능, 사회적 배경, 인지 능력, 과업 특성, 사교적 능력 등이 있다(Stogdill, 1974).

자질이론은 지난 100여 년 간 걸친 연구를 통해 리더의 성격 특성과 리더십과의 관계를 이해하는 데 도움이 되었다. 하지만, 수많은 연구에도 불구하고 리더에게 필요한 공통적인 자질이나 특성이 무엇인지에 대해서는 여전히 제시하지 못하고 있다는 비판을 받고 있다. 또한 자질이론은 리더의 특성에 집중하고 있어 상황요인에 대한 고려가 부족한다는 한계를 보이고 있다(Northouse, 2016).

(2) 행동이론

행동이론(behavior theory)은 리더의 행동에 대한 연구이다. 행동이론은 리더가 어떻게 행동하는지, 리더가 무엇을 하는지에 초점을 맞추고 있다. 또한 행동이론은 리더십의 행동을 관찰한 후, 행동을 유형화하였다.

행동이론의 첫 번째 연구는 1940년대 말 오하이오 주립대학교(The Ohio State University)에서 실시되었다. 이 연구에서는 150문항으로 이루어진 LBDQ(Leader Behavior

Description Questionnaire) 설문지를 통해 리더의 두 가지 행동유형[배려적 행동(consideration)과 구조 주도 행동(initiating structure)]을 제시하였다. 배려적 행동이란 리더가 구성원들과의 의사소통, 상호신뢰, 존중, 인간관계를 통해 업무를 수행하는 것을 말한다. 구조 주도 행동이란 업무의 조직화, 역할 및 책임분담, 과업 달성방법의 제시, 일정 계획과 같은 행동을 말한다(Stogdill, 1974; 진종순 외, 2016).

두 번째, 미시간 대학교의 연구는 리더의 행동을 종업원 지향(employee orientation) 유형과 과업 지향(production orientation) 유형으로 구분하였다. 종업원 지향 유형은 종업원들과의 인간관계를 강조하고, 종업원들의 요구사항에 관심을 보이는 리더의 행동을 말한다(Bowers & Seashore, 1966). 과업 지향 유형은 조직의 생산성 향상을 강조하고, 공식적인 권한 행사, 직무에 대한 지침 부여 등을 하는 리더의 행동을 말한다. 미시간 대학교의 연구에 따르면, 종업원 지향 유형의 리더가 조직의 장기적 생산성과 관련이 더 높은 것으로 나타났다.

세 번째, 블레이크와 머튼(Blake & Mouton, 1964)의 관리 그리드 모형(management grid model)이 있다. 관리 그리드 모형은 사람에 대한 관심(concern for people)과 생산에 대한 관심(concern for production)이라는 두 가지 요인을 바탕으로 다섯 가지 리더십 스타일을 제시하였다.

첫째, 권한 순응형(authority-compliance management) 또는 과업형은 구성원들이 조직 운영 및 업무 추진을 위한 수단으로 생각하는 유형이다.

둘째, 컨트리클럽형(country club management) 또는 친목형은 대인관계에 대한 관심은 높은 반면, 과업 완수에 대한 관심은 낮은 유형이다.

셋째, 방관형(improvised management) 또는 무관심형은 대인관계와 과업 수행 모두에 관심이 낮은 유형이다.

넷째, 중도형(middle of the road management) 또는 타협형은 대인관계와 과업 수행에 중간 정도의 관심을 보인다. 절충형 리더유형이라고도 불린다.

다섯째, 팀형(team management) 또는 단합형은 대인관계와 과업 수행 모두를 강조하는 유형이다. 팀형 리더는 상호신뢰, 존경, 참여, 팀워크를 통해 생산성 향상을 도모한다.

행동이론은 리더십 연구의 초점을 개인적 특성에서 리더가 무슨 행동을 어떻게 하는지에 대한 내용으로 확장시켰다(Northouse, 2016). 하지만, 리더의 행동을 두 개의 요인으로 단순하게 분류하였다는 비판을 받는다(Yukl, 1994). 또한 리더의 행동이 상황에 따라 달라진다는 점을 간과하였다는 한계를 보인다(장인봉, 2020).

(3) 상황이론

자질이론과 행동이론은 어떤 상황에서나 유용할 수 있는 리더십이 초점을 맞췄다. 하지만, 상황이론은 "상이한 상황은 상이한 유형의 리더십을 요구한다"는 전제를 바탕으로 상황에 따라 리더십 스타일은 달라진다는 것을 주장하였다(Northouse, 2016: 127). 여기서 상황이란 조직의 목표 · 규모 · 성격, 구성원들의 자질과 행동, 구성원의 태도와 욕구, 권력구조, 리더와 부하 간 관계 등이 있다(진종순 외, 2016). 상황이론은 어떤 상황에서나 유용한 리더십이란 존재할 수 없으며, 상황적 요인에 따라 리더에게 필요로 하는 자질과 행동이 달라진다는 것을 강조하고 있다.

피들러(Fiedler, 1964)의 리더십 상황이론은 LPC(least preferred co-worker) 척도를 이용하여 리더십유형을 분류하였다. 높은 LPC 점수를 받은 리더는 관계 지향적 리더로 구분되고, 낮은 LPC 점수를 받은 리더는 과업 지향적 리더로 구분된다. 이 이론에서는 세 가지 상황변수를 제시하고 있다. 첫째, 지위 권력(position power)은 리더에게 직원의 인사, 보상, 평가 등에 관여할 수 있는 권한을 말한다(하미승, 2022). 둘째, 과업구조(task structure)는 과업의 목표, 성격, 달성방법이 명확하게 제시되었는지에 관한 것이다. 셋째, 리더-구성원 간 관계(leader-member relations)는 리더와 구성원 간 서로 얼마나 신뢰하고 호의적인 태도를 보이는지에 관한 것이다. 피들러는 이러한 세 가지 상황변수의 결합 정도에 따라 리더의 상황적 유리성(situational favorableness)이 결정되며, 상황적 유리성에 따라 리더십유형이 달라진다고 주장하였다.

에반스(G. M. Evans)와 하우스(R. J. House)의 경로-목표 이론(path-goal theory)은 기대이론을 바탕으로 리더가 구성원이 성취하고 싶은 보상을 획득할 수 있는 경로를 명확하게 밝혀줌으로써 구성원의 성공적인 과업 수행과 성과 향상을 도모한다는 것이다(House, 1971).

경로-목표 이론은 리더의 행동을 네 가지로 구분하였다. 첫째, 지시적 리더십(directive leadership)은 부하에게 과업 수행의 내용, 방식에 대해 지시한다.

둘째, 지원적 리더십(supportvie leadership)은 부하의 복지와 욕구에 관심을 쏟으며, 부하가 업무수행 중 겪고 있는 문제점 해결을 통해 부하가 업무를 보다 원활하게 수행할 수 있게 해준다.

셋째, 성취 지향적 리더십(achievement-oriented leadership)으로 부하에게 도적적인 과업 목표나 높은 성과 수준 설정을 통해 성과 향상을 도모한다.

넷째, 참여적 리더십(participative leadership)은 부하를 의사결정 과정에 적극적으로 참여시키고, 부하의 아이디어를 적극적으로 수용하고자 한다.

2) 현대적 리더십

(1) 거래적 리더십

거래적 리더십(transactional leadership)은 리더와 구성원들 간 벌어지는 교환관계에 초점을 두고 있다. 이러한 교환관계는 개인과 개인 간, 개인과 조직 간 한 쪽이 다른 쪽으로부터 어떤 것을 기대하고, 대신에 상대방에게 그 대가로 무언가를 주는 것을 말한다(Bass & Avolio, 1990; 하미승, 2022). 거래적 리더십은 인간은 본인의 업적에 합당한 보상을 받을 수 있는 환경에서 더욱 열성적으로 업무에 매진할 수 있다는 점에 초점을 맞추고 있다.

거래적 리더십은 두 가지 요인을 강조한다. 첫째, 업적에 따른 보상(contingent reward)이다. 이것은 구성원의 노력이 일정한 보상과 교환되는 것을 말한다. 거래적 리더는 구성원에게 수행해야 할 과업 목표 및 성과를 제시하고, 구성원이 목표 및 성과달성에 관해 기대하는 보상에 관해 합의하고자 한다. 이러한 예는 공공기관에서 승진을 보장받기 위해 요구되는 실적의 질과 양에 대해 부하직원과 협의하는 경영진의 경우에서 볼 수 있다.

둘째, 예외관리(management by exception)이다. 조직을 운영하다 보면 미처 예상하지 못한 다양한 일들이 발생한다. 이러한 예외적인 상황에서 리더가 개입하는 것을 예외관리하고 한다(하미승, 2022). 예외관리는 교정적 비판(corrective criticism), 부적 강화(negative reinforcement), 부적 피드백(negative feedback)을 수반한다(Northouse, 2016). 예외관리는 두 가지 형태(적극적 형태, 소극적 형태)를 보인다. 적극적 예외관리는 구성원들의 실수나 규칙 위반을 수시로 감시하고, 신속하게 교정하고자 한다. 소극적 예외관리는 구성원들의 실수나 규칙 위반에 대해 어떠한 언급을 하지 않고, 평가나 인사고과에서 나쁜 점수를 부여한다. 예외관리 전략은 보상과 같은 정적 강화보다는 성과가 낮은 직원에게 처벌, 인사상 불이익, 시정 요구 조치 등과 같은 부적 강화 방식에서 자주 나타난다.

(2) 변혁적 리더십

변혁적 리더십(transformational leadership)은 번스(James MacGregor Burns)를 통해 소개되었다. 번스(Burns, 1978)는 변혁적 리더십을 "리더와 팔로워가 더 높은 수준으로 사기(morale)를 진작시키고 동기(motivation)를 유발하기 위해 서로 돕는 과정"(Burns, 1978: 20)이라고 하였으며, 변혁적 리더를 "리더와 팔로워의 목표를 보다 효과적으로 달성할 수 있도록 팔로워들의 동기를 자극하는 사람"(Burns, 1978: 18)이라고 정의하였다(박현욱, 2020b: 217-218). 변혁적 리더십은 이전의 리더십 이론들이 리더와 구성원 간의 거래관계에 지나치게 초점을 두었다는 점에 대한 비판에서 시작하였다. 구체적으로, 리더와 구성원 간 교환관계만으로는 오늘날 조직들이 지속가능한 발전을 이루기가 어렵다는 것이다(백기복, 2016). 변혁적 리더십은 비전 및 영감 제시, 지적 자극, 성장 및 발전에 대한 관심 등을 통해 구성원의 변화와 성장을 강조한다. 리더가 팔로워의 이익을 확대하고 고양시킬 때, 조직의 목적과 사명에 대한 인식과 수용을 생성할 때, 목표를 달성할 수 있도록 팔로워의 동기를 자극할 때 변혁적 리더십이 발생한다(Bass, 1990). 또한 조직 차원에서 변혁적 리더십은 변화, 창의성, 혁신을 통해 조직의 지속가능한 발전을 도모하고자 하는 특징을 가지고 있다.

변혁적 리더십은 네 가지 요인으로 구성되어 있다.

첫 번째 요인은 이상적 영향력(idealized influence)이다. 이상적 영향력은 리더가 구성원들에게 조직의 비전과 목표에 대한 명확한 제시를 통해 구성원들이 조직의 비전과 목표에 맞는 행동을 하도록 영향력을 미치는 것을 말한다. 또한 도덕적·윤리적 행동을 통해 신뢰를 구축하고 조직원들이 본받고자 하는 역할 모델을 제공한다(Bass, 1985; Bono & Judge, 2004).

두 번째 요인은 영감적 동기부여(inspirational motivation)이다. 리더는 본인이 제시한 비전과 목표를 구성원들이 달성할 수 있도록 동기를 부여하는 것이다. 리더는 미래에 대한 청사진을 제시하고, 고무적인 말과 격려를 통해 영감을 불어넣는다(박현욱, 2020b: 218).

세 번째 요인은 지적자극(intellectual stimulation)이다. 리더는 구성원들의 창의성과 혁신성을 자극하고, 새로운 아이디어를 제안하도록 격려하고, 팔로워들에게 권한을 부여함으로써 새로운 관점과 방법을 통해 문제를 해결할 수 있도록 지원한다(Northouse, 2016).

네 번째 요인은 개별적 배려(individual consideration)이다. 개별적 배려는 리더가 구성원들의 배움, 성장, 발전의 욕구에 대한 높은 관심을 보이는 것을 말한다. 이를 위해 리더는 조직 내에 자기개발을 할 수 있는 환경을 조성하고, 권한위임 및 우호관계 형성, 코치 및 조언자로서의 역할을 수행한다(Avolio & Bass, 1988; Bass, 1998; Northouse, 2016).

변혁적 리더십 선행연구에 따르면, 변혁적 리더십의 네 가지 요인은 상호의존적이며, 구성원들의 긍정적인 직무태도와 업무행동을 촉진하고, 조직의 성과와 변화에 영향을 주는 것으로 나타났다. 구체적으로, 변혁적 리더십은 구성원의 혁신행동, 조직시민행동(organizational citizenship behavior), 조직몰입, 직무만족, 개인-조직 적합성(person-organization fit), 업무열의(work engagement), 적극행정, 개인성과를 향상하는 것으로 밝혀졌다. 조직 차원에서 보면, 변혁적 리더십은 조직 내 혁신 분위기, 혁신 지향 문화, 조직 내 협력, 조직성과, 변화 지향 조직 분위기를 이끌어내는 것으로 나타났다.

(3) 서번트 리더십

서번트 리더십은 그린리프(Greenleaf, 1970)에 의해 제시되었다. 서번트 리더십은 타인을 위한 봉사에 초점을 두고, 구성원들을 섬김의 대상으로 보고 구성원의 성장과 발전을 강조한다(Greenleaf, 1970; Hale & Fields, 2007). 전통적 리더십 이론에서는 리더가 조직의 중심으로서 구성원들에게 영향을 주거나 지휘를 하는 데 초점을 둔 반면, 서번트 리더십은 구성원들에게 봉사하고 섬기는 데 초점을 두고 있다(신구범, 2009). 이에 따라 서번트 리더십은 구성원을 이해하고자 노력하며, 구성원에 대한 통제를 자제하고, 구성원을 지원하며, 권한을 위임하고자 한다.

스피어스(Spears, 1995)는 서번트 리더십이 무엇인지 밝히기 위해 서번트 리더십의 열 가지 요소를 제시하였다.

첫째, 경청(listening). 리더는 구성원의 이야기에 대한 경청을 통해 구성원의 생각, 판단, 견해, 요구사항을 이해해야 한다.

둘째, 공감(empathy). 리더는 공감을 통해 구성원의 입장에서 구성원이 무엇을 생각하고 있는지, 어떠한 상황에 처해 있는지 이해해야 한다.

셋째, 치유(healing). 리더는 구성원의 개인적인 문제에 관심을 갖고, 정신적 · 신체적 스트레스와 어려움을 극복할 수 있도록 도와줘야 한다.

넷째, 자각(awareness). 리더는 자기 스스로에 대해 이해하고, 자신이 구성원에게 미치는 영향이 무엇인지에 대해 알아야 한다.

다섯째, 설득(persuasion). 리더는 개방적이고, 자연스러운 의사소통 과정을 통해 구성원의 변화를 유도하는 방식을 취해야 한다.

여섯째, 개념화(conceptualization). 리더는 조직의 비전과 목표를 설정하고, 이를 구성원에게 명확하게 제시해야 한다.

일곱째, 예견력(foresight). 리더는 과거에 일어난 일과 현재 일어나고 있는 일을 바탕으로 미래를 내다보는 능력을 갖추어야 한다(Northouse, 2016: 314).

여덟째, 청지기 정신(stewardship). 리더는 자신에게 맡겨진 역할에 대해 책임을 지고, 조직을 보호해야 한다.

아홉째, 성장 지원(commitment to the growth). 리더는 구성원의 배우고, 성장할 수 있도록 지원해야 한다. 이를 위해 배움, 경력개발, 자기개발의 기회를 제공해야 한다.

열 번째, 공동체 형성(community building). 리더는 공동체에 관심을 갖고, 공동체의 발전을 촉진하는 주체로서 역할을 수행해야 한다.

선행연구에 따르면, 서번트 리더십은 구성원의 긍정적인 직무태도 및 업무행동[직무만족, 업무열의, 심리적 자본, 자기 효능감(self-efficacy), 리더에 대한 신뢰, 조직 정체성, 조직지원인식, 조직시민행동]에 영향을 미친다. 또한 조직 차원에서 팀워크, 조직 내 협력, 조직성과를 높이는 것으로 나타났다.

(4) 진성 리더십

엔론(Enron), 월드컴(Worldcom), 리먼 브라더스(Lehman Brothers) 등 기업들의 부정부패, 도덕적 해이, 경영실패는 리더들의 비윤리적이고 부도덕적인 행태가 조직과 우리 사회에 부정적인 결과를 초래할 수 있다는 것을 보여주었다(Northouse, 2016; 박현욱, 2020a). 이러한 일련의 사건들로 인해 많은 사람들은 진실하고, 정직하며, 믿을 수 있는 리더를 원하게 되었다. 이러한 배경으로 태동한 진성 리더십(authentic leadership)은 2004년 네브라스카-링컨 대학교(The University of Nebraska-Lincoln)의 갤럽 리더십 연구소(Gallup Leadership Institute)와 갤럽(The Gallup Organization)의 주최로 열린 최초의 진성 리더십 정상회의(inaugural summit on authentic leadership)에서 정식적으로 다루어지기 시작하였다(박현욱, 2020a: 3).

진성 리더십의 핵심 개념은 진정성(authenticity)이며, 진정성은 고대 그리스의 격언인 “너 자신을 알라”로부터 유래된다(Gardner et al., 2011). 진정성은 자신의 감정, 욕구, 생각, 믿음, 행동, 경험에 대해 스스로 자각하고, 자신이 믿고 생각하는 대로 행동하는 것을 말한다(Harter, 2002; Luthans & Avolio, 2003). 이에 따라 진성 리더십은 자기 스스로에 대해 제대로 인식하고, 내면의 올바른 신념과 가치관에 근거하여 행동을 하며, 진정성을 바탕으로 구성원과 상호작용하며, 모방하지 않고 독창적인 행동을 하는 리더의 행동이라고 개념적 정의를 내릴 수 있다(Luthans & Avolio, 2003; Luthans, May, & Walumbwa, 2005; Shamir & Eilam, 2005; Walumbwa et al., 2008).

진성 리더십의 핵심적인 요인은 자아인식(self-awareness), 내면화된 도덕적 시각(internalized moral perspective), 균형 잡힌 정보처리능력(balanced processing of information), 관계의 투명성(relational transparency)이다.

첫째, 자아인식은 리더의 자기 자신의 정체성, 능력, 가치관, 생각, 동기, 감성을 제대로 인식하는 것을 말한다. 이것은 리더가 자신의 장점과 단점이 무엇인지, 어떠한 가치를 중요하게 생각하는지, 다른 사람들에게 어떠한 영향을 미치는지에 대해 자각하는 과정이다. 리더가 자아인식을 제대로 하고 있을 때, 진정성 있는 리더십이 나올 수 있다(Gardner et al., 2005; Northouse, 2016; Walumbwa et al., 2008; 박현욱, 2020a, 하미승, 2022).

둘째, 내재화된 도덕적 시각은 리더가 자기조절 및 자기통제를 통해 자신의 도덕적, 윤리적 기준을 내재화하는 과정을 말한다. 여기서 자기조절은 외부의 압력(사회적 · 집단적 · 관계적)이나 영향에 의한 것이 아니라, 리더 자신의 내면적, 본질적 도덕 기준에 의해 이루어진다. 내재화된 도덕적 시각을 지닌 리더는 내재화된 도덕 기준 및 가치관을 바탕으로 사고하고, 행동한다(Gardner, Avolio, & Walumbwa, 2005; Walumbwa et al., 2008).

셋째, 균형 잡힌 정보처리능력은 객관적인 자료 및 정보와 타인의 의견에 대한 객관적인 검토를 통해 의사결정을 내리는 것을 말한다. 이것은 편견이나 선입견 없이, 공명정대하게 문제에 접근하고, 결정을 내리는 방식이다. 특히, 균형 잡힌 정보처리를 갖춘 리더는 자신과 반대되는 입장을 견지하는 이들의 의견을 면밀하게 청취하고자 한다. 이러한 과정을 통해 객관적이고, 공정하며, 균형 있는 결정을 내린다(Northhouse, 2016; Walumbwa et al., 2008).

넷째, 관계의 투명성은 리더가 자신의 있는 그대로의 모습을 통해 다른 사람들과 소통하는 것을 말한다. 자신의 가치관, 정체성, 생각, 동기에 대해 솔직하게 보여주며,

긍정적인 측면뿐만 아니라 부정적인 측면도 보여주고자 한다(Kernis, 2003).

진성 리더십 선행연구에 따르면, 위에 제시한 네 가지 요인을 바탕으로 진성 리더십은 구성원들의 신뢰를 얻을 수 있고, 협력을 촉진하며, 조직성과를 촉진하며, 구성원들의 긍정적인 행태[조직몰입, 심리적 자본(psychological capital), 직무만족, 직무열의, 혁신행동, 조직시민행동]를 촉진하며, 부정적인 행태(번아웃, 이직의도)를 낮추는 것으로 나타났다.

제 2 절 한국의 공직 리더십 교육제도 현황 및 정책 방향

1. 공직 리더십 관련 법제도 및 연혁

1) 공직 리더십 관련 법제도

빠르게 변화하는 행정환경 속에서 변화에 신속하게 대응하고, 비전을 제시하며, 공직사회 경쟁력 제고를 위해 공직 리더십이 강조되고 있다. 이에 따라 국가 및 지방 공무원에게 공직 리더십을 함양하기 위해 공무원들의 직급과 공직 생애주기에 따라 다양한 공직 리더십 교육훈련제도가 시행되고 있다.

공직 리더십 훈련제도와 관련된 법령은 「공무원 인재개발법」 및 「공무원 인재개발법 시행령」에서 찾아볼 수 있다. 구체적으로, 「공무원 인재개발법」 제3조 제2항 제2호 가목에서 "공직가치 · 리더십 등 시대변화에 맞는 국가공무원 인재상 정립", 「공무원 인재개발법 시행령」 제4조 제2항 제2호에서 "공직가치 · 리더십 및 공무원 역량개발 관련 교육훈련의 자료 · 교재 · 기법에 관한 연구 · 개발 및 보급", 제9조 제4항 제2호 "2. 공직가치 · 리더십 등 공통 역량 관련 과정 공동 개발 · 활용"에 공직 리더십 훈련제도에 대한 내용이 포함되어 있다.

2) 국가공무원인재개발원 공직 리더십 교육훈련의 연혁

1949년 3월 21일, 공무원교육훈련제도의 필요성에 따라 「국립공무원훈련원직제」가

제정 · 공포되었다. 이 규정에 따라 현대적 의미의 공무원 훈련기관인 국립공무원훈련원이 설립되었다.

1960년대에 「중앙공무원교육원설치법」(법률 제747호)과 「중앙공무원교육원직제」(각령 제855호)가 공포됨에 따라 이전보다 지위와 기능이 강화된 '중앙공무원교육원'이 설립되었다.

1981년 10월 총무처에서 「공무원교육훈련 중장기발전계획」(1982~1986년)을 수립을 통해 공무원 교육훈련과정 및 체계의 전면개편, 교육방법의 다양화, 교육훈련과 인사관리의 연계화 등 공무원 교육훈련에 있어 일대 변화가 나타났다.

2000년대에 들어 공무원 교육의 선진화를 위해 공무원 이러닝센터가 중앙공무원교육원에 구축되었다. 2004년에는 중앙인사위원회와 행정자치부로 이원화되어 있던 공무원 인사 관련 기능이 정부조직법 개정에 따라 중앙인사위원회로 통합되었고, 중앙공무원교육원도 중앙인사위원에 소속되었다.

2010년대에 들어 빠르게 변하는 행정환경 속에서 전문성과 미래 지향적 역량을 갖춘 공무원 양성에 대한 요구가 커지게 되었다. 이에 따라 2016년 1월 중앙공무원교육원이 국가공무원인재개발원으로 바뀌게 되었다. 또한 국가공무원인재개발원 설립에 따라 공무원에 대한 전통적 교육훈련에서 인재개발이라는 개념으로 변화하게 되었다.

2. 공직 리더십 관련 교육프로그램

국가공무원인재개발원에서 실시하는 공직 리더십 교육은 공무원에게 요구되는 핵심 역량 함양, 바람직한 리더십의 방향 제시, 자기성찰 및 자기 주도적 역량개발 기회 제공에 초점을 맞추고 있다(국가공무원인재개발원, 2022). 공직 리더십 교육은 고위공무원 후보자 과정, 과장후보자 과정의 두 개 과정으로 이루어져 있다.

1) 고위공무원 후보자 과정

고위공무원 후보자 과정은 고위공무원으로서 요구되는 역량에 대한 인식을 제고하고, 자기성찰 및 자기 주도적 역량개발의 기회를 제공하고, 핵심 역량을 갖춘 고위공무원단 후보자를 양성하는 데 목적이 있다(국가공무원인재개발원, 2022: 80). 교육대상은 중앙부처 고위공무원단 후보자이며, 1회당 25명의 인원에게 4일 간 교육을 실시한다. 연간 총 교육인원은 350명이다.

고위공무원 후보자 과정은 총 4단계로 실시된다. 1단계는 사전교육으로 이러닝으로 진행되며, 역량기초교육(역량이해 및 제도 안내), 고위공무원단 후보자 역량평가 안내, 역량 다면진단이 포함된다. 2단계는 강의로 역량이론과 역량평가제도에 대한 교육이 실시된다. 3단계는 역량개발과제, 자기개발 계획서 작성 및 코칭에 대한 실습이 진행된다. 4단계는 역량레벨업 과정이다. 이 과정은 중앙부처 고위공무원단 후보자 과정을 이수한 인원 중 희망자를 대상으로 2일 간, 14시간 동안 진행된다. 역량레벨업 과정에서는 역량개발과제 실습을 통한 핵심 역량 중점 보완 및 역량 강화를 위한 변화 방향에 대한 피드백이 이루어진다.

그림 10-1 고위공무원단 후보자 과정 체계

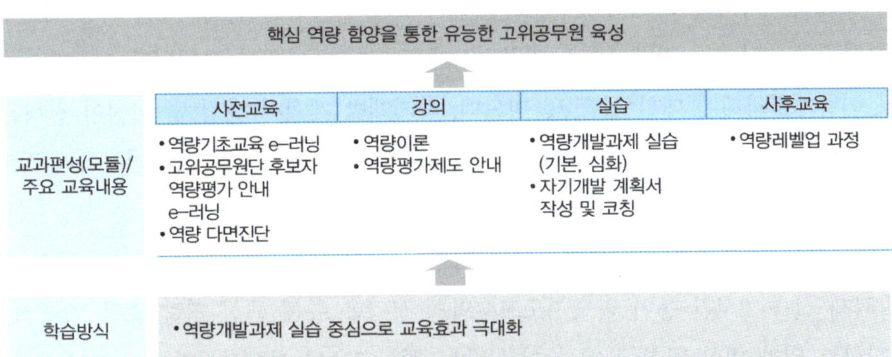

출처: 국가공무원인재개발원(2022).

2) 과장후보자 과정

과장후보자 과정의 교육목표는 중앙부처 과장에게 요구되는 핵심 역량에 대한 실습 중심의 교육을 통해 높은 성과를 창출하는 핵심관리자를 양성하고, 역량진단 결과에 기초한 자기 주도적 역량개발 기회를 제공하는 것이다(국가공무원인재개발원, 2022: 83). 과장후보자 과정의 교육대상은 중앙부처 과장후보자이며, 1회당 3일, 35명의 인원에게 교육이 진행된다. 연간 총 교육인원은 560명이다.

그림 10-2 과장후보자 과정 체계

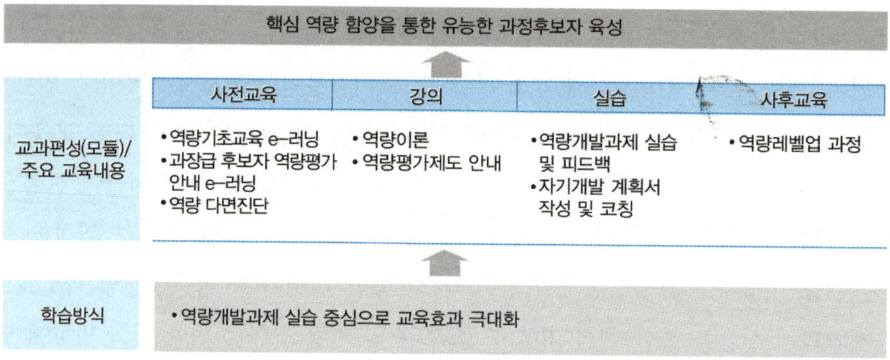

출처: 국가공무원인재개발원(2022).

과장후보자 과정은 총 4단계로 실시된다. 1단계는 사전교육으로 이러닝을 통해 역량 기초교육(역량이해 및 제도 안내), 과장급 후보자 역량평가 안내, 사전 역량 다면진단이 포함된다. 2단계는 역량이론과 역량평가제도에 대한 강의가 진행된다. 3단계는 실습으로 역량개발과제에 대한 실습 및 피드백, 자기개발 계획서 작성 및 코칭이 진행된다. 과장후보자 과정은 강의 30%, 참여교육 70%로 강의보다는 실습 및 참여교육이 강조되고 있다. 4단계는 역량레벨업 과정으로 과장후보자 과정을 참여한 인원 중 희망자를 대상으로 1회에 15명, 2일 간, 14시간 동안 과정이 진행된다. 이 과정은 12시간 동안 역량개발과제 실습, 2시간 동안 학습지도교수와의 상담을 통해 핵심 역량 중점 보완 및 역량 강화를 위한 변화 방향에 대한 피드백에 대한 교육이 이루어진다(국가공무원인재개발원, 2022).

3) 기타

공직 리더십을 중점적으로 교육하는 과정으로는 위에 제시한 고위공무원 후보자 과정과 과장후보자 과정이 있지만, 국가공무원인재개발원에서는 다른 교육과정에서도 공직 리더십에 대한 내용을 포함하고 있다.

첫째, 고위정책과정은 국장급 공무원 및 공공기관 1급을 대상으로 44주간 교육이 진행된다. 연간 1회 실시하며, 교육인원은 65명이다. 고위정책과정의 목표는 초변화 시대에 전략적 혁신 역량과 통찰력을 갖춘 국정리더의 양성에 있다. 교육과정은 공직가치(10%), 국정철학 · 정책비전(30%), 리더십(20%), 글로벌(20%), 인문융합(20%)으로 구성된다. 이 중 공직 리더십은 조직성과 중점관리, 국장급 역할과 책임에 걸맞은 리더십 이해, 리더십 역량 진단 · 개발을 통해 변화선도 역량 배양에 목적이 있다. 주요 내용으로는 ① 사고, 업무, 관계에 대한 기본이해 교육, ② 전략적 사고, 변화관리, 성과관리, 의사결정, 조직관리, 자원활용, 소통 및 코칭에 대한 역량교육과 토론 · 실습 · 워크숍 · 미디어 트레이닝, ③ 현장조사 및 사례를 통한 학습이 있다. 고위정책과정 중 공직 리더십 교육은 280시간 동안 이루어진다.

둘째, 신임국장과정은 국장급 역량평가를 통과한 후 국장 보직 2년 이내의 중앙부처 공무원을 대상으로 실시된다. 연간 4회 실시되며, 1회당 20명의 공무원에게 4일 간 교육이 진행된다. 신임국장과정의 목표는 포스트 코로나, 디지털 대전환 등 급변하는 시대요구에 맞춰 조직의 핵심리더로서 새로운 관점의 리더십 및 조직관리 역량 함양, 고위공무원으로서 혁신적이고 전략적인 사고능력과 조직 내 · 외 이해관계자 설득 · 조정 등 거시적 · 통합적 시각의 배양에 있다. 교육과정은 리더십(10.5시간), 리더십 코칭(3시간), 정책 역량(7.5시간), 변화관리 · 위기관리(7.5시간), 과정운영(1.5시간)으로 구성된다. 이 중 공직 리더십 과정은 뉴노멀 시대에 맞는 새로운 관점의 리더십 역량 및 리더십 전략, 행정환경 변화에 따른 조직혁신 전략, 현장탐방 및 강연극 참여, 디지털 윤리(AI 윤리, 정보보안), 마음을 읽는 소통형 리더의 기술 등이 포함된다. 리더십 코칭 과정은 신임국장 개인별 리더십유형을 진단하고, 맞춤형 리더십을 개발하는 워크숍으로 진행된다.

셋째, 신임과장과정은 과장급 역량평가 통과 후 과장 보직 1년 이내의 중앙부처 공무원을 대상으로 실시된다. 연간 12회 실시되며, 1회당 40명의 공무원에게 4일 간 교육이 진행된다. 신임과장과정의 목표는 조직 내 · 외부 집단과 소통, 갈등관리 등 관계 리더십 역량을 함양하고, 정책입안 및 집행자로서 국정철학을 이해하고, 뉴노멀 시대 변화에 기민하게 대처할 수 있는 변화 · 조직관리 역량을 함양하는 것이다. 교육과정은 리더십(9.5시간), 리더십 코칭(3시간), 정책 역량(10시간), 상호소통 · 변화관리(6시간), 과정운영(1.5시간)으로 구성된다. 이 중 공직 리더십 과정은 변화하는 시대에서 신임과장의 역할, 조직성과를 위한 조직관리 전략, 가치 중심 조직문화 이해, 리더의 품격과 이미지 리더십, 신임과장의 한 수가 포함된다. 리더십 코칭 과정은 신임국장과정과 마찬 가지로 개인별 리더십유형을 진단하고, 맞춤형 리더십을 개발하는 워크숍으로 진행된다.

넷째, 신임관리자과정은 5급 공개경쟁채용시험 합격 후 신규임용 예정자를 대상으로 실시된다. 약 350명의 인원에게 17주간 교육이 진행된다. 중점 교육내용으로는 국정철학・공직가치(159시간, 30%), 직무・정책기획(256시간, 50%), 공직 리더십(20%)이 있다. 이 중 공직 리더십에는 사전역량진단, 토론・역할 연기 및 피드백, 자기개발계획 수립, 내부소통 능력(조직 내 세대 간 소통법, 민원대응), 국민소통 능력(대국민 홍보, 정책소통과 언론대응, 정책 영상 제작 및 공유, 미디어 역량 실습)이 포함된다.

다섯째, 5급승진관리자과정은 중앙부처 5급 승진임용 예정자를 대상으로 실시된다. 연간 6회 실시되며, 1회당 290명의 인원에게 6주간 교육이 진행된다. 중점 교육내용으로는 국정철학・공직가치(48시간), 정책기획 기본(44시간), 정책기획 심화(32시간), 공직 리더십 기본(24시간), 공직 리더십 심화(32시간), 글로벌・소통・공통직무(58시간)이 포함된다. 이 중 공직 리더십 과정은 공직 리더십 및 역량에 대한 이해, 전략적 커뮤니케이션(협상), 리더십 역량 실습 및 피드백으로 구성된다.

여섯째, 7급신규자과정은 중앙부처 6・7급 신규 임용(예정)자를 대상으로 실시된다. 전반기 250명, 하반기 150명, 총 400명의 인원에게 5주간 교육이 진행된다. 중점 교육내용으로는 국정철학・공직가치(51시간), 직무 전문성(54시간), 공직 리더십(36시간)이 있다. 공직 리더십 과정에는 조직 내 주무관으로서 역할 연습, 소통과 협업 연습을 위한 팀빌딩 프로그램, 공직선배 멘토링, 신규공무원의 조기 공직적응 지원 등이 포함된다.

일곱째, 9급신규자과정은 2022년 신설되었으며, 중앙부처 9급 신규 임용(예정)자를 대상으로 실시된다. 약 140명의 인원에게 3주간 교육이 진행된다. 중점 교육내용으로는 국정철학・공직가치(24시간), 직무 전문성(36시간), 공직 리더십(21시간)이 있다. 공직 리더십은 소통과 협업 연습을 위한 팀빌딩 프로그램, 공직선배 멘토링, 신규 공무원의 조기 공직적응 지원 등이 포함된다.

여덟째, 행정실무자과정은 중증장애인 국가공무원 경력경쟁채용시험 합격자를 대상으로 실시되며, 약 30명에게 3주간 교육이 진행된다. 공직 리더십 교육(24시간)은 9급 신규자과정과 동일하게 소통과 협업 연습을 위한 팀빌딩 프로그램, 공직선배 멘토링, 신규 공무원의 조기 공직적응 지원 등이 포함된다.

표 10-1 국가공무원인재개발원 공직 리더십 교육훈련 프로그램

유형	공직 리더십 교육훈련 내용
고위공무원 후보자 과정	• 역량기초교육(역량이해 및 제도 안내) • 고위공무원단 후보자 역량평가 안내 • 역량 다면진단 • 역량이론 및 역량평가제도 교육 • 역량개발과제 실습 • 자기개발 계획서 작성 및 코칭
과장후보자 과정	• 역량기초교육(역량이해 및 제도 안내) • 과장급 후보자 역량평가 안내 • 역량 다면진단 • 역량이론 및 역량평가제도 교육 • 역량개발과제 실습 • 자기개발 계획서 작성 및 코칭
고위정책과정	• 사고, 업무, 관계에 대한 기본이해 교육 • 전략적 사고, 변화관리, 성과관리, 의사결정, 조직관리, 자원활용, 소통 및 코칭에 대한 역량교육과 토론·실습·워크숍·미디어 트레이닝 • 현장조사 및 사례를 통한 학습
신임국장과정	• 뉴노멀 시대에 맞는 새로운 관점의 리더십 역량 및 리더십 전략 • 행정환경 변화에 따른 조직혁신 전략 • 현장탐방 및 강연극 참여 • 디지털 윤리(AI 윤리, 정보보안) • 마음을 읽는 소통형 리더의 기술 • 개인별 리더십유형 진단 • 맞춤형 리더십 개발
신임과장과정	• 변화하는 시대에서 신임과장의 역할 • 조직성과를 위한 조직관리 전략 • 가치 중심 조직문화 이해 • 리더의 품격과 이미지 리더십 • 신임과장의 한 수 • 개인별 리더십유형 진단 • 맞춤형 리더십 개발
신임관리자과정	• 사전역량진단 • 토론·역할 연기 및 피드백 • 자기개발계획 수립 • 내부소통 능력(조직 내 세대 간 소통법, 민원대응) • 국민소통 능력(대국민 홍보, 정책소통과 언론대응, 정책 영상 제작 및 공유, 미디어 역량 실습)
5급승진관리자과정	• 공직 리더십 및 역량에 대한 이해 • 전략적 커뮤니케이션(협상) • 리더십 역량 실습 및 피드백

7급신규자과정	• 조직 내 주무관으로서 역할 연습 • 소통과 협업 연습을 위한 팀빌딩 프로그램 • 공직선배 멘토링 • 신규공무원의 조기 공직적응 지원
9급신규자과정	• 소통과 협업 연습을 위한 팀빌딩 프로그램 • 공직선배 멘토링 • 신규 공무원의 조기 공직적응 지원
행정실무자과정	• 소통과 협업 연습을 위한 팀빌딩 프로그램 • 공직선배 멘토링 • 신규 공무원의 조기 공직적응 지원

제 3 절 공직 리더십 교육 제도 주요 쟁점 및 과제

1. 지방자치단체 공직 리더십 교육훈련 프로그램 및 역량평가제도 보완

현재 지방 공무원 리더십 교육 프로그램은 고위직 공무원을 중심으로 시행되고 있는데, 리더십은 고위직 공무원뿐만 아니라 모든 조직구성원에게 필요하다. 따라서 리더십 프로그램을 대다수 공무원에게 적용하는 것이 필요할 것이다. 더불어 직급, 직책, 직무에 따라 필요한 리더십이 다르므로, 교육받는 공무원의 상황에 따라 차별화된 리더십 프로그램이 제공되어야 할 것이다. 무엇보다 리더십 프로그램의 효과성을 높이기 위해서는 현재의 강의를 통한 주입식 교육보다는 공무원이 경험을 통해 체득할 수 있는 체험형 · 실무형 교육으로 전환하는 것을 고려할 필요가 있다(박현욱, 2020b: 21).

또한 역량평가를 통과한 국장 및 과장급 공무원을 대상으로 공직 리더십 교육훈련이 이루어져야 하지만, 현재 상당수의 지방자치단체에서는 역량평가가 이루어지지 않거나 형식적(교육 프로그램 이수)으로 이루어지고 있다. 이에 따라 역량평가를 내실화하고, 역량평가에 따른 맞춤형 리더십 프로그램이 운영될 필요가 있다.

2. 민간 교육기관 공직 리더십 위탁 프로그램 확대

미국에서는 연방정부 공무원들을 대상으로 자체적으로 리더십 교육을 실시할 뿐만 아니라 다양한 대학들에 개설된 리더십 전문가/자격증/개발 프로그램에 위탁교육을 맡겨서 공무원들이 자신에게 가장 잘 맞는 교육 커리큘럼을 선택할 수 있게 하고 있다. 현재 우리나라도 이와 유사한 리더십 위탁교육 프로그램이 존재하지만, 프로그램 숫자나 다양성이 부족한 실정이다. 따라서 공공부문 내에서 리더십 교육을 하는 것과 더불어 대학과 협정을 맺어 진성 리더십 위탁교육 프로그램을 확대 실시하는 방안을 마련할 필요가 있다(박현욱, 2020a: 22).

3. 맞춤형 리더십 개발 프로그램 제공

국가공무원인재개발원, 지방자치인재개발원, 지방자치단체에서 실시되고 있는 일부 공직 리더십 교육훈련 프로그램에는 개인별 맞춤형 리더십 개발에 대한 내용이 있지만, 제공되는 인원이 한정되어 있고, 맞춤형 프로그램의 다양성이 부족하다. 소속 기관, 소속 기관 소재 지역의 특성, 직급, 직책, 직무에 따라 필요로 하는 리더십은 달라져야 한다. 따라서 개인별 상황에 맞는 리더십을 개발할 수 있도록 하는 맞춤형 리더십 개발 프로그램이 제공되어야 할 것이다.

4. 이러닝 공직 리더십 교육훈련 프로그램의 내실화

국가공무원인재개발원은 현재 리더십 및 자기개발과 관련하여 나라배움터를 통해 253개의 이러닝 정규과정을 제공하고 있으며, 교육인원은 90만 명에 달한다. 이러닝 교육은 관련 영상을 시청한 후, 학습진도율 90%, 평가점수 60점 이상 또는 토론 참여를 통해 이수하는 방식이다. 이러한 이러닝 교육은 시간과 장소에 구애받지 않고, 공무원의 역량 강화와 자기 주도 학습을 도모할 수 있다는 장점이 있다. 그러나 온라인 교육 프로그램의 성격상 수강자가 제대로 교육을 이수했는지 확인할 수 없으며, 개인별 맞춤형 교육이 어렵다는 단점이 있다. 이에 따라 이러닝 교육이수 평가체계를 강화하여 수강자의 학습 집중도를 높이고, AI를 통한 개인별 맞춤형 교육 프로그램 제공 등이 필요하다.

제 4 절 소결

조직의 비전, 목표, 가치를 달성하는 데에는 리더십이 반드시 필요하다. 리더십은 조직의 비전, 목표, 가치를 달성하기 위해 사람들에게 영향력을 발휘하는 것이기 때문이다. 코로나바이러스감염증-19(COVID-19), 경제위기, 인구소멸과 같이 격동적인 사회문제(turbulent problem)가 빈번하게 발생하고 있는 상황에서 국가, 중앙부처, 지방자치단체가 위기와 변화에 적절하기 대응하기 위한 방안으로 공직 리더십의 중요성이 강조되고 있다. 제1절에서 볼 수 있듯이 리더십 이론은 시대에 따라 변하고 있다. 특히, 과거 리더십이 일부 위인들만이 보유하고 있는 자질이나 특성이라는 시각에서 벗어나, 리더십은 누구나 함양할 수 있고, 상황과 관계에 따라 달라지는 것으로 변화하였다. 이에 따라 급변하게 변하는 상황에 대응할 수 있는 리더십 교육 역시 점점 중요해지고 있다. 하지만, 우리나라의 공직 리더십 교육 프로그램은 과거에 비해 큰 발전이 이루어지지 않은 상황이다. 다양한 격동적인 사회문제가 일어나고 있는 오늘날, 공공부문의 지속가능한 발전을 위해서 공직 리더십 및 공직 리더십 교육 프로그램의 발전을 모색해봐야 할 시점이다.

참고문헌

국가공무원인재개발원(2020). 국가공무원인재개발원 공직 리더십. Retrieved from https://www.mpm.go.kr/mpm/info/infoEdu/eduDomestic/eduDomestic02/eduDomestic0201/

박현욱(2019). 내면행위가 혁신행동에 미치는 영향: 조절된 매개효과 분석을 중심으로. 『한국행정연구』, 28(4): 271-299.

박현욱(2020a). 진성 리더십이 혁신행동에 미치는 영향: 개인-조직 적합성의 매개효과와 혁신 지향 조직 분위기의 조절효과를 중심으로. 『한국행정학보』, 54(1): 1-35.

박현욱(2020b). 변혁적 리더십이 조직성과에 미치는 영향: 조직 내 협력의 매개효과를 중심으로. 『행정논총』, 58(1): 215-243.

신구범(2009). 서번트 리더십, 변혁적 리더십과 거래적 리더십 간의 관계에 관한 실증분석. 『인적자원관리연구』, 16(1): 87-101.

하미승(2019). 『리더십』. 서울: 윤성사.

Avolio, B. J.(1999). *Full leadership development: Building the vital forces in organizations*. Thousand Oaks, CA: Sage.

Avolio, B. J., & Gardner, W. L.(2005). Authentic Leadership Development: Getting to the Root of Positive Forms of Leadership. *The Leadership Quarterly*, 16: 315-338.

Bass, B. M.(1985). *Leadership and Performance Beyond Expectations*. New York, NY: Free Press.

Bass, B. M.(1998). *Transformational Leadership: Industrial, Military, and Educational Impact*. Mahwah, NJ: Lawrence Erlbaum Associates.

Bass, B. M., & Avolio, B. J.(1992). *Multifactor leadership questionnaire—short form 6S*. Binghamton, NY: Center for Leadership Studies.

Bass, B. M., & Avolio, B. J.(1997). *Full range leadership development: Manual for the Multifactor Leadership Questionnaire*. Palo Alto, CA: Mind Garden.

Gardner, W. L., Avolio, B. J., & Walumbwa, F. O.(2005). Authentic Leadership Development: Emergent Trends and Future Directions. In W. L. Gardner, B. J. Avolio, & F. O. Walumbwa(eds.). *Authentic Leadership Theory and Practice: Origins*, Effects and Development. 387-406. Oxford, UK: Elsevier Science.

Greenleaf, R. K.(1977). *Servant leadership: A journey into the natue of legitimate power and greatness*. New York: Paulist Press.

House, R. J.(1971). A path goal theory of leader effectiveness. *Administrative Science Quarterly*. 321-339.

Luthans, F., & Avolio, B. J.(2003). Authentic Leadership Development. In K. S. Cameron, J. E. Dutton, & R. E. Quinn(eds.). *Positive Organizational Scholarship*. 241-258. San Francisco, CA: Berrett-Koehler.

Northouse, P. G.(2016). *Leadership: Theory and practice*(6th ed.). Thousand Oaks, CA: Sage.

Spears, L. C.(1995). *Insights on leadership: Service, stweardship, spirit, and servant-leadership*. New York: John Wiley & Sons.

Walumbwa, F. O., Avolio, B. J., Gardner, W. L., Wernsing, T. S., & Peterson, S. J.(2008).

Authentic Leadership: Development and Validation of a Theory-Based Measure. *Journal of Management*, 34(1): 89-12/6.

제 4 부

중앙-지방 관계 이슈

제11장

지방분권: 중앙-지방 간 기능 배분[1)]

박재희(한국지방행정연구원)

제 1 절 중앙-지방 간 기능 배분이란 무엇인가?

1. 기능 배분의 개념 및 원칙

기능 배분은 공공사무를 일정한 원칙에 의거하여 국가사무와 지방자치단체의 사무로 나누고, 그 처리에 관한 궁극적인 권한을 국가와 지방자치단체에 부여하는것을 의미한다. 기능 배분에서 가장 중요한 것은 국가 및 지방자치단체의 역할을 분명히 규정하고, 이에 기초하여 기능 배분을 적정하게 추진하는 것이다.

지방자치법은 기능과 사무배분의 원칙에 대하여 다음과 같이 규정하고 있다. 첫째, 국가는 지방자치단체가 사무를 종합적 · 자율적으로 수행할 수 있도록 국가와 지방자치단체 간 또는 지방자치단체 상호 간의 사무를 주민의 편익증진, 집행의 효과 등을 고려하여 서로 중복되지 아니하도록 배분하여야 한다(지방자치법 제11조 제1항). 둘째, 지역주민생활과 밀접한 관련이 있는 사무는 원칙적으로 시 · 군 및 자치구의 사무로, 시 · 군 및 자치구가 처리하기 어려운 사무는 시 · 도의 사무로, 시 · 도가 처리하기 어려운 사무는 국가의 사무로 각각 배분하여야 한다(지방자치법 제11조 제2항). 셋째, 국가가 지

1) 이 장은 한국지방행정연구원(2021)의 『지방자치 30년 평가와 자치분권 미래비전 및 추진전략』 자체 연구과제의 기능 배분 평가 파트를 발췌하여 보완한 것이다.

방자치단체에 사무를 배분하거나 지방자치단체가 사무를 다른 지방자치단체에 재배분할 때에는 사무를 배분받거나 재배분받는 지방자치단체가 그 사무를 자기의 책임 하에 종합적으로 처리할 수 있도록 관련 사무를 포괄적으로 배분하여야 한다(지방자치법 제11조 제3항).

2. 기능 배분의 목적

국가 전체의 기능을 수행주체인 국가와 지방자치단체의 역할을 기준으로 배분하는 목적은 크게 두 가지 측면에서 제시할 수 있다. 하나는 민주성의 제고로, 일반적으로 행정서비스의 공급자가 주민에 근접할수록 주민에 의한 통제가 용이하고, 행정에 주민의 의사가 반영되기 쉬우며, 나아가 지역주민의 적극적인 행정참여가 촉진됨으로써 지역주민의 민주정치 훈련에도 기여할 수 있다. 다른 하나는 효율성의 제고로, 일부 기능은 각 지역의 특성을 고려하여 정책이 결정되고 집행되는 것이 전국적으로 획일성을 갖는 것보다 타당하며, 이 경우 지역의 특성을 정확히 파악하고 있는 지방자치단체가 행정서비스 공급의 결정 및 집행의 주체가 되는 것이 행정의 효율성을 제고하는 방법이다. 기능적인 측면에서 지방자치단체가 수행하는 것이 국가보다 더 효율적인 사무가 이에 해당이 된다.

3. 기능 배분의 추진기구

국가와 지방자치단체 간 기능 배분의 추진기구는 1991년 지방자치의 실시 이후 역대 정부에서 설치되어 왔다. 초기에는 기능 배분을 전담하는 기구로 설치되었으나, 노무현 정부 이후부터는 기능 배분을 포함한 지방자치 전반의 발전을 관장하는 기구로 전환되었다.

역대 정부에서 설치한 국가와 지방자치단체 간 기능 배분 추진기구의 내역은 다음과 같다. 김영삼 정부에서는 1991년 「정부조직관리지침」(국무총리훈령)에 근거하여 "지방이양합동심의회"를 총무처 산하에 설치하여 기능 배분만을 전담토록 하였다. 김대중 정부에서는 1999년 「중앙행정권한의 지방이양촉진 등에 관한 법률」을 제정하고 동년 8월에 "지방이양추진위원회"를 설치하여 기능 배분을 전담토록 하였다. 노무현 정부에서는 기능 배분이 정부 간 지속 정책이라는 판단에 따라 "지방이양 추진위원회"를 존속시키되, 2004년 「지방분권특별법」을 제정하고 이에 근거하여 "정부혁신 · 지방분권위원회"를 추가적으로 설치하여 이원적 구조를 형성하였다. 이명박 정부에서는 2008년 「지방분권촉진에 관한 특별법」을 제정하여 노무현 정부의 "지방이양추진위원회"와 "정부혁신 · 지방분권위원회"를 통합한 "지방분권촉진위원회"를 설치하였고, 2010년 「지방행정체제개편에 관한 특별법」을 제정하여 "지방행정체제개편추진위원회"를 추가적으로 설치하였다. 박근혜 정부에서는 2013년 「지방분권 및 지방행정체제개편에 관한 특별법」을 제정하고, 이명박 정부의 "지방분권촉진위원회"와 "지방행정체제개편추진위원회"를 통합한 "지방자치발전위원회"를 설치하였다. 문재인 정부에서는 2018년 「지방자치분권 및 지방행정체제개편에 관한 특별법」을 제정하고 "자치분권위원회"를 설치 · 운영하였다. 윤석열 정부에서는 「지방자치분권 및 지방행정체제개편에 관한 특별법」과 「국가균형발전 특별법」을 통합한 「지방자치분권 및 지역균형발전에 관한 특별법」을 제정하여 "자치분권위원회"와 "국가균형발전위원회"를 통합한 "지방시대위원회" 출범을 준비 중에 있다.[2] 입법예고안에 따르면, 대통령 소속으로 "지방시대위원회"를 설치하고 지방자치분권 및 지역균형발전의 기본방향과 관련 정책의 조정, 국정과제의 총괄 · 조정 · 점검 및 지원 등을 심의 · 의결하도록 하여 지방자치분권과 지역균형발전을 통합적으로 추진하고자 한다.

표 11-1 기능 배분 관련 법령 및 추진기구

역대 정부	관련 법령	추진기구
김영삼 정부	• 정부조직관리지침(국무총리훈령)	• 지방이양합동심의회
김대중 정부	• 중앙행정권한의 지방이양촉진 등에 관한 법률	• 지방이양추진위원회
노무현 정부	• 지방분권특별법	• 정부혁신 · 지방분권위원회 • 지방이양추진위원회
이명박 정부	• 지방분권촉진에 관한 특별법 • 지방행정체제개편에 관한 특별법	• 지방분권촉진위원회 • 지방행정체제개편추진위원회
박근혜 정부	• 지방분권 및 지방행정체제개편에 관한 특별법	• 지방자치발전위원회
문재인 정부	• 지방자치분권 및 지방행정체제개편에 관한 특별법	• 자치분권위원회
윤석열 정부	• 지방자치분권 및 지역균형발전에 관한 특별법	• 지방시대위원회

2) 윤석열 정부는 '지방자치분권 및 지역균형발전에 관한 특별법안'을 마련하여 2022년 9월 14일부터 10월 24일까지 40일 간 입법예고에 들어간다.

제 2 절 중앙-지방 간 기능 배분 현황

1. 법령상 사무 현황

법령상 사무 조사는 1994년 처음 시행되었고 지금까지 총 5회가 실시되었다. 시행 중인 전 법령을 대상으로 각 법령상 단위사무 추출, 국가-지방 사무 분류 및 사무의 성격을 검토한다. 이러한 조사는 지방분권을 확대하기 위한 기초자료로서 활용되며 전체 단위사무의 기능별 재분류가 필요하다.

1994년부터 2019년까지 연도별 사무총조사 현황을 살펴보면 〈표 11-2〉와 같다. 2019년 '법령상 사무총조사' 연구 결과는 총 76,053개 사무 중 국가사무는 50,497개(66.40%), 자치사무는 25,556개(33.60%)이다. 1994년 이래로 자치사무의 비중이 13.4%에서 33.6%로 변화되어 왔다. 국가사무의 비중이 여전히 높으나, 전반적으로 1994년에 비해서는 자치사무의 비중이 증가하는 추이를 보이고 있다.

표 11-2 국가사무와 자치사무의 비율

연도	총계	국가사무	자치사무
1994	15,774(100%)	13,664(86.62%)	2,110(13.38%)
2002	48,303(100%)	35,297(73.07%)	13,006(26.93%)
2009	47,119(100%)	33,741(71.61%)	13,378(28.39%)
2013	46,005(100%)	31,161(67.73%)	14,844(32.27%)
2019	76,053(100%)	50,497(66.40%)	25,556(33.60%)

2. 지방이양 현황

역대 정부별 지방이양 실적은 다음 〈표 11-3〉과 같다. 문재인 정부 이전까지 지방이양이 확정된 사무는 3,101건이고, 지방이양이 완료된 사무는 2,489건으로 이양 확정 대비 이양 완료는 약 80%로 나타나고 있다. 문재인 정부에서는 2019년 45개, 2020년 40개 사무가 이양이 확정되었다.

표 11-3 역대 정부의 지방이양 현황

구분	지방이양 확정(건)	지방이양 완료(건)
합계	3,186	2,489
2000	185	185
2001	176	176
2002	251	250
2003	478	466
2004	53	53
2005	203	191
2006	80	79
2007	88	86
2008	53	52
2009	698	456
2010	481	262
2011	277	188
2012	78	45
2013	–	–
2014	–	–
2015	–	–
2016	–	–
2017	–	–
2018	–	–
2019	45	–
2020	40	–

출처: 자치분권위원회 내부 자료.

국가사무의 지방자치단체 이양 실적을 부처별로 살펴보면 다음 〈표 11-4〉와 같다. 이양 확정 사무 건수는 국토교통부와 환경부, 해양수산부, 보건복지부 및 산업통상자원부 등의 순으로 많고, 이양 확정 대비 이양 완료 건수인 이양 완료 비율은 부처별 편차가 크다. 이양 확정 사무의 전체를 이양 완료한 부처는 공정거래위원회, 국가정보원, 문화재청, 법무부, 외교부, 통계청, 통일부, 특허청 등이다.

표 11-4 부처별 지방이양 현황

부처명	이양 확정(건)	이양 완료(건)	이양 완료 비율(%)
경찰청	14	2	14
고용노동부	86	28	32
공정거래위원회	16	16	100
교육부	141	95	67
국가정보원	1	1	100
국토교통부	552	387	70
금융위원회	12	–	0
기획재정부	31	28	90
농림축산식품부	195	184	94
농촌진흥청	2	1	50
문화재청	28	28	100
문화체육관광부	142	140	98
과학기술정보통신부	39	17	43
방송통신위원회	46	25	54
법무부	2	2	100
보건복지부	237	215	90
산림청	186	181	97
산업통상자원부	208	171	82
식품의약품안전처	97	67	69
여성가족부	83	81	97
외교부	9	9	100
중소벤처기업부	33	12	36
통계청	1	1	100
통일부	4	4	100
특허청	4	4	100
해양수산부	305	292	95
행정안전부	131	129	98
환경부	479	358	74
해양경찰청	4	–	0
소방청	13	11	84

출처: 자치분권위원회 내부 자료를 바탕으로 저자 작성.

이러한 지방이양은 문재인 정부에서 「중앙행정권한 및 사무 등의 지방 일괄 이양을 위한 물가안정에 관한 법률 등 46개 법률 일부개정을 위한 법률안」(일명: 지방이양일괄법)이 2021년 1월 국회를 통과하여 더욱 탄력을 받게 되었다. 「지방이양일괄법」은 국가권한을 지방자치단체에게 넘겨주기 위해 개정되어야 하는 법률들을 하나의 법률에 모아 동시에 개정하는 법률이다. 제1차 「지방이양일괄법」으로 인해 16개 부처 소관 46개 법률의 400개 사무가 지방에 이양될 예정이다.[3] 문재인 정부는 2022년 1월 제2차 지방일괄이양 추진을 위한 「중앙행정권한 및 사무 등의 지방 일괄이양을 위한 관광진흥법 등 2개 법률의 일부개정에 관한 법률안」 등 12개 법안을 국무회의에서 의결하였다. 이 법안이 국회에서 통과되면 13개 부처 소관 36개 법률 개정을 통해 261개 사무가 지방에 이양될 예정이다.

제 3 절 중앙-지방 간 기능 배분 평가

1. 평가의 기준

역대 정부의 중앙-지방 간 기능 배분에 대한 평가는 기본적으로 실질적인 지방자치의 실시를 위한 규범성 또는 적정성을 기준으로 평가하는 것이 원칙이다. 즉, 기능 배분이 지방자치의 실질적 운영을 위한 구성요소라는 측면에서 최적의 수준을 확보하고 있는가를 평가하는 것이 타당할 것이다. 그러나 기능 배분의 규범성 또는 적정성을 구체적으로 제시하기 어렵다는 점에서는 적정성 평가의 적용이 현실적으로 용이하지 않다. 특히, 기능 배분의 적정성은 국가별로도, 그리고 이론적으로도 명확히 합의된 수준이 존재하지 않는 실정이다. 이에 따라 이 장에서는 일반적인 정책평가 모형과 국무총리실의 정부업무평가를 준용하여 정부 간 기능 배분의 평가 기준을 목표(goal), 과정(process), 산출(output) 및 결과(outcome)의 평가 영역으로 구조화하였다. 다만, 결과는 원칙적으로 특정 정책의 영향도를 의미하나 기능 배분의 영향도 측정이 용이하지 않아

3) 부처별로 살펴보면, 해양수산부의 지방관리항 항만시설의 개발, 운영 권한 등 「항만법」상 지방관리항 관련 41개 사무가 국가에서 시 · 도로 이양되며, 국토교통부의 지역 내 개발사업으로 인해 발생하는 초과 이익에 대한 개발부담금 부과 관련 20개 사무는 시 · 군 · 구로, 보건복지부의 외국인환자 유치 의료기관의 등록 등 9개 사무는 시 · 도로 이양될 예정이다.

여기에서는 이해관계자의 만족도를 기준으로 측정하였다.

전술한 기능 배분의 평가 영역별 측정지표는 평가내용에 따라 다음과 같이 설계할 수 있다. 평가 영역별 측정지표는 목표의 타당성과 과정의 효율성, 산출의 달성도 및 결과의 만족도로 설계하고, 각각의 측정지표별 조작적 개념을 설정한다. 측정지표별 개념으로는 목표의 타당성은 목표 수립의 합리성 및 구체성, 과정의 효율성은 추진자원 및 방법의 적정성, 산출의 달성도는 목표 대비 달성 수준, 결과의 만족도는 이해관계자 기대의 충족 수준 등으로 규정한다.

그림 11-1 기능 배분의 평가 기준

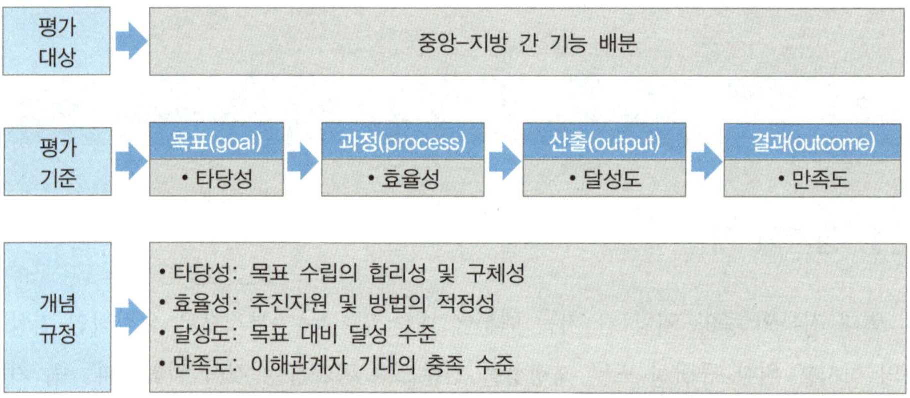

2. 기준별 평가

1) 목표의 타당성

기능 배분의 목표는 원칙적으로 국가 전체의 사무를 수행주체의 역할을 기준으로 중앙정부와 지방정부 간 또는 지방정부 상호 간 적정하게 배분하는 것이다. 특히, 지방자치의 실시에 따라 기존의 중앙정부 중심의 기능 배분을 지방정부에 확대 이양하여 지방정부의 자율성을 제고하는 것이다. 1995년 이후 역대 정부의 기능 배분에 관한 목표는 국가사무의 지방자치단체 이양을 확대하는 것에 두고 있으나, 정부별로 목표의 구체성에서는 차이가 있다. 김영삼 정부는 기능 배분에 관한 구체적 목표를 제시하고 있지 않으나, 이후 김대중 정부부터는 정부별로 기능 배분에 관한 명확한 목표를 제시하고 있다. 김대중 정부 이후의 역대 정부별 기능 배분에 관한 목표를 살펴보면, 다음과 같이 나타나고 있다. 김대중 정부는 지방의 자율적 행정역량의 강화를 위하여 교육자치와 자치경찰을 도입하고, 고객 지향적 서비스의 강화를 위하여 특별지방행정기관의 정비 등을 제시하고 있다. 노무현 정부는 김대중 정부의 기능 배분에 더하여 대도시 특례제도의 강화, 제주특별자치도의 추진, 자치단체 관할구역의 합리적 조정 등의 기능 배분과 동시에 기능 배분의 합리적 추진을 위한 사무구분체계의 개선과 지방분권특별법의 제정, 지방분권화 지표개발 및 분권 수준 측정제도의 도입으로 기능 배분에 관한 기반을 구축하고자 하였다. 이명박 정부는 노무현 정부의 기능 배분을 승계하되, 노무현 정부에서 달성되지 못한 사무구분체계의 개선과 교육자치제도의 개선, 자치경찰제도의 도입 및 특별지방행정기관의 정비 등을 제시하고 있다. 박근혜 정부는 이전 정부의 미달성 과제와 더불어 특별시·광역시의 자치구·군의 지위 및 기능 개편과 도의 지위 및 기능 재정립을 추가적인 목표로 제시하였다. 문재인 정부는 이전 정부의 기능 배분을 승계하고 권력기관의 민주적 개혁과제, 획기적인 자치분권 추진과 주민참여의 실질화, 지방재정 자립을 위한 강력한 재정분권, 교육 민주주의 회복 및 교육자치 강화, 세종특별자치시 및 제주특별자치도 분권모델의 완성을 국정과제로 제시하였다. 윤석열 정부는 대한민국 어디서나 살기 좋은 지방시대를 국정 목표로하여 지방시대 실현을 위한 지방분권 강화, 지방자치단체 재정력 강화, 지역인재 육성을 위한 교육혁신, 지방자치단체의 자치역량·소통·협력 강화 등을 국정과제로 제시하였다.

2) 과정의 효율성

기능 배분을 위한 추진과정의 효율성은 추진기구와 추진 절차 및 추진방법으로 구분하여 평가할 수 있다. 기능 배분을 위한 추진기구는 전술한 바와 같이 역대 정부별로 각기 다르게 나타나고 있다. 김영삼 정부와 김대중 정부에서는 기능 배분만을 위한 전담기구가 설치되었으나, 노무현 정부부터는 기능 배분과 더불어 지방자치의 발전을 포괄적으로 수립 및 추진하는 기구로 확대되었다. 이명박 정부는 지방분권촉진위원회와 지방행정체제개편추진위원회의 이원적 구조로 기능의 중복성 문제를 초래하게 되었다. 박근혜 정부에서는 지방자치발전위원회가 지방분권 및 행정체제개편을 관장하는 독립적인 기구로 설치되었으며, 문재인 정부에서는 자치분권위원회가 그 역할을 담당하였다. 특히, 문재인 정부의 자치분권위원회는 기능 배분을 관장하는 독립적인 기구로 전문성과 추진 동력의 기반을 구축한 것으로 평가할 수 있다. 윤석열 정부는 문재인 정부의 자치분권위원회와 국가균형발전위원회를 통합하여 지방시대위원회를 설치하고 자치분권 종합계획과 국가균형발전계획을 지방시대 종합계획으로 통합해 운영하고자 한다.

기능 배분을 위한 절차는 역대 정부별 추진기구에 따라 다소 다르게 나타나고 있으나, 전반적인 프로세스는 유사하다. 전반적으로 기능 배분의 추진 절차는 기본계획의 수립과 계획의 대통령보고 및 중앙부처와 지방자치단체 통보, 대상사무의 발굴 및 선정, 심의 확정 및 중앙부처와 지방자치단체 통보, 추진상황의 점검 및 이행 촉진의 권고 등의 과정을 거치고 있다. 다만, 대상사무의 이양이 부진할 경우 이에 대한 추진상황의 점검 및 결과에 기초한 이행 촉진을 권고할 뿐 실질적인 이행력을 확보할 수 있는 제도적 장치가 부재한 것이 적정한 수준의 기능 배분을 담보하지 못하는 중요한 원인이 되고 있다. 윤석열 정부는 심의·의결사항 등에 대한 이행력을 확보하기 위해 중앙지방협력회의에 이행상황 점검 결과를 보고할 수 있도록 해 지방의 입장에서 지방분권 및 균형발전 정책에 대한 점검 절차를 마련하였다.

표 11-5 역대 정부의 기능 배분 절차

김영삼 정부	김대중 정부	노무현 정부~문재인 정부
사무배분지침 수립 ↓ 재배분 대상사무 선정 ↓ 합동심의회 상정사무 선정 ↓ 합동심의회 개최 ↓ 기획관리실장회의 개최 ↓ 법령개폐작업	기본계획 수립 ↓ 추진상황의 대통령 보고 ↓ 중앙 및 자치단체장 통보 ↓ 대상사무의 중앙부처, 자치단체 및 위원회 발굴 ↓ 대상사무의 확정결과 중앙부처 및 자치단체 통보 ↓ 위원회의 추진상황 점검 ↓ 위원회의 이행촉진 권고	추진계획의 수립 ↓ 추진상황의 대통령 보고 ↓ 중앙 및 자치단체장 통보 ↓ 중앙부처 장의 실천계획 수립 및 위원회 보고 ↓ 위원회의 추진상황 점검 및 대통령 보고 ↓ 위원회의 이행촉진 권고

기능 배분의 추진방법과 관련하여 역대 정부에서는 개별 단위사무를 대상으로 이양의 심의 및 확정과 추진을 실시함으로써 이양의 실효성 확보에 미흡하다는 문제가 제기되어 왔다. 문재인 정부에서는 개별 단위사무 이양 방법 이외에 「지방이양일괄법」을 도입하여 국가 권한을 지방자치단체에게 이양하기 위해 개정되어야 하는 법률들을 하나의 법률에 모아 동시에 개정할 수 있도록 하였다. 즉, 이러한 방식을 통해 부처별로 법안을 발의하되 부처 소관 법률이 2개 이상인 경우 일괄법 형식으로 법률을 모아서 제출할 수 있다.

표 11-6 역대 정부의 기능 배분 방법

구분	김영삼 정부	김대중 정부	노무현 정부	이명박 정부	박근혜 정부	문재인 정부
개별이양	개별 단위사무 이양방법 적용					
일괄이양			이양일괄법 도입 검토			이양일괄법 도입

3) 산출의 달성도

역대 정부별로 제시한 기능 배분의 목표의 일부는 달성되었으나, 핵심적 내용은 다양한 이유로 인하여 실현되지 못하였다. 노무현 정부에서는 대도시 특례제도의 강화와 제주특별자치도의 추진, 지방분권 특별법의 제정 등이 임기 내에 이루어졌고, 이명박 정부에서는 국도 하천과 해양항만 및 식의약품을 대상으로 부분적인 특별지방행정기관의 기능 정비가 추진되었다. 기능 배분의 핵심적인 내용들인 교육자치의 개선, 자치경찰제 도입, 특별지방행정기관의 전면적인 정비 등은 다음 정부로 계속 승계되는 현상을 초래하였다. 문재인 정부에서는 자치분권 사전협의제 도입, 자치경찰제 도입, 지방일괄이양법 제정, 지방자치법 전부개정 완료, 재정분권 1단계 완료 등이 추진되었다.

4) 결과의 만족도

역대 정부의 기능 배분 결과에 대한 정책 대상집단의 만족도는 다음 〈표 11-7〉과 같이 나타나고 있다. 전반적으로 부정적인 평가가 긍정적인 평가보다 다수를 차지하고 있어 기능 배분의 결과에 대하여 만족하지 못하고 있다. 특히, 여타 집단에 비하여 지

표 11-7 기능 배분 결과의 만족도에 관한 인식[4]

구분	⇦ 부정적			응답구간		긍정적 ⇨		합계
	1	2	3	4	5	6	7	
지방공무원	3.6	7.8	21.2	31.4	22.9	9.8	3.3	100.0
관련 분야 학자	7.0	20.9	23.3	32.6	14.0	2.3	0.0	100.0
지방의원	4.6	15.0	25.5	29.4	13.1	11.1	1.3	100.0
합계	4.2	11.2	22.7	30.9	19.1	9.6	2.4	100.0

방자치 관련 학자가 상대적으로 강한 부정적 평가를 하고 있다.

제 4 절 소결: 중앙-지방 간 기능 배분의 성과 및 한계

1. 성과

1991년 지방의회가 구성되고 1995년 민선 단체장이 선출된 지 어느덧 30년이 가까워지고 있다. 이 장에서는 지방자치의 역사적 관점에서 중앙-지방 간 기능 배분의 변화가 어떠하였는지 살펴보았다. 중앙-지방 간 기능 배분의 변화에 대한 성과를 종합하면 다음과 같이 제시할 수 있다. 첫째, 역대 정부에서 지방자치의 실질적 구현을 위한 주요 전략의 하나로 기능 배분에 대한 의지를 표명하고, 지속적인 추진을 도모하여 왔다. 김영삼 정부를 제외한 역대 정부가 강력한 의지에 기초하여 구체적인 기능 배분의 목표를 제시하였고, 추진과정에서는 전담기구의 법적 지위를 강화하는 동시에 이행력을 확보하기 위한 제도적 장치 등을 마련하였다. 김대중 정부부터 지방분권 정책의 핵심의제로 기능 배분을 제시하고, 중앙권한의 지방이양뿐만 아니라 교육자치의 개선과 자치경찰의 도입 및 특별지방행정기관의 정비 등에 관한 종합적인 계획을 수립하였다. 문재인 정부에서는 32년 만의 지방자치법 전부개정으로 주민자치 원리 강화, 주민참여

4) 2021년 대통령 소속 자치분권위원회가 여론조사기관 리서치팀에 의뢰하여 기능 배분에 대한 평가를 실시하였다. 응답자 502명 중 지방공무원은 306명, 관련 분야 학자는 43명, 지방의회 의원은 153명이다.

권 신설, 지방자치단체의 주민에 대한 정보공개의무 규정 신설 등 자치분권 확대의 기틀을 마련하였다. 이뿐만 아니라, 노무현 정부부터 추진해 오던 「지방이양일괄법」 제정으로 국가 권한의 지방이양이 탄력을 받게 되었으며, 자치경찰제와 자치분권 법령 사전협의제의 도입으로 자치단체의 권한 확대를 위한 조치가 이루어졌다.

둘째, 기능 배분을 위한 전담기구를 설치하고 추진성과를 제고하기 위하여 전담기구의 법적 지위를 강화한 것도 주요한 성과이다. 즉, 기능 배분 전담기구로 지방이양합동심의회와 지방이양추진위원회, 지방분권 촉진위원회 및 지방자치발전위원회 등을 설치하였을 뿐만 아니라 김대중 정부부터는 전담기구의 법적 지위를 대통령 소속으로 강화하였다.

셋째, 기능 배분에 관한 합리적 정책 수립을 위하여 국가사무 전체를 대상으로 법령 사무분석을 실시하여 기능 배분에 대한 연도별 실태를 분석하고 있다. 1994년 총무처에서 기능 배분 실태를 조사한 이후 2010년부터는 한국지방행정연구원에서 법령사무의 분석을 통해 연도별 기능 배분 실태를 파악하여 오고 있다. 이러한 작업은 국가-지방자치단체 또는 광역-기초 간 분권 수준 측정 및 자치분권 확대를 위한 기초자료로 활용될 수 있을 것이다.

2. 한계

그간의 중앙-지방 간 기능 배분의 성과에도 불구하고 기능 배분의 한계점은 다음과 같으며 이에 대한 보완이 필요하다. 첫째, 중앙-지방 간 기능 배분을 개선하기 위한 핵심적 과제들에 대한 목표를 충분히 달성하지 못하였다. 개별 단위사무들의 지속적인 이양에도 불구하고, 교육자치 및 특별지방행정기관 등 기능 배분의 핵심적 과제들은 개별 부처들의 반대로 인하여 제대로 추진되지 못하였다. 일례로, 자치경찰제도가 도입되었지만 무늬만 자치경찰제라는 비판이 계속되고 있다. 자치경찰제가 성공적으로 시행되기 위해서는 자치경찰 관련 법·제도에 대한 정비가 시급히 이루어져야 한다.

둘째, 자치분권 입법의 성과에도 불구하고 하위법령의 미비로 지방자치단체의 수용성을 제고하지 못하였다. 법령에서 자치사무로 규정하고 있음에도 불구하고 중앙부처에서 사전승인을 받도록 하거나, 협의·보고·동의 등 절차로 자치권을 침해하는 사례가 빈번하게 발생하고 있다. 특히, 사무이양에 따른 행·재정의 동시 이양이 추진되지 못함으로써 지방자치단체의 수용성을 제고하지 못한 점은 아쉬운 부분이다.

셋째, 중앙권한의 지방이양을 통해 배분된 기능들도 다수가 집행사무에 편중되어 기능 배분에 대한 주민들의 체감도가 낮은 것으로 평가되고 있다. 중앙부처 중심의 이양으로 지역 현안 연계와 자치단체별 수요 수렴에 미흡하였다. 코로나19에 따른 경기상황이나 지역 현황을 반영하여 주민의 체감도를 높이는 이양 방안이 강구되어야 할 것이다.

마지막으로, 국가와 광역자치단체 간 기능 배분에 비하여 국가와 기초자치단체 간 또는 광역과 기초 간 기능 배분은 충분히 다루어지지 못했다. 광역자치단체와 기초자치단체 간에도 기능 중복 등의 문제가 지적되어 왔으나, 국가와 지방자치단체 간 기능 배분에 초점을 둠으로써 지방자치단체 간 기능 배분을 소홀하게 다룬 측면이 있다.

참고문헌

금창호 외(2021). 『지방자치 30년 평가와 자치분권 미래비전 및 추진전략』. 한국지방행정연구원 자체연구 2021-02.

자치분권위원회(2021). 자치분권위원회 지방이양 현황 관련 내부 자료.

행정안전부(2022). 제2차 지방일괄이양 추진 12개 법안, 국무회의 의결. 행정안전부 보도자료.

허승원(2022). 지방자치분권 및 지역균형발전에 관한 특별법 제정(안). 지방분권과 지역균형발전의 통합적 추진 토론회.

제12장

재정분권

최정우(한국지방재정공제회)

제 1 절 재정분권이란 무엇인가

1. 재정분권의 개념과 의의

정부는 국민의 삶의 질을 제고하기 위해서 사회복지, 교육, 국방, 경제개발 등 다양한 분야의 공공서비스를 제공한다. 정부가 정책을 추진하고 공공서비스를 제공하기 위해서는 이에 필요한 재원을 국민으로부터 세금을 통해 마련하고, 우선순위에 맞춰 지출하는 활동을 하게 된다. 이와 같이 국민, 기업으로부터 거두어들인 세금 등을 기반으로 공공재 및 공공서비스의 제공을 위해 지출하는 정부부문의 경제활동을 통칭하여 재정이라고 표현한다(국회예산정책처, 2021: 14). 재정을 효과적으로 운용하기 위해서는 국민의 요구에 맞춘 공공서비스를 효율적으로 제공하는 것이 필요하다. 따라서 보다 국민과 가까운 곳에서 국민의 요구에 부응하고, 효율적으로 공공서비스를 제공하기 위해서 정부는 지방자치단체와 재정운용의 권한을 나누고 있다. 이러한 권한을 바탕으로 지방자치단체는 지방재정을 운용한다.

국가재정에 대응하는 개념인 지방재정은 “지방자치단체의 수입 및 지출활동과 지방자치단체의 자산 및 부채를 관리・처분하는 모든 활동”(지방재정법 제2조)으로, “지방자치단체가 관할 지역 내에서 공공 욕구를 충족시키는 데 필요한 서비스를 획득, 관리,

사용하는 경제활동"을 의미한다(손희준 외, 2011: 23). 우리나라는 지방자치단체가 관할 구역 내에서 지방자치단체의 책임 하에 소관 사무를 자율적으로 처리하는 자치권을 갖고 행정을 수행하고 있으므로, 자치권을 통한 효과적인 행정 구현을 위해서는 지방자치단체의 필요에 맞는 수입을 세금을 통해 확보하고, 주민의 수요에 맞춘 공공서비스를 자율적으로 결정해주는 권한, 즉 지방자치단체의 책임 하에 지방재정을 자율적으로 운용할 수 있는 권한을 확보하는 것이 필요하다.

지방자치를 실시하고 있는 우리나라는 헌법 제117조 제1항을 통해 자치입법권, 자치조직권, 자치행정권, 자치재정권 등 지방자치단체가 일정한 지역 안에서 중앙정부로부터의 간섭없이 스스로 행정을 펼칠 수 있는 자치권을 보장하고 있다. 이러한 맥락에서 지방자치단체가 지방재정운용의 모든 권한을 지닌 것으로 이해할 수 있다. 하지만, "지방자치단체가 고유사무 처리에 필요한 경비를 자주적으로 조달하고 관리하는 권한"(류영아 외, 2015: 224)인 자치재정권과 관련하여 우리나라는 법률로 정하는 바에 따라 지방세를 부과·징수할 수 있도록 규정하고 있어(지방자치법 제152조), 지방자치단체의 자치법규인 조례를 통해 세금을 신설하거나 또는 세율을 결정하지 못하는 등 자치재정권에 제약이 존재한다.[1] 따라서 성공적인 지방자치를 위해서는 지방자치단체의 자치재정권을 강화시키는 재정분권(local decentralization)이 매우 중요하다고 할 수 있다.

재정분권에 대해 학문적으로 통일된 개념 정의는 마련되지 않고 있어 학자들마다 다양하게 정의하고 있으며(손희준, 2018; 류영아, 2020 등), 이로 인해 다의적인 의미를 지니고 있다. 후카사쿠와 멜로(Fukasaku & Mello, 1999)는 "중앙정부가 하위 지방정부에 대해 세입 및 세출 등에 관한 재정적 권한과 기능을 이양하는 것"(김흥환, 2018: 3 재인용)으로 정의하고 있으며, 김정훈(2007)은 "공공서비스의 제공에 따르는 재정적 권한과 책임을 여러 단계의 정부에 배분하는 것"으로 정의한다. 한편, 최병대(2013)는 "중앙정부와 지방정부 간의 권한배분 관계로 통치상의 권한이 지방정부에 분산되어 있는 체제를 의미하는 것으로 중앙집권과 상반되는 개념"으로 정의한다. 이러한 다양한 학자들의 정의를 종합하면 "중앙정부가 지방정부에 조세·지출 등 자원할당 권한과 책무 일부를 이전함으로써 지방자치단체가 고유 업무를 수행하기 위해 필요한 자율 세입 및 세출

1) 우리나라는 일부 세목에 대해 탄력세를 적용하여 법률이 정하는 한도 내에서 세율을 조정할 수 있도록 하고 있다. 다만, 이러한 탄력세의 적용은 법률이 정하는 한도를 초과하여 운영할 수 없기 때문에 지방자치단체에게 자율권을 전적으로 인정해 주는 제도로 보기에는 한계가 있다.

권한을 확보하는 것"(Hague & Martin, 2004; 정재진, 2011; 국회예산정책처, 2021)으로 종합할 수 있다. 학자들의 재정분권에 대한 시각을 살펴보면 재정분권은 크게 중앙정부로부터 재정적 권한(자율성)과 기능(책임성)을 이양받는 것을 주요한 내용으로 한다(류영아, 2020). 재정분권을 통해 지방자치단체가 정책을 지방자치단체의 자율성을 바탕으로 책임있게 추진할 수 있다는 점을 고려하면 지방자치에 있어서 재정분권은 가장 핵심 수단이라고 할 수 있다. 재정분권의 강화는 지방자치에 있어 다음과 같은 다양한 의의를 지닌다(임성일, 2003: 2; 김홍환, 2018).

첫째, 중앙정부로부터 지방자치단체의 재정운용 자율성이 제고되는 것을 의미한다. 재정분권이 강화되면 지방자치단체가 과세자주권을 신장하여 지방이 자율적으로 사용할 수 있는 자체수입의 증가를 도모할 수 있게 되고, 이를 바탕으로 주민에게 제공할 서비스와 관련된 의사결정을 중앙정부의 개입없이 지방자치단체가 자율적으로 할 수 있는 영역이 확대된다.

둘째, 국가의 재정운용이 중앙정부 중심의 보편적이고 획일적인 재원배분에서 탈피하여 지방자치단체마다 특수성을 고려한 재원배분을 할 수 있도록 재원배분이 변화함을 의미한다. 중앙집권의 성향이 강하면 중앙정부가 재정운용의 상당부분을 결정하므로, 모든 지역에서 동일한 서비스를 받을 수 있도록 재원배분이 이루어지지만 재정분권이 강화되면 각 지방자치단체마다 주민의 수요와 지역 특성을 고려한 맞춤형 행정서비스 제공을 도모하게 되고, 이 과정에서 특수성을 고려한 재원배분이 이루어진다. 이 과정에서 중앙정부가 수행하던 다양한 사무들이 지방에서 수행되면서 중앙정부의 사무처리 권한도 지방자치단체로 이양되어 지방자치단체의 기능이 강화된다.

셋째, 재정운용의 권한 강화와 함께 지방자치단체의 책임성이 강회된다. 지방재정의 확충은 중앙재정의 축소를 야기한다. 지방자치단체의 재정이 부족하여 야기되는 기초 공공서비스 제공에 어려움이 있으면 중앙정부가 보조해주는 구조에서 지방자치단체가 스스로 해결해야 하는 재정운용으로 변화하게 된다. 따라서 지방자치단체는 강화된 재정분권에 상응하는 재정운용의 책임성을 강화해야 한다.

2. 재정분권의 유형

재정분권은 크게 세입분권과 세출분권으로 구분할 수 있다(이상범, 2016; 박근후, 2019).

세입분권은 "중앙정부의 이전재원에 의존하지 않고, 세입에 관한 자기결정권과 자기책임을 갖는 것"을 의미한다(이상범, 2016: 68). 세입분권에서의 핵심은 국고보조금과 같이 중앙정부의 관리·감독을 받아 지방자치단체가 지출대상 및 내용 등을 자율적으로 결정하지 못하는 이전재원 외에 자율성을 갖는 지방세, 시설사용료 등으로 구성된 세외수입, 그리고 지출에 있어서 사용 목적이 정해지지 않은 지방교부세 등을 최대한 확보하는 것을 의미한다.[2] 세입분권의 목표는 중앙정부와 지방자치단체 간 재원의 불균형인 '수직적 재정불균형'을 완화하는 것이다(박근후, 2019). 자율성을 갖는 재원을 확보하는 방안은 크게 두 가지로 구분할 수 있으며, 이에 따라 양적 분권과 질적 분권으로 구분할 수 있다(윤영진, 2016; 박근후, 2019: 4). 세입에 있어서의 양적 분권은 지방자치단체가 자율성을 갖는 재원의 확충에 주목한다. 이 관점에 따르면, 이전재원을 통해 지방자치단체의 재정규모가 확충되는 것도 재정분권으로 인식한다(조임곤, 2017). 한편, 세입 측면에서의 질적 분권은 세입에 있어서 지방자치단체의 재량권의 확대를 의미한다. 구체적으로는 국세의 지방세 이양, 지방세의 세목 및 세율 결정권 등을 포함하는 과세자주권, 지방자치단체가 지방채를 발행할 수 있는 지방채 발행 자율권 지방 공공서비스 및 시설 이용료 등의 요금결정권 등을 포함한다.

세출분권은 "지방정부가 독자적이고 자율적으로 공공서비스를 제공할 수 있는 권한을 가지는 것"(박근후, 2019: 4), 지방자치단체가 지출에 있어 자율성을 확보하는 것을 의미한다(이상범, 2016: 69). 중앙정부가 지방자치단체에 주는 대표적인 이전재원인 국고보조금의 경우 중앙정부가 재원의 사용 목적과 내용을 정해두고 이를 지키지 않을 경우 지방자치단체에 제재를 가한다. 이러한 재원은 지방자치단체의 전체 재정규모는 증가시켜 주나 지방자치단체가 자율적으로 지출하는 데에는 재약을 가한다. 반면, 지방교부세의 대부분을 차지하는 보통교부세는 중앙정부의 이전재원이나 사용목적에 대한 제한이 없는 재원으로 지방자치단체의 지출에 있어 자율성이 보장된다. 따라서 세출분권의 핵심은 재원의 성격보다는 재원을 자율적으로 사용할 수 있는 지출 결정권과 지출에 대한 책임성으로 요약된다. 세출분권 또한 그 특성에 따라 양적인 세출분권과 질적 세

---

2) 지방교부세의 경우 지출에 있어서 사용목적이 정해지지 않았기 때문에 지방자치단체의 세출 자율성을 확보해주는 재원이나, 교부세 배분은 중앙정부가 정해놓은 산식을 통해 이루어지고, 산식 마련 과정에서 중앙정부의 의도가 반영되고 지방교부세 또한 중앙정부의 이전재원에 속하기 때문에 엄격한 의미에서는 세입분권의 확보수단으로 보기에는 한계가 있다.

표 12-1 재정분권의 유형과 수단

구분	양적 분권	질적 분권
세입분권	지방자치단체의 세입규모 확충: 중앙정부 재원 이전 등	지방자치단체의 세입 결정권: 과세 자주권, 공공서비스 요금 결정권 등
세출분권	지방자치단체의 세출규모 증대: 이전재원 확충 등	지방자치단체의 세출 결정권: 예산편성 및 집행 자율성, 주민참여 확대 등

출분권으로 구분할 수 있다(윤영진, 2016; 박근후, 2019: 4). 양적인 세출분권은 지방자치단체가 지출하는 재정규모의 확대를 의미하며, 질적인 재정분권은 예산편성 및 집행의 자율성, 예산과정에 있어서의 주민참여 등으로 구체화된다.

3. 재정분권의 이론적 배경

1) 제1차 재정연방주의와 제2차 재정연방주의

재정분권은 지방자치의 확립에 있어서 매우 중요한 수단이다. 또한 지역의 주민들에게 있어서 보다 높은 접근성을 가지고 행정을 수행하는 지방자치단체의 특성상 중앙정부에 비해 국민의 행정수요에 신속하게 반응하고 지역 특성을 고려한 맞춤형 공공서비스 제공으로 재정운용의 효과성을 제고하고 자원배분의 효율성을 증대시킬 수 있다는 장점을 지니고 있다. 하지만, 지방자치단체의 재정운용과정에서 발생하는 비효율, 낭비사례 등으로 인해 재정분권에 대해 부정적으로 보는 시각도 존재한다. 재정분권에 대한 이와 같은 상반되는 입장은 오래전부터 이어져 왔다.

티부(Tiebout, 1956)와 오츠(Oates, 1972)로 대표되는 재정연방주의 이론은 1950년도 초기부터 발전하였으며, 재정분권과 관련한 전통적인 관점이다. 이러한 관점에서 바라보는 중앙집권체제는 다양한 주민의 선호나 요구에 대해 신속하게 대응하지 못하고 그 효과성도 부족한 것으로 인식한다. 따라서 국가 전체의 자원배분은 효율적으로 이루어지지 못하는 것으로 인식한다(이상범, 2016: 67). 따라서 이 관점에서는 중앙정부에 비해 주민에게 보다 가까이 있어 주민의 선호나 요구를 잘 파악할 수 있는 지방자치단체에 재정권한을 이양해야 한다고 주장한다(박상우, 2013: 20). 특히, 티부(Tiebout, 1956)에 따르면 주민들은 세금과 공공서비스의 특성에 맞춰 자유로운 거주지의 이동이 가능하기 때문에 지방정부 간에는 경쟁이 발생하고, 이로 인해 중앙정부에 비해 지방자치단체가 효율적인 행정서비스 제공이 가능하다고 본다.

한편, 제2차 재정연방주의는 공공선택이론과 정치경제학의 이론을 근거로 1990년대 중반부터 발전해 왔다(이상범, 2016: 88). 이 관점에서는 기존의 효율적인 지방자치단체의 운영에 부정적인 시각을 갖는다. 제2차 재정연방주의는 1990년대 남미 등에서 지방정부의 주체인 자치단체장, 지방관료, 지방의원 등이 사익을 추구하는 등 왜곡된 전략적 행위에 대한 비판에서 시작되었다(박상우, 2013: 21). 제2차 재정연방주의의 관점에서 지방자치단체는 재정을 방만하게 운용할 수 있음에 주목한다. 따라서 지방자치단체가 보다 책임성을 가지고 재정을 운용할 수 있도록 제도적 장치를 마련하는 데 관심을 갖는다. 세부적으로 제2차 재정연방주의는 연성예산제약이론, 공공선택이론, 사회・제도학파 등으로 구분하여 발전하게 된다(박상우, 2013: 21).

공공선택이론의 관점에서 지방자치단체의 관료나 정치인들은 공익보다 사익을 추구할 수 있으며, 이러한 시각에서 지방자치단체의 재정운용은 중앙집권체제보다 비효율적일 수 있음을 지적한다. 이와 같은 기조는 연성제약(soft budget constraint)이론에서도 동일하게 나타난다. 연성제약이론에서는 지방자치단체가 파산하는 상황이 올 경우 중앙정부는 궁극적으로 파산을 방지하기 위해 지방자치단체를 지원할 수밖에 없다는 내용을 가정한다(이상범, 2016: 68). 즉, 지방자치단체는 강한 예산의 제약을 받는 것이 아니라 중앙정부로부터의 보조금 등을 통해 약한 예산의 제약을 받는다. 따라서 지방자치단체는 중앙정부로부터의 지원이 이루어질 것을 예상하여 재정을 효율적으로 운용할 유인이 줄어들게 된다. 공곤선택이론과 연성예산이론은 재정분권으로 인한 지방자치단체 재정운용의 단점을 부각하고 있으나 이와는 달리 사회・제도주의학파이론은 제1차 재정연방주의와 맥락을 같이한다.

사회・제도주의학파에서는 지방자치단체의 책임성을 확보하여 전술하였던 재정분권의 부작용이 극복될 수 있다는 입장을 견지한다. 재정운용과 관련된 의사결정 과정에 주민의 참여 폭을 넓히고 주민이 재정운용을 감시하여 공공선택이론에서의 정치인 및 관료의 사익추구를 방지하고, 지방자치단체의 재정운용 책임성을 강화하여 효율적인 재정운용이 이루어질 수 있을 것으로 주장한다(박상우, 2013: 22).

2) 정부간 관계론

앞선 재정연방주의의 내용은 재정분권의 필요성에 대한 논의라면 정부간 관계론은 재정분권의 수준에 대한 내용을 주로 다룬다. 재정분권은 중앙정부와 지방자치단체 간의 권한에 대한 내용으로 권한을 어느 수준까지 부여할 것인지도 중요한 주제가 된다. 이와 관련하여 정부간 관계론은 재정분권의 수준을 판단할 수 있는 준거를 제공한다.

정부간 관계(InterGovermental Relations: IGR)는 중앙정부와 지방정부 주체들 간의 법적, 정치적, 행정적 관계를 의미한다(이승철, 2017: 195). 전통적으로 정부간 관계는 중앙정부와 하위정부와의 관계를 대리인, 동반자, 상호의존형의 세 가지 모형으로 구분하여(이승철, 2017: 196-197). 중앙정부가 하위정부를 관리·감독 또는 통제의 대상으로 인식하는지 아니면 협력적 동반자로 인식하는지를 판단할 수 있게 한다. 대리인모형은 기본적으로 지방정부가 중앙정부의 하위기관으로 역할을 하게 되며, 중앙정부가 결정한 정책을 집행하는 기능을 수행한다. 이 관점에서의 지방정부는 중앙정부의 통제 및 관리 대상으로 지방정부가 갖는 재량 수준이 미미하며, 지방정부가 단독으로 제공하는 공공서비스도 많지 않다. 반면, 동반자모형은 중앙정부와 지방정부가 대등한 관계를 갖는다. 지방정부는 일정 수준 이상의 고유 권한과 고유 사무 처리 영역, 그리고 재량권을 확보하고 있어 일방적인 중앙정부의 통제를 받지 않는다. 특히, 중앙정부가 통제력을 행

표 12-2 정부간 관계 모형

구분	내용
대리인모형	• 지방정부가 중앙정부의 대리인 역할 담당 • 중앙정부는 지방정부를 하위기관으로 인식하여 통제 • 지방정부는 중앙정부의 감독 하에 국가정책을 집행 • 지방정부의 자율성과 재량이 부족
동반자모형	• 지방정부가 국가로부터 위임받은 사항을 수행하지만 지방정부 고유의 권한을 일정 수준 이상 확보 • 지방정부도 일정 수준 권한과 재량을 가지고 있어 양자 간의 관계(갈등, 협력 등)에 있어 지방정부의 의지도 크게 작용 • 중앙과 지방은 상호협력적이고 국정의 파트너로 동등한 권리와 의무를 지는 관계
상호의존모형	• 중앙정부와 지방정부는 상호의존적인 관계로 설정 • 법적 권한, 재정, 정보와 전문성, 존립의 정당성과 시민의 동의 등의 측면에서 중앙과 지방이 상호의존적인 양상을 보임

출처: 이승철(2017: 196-197) 재구성.

사할 수 있는 사안도 법으로 규정되어 있어 그 외의 사안에 대해서는 지방정부에 강제력을 행사할 수 없다. 마지막으로, 상호의존모형은 대리인모형과 동반자모형을 현실적으로 반영한 모형으로, 중앙과 지방 간 업무가 중첩되어 협력이 필요한 사안이 존재하며, 이에 대해서는 중앙정부가 필요에 따라서는 통제력을 행사하기도 하지만, 기본적으로는 설득과 상의, 견제와 거절, 협력 등의 다양한 수단이 동원된다.

제 2 절 한국의 재정분권 현황 및 정책 방향

1. 재정분권의 현황

지방재정의 세입은 크게 지방자치단체 고유 세원에서 나오는 지방세와 중앙정부로부터 지방교부세, 국고보조금 등의 이전재원을 받아 이루어진다. 이외에도 지방자치단체가 공공서비스를 주민에게 제공하여 받게 되는 이용료 등의 세외수입과 지방채 발행 등으로 구성된다. 이렇게 확보한 세입으로 주민에게 행정서비스를 제공한다. 주민은 지방자치단체가 공급하는 공공서비스 외에도 중앙정부가 전 국민에게 보편적으로 제공해야 할 사회복지 등의 공공서비스를 제공받게 된다. 중앙정부가 지방으로 이전재원을 확대하거나, 조세 중 지방세로 받을 수 있도록 세원을 지방자치단체로 이양하거나, 지방세의 신설 또는 기존 지방세의 세율 조정을 자유롭게 할 수 있도록 권한을 이양하면 지방자치단체의 재정분권이 강화되고, 이를 바탕으로 지방자치단체가 보다 많은 공공서비스를 주민에게 제공할 수 있게 된다. 한편으로는 지방자치단체가 공공서비스를 제공함에 있어 자율적으로 이를 결정할 수 있는 권한을 확대해주거나, 자유롭게 사용할 수 있는 이전재원을 확충해 줄 경우 세출분권이 강화된다.

재정분권 중 세입분권의 현황을 살펴보는 가장 대표적인 지표는 국세 대비 지방세 비율이다. 최근 10년 간 국세 및 지방세 변화 추이를 살펴보면 지속적으로 지방세 비중이 커지고 있어 세입 측면의 재정분권이 강화되고 있는 것을 알 수 있다. 2000년 국세는 92.9조 원, 지방세는 20.6조 원으로 국세 대비 지방세 비율은 18.1%에 불과하였다. 하지만, 지방소득세 및 소비세 신설 등의 국세의 지방세 이양 등의 노력을 통해 2020년

그림 12-1 중앙정부와 지방자치단체의 재정관계

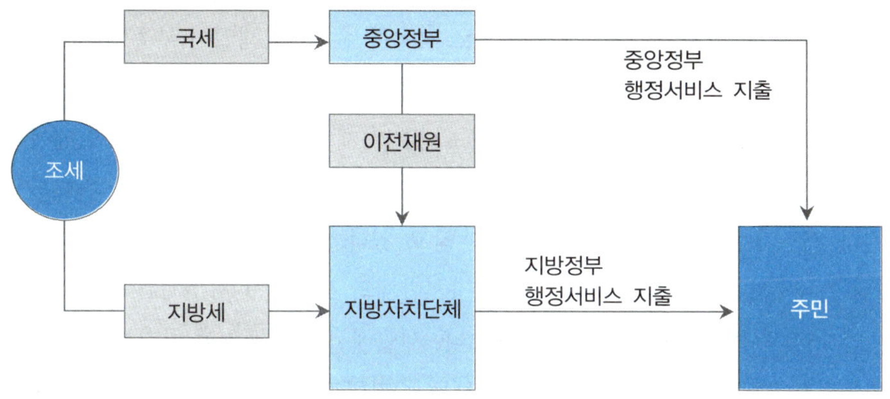

출처: 국회예산정책처(2021: 6) 재구성.

그림 12-2 국세 대비 지방세 비율 변화

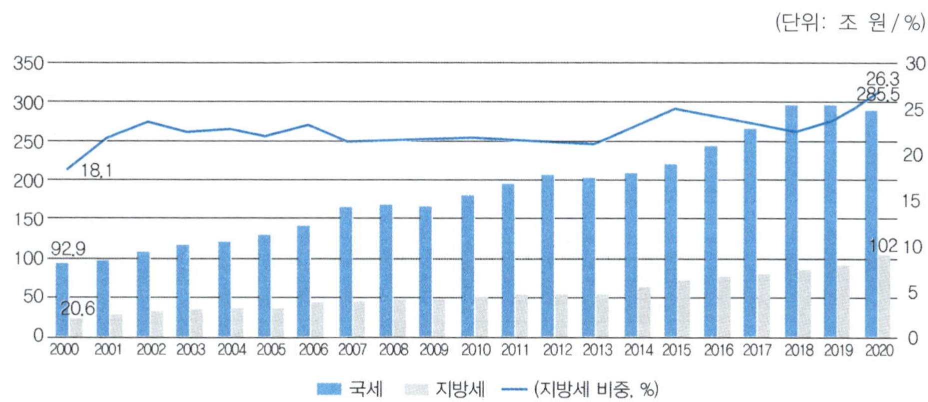

출처: e-나라지표.

기준 국세 대비 지방세 비율은 26.3%로 증가하였다.

지방자치단의 고유 재원인 지방세의 비중과 규모는 지속적으로 증가하고 있으나 지방자치단체의 전체 세입에서 차지하는 비중은 아직도 개선되지 않고 있다. 전체 세입에서 지방세, 공공서비스 이용료 등의 세외수입 등 지방자치단체의 자체세입이 차지하는 비율을 의미하는 재정자립도의 변화를 살펴보면 2010년 52.2%에서 2022년 49.9%로 오히려 감소하였다. 여전히 세입에서 국고보조금 등 이전재원이 차지하는 비중이 크다는 것을 의미하며, 지방자치단체가 자율적으로 사용할 수 있는 세입이 부족함을 의미한다. 지방자치단체의 세입원 중 지방교부세는 사용목적을 중앙정부가 정해두지 않은 이전재원으로 지방자치단체의 세출 자율성을 확보해주는 재원이다. 이에 전체 세입에서 재정자립도를 산출하는 자체재원에 지방교부세를 포함하여 산출한 재정자주도 변화를 살펴본 결과 재정자주도 또한 크게 변화하지 않고 있다. 2010년 75.7%였던 재정자주도는 2022년 73.4%로 오히려 감소하였다. 지방자치단체의 세입에서 자주재원이 차지하는 비중은 약 75% 수준으로 높다고 볼 수 있으나, 세입에서 자주재원이 차지하는 비중은 크게 변동되지 않고 있다. 즉, 지방세의 규모는 증가하고 있으나 아직도 지방자치단체의 세출 재량권을 침해할 수 있는 이전재원이 많이 있다는 것을 의미한다.

지방자치단체의 지출규모를 살펴보면 지방재정의 지출규모는 2021년 기준 263.1조원으로 지속적으로 증가추세에 있으며, 중앙정부와 지방자치단체 전체 예산규모 중 38.7%를 차지하고 있다. 전체 예산 중 지방예산 구성비는 2010년 38.2%에서 증가추세

그림 12-3 재정자립도 및 재정자주도 변화

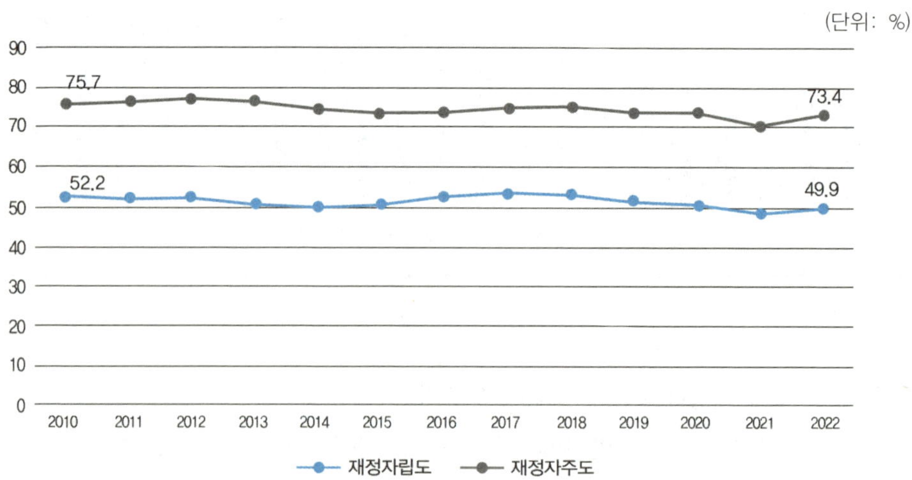

주: 당초예산, 순계, 일반회계 기준/세입과목 개편 전 자료.
출처: e-나라지표.

그림 12-4 국가예산과 지방예산의 비교

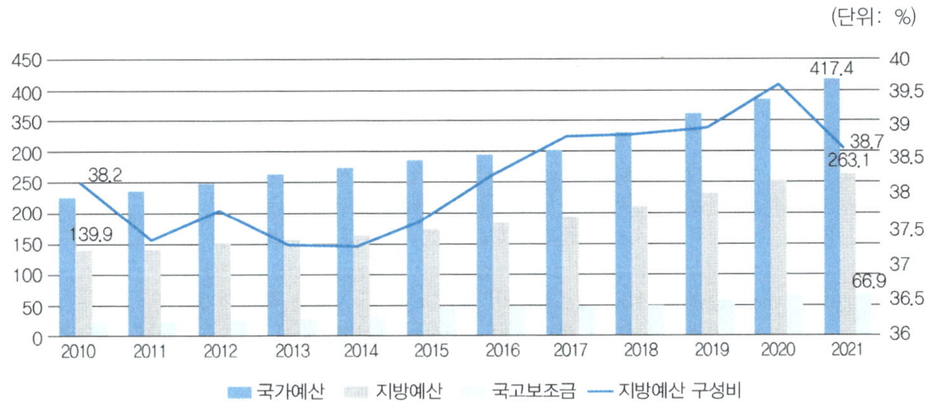

주: 본예산 기준.
출처: e-나라지표.

를 보이나 2021년 감소하였다. 이러한 추세를 보면 지방자치단체의 전체 국가재정에서 지방자치단체의 지출규모가 양적으로 커지고 있어 세출분권이 강화되는 것으로 이해할 수 있다. 다만, 지방자치단체의 자율적인 지출을 제약하는 국고보조금 또한 지속적으로 증가하고 있어 질적인 세출분권이 강화되었다고 보기에는 추가적인 논의가 필요하다.

2. 재정분권의 정책 방향

1995년 민선 지방자치단체장 선출로 지방자치가 시행된 이후 역대 정부는 지방분권의 일환으로 재정분권을 위해 많은 정책을 추진하였다. 주로 노무현 정부 이전까지는 재정분권보다는 자치권을 중심으로 한 지방분권에 많은 관심을 기울인 것으로 평가된다(류영아, 2020: 2). 역대 정부별로 추진사항을 살펴보면 세입 측면에서는 지방세 신설, 세율인상, 탄력세율 적용 등으로 세입분권이 강화되었다. 세출 측면에서는 재정집행의 자율성을 신장해주었으며, 주민의 참여와 주민에 대한 지방자치단체의 책임성을 강화할 수 있는 제도들이 도입되었다.

표 12-3 역대 정부의 재정분권 추진사항

구분	주요 추진사항
김대중 정부 (1998~2003)	• 휘발유에 부과하는 국세인 교통세 중 일부를 주행세로 전환(2000년) • 국세인 교육세의 일부를 지방교육세로 전환(2001년) • 공동시설세 탄력세율제 개선(2002년)
노무현 정부 (2003~2008)	• 지방교부세율을 15.0%→19.13%로 인상(2005년) • 내국세의 0.83%를 재원으로 하는 분권교부세 신설(2005년) • 국가균형특별회계를 신설하여 포괄보조사업 도입(2004년) • 종합부동산세를 재원으로 하는 부동산교부세 신설(2006년) • 담배소비세율 인상(담배 한 갑당 510원→641원)(2006년) • 사업별 예산제도를 도입하여 집행과정에서 자율성 확보(2005년) • 지방예산편성지침 폐지, 지방자치단체 예산편성지침 시달제도 개선(2005년) • 주민참여예산제도(2005년) 및 재정공시제도 도입(2006년)
이명박 정부 (2003~2008)	• 국세 중 소득세 및 법인세와 동일한 과세대상 및 과세표준에 대해 그 결정세액의 10%를 부과하는 지방소득세 신설(2010년) • 국세인 부가가치세의 5%를 재원으로 하는 지방소비세 신설(2010년) • 수도권 지방자치단체(서울, 경기, 인천)의 지방소비세 세수의 35%를 재원으로 하는 상생발전기금 신설(2010년) • 지방세감면조례 허가제 폐지(2011년)
박근혜 정부 (2013~2017)	• 지방소비세 세율을 5%→11%로 인상(2013년) • 담배소비세율 인상(담배 한 갑당 641원→1,007원)(2015년) • 담배분 개별소비세의 20%를 재원으로 하는 소방안전교부세 신설(2015년) • 노인, 정신요양, 장애인생활시설 등의 사업을 국고보조사업으로 전환하여 분권교부세 폐지(2015년)
문재인 정부 (2017~2022)	• 지방소비세 세율을 25.3%로 인상(2021년) • 담배분 개별소비세의 20%→45%를 재원으로 소방안전교부세 확충(2020년) • 지방소멸대응기금 설치(2021년)

출처: 국회예산정책처(2021: 88), 탁현우 외(2019: 172~173) 재구성.

김대중 정부(1998~2003년)는 국세의 일부를 지방세로 이양하여 세입기반을 강화했으며, 공동시설세에 대한 탄력세를 적용하여 지방자치단체가 세율 결정의 자율성을 제고할 수 있었다. 노무현 정부(2003~2008년)는 지방분권이 국정과제로 선정되어 재정분권에 대한 다양한 정책이 추진되었다. 국고보조금을 지방자치단체로 이양하는 분권교부세, 부동산교부세 등을 신설하고, 지방교부세의 세율을 높여 지방교부세 규모를 늘려 지방자치단체의 세출 자율성을 강화하였다.

한편, 이명박 정부(2008~2013년)는 지방재정 확충을 위해 지방세 구조개선과 지방교부세 제도개선 등을 추진하여(손희준, 2019: 454), 지방자치단체의 세입분권을 강화하였다. 지방소비세와 지방소득세를 도입하여 지방재정의 세입이 증가하였다. 또한 지역 간 불균형을 해소하기 위해 수도권의 지방소비세 일부를 재원으로 하는 상생발전기금을 신설하였다. 또한 지방자치단체의 지방세감면 허가제를 폐지하여 지방자치단체가 지방세 감면을 자율적으로 결정할 수 있도록 제도적 장치를 마련하였다. 다만, 이명박 정부는 지방세인 취득세 세율을 인하하여 세입감소를 야기하기도 했다. 이후 출범한 박근혜 정부(2013~2017년)는 지방소비세율 및 담배소비세율 인상 등으로 세입 여건을 개선하였다. 다만, 담배가격에 국세인 개별소비세를 새로 신설하여 지방재정의 세입 감소를 유발했다. 또한 영유아보육서비스 및 기초연금 제도를 도입하여 지방자치단체의 세출 부담이 가중되기도 했다.

마지막으로, 문재인 정부(2017~2022년)는 자치분권 및 균형발전을 국정 방향으로 정하고, 이를 뒷받침하기 위한 강력한 재정분권의 기반을 조성하고자 노력했다. 구체적으로, 지방소비세율 인상, 소방안전교부세 확충, 지방소멸대응기금 설치 등을 추진하여 세입기반을 강화하였다.

제 3 절 재정분권의 주요 쟁점과 추진 방향

지방자치가 시행된지 30여 년이 지났지만 아직도 재정분권은 양적 상정에도 불구하고 정부의 중요한 과제로 자리잡고 있다. 이는 재정분권이 지방자치에 있어 높은 중요성을 지닌다고 볼 수도 있지만 아직도 지방자치단체에서 만족할 만한 수준이 아님을 의미한다. 지방재정분권은 중앙정부와 지방자치단체의 관계이지만 중앙정부 또한 국가재정을 담당하는 기획재정부와 지방재정을 담당하는 행정안전부, 그리고 지방자치단체 또한 시・도 등의 광역자치단체와 시・군・자치구 등의 기초자치단체 간 관계도 고려해야 한다. 따라서 다양한 관계 속에서 다양한 쟁점이 자리잡고 있다. 재정분권과 관련된 쟁점으로는 중앙정부-지방자치단체 간 합의, 재정분권으로 야기되는 재정불균형 해소, 지방자치단체의 책임성 확보 등이 있다(류영아, 2020: 4).

첫째, 중앙정부와 지방자치단체 간 합의이다. 중앙정부 내에서도 재정분권에 대한 부처마다의 입장이 상이하며, 지방자치단체 또한 광역자치단체와 기초자치단체, 그리고 수도권과 비수도권 등의 입장이 다르다. 국세를 지방세로 이양하거나 지방세의 세율을 조정해주는 방안에 해대 각자의 이해관계가 다르기 때문이다. 우리나라의 지방세는 크게는 광역자치단체와 기초자치단체의 세목이 상이하다. 따라서 특정 세목의 세율을 조정해주거나 국세를 이양할 때의 과세주체를 결정할 때 지방자치단체마다 세입확충 수준이 달라진다. 따라서 세입분권으로 야기되는 재정불균형을 억제할 수 있는 재정조정제도의 개선도 수반되어야 한다. 따라서 지방재정에 많은 파급효과를 유발하는 재정분권의 추진 시 다양한 주체 간 협력이 요구된다. 하지만, 우리나라의 재정분권은 중앙정부 주도로 재정분권 정책을 추진하고 있다는 평가가 있다(류영아, 2020: 4). 재정분권을 추진하는 중앙정부 내에서도 재정분권으로 인해 재정운용의 비효율과 낭비가 발생할 수 있다는 우려, 중앙정부의 재정 악화 등으로 인해 상반된 입장이 존재한다. 따라서 다양한 주체 간 합의가 어려워 재정분권이 효과적으로 이루어지기 어렵다.

둘째, 재정분권으로 야기되는 재정불균형 해소에 대한 논의가 필요하다. 지방자치단체마다 세입여건이 다르기 때문에 재정분권이 강화되면 지방자치단체간 재정 불균형이 심화될 우려가 있다. 예를 들어, 지방소비세의 경우 재정분권을 위해 추진되었으나 세입액이 수도권 지역에 집중되어 지방의 재정불균형이 심화될 것을 우려하여 서울, 인천, 경기의 지방소비세의 일부를 재원으로 지역상생발전기금을 만들기도 했다. 이러한 지정분권이 야기하는 재정불균형 현상은 지방자치단체가 간 재정분권 방향에 대한 합의를 어렵게 한다.

셋째, 지방자치단체의 책임성 확보와 재정 자율성 간의 상충성이다. 재정분권은 지방자치단체의 특성을 반영한 공공서비스 제공 등으로 국가재정 배분의 효율성을 확보할 수 있게 된다. 다만, 지방자치단체가 합리적인 재정운용을 했을 경우가 가정된다. 지방자치단체의 주요 의사결정자가 사익을 추구할 경우에는 중앙집권체제보다 비효율적으로 운영된다. 따라서 제2차 재정연방주의의 관점에서는 지방자치단체의 책임성을 확보할 수 있는 다양한 제도를 고안하게 된다. 문제는 지방자치단체의 책임성을 강화하는 다양한 관리제도는 지방자치단체의 재정 자율성을 침해할 우려가 있다. 주민으로부터의 재정운용에 대한 감시, 주민의 참여수단 확보 등은 지방자치단체의 민주성을 확보하며 재정운용의 책임성을 강화할 수 있는 좋은 수단이나 주민참여는 전문성이 부족하다는 한계를 갖는다. 반면, 중앙정부로부터의 재정관리제도는 전문성을 확보하여 지방자치단체의 책임성을 제고할 수 있으나 제재수단 등으로 인한 재정운용의 자율성이 침해

된다. 따라서 재정분권과 함께 책임성을 확보할 수 있는 방안에 대한 고민이 이루어져야 한다.

따라서 효과적인 재정분권을 위해서는 앞에서 언급한 다양한 쟁점에 대한 효과적인 대응이 요구된다. 이를 위해 재정분권과 관련된 이해관계자들의 협력적인 관계를 위한 상시협의체가 효과적으로 작동할 수 있도록 노력해야 한다. 그리고 국세의 지방세 이양 중심의 재정분권 논의에서 신규 세원을 발굴하기 위한 노력과 지방자치단체의 자율기제 마련이 요구된다.

첫째, 중앙과 지방자치단체 간 효과적인 합의를 위한 구속력 있는 소통수단의 확보가 필요하다. 현재 지방자치단체의 의견을 대표할 수 있는 대한민국시도지사협의회, 대한민국시장군수구청장협의회 등의 4대 협의체를 설치하고 있으며, 중앙과 지방자치단체 간 정례적인 협의를 위해 2022년부터 중앙지방협력회의를 설치하여 운용하고 있다. 이외에도 지방재정부담심의위원회 등 다양한 심의기구도 설치되어 있다. 다만, 이러한 제도의 실효성은 아직 부족한 실정이다. 따라서 기존에 있는 소통기구를 적극 활용하여 재정분권의 중요 사항에 대한 충분한 협의가 지속되어야 할 것이다. 또한 지금까지의 세입 측면의 재정분권은 신규 세원을 발굴하기보다는 기존의 국세에서 지방세로 세원을 이양하거나, 지방세의 세율을 높여주는 방식이 주로 활용되었다. 하지만, 국가재정의 지출수요가 지속적으로 증가하고 있어 이양을 중심으로 한 재정분권은 한계가 있다. 따라서 탄소세, 견세, 디지털세 등 새로운 세입의 지속적인 발굴 노력이 뒷받침되어야 할 것이다.

둘째, 재정불균형을 완화할 수 있는 지방재정조정제도 외의 장치를 강구해야 한다. 신규 세입을 신설하거나 세율을 인상하는 등의 재정분권은 재정불균형을 심화시키는 부작용을 유발한다. 이로 인해 재정분권에 대한 지방자치단체 간 합의를 유도하기가 어려워진다. 이를 보정하기 위해 새로운 지방재정조정제도를 신설하거나 혹은 기존의 재정조정제도를 변경할 경우 또 다른 이해관계의 변동이 발생하게 된다. 따라서 재정불균형에 대한 조정 여부를 결정할 수 있는 원칙을 지방자치단체 간 합의로 마련할 필요가 있으며, 한시적인 신규 지방재정조정제도를 마련하여 연착륙을 유도하기보다는 기존의 제도를 최대한 활용하는 것이 바람직할 것이다. 뿐만 아니라 지방규제, 행정운영상의 특례 등 다른 정책수단을 동원하여 지방자치단체의 합의를 이끌어내는 방안도 모색해 볼 수 있다.

셋째, 지방자치단체의 자율규제를 활용한 지방의 책임성 강화 방안을 모색해야 한다. 중앙정부로부터의 관리는 지방자치단체의 자율성을 저해할 수 있으므로 양적인 분권은 이룰 수 있으나 질적인 분권에는 제약요인이 된다. 따라서 재정운용에 대한 지방자치단체, 주민, 지방의회 등 지방자치단체의 주체가 중심이 된 통제수단을 강화하고 투명하고 효과적인 재정운용을 위한 강한 원칙을 마련할 필요가 있다. 중·장기적인 재정운용 방향을 구속력있게 수립하거나, 미국 주정부에서 지출 제한 등을 위해 사용하는 세입지출제한제도(Tax Expenditure Limits: TELs) 등의 제도 등과 같이 지방자치단체의 자율규제 장치가 마련되어 책임성을 강화할 수 필요가 있다.

제 4 절 소결

재정분권은 지방자치제가 실질적으로 안착되기 위해 재원을 마련해주는 것으로 성공적인 지방자치를 위한 필수요소라고 할 수 있다. 우리나라의 재정분권은 양적으로는 지속적으로 증가하고 있어, 형식적인 재정분권이 갖추어지고 있다고 할 수 있으나 그 내용을 살펴보면 지방자치단체가 지방재정의 자율성을 갖는 재원을 확보하는 데는 아직도 개선해야 할 사항들이 많이 남아 있다.

중앙정부가 추진하는 정책의 집행자로서의 역할에서 벗어나 지방자치단체는 지역실정에 맞는 창의적인 정책을 추진하고 있으며, 실제 지방에서 성공적으로 추진되는 정책들은 전국적으로 확산되어 국가발전에 기여하기도 한다. 지방의 자생력을 확보하고 더 나아가 지방을 국가발전의 동력으로 삼기 위해서는 기존의 틀에 얽매이지 않고 다양한 방안으로의 재정분권이 이루어질 필요가 있다.

성공적인 재정분권을 위해서는 중앙정부와 지방자치단체가 재정의 동반자로서 협력하는 자세를 갖추어야 하며, 지방 안에서도 광역자치단체와 기초자치단체 간 성숙한 협력이 필요하다. 단기적인 관점에서 세입 확충의 유·불리를 논하기보다는 장기적인 안목에서 재정의 지속가능성을 확보하고, 국민의 행복 증진이라는 목적을 모든 이해관계자가 인식하고 지방분권의 논의에 임할 수 있기를 기대한다.

아울러 국민의 지지를 받는 재정분권은 결국 책임성 있는 지방자치단체의 재정운용에서 달성될 수 있다. 그간 지방자치단체의 재정운용은 비효율, 낭비, 유사중복 등으로 중앙정부 및 주민으로부터 비판의 대상이었다. 이러한 현실은 지방자치에 있어 가장 중요한 재정분권이 주민의 관심을 받지도 못하게 하였으며, 중앙정부로부터 지방에 대한 부정적인 시각을 갖도록 하는 원인이 되었다. 중앙정부가 공공서비스를 제공해주는 것보다 지방자치단체가 제공하는 것이 보다 효과적이고 효율적이며 주민의 행복을 증진시킬 수 있다는 것을 주민에게 입증하지 못하면 결국 보다 폭넓은 재정분권은 달성되기 어려울 것이다. 따라서 재정운용에 대한 책임성을 확보할 수 있도록 주민에게 다양한 재정운용 성과를 다양한 방식으로 공개하고, 주민이 재정운용에 직접적으로 참여할 수 있도록 다양한 제도적 장치를 보완할 필요가 있다.

지방재정은 다양한 배경에서 도입된 많은 제도들이 뒤섞여 있고, 재정제도 외에도 정치, 사회, 행정, 경제, 법 등 다양한 분야의 내용들이 접목된 영역이다. 따라서 지방재정에 대한 학문적 관심 또한 많은 노력을 필요로 한다. 다학제적인 특성과 복잡한 제도로 인해 지방재정에 대한 학문적 관심은 높지 않다. 하지만, 재정은 행정을 성공적으로 추진하는 가장 중요한 동력이므로 재정분권을 추진할 수 있는 다양한 정책수단 마련과 재정분권의 장애요인 해소, 정책수단별 면밀한 효과, 그리고 지방재정제도 발전을 위한 지속적인 연구 또한 이루어져야 한다.

참고문헌

국회예산정책처(2011). 『2021 대한민국 지방재정』. 서울: 국회예산정책처.

김정훈(2007). 분권의 개념과 적정 재정분권. 『재정논집』, 21(2): 69-92.

김흥환(2018). 참여정부 재정분권 정책에 대한 평가: 문재인 정부 재정분권정책 추진에 대한 제언을 중심으로. 『한국지방재정논집』, 23(2): 1-38.

류영아(2020). 재정분권 추진의 의의와 주요 쟁점. 『이슈와 논점』, 제1646호.

류영아 · 김필두(2015). 지방분권 활성화 방안 연구: 자치재정권을 중심으로. 『한국지방자치학회보』, 27(2): 221-248.

박근후(2019). 『재정분권 확대에 따른 지방자치단체 재정격차 해소방안』. 서울: 국회예산정책처.

박상우(2013). 『지방재정의 실태와 정부간 재정관계 개선방안』. 서울: 국회예산결산특별위원회.
손희준(2018). 문재인 정부의 재정분권 방안: 역대 정부의 국정과제에 대한 평가를 중심으로. 『2018년 지방재정발전 세미나 발표자료』. 433-465.
손희준 · 강인재 · 장오순 · 최근열(2011). 『지방재정론』(개정4판). 서울: 대영문화사.
윤영진(2016). 『새 지방재정론』. 서울: 대영문화사.
이상범(2016). 재정분권에 대한 소고: 헌법 개정을 중심으로. 『지방행정연구』, 32(2): 63-90.
이승철(2017). 『지방자치론』. 서울: 윤성사.
정재진(2011). 재정분권이 지방재정 건전성에 미친 영향. 『정부학연구』, 17(2): 289-325.
조임곤(2017). 『우리나라 재정분권현황과 과제』. 한국지방재정학회 동계학술대회 논문집.
최병대(2013). 중앙과 지방의 상생을 위한 지방분권. 『의정연구』, 19(1): 5-38.
탁현우 · 권오성(2019). 『역대 정부의 재정분권 수단의 평가』. 문경시 찾아가는 세미나. 한국지방재정학회 춘계학술대회 발표논문집.

Fukasaku, K. & L. R. de Mello(1999). *Introduction and Overview Chapter of Fiscal Decentralization in Emerging Economies*. OECD.
Hague, Rod, & Martin Harrop(2004). *Comparative Government and Politics*(6th ed.). Nueva York: Palgrave Macmillan.
Oates, W. E.(1972). *Fiscal Federalism*. New York: harcourt, Brace, Jovanovich.
Tiebout, Charles(1956). A Pure Theory of Local Government Expenditure. *Journal of Political Economy*, 64(5): 416-424.

제 5 부

시민참여 및 정부사업의 감사 이슈

제13장

시민참여정책

황태연(한국행정연구원 초청연구위원) · 김화연(성균관대학교 박사후연구원)

제 1 절 시민참여란 무엇인가

1. 시민참여의 개념과 의의

1) 시민참여의 개념

시민참여란 무엇을 의미할까? 많은 이들은 이러한 물음에 대해 시민참여가 평범한 시민들이 정치에 참여한다는 대강의 뜻을 지닌다는 것에 동의할 것이다. 그러나 시민참여에 대한 학술적 정의를 살펴봄으로써 시민참여가 무엇인지에 관해 더 깊은 이해에 도달할 수 있으며, 나아가 시민참여가 왜 필요하고 어떤 효과를 갖는지에 관한 통찰도 얻을 수 있다. 여기에서는 몇몇 학자들이 시민참여에 대해 어떻게 정의했는지를 살펴보면서 어떤 것이 시민참여에 해당하고 어떤 것이 시민참여에 해당하지 않는지에 관하여 상식적인 수준을 넘어 더 정확한 이해와 함께 시민참여가 갖는 의의에 대해 알아본다.

크레이튼(J. L. Creighton)은 시민참여(public participation)를 공중(public)의 관심, 수요, 가치가 정부 또는 기업의 의사결정에 통합되는 과정이며, 공중에 의해 지지를 받는 더 나은 의사결정이라는 목표를 갖는 양방향의 의사소통과 상호작용이라고 정의했다(Creighton, 2005). 크레이튼은 시민참여에 관한 다양한 학술적 정의들을 검토하였고, 여러 정의들에서 공통적으로 언급하는 시민참여의 요소를 확인했다. 이러한 요소들에는 ① 일반적으로 선출직 공무원이나 판사가 아닌 행정기관(또는 민간조직)의 의사결정에 적용된다는 점, ② 공중에게 단순히 정보를 제공하는 것만이 아니라 의사결정권한을 가진 조직과 참여자 사이에 상호작용이 존재한다는 점, ③ 우발적 또는 우연히 발생하는 것이 아니라 조직화된 참여의 절차가 있다는 점, ④ 참여자가 의사결정에 어느 정도 영향력을 행사한다는 점이 포함된다. 얼핏 보아 당연한 것처럼 보이는 이 요소들은 실은 참여에 해당하는 것과 그렇지 않은 것을 구별하는 중요한 기준을 제공하고 있다. 가령, 많은 사람들이 정치선거, 소송, 파업, 불법시위 같은 것들을 일종의 시민참여에 해당한다고 생각할 수 있지만, 크레이튼의 정의는 그와 같은 행위들이 물론 민주사회에 중요한 구성요소임에도 불구하고 시민참여에 포함시켜 논의하지 않는다. 세 번째 요소인 조직화된 절차가 없기 때문이다. 또한 행정기관에서 주민들을 대상으로 개최하는 설명회나 공청회 같은 것들도 크레이튼이 말하는 시민참여에 포함되지 않는다. 두 번째 요소인 단순한 정보제공을 넘어서는 상호작용과 네 번째 요소인 의사결정에 대한 영향력을 갖추지 못하기 때문이다. 설명회나 공청회 같은 것들은 시민참여의 효과적인 구성요소가 될 수는 있으나 그것만으로 시민참여라고 하기에는 부족하다는 것이다.

버바(S. Verba)와 나이(N. H. Nie)의 정의는 시민참여인 것과 그렇지 않은 것의 경계에 관해 크레이튼과 조금 다른 기준을 제시한다. 이들은 참여(political participation)에 대해 "(선출직)공무원을 선택하거나 그들의 행동에 영향을 미치기 위한 어느 정도 직접적인 목적을 가진 시민의 활동"이라고 말한다(Verba & Nie, 1972). 버바와 나이가 참여의 범주에 포함시키는 것은 ① 정부의 의사결정에 영향력을 행사할 목적을 갖는 정치적 참여, ② 정치적 시위 같은 의례적 참여나 정부에 대한 단순한 지지표명이 아닌 (선출직)공무원의 선택에 영향을 미치기 위한 참여,[1] ③ 정치적 효능감이나 시민적 규범으로서 참여에 대한 태도가 아닌 실제 행동으로 나타나는 참여, ④ 가족, 학교, 직장에서의 참여가 아닌 정부부문에 대한 참여, ⑤ 일반적으로 합법적이고 정당한 것으로 받아들여지는 참여이다. 버바와 나이의 정의는 크레이튼의 정의와 많은 점에서 유사하면서도 투표를 참여에 포함시킨다는 점에서 차이를 보인다. 또한 버바와 나이가 강조했던 참여의 본질 중 하나는 정책의 집행이 아니라 정책의 형성에 영향을 미친다는 점이다. 정부

---

1) 버바와 나이는 이 같은 정치적 지지라는 관점에서의 정치적 동원과 참여를 자신들이 논의하는 참여와 구분짓기 위해 후자를 "민주적 참여(democratic participation)"라고 지칭한다(Verba & Nie, 1972).

의 결정에 대해 단순히 지지를 표현하는 행위를 참여에 포함시키지 않았던 이유다.

그러나 크레이튼이나 버바와 나이의 정의는 참여를 지나치게 좁게 정의한 것처럼 보이기도 한다. 실제로 카세(M. Kaase)와 마쉬(A. Marsh) 같은 학자들은 시위참석, 서명, 파업, 불매운동처럼 항의성이 짙더라도 정치적 의사결정에 간접적인 영향을 미칠 수 있는 행위들까지 참여에 포함시키고 싶어한다(Kaase & Marsh, 1979). 더 나아가 노리스(P. Norris) 같은 학자는 참여를 "정부와 정책과정에 직접적으로 영향을 미치거나 시민사회에 간접적으로 영향을 미치기 위해 설계되거나, 사회적 행위의 체계적인 패턴을 바꾸기 위한 모든 차원의 사회적 활동"으로 매우 광범위하게 정의한다(Norris, 2002). 이처럼 참여의 경계를 폭넓게 확장하는 정의는, 특히 현재의 정치적 환경에 더 어울리는 측면이 있다. 버바와 나이가 제시했던 기준들 중 참여는 단순한 지지 표명이 아닌 활동이어야 하며, 명령이나 의무가 아닌 자발적인 것이어야 한다는 기준은 실제로 우리의 직관과 어긋나는 것처럼 보이는 부분도 있다. 가령, 트위터와 같은 소셜미디어에 정치적 구호가 담긴 해시태그를 삽입한 게시물을 등록하는 행위는 버바와 나이의 정의에 따르면, 참여의 범주에 포함되지 않겠지만 분명히 정치적 의사결정에 간접적으로 영향을 미칠 수 있는 행위이기도 하다. 노리스의 정의는 이러한 행위들도 정치참여의 한 형태로 받아들이고자 한다는 점에서 크레이튼이나 버바와 나이의 정의보다 더 넓은 범주를 갖는다.

2) 시민참여의 의의

시민참여가 갖는 중요성은 다양한 차원에서 논의되어 왔다. 테이스 모르스(E. Theiss-Morse)와 히블링(J. R. Hibbling)은 시민참여의 긍정적 효과에 대한 학계의 주장들을 검토하였고, 세 가지 중요한 효과에 주목했다(Theiss-Morse & Hibbling, 2005).[2] 첫 번째는 시민참여가 시민가치와 태도에 미치는 영향이다. 참여자들은 참여의 과정 속에서 다른 사람들과 상호작용하는 바람직한 방식을 배울 수 있고, 기본적인 민주적 가치를 습득하게 된다. 이러한 가치에는 다른 사람에 대한 관용, 신뢰, 정치적 효능감이 포함된다. 두 번째는 자발적 결사체에 대한 시민참여가 정치참여에도 적극적이게 될 가능성이 크고, 투표율도 더 높다는 점이다. 자발적 결사체에서의 시민참여 경험은 회의를 주도하거나 효

2) 테이스 모르스와 히블링은 시민참여와 정치참여를 구별하여 논의하였으며, 여기에서 제시하는 참여의 긍정적 효과는 시민참여의 긍정적 효과를 의미한다.

과적인 편지쓰기 같은 시민 기술(civic skill)을 습득할 기회로 이어지기 때문이다. 세 번째는 보다 거시적인 수준에서 민주주의와 사회에 미치는 영향이다. 시민참여는 사회적 유대를 강화하고 공동체 의식을 발전시켜 지역사회에서 집단행동 문제를 해결하고 협력을 촉진한다. 이는 결과적으로 지역사회에서 사회자본의 증가와 연결되며, 강력해진 시민사회의 유대와 호혜성을 바탕으로 민주주의도 더 강력해진다. 토크빌(A. Tocqueville)은 결사체에 대한 참여가 정부의 비대화를 막아준다고 주장했는데, 이는 정부에게 있어 개인과 달리 집단은 무시하기 힘든 존재이기 때문이다(Tocqueville, 1969).

크레이튼은 테이스 모르스와 히블링이 정치참여와 구분되는 시민참여의 긍정적 효과를 논의했던 것과 달리, 보다 직접적으로 정치참여의 의의에 대해 논의하였다. 그는 현대사회에서 관료집단의 의사결정 범위가 확장되었다는 점에 주목했다. 전통적으로 민주주의 체제에서 정치적 의사결정은 국민에 의해 선출된 정치적 대표자에 의해 내려지며, 행정부의 관료집단은 이렇게 내려진 결정을 실행할 책임을 갖는 것으로 그려져 왔다. 그러나 현대사회에서 의사결정의 점점 복잡성이 증대하면서 전문성을 지닌 관료집단이 더 많은 행정적 의사결정을 내리게 되었고, 결과적으로 행정부에 소속된 기술관료들의 의사결정에 따라 많은 국민들의 삶이 더 큰 영향을 받게 되었다. 이러한 상황은 민주주의 이론에 대한 근본적인 도전으로 인식되고 있으며, 관료의 결정에 국민의 의사가 반영되게 만들어줄 장치의 필요성이 생겨났다. 복잡하고 전문적인 문제에 대해 기술적 전문성을 지닌 관료집단이 의사결정을 내리는 것이 더 효과적으로 보일 수 있다. 그러나 관료집단이 내리는 의사결정은 결국 경제성, 형평성, 환경, 안전 등 다양한 경쟁가치들 사이에서 특정한 가치를 선택하고 그 가치를 극대화할 수 있는 대안을 제시하는 것에 불과할 수 있다. 따라서 다양한 경쟁가치들 사이에 어떤 우선순위 관계가 있는지에 관한 정보를 시민이 제시해 줄 필요가 있으며, 크레이튼은 여기에 시민참여의 핵심적인 의의가 있다고 보았다. 크레이튼은 이러한 논거를 바탕으로 정치참여가 갖는 의의를 일곱 가지로 제시하였는데, ① 의사결정의 품질 향상, ② 이해당사자 간 공감대 형성, ③ 정책의 집행 용이성, ④ 갈등과 대립의 완화, ⑤ 정책결정의 신뢰성과 정당성 확보, ⑥ 공중의 관심과 태도 예상, ⑦ 참여경험을 통한 시민사회의 발전 등이다.

바이얼(T. C. Beierle)과 캐이포드(J. Cayford) 역시 유사한 관점에서 시민참여의 긍정적 효과를 논의했는데, 시민참여가 ① 의사결정에 공공가치를 포함시킨다는 점, ② 의사결정의 품질을 향상시킨다는 점, ③ 서로 상충되는 이해관계의 갈등을 해결한다는 점, ④ 공공기관에 대한 신뢰를 구축한다는 점, ⑤ 공중에 대한 교육 및 정보제공 기능을 한다는 점을 언급했다.

2. 시민참여의 유형

시민참여가 실제로 활동으로 나타나는 모습은 정치인에 대한 서신 전달, 선거운동, 정당활동, 투고, 시위, 청원 등 다양하다. 이처럼 다양한 참여활동은 일정한 기준에 따라 그 유형을 나누어 볼 수 있다.

안슈타인(S. R. Arnstein)이 제시한 참여의 사다리는 실질적 참여와 형식적 참여를 나누는 데 유익하다. 특히, 형식적 참여의 경우 그 정도가 심하다면 참여가 아닌 것으로 말하기도 한다. [그림 13-1]에서 가장 아래의 치유와 조작은 참여가 아닌 비참여이고, 회유와 의견수렴, 정보제공은 형식적 참여, 가장 위의 시민통제, 권한위임, 공동협력은

그림 13-1 안슈타인의 시민참여 사다리

출처: Arnstein(1969).

실질적 참여에 해당한다. 시민참여를 치유와 조작 목적으로만 활용한다면 시민들에게 정치에 대한 환멸이나 혐오를 심어줄 우려가 크기 때문에 득보다 실이 많다. 만약 정보제공과 의견수렴을 하되, 거기에서 사다리를 더 오르지 않고 회유하는 것은 시민들에게 참여를 조직하는 기관에 대한 불신과 경각심, 저항의식을 불러일으킬 가능성이 크다. 이와 달리 실질적 참여에서는 정책에 대한 의사결정을 내림에 있어서 의사결정에 참여하는 주체 모두가 동등한 권력을 갖고 책임을 공유한다. 시민이 실제로 정책결정 과정에 영향력을 행사할 수 있다는 점에서 시민참여의 취지에 더 가깝다.

국제공공참여협회(International Association for Public Participation: IAP2)가 제시하는 참여 스펙트럼에서도 시민이 갖는 의사결정 권한의 크기를 기준으로 참여의 유형을 나눈다. 의사결정 권한이 가장 약한 정보제공부터 가장 강한 권한부여까지 다섯 가지 단계가 있다. 안슈타인의 시민참여 사다리와 비교하여 비참여에 해당하는 것들은 포함되지 않았다는 점을 제외하고는 대체로 비슷하다.

다만, 의사결정 권한이 작은 낮은 수준의 참여에 대해 안슈타인보다는 상대적으로 중립적인 태도를 보인다. 정보제공이나 의견수렴과 같이 시민에게 아주 작은 의사결정 권한만이 부여되는 참여유형이더라도 다루어지는 정책문제에 따라 그러한 수준의 참여유형이 적절한 상황과 맥락이 있다는 점을 더 잘 반영하고 있다. 실제로 항상 깊은 수준의 참여가 만병통치약인 것은 아니다. 참여를 통한 의사결정은 일반적으로 효율적이지 못하다. 의사결정 과정에서 다양한 이해관계를 고려해야 하고 합의를 지향하기 때문

그림 13-2 IAP2의 참여 스펙트럼

정보제공 (inform)	의견수렴 (consult)	참여 (involve)	협력 (collaborate)	권한부여 (empower)
• 시민이 문제, 대안, 해결을 이해하는 데 도움이 되는 균형 잡힌 객관적 정보제공	• 분석, 대안, 결정에 대해 시민으로부터 피드백	• 대중의 관심과 요구가 일관되게 이해되고 고려되도록 하기 위해 과정 전반에 걸쳐 참여	• 대안 개발과 대안에 대한 선호 확인을 포함하는 의사결정의 모든 과정에서 시민과 협력	• 시민에게 최종 의사결정 권한 이양

→ 의사결정 권한 증대

출처: IAP2 Canada 홈페이지(https://www.iap2canada.ca/foundations/).

에 더 많은 시간과 비용이 소모된다. 따라서 비록 시민참여가 의사결정의 품질을 향상시켜준다고 하더라도 그에 소모되는 시간과 비용을 고려하여 알맞은 참여의 수준과 유형을 선택하는 지혜가 필요하다.

제 2 절 한국의 시민참여제도 현황

1. 참여제도의 의의

대의민주주의의 한계를 극복하기 위해 다양한 참여제도가 마련되고 있다. 현대사회에서 개인이 특정 사안에 참여하기 위해서는 상당한 시간과 노력, 비용이 소요되는데, 제도적 참여는 정부 주도로 운영되어 참여에 드는 비용을 정부가 부담한다. 때문에 개인이 비용을 부담해야 하는 비제도적 참여와 달리 지속적이고 안정적인 참여가 가능하다(이승종 · 김혜정, 2018).

표 13-1 제도적 참여와 비제도적 참여

구분	내용
제도적 참여	법규 또는 절차 등을 통하여 공식적으로 인정되어 있는 참여활동 (예: 투표, 위원회, 청문회 활동 등)
비제도적 참여	공식적으로 인정되지 않은 활동 (예: 압력단체를 통한 참여, 시민운동, 데모 등)

이외에도 제도적 참여는 참여과정의 정형화를 통해 효과적 · 효율적 참여를 활성화할 수 있으며, 소외계층의 참여를 민주적 참여를 촉진하여 대표성과 형평성을 제고하게 된다(조석주 · 강인석, 2006; 이승종 · 김혜정, 2018).

2. 참여제도 현황

국가는 시민들의 참여를 촉진하기 위하여 다양한 참여제도와 사업을 운영하고 있

표 13-2 주요 국민참여제도

구분	제도명	제도 개요
제도	선거	선거권을 가진 사람이 공직에 임할 사람을 뽑는 것
	청원	국민이 국가기관의 권한에 속하는 사항에 대하여 불만사항을 시정하거나 피해의 구제, 법령의 개정 등을 요청하기 위해 국가기관 등에 서면으로 희망을 진술하는 것
	민원	국민이 행정기관에 대하여 허가·인가 등의 신청, 행정업무에 대한 상담, 운영개선 및 고충사항에 대한 처리 등을 요구하는 것
	국민제안	정부시책이나 행정제도 또는 행정운영의 개선을 목적으로 행정청에 제출하는 창의적인 의견이나 고안
	공청회	행정청이 공개적인 토론을 통하여 어떠한 행정작용에 대하여 당사자 등, 전문지식과 경험을 가진 사람, 그 밖의 일반인으로부터 의견을 널리 수렴하는 절차

출처: 국가법령센터(https://www.law.go.kr), 찾기쉬운생활법령정보(http://www.easylaw.go.kr).

다. 〈표 13-2〉는 정부가 운영하는 주요 국민참여제도를 정리한 것이다.[3)]

1) 선거[4)]

'민주주의의 꽃'이라고 불리는 선거는 투표를 통해 자신을 대표할 대리인을 선출하는 정치적 의사표현으로, 국가의 주인으로 권리를 행사하는 가장 기본적인 방법이자 시민으로서의 책임이다.

우리나라는 「대한민국헌법」 제1조 제2항 "대한민국의 주권은 국민에게 있고, 모든 권력은 국민으로부터 나온다"라는 규정을 통해 국민주권주의의 대원칙을 표방하고 있고, 선거는 대의제 민주주의 국가에서 국민주권주의를 실현하는 제도의 하나로서 민주주의의 성패를 가늠하는 기본적인 요소이다.

주권자인 국민은 선거를 통하여 직접 정치에 참여하게 된다. 즉, 국민은 선거에 의하여 공직자를 선출하고 자신의 의사를 정치에 반영시킨다. 정치적 의미에서 선거란 결국 대의제 민주주의 국가에서 국민이 정책결정에 참여하는 가장 기본적인 행위이며, 주권행사의 구체적인 방법이라 할 수 있다.

3) 주민투표, 주민소환, 주민소송제도 등 지방자치법에 의거한 주민참여제도는 다루지 않았다.
4) 중앙선거관리위원회(http://museum.nec.go.kr/).

표 13-3 최근 선거의 투표율 변화

(단위: %)

구분		대통령선거 투표율			국회의원선거 투표율				지방선거 투표율		
		2007	2012	2017	2008	2012	2016	2020	2010	2014	2018
전체		63.0	75.8	77.2	46.1	54.2	58.0	66.2	54.5	56.8	60.2
성	남자	63.3	74.8	76.2	48.4	55.7	58.8	66.3	55.1	57.2	59.9
	여자	63.1	76.4	77.3	44.3	53.1	57.4	66.7	54.7	57.2	61.2
연령집단	19세	54.2	74.0	77.7	33.2	47.2	53.6	68.0	47.4	52.2	54.1
	20대 전반	51.1	71.1	77.1	32.9	45.4	55.3	60.9	45.8	51.4	52.9
	20대 후반	42.9	65.7	74.9	24.2	37.9	49.8	56.7	37.1	45.1	51.0
	30대 전반	51.3	67.7	74.3	31.0	41.8	48.9	56.5	41.9	45.1	53.0
	30대 후반	58.5	72.3	74.1	39.4	49.1	52.0	57.6	50.0	49.9	55.4
	40대	66.3	75.6	74.9	47.9	52.6	54.3	63.5	55.0	53.3	58.6
	50대	76.6	82.0	78.6	60.3	62.4	60.8	71.2	64.1	63.2	63.3
	60대	–	–	84.1	–	–	71.7	80.0	–	74.4	72.5
	60세 이상	76.3	80.9	–	65.5	68.6	–	–	69.3	–	–
	70대	–	–	81.8	–	–	73.3	78.5	–	–	74.5
	70세 이상	–	–	–	–	–	–	–	–	67.3	–
	80세 이상	–	–	56.2	–	–	48.3	51.0	–	–	50.8

출처: 중앙선거관리위원회, 「대통령선거 투표율 분석」, 「국회의원선거 투표율 분석」, 「전국동시지방선거 투표율 분석」.

우리나라의 공직선거는 대통령선거, 국회의원선거 지방선거가 있다. 2022년 제20대 대통령선거 투표율은 77.1%이었으며 2007년 대비 14.1%p가 상승한 수치이다. 대통령선거와 국외희원선거 투표율은 꾸준히 증가추세인 반면, 지방선거 투표율은 크게 하락하고 있다. 2022년 6월 1일 실시된 제8회 전국동시지방선거의 투표율은 50.9%였다. 특히, 꾸준히 상승하고 있던 지방선거 투표율이 2022년 제8회 전국동시지방선거에서 급격하게 떨어졌다. 투표율이 민주주의 성숙도를 측정하는 절대 지표는 아니지만, 지나치게 낮은 투표율은 당선된 대표자의 대표성과 정치과정의 정당성에 문제가 발생할 수 있어 투표 참여 제고방안에 대한 논의도 분명 필요하다.

2) 청원

청원권은 헌법 제26조 제1항에 명시된 국민의 권리이며 「청원법」에 의해 세부내용

표 13-4 「청원법」 및 주요 내용

구분	「청원법」 주요 내용
청원사항	1. 피해의 구제 2. 공무원의 위법 · 부당한 행위에 대한 시정이나 징계의 요구 3. 법률 · 명령 · 조례 · 규칙 등의 제정 · 개정 또는 폐지 4. 공공의 제도 또는 시설의 운영 5. 그 밖에 청원기관의 권한에 속하는 사항
대상기관	1. 국회 · 법원 · 헌법재판소 · 중앙선거관리위원회, 중앙행정기관(대통령 소속 기관과 국무총리 소속 기관을 포함한다)과 그 소속 기관 2. 지방자치단체와 그 소속 기관 3. 법령에 따라 행정권한을 가지고 있거나 행정권한을 위임 또는 위탁받은 법인 · 단체 또는 그 기관이나 개인
금지	1. 국가기밀 또는 공무상 비밀에 관한 사항 2. 감사 · 수사 · 재판 · 행정심판 · 조정 · 중재 등 다른 법령에 의한 조사 · 불복 또는 구제절차가 진행 중인 사항 3. 허위의 사실로 타인으로 하여금 형사처분 또는 징계처분을 받게 하는 사항 4. 허위의 사실로 국가기관 등의 명예를 실추시키는 사항 5. 사인 간의 권리관계 또는 개인의 사생활에 관한 사항 6. 청원인의 성명, 주소 등이 불분명하거나 청원내용이 불명확한 사항

출처: 국가법령센터(https://www.law.go.kr).

이 규정되어 있다. 국민은 공공기관의 정책으로 피해를 당하였거나 법률과 제도 등으로 불편을 겪었을 경우 청원을 통해 권리를 보장받을 수 있게 되어 있다.

이러한 청원제도는 1960년대 청원법 제정에도 불구하고 활성화되지 못하였다가, 정보통신발전 및 인프라 확충에 따라 온라인 소통공간이 마련되며 활성화되었다. 특히, 2017년 8월 청와대 국민청원 홈페이지 운영을 계기로 온라인을 통한 청원이 활발해졌으며, 2020년 1월 10일 전자청원제도로 국민동의청원이 도입되며 국회 국민동의청원 홈페이지가 개설되었고, 다양한 청원 통로가 활성화되었다. 특히, 청와대 국민청원은 별도의 법적 근거 없이 국민과의 소통을 목적으로 운영되었으나, 국회에서는 국회법에 근거를 두고 청원법에 따라 국민동의청원을 운영하고 있다.

국회에서 국민동의 전자청원제도를 도입하자 법률 개정, 제도 개선 등 국민의 의사를 더욱 잘 반영하여 대의민주주의 기능을 보완할 것이라는 기대가 크다(서은철 외, 2021). 실제 이러한 제도로 "4 · 16 세월호참사 진상규명을 위한 '사회적 참사의 진상규명 및 안전사회 건설 등을 위한 특별법' 개정에 관한 청원"과 '중대재해기업처벌법(중대

그림 13-3 국회 국민동의청원 처리 절차

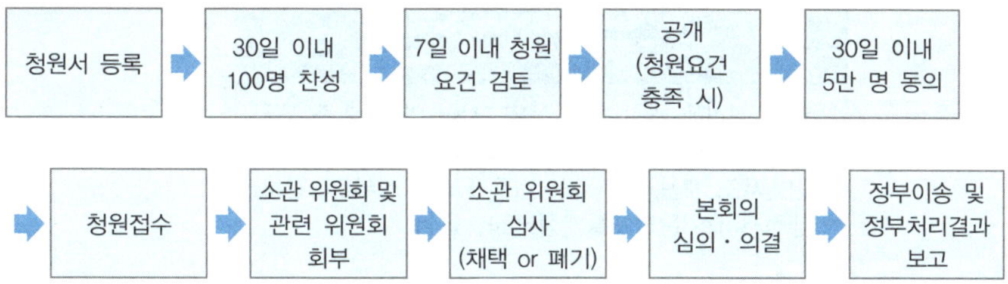

출처: 국회 국민동의청원(https://www.law.go.kr).

재해법) 제정 청원'이 법률 개정안에 반영되는 성과를 얻었다. 하지만, 실제 청원이 법안에 반영된 경우는 이 두 건이 전부이며, 다른 청원은 소관 회의에 회부된 후 진척이 없어 본회의에 회부되지도 못하고 있다. 많은 기대를 받고 있는 국민동의 전자청원제도의 실효성을 높이기 위해서는 청원이 소관 위원회에서 방치되지 않도록 심사기간에 제한을 두도록 제도 정비가 필요하다.

3) 민원

민원은 국민이 행정기관에 대해 처분 등 특정한 행위를 요구하는 것으로 「민원 처리에 관한 법률」을 통해 민원의 처리에 대한 일반사항을 규정하고 있다.

민원의 종류에는 일반민원(법정민원, 질의민원, 건의민원, 기타민원)과 고충민원이 있다. 법정민원은 법령 · 훈령 · 예규 · 고시 · 자치법규 등에서 정한 일정 요건에 따라 인가 · 허가 · 승인 · 특허 · 면허 등을 신청하거나 장부 · 대장 등에 등록 · 등재를 신청 또는 신고하거나 특정한 사실 또는 법률관계에 관한 확인 또는 증명을 신청하는 민원을 말한다. 질의민원은 법령 · 제도 · 절차 등 행정업무에 관하여 행정기관의 설명이나 해석을 요구하는 민원을 말하며, 건의민원은 행정제도 및 운영의 개선을 요구하는 민원을 말한다. 기타민원은 법정민원, 질의민원, 건의민원 및 고충민원 외에 행정기관에 단순한 행정절차 또는 형식요건 등에 대한 상담 · 설명을 요구하거나 일상생활에서 발생하는 불편사항에 대하여 알리는 등 행정기관에 특정한 행위를 요구하는 민원을 말한다. 마지막으로, 고충민원은 「부패방지 및 국민권익위원회의 설치와 운영에 관한 법률」 제

그림 13-4 민원 처리 운영체계 및 방식

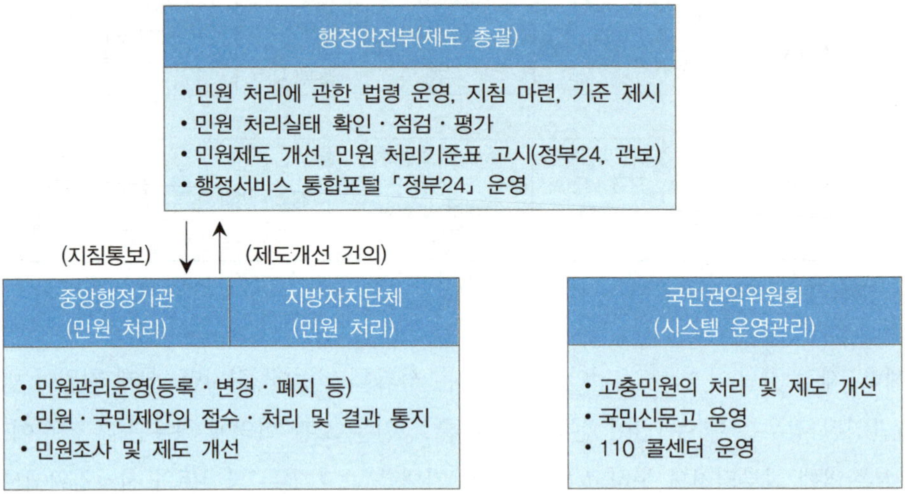

출처: 김종수 외(2021).

2조 제5호에 따른 내용으로, 행정기관 등의 위법 · 부당하거나 소극적인 처분(사실행위 및 부작위 포함) 및 불합리한 행정제도로 인하여 국민의 권리를 침해하거나 국민에게 불편 또는 부담을 주는 사항에 관한 민원을 말한다.

민원은 각 담당부처에서 조사 · 처리하고, 고충민원은 국무총리 소속 국민권익위원회와 지방자치단체 등에 설치된 시민고충처리위원회에서도 조사 · 처리하며, 행정안전부가 제도를 총괄한다.

4) 국민제안

국민제안은 「민원 처리에 관한 법률」 제45조 및 국민제안규정(대통령령)에 근거하여 국민이 정부시책이나 행정제도 등에 창의적인 의견을 발굴하여 제출할 수 있도록 하는 제도이다. 국민제안제도는 정부가 정책의 수요자인 국민으로부터 의견을 수렴하여 행정서비스를 개선, 질적 수준을 향상시키고자 하는 목적으로 운영된다. 또한 참여민주주의 확산에 따라 다수 국민이 정책에 참여할 수 있도록 기회를 확대하는 제도이기도 하다. 제안은 자유롭게 이루어지는 일반제안 이외에도 소관 행정기관 또는 다수의 기관이

표 13-5 국민제안 운영체계 및 절차

구분	내용
운영체계	• 행정안전부: 제안제도 · 법령 총괄, 중앙 우수제안 포상, 제안활성화 유공 포상, 제안제도 운영 확인 · 점검 등 • 국민권익위원회: 국민신문고(온라인제안시스템) 운영 및 운영실태 점검 • 각 행정기관: 소관 제안의 심사 및 정책반영, 자체 우수제안 포상
절차	제출 · 접수 (제안인-각 행정기관) → 심사 · 통지 (각 행정기관) → 제안실시 (각 행정기관) → 자체 우수제안 포상 (각 행정기관) → 중앙 우수제안 포상 (행정안전부)

출처: 행정안전부(https://www.mois.go.kr/).

함께 특정 과제를 지정하여 공모기간 동안 아이디어를 모집하는 공모제안, 다수가 공감하는 제안이 정책으로 반영될 수 있도록 공개하는 공개제안 등이 있다. 국민제안은 국민위원회가 운영하는 국민신문고를 통해 의견전달이 가능하다.

5) 공청회[5]

공청회는 「행정절차법」 제38조 및 제39조에 근거하여 행정청이 공개적인 토론을 통하여 어떠한 행정작용에 대하여 당사자 등, 전문지식과 경험을 가진 사람, 그 밖의 일반인으로부터 의견을 널리 수렴하는 절차를 말한다. 공청회는 특정 정책이나 제도의 도입 · 개선 등에 관한 여론이나 의견을 수렴하거나 특정 구성원 간의 대립된 의견을 조정하는 기능을 갖는다.

다음의 〈참고〉와 같이 여러 법령에서는 공청회를 필수적으로 개최해야 하는 경우를 명시하고 있는데, 의견수렴이 아닌 법적 정당성을 확보하기 위한 형식적인 공청회가 운영되면, 정책에 대한 수용성이 낮아지고 갈등이 발생하기도 한다.

한편, 정보통신망 발달과 비대면 사회로의 급격한 전환으로 전자공청회도 적극 활용되고 있다. 전자공청회란 국민신문고나 인터넷 홈페이지 등 정보통신망을 활용한 공개 토론을 통해 행정절차법에 규정된 공청회에 준하여 정부 또는 지방자치단체의 입법 · 제도 · 정책안 등에 대하여 이해관계인, 전문지식과 경험을 가진 사람, 그 밖의 일반인으로부터 의견을 널리 수렴하는 절차이다. 전자공청회를 활용할 경우 시 · 공간 제

5) 행정안전부(2018). 『2018 공청회 운영 매뉴얼』.

참고

공청회를 의무적으로 실시해야 하는 경우

- 개발구역의 지정 또는 변경(기업도시개발특별법 제5조)
- 국토종합계획안의 작성(국토기본법 제11조)
- 광역도시계획의 수립·변경(국토의 계획 및 이용에 관한 법률 제14조)
- 농지이용계획의 수립(농지법 제14조, 농지법 시행령 제14조)
- 대기환경개선 종합계획의 수립(대기환경보전법 제11조), 대기환경보전 실천계획의 수립, 대기환경규제지역 지정의 해제 요청(시행규칙 제18조, 제21조)
- 도시개발구역의 지정(도시개발법 제7조)
- 특별관리구역 또는 특별관리시설물의 지정(도시교통정비촉진법 제45조)
- 연안관리지역계획의 수립(연안관리법 제9조)

약 없이 다양하고 충분한 의견수렴이 가능하다. 다만, 디지털 소외계층의 경우 접근에 제약이 있고, 익명성에 다른 책임 문제가 발생할 가능성도 있다.

3. 참여사업 운영 현황

행정기관에서는 필요에 따라 다양한 형태의 국민참여사업을 자율적으로 운영하며 대중의 의견을 수렴하고 이를 정책에 반영하고 있다.

〈표 13-6〉은 행정기관에서 운영하고 있는 주요 국민참여사업을 정리한 것이다.

표 13-6 주요 국민참여사업

담당기관	제도명	사업 개요
행정안전부	온(ON)국민소통 (구, 광화문1번가)	• 온 국민이 소통할 수 있는 온라인 국민 소통창구(2022년 개편)
기획재정부	국민참여예산제도	• 국민이 예산사업의 제안, 심사, 우선순위 결정과정에 참여하는 제도(2018년부터 시행)
법제처	[불편한 법바꾸기] 국민아이디어 공모제	• 국민생활에 불편을 주거나 기업활동에 부담을 주는 법령, 행정편의적이거나 불합리한 법령 등에 대한 참신한 아이디어를 수렴하기 위한 제도(2011년부터 시행)

1) 온(ON)국민소통(구, 광화문1번가): 행정안전부

행정안전부는 2019년 국민제안 중심의 참여 플랫폼인 광화문1번가를 시작하였다. 광화문1번가는 각 기관별로 운영되는 여러 국민참여사이트를 접속하고 이동하는 데 번거로움을 느낄 수 있는 이용자들을 위한 플랫폼이다. 각 부처 및 자치단체가 운영하는 국민참여 사이트를 분야별로 소개 및 링크되어 있어 각자 관심 분야에 맞게 사이트로 이동할 수 있도록 했다. 또한 정책과정에서 국민의 다양한 아이디어와 재능, 집단지성 등의 자원을 활용할 수 있도록 국민심사와 설문참여 등의 항목도 있다.

2022년 6월 말 기준, 광화문1번가의 회원 수는 58만 명, 제안 건수 14,612건으로 지난 2년 간 국민이 직접 정책에 참여하여 다양한 의견을 교류할 수 있는 참여 통로의 역할을 수행해왔다. 행정안전부는 광화문1번가의 기능을 강화하며 2022년 8월 5일부터 '온(ON)국민소통'으로 사업을 개편하였다.

'온(ON)국민소통'은 기존 광화문1번가의 기능에 공모전 메뉴를 신설하고 온라인 공청회 안내게시판을 추가하였으며, 타 플랫폼 제안 검색 메뉴를 신설하는 등 기능을 개선하여 운영하고 있다.

그림 13-5 온(ON)국민소통 홈페이지

출처: 온(ON)국민소통(https://www.onsotong.go.kr/).

2) 국민참여예산제도(기획재정부)[6]

국민참여예산제도는 국민이 예산사업의 제안, 심사, 우선순위 결정과정에 참여하는 제도로 재정의 직접민주주의 요소를 가미하여 투명성과 건전성을 강화하고 예산제도의 대응성을 확보하는 수단이 될 수 있다는 점에서 의의가 있다(엄태호 · 윤성일, 2013; 장유미 · 김영록, 2022).[7] 국민참여예산제도는 2017년 예산과정에서 국민의 참여를 제고하기 위해 시범 도입 후 2018년부터 본격적으로 운영되고 있다.

국민참여예산제도는 제안형과 토론형으로 나뉘는데, 제안형은 국민의 제안을 받아 적격으로 판단된 사업을 정식사업으로 발전시켜 예산에 반영하는 과정을 거치며, 토론형은 기획재정부에서 지정한 재정 관련 주요 사회 이슈에 대해 국민들과 함께 논의 · 토론과정을 거쳐 개선 아이디어를 심화시키고, 이를 수렴해 예산에 반영하는 형식을 갖

표 13-7 국민참여예산 추진 현황

회계연도	구분	제안 현황(건)		참여예산 반영규모	
		전체	적격	건수(개)	금액(억)
2019년	계			38	928
	제안형	1,206	160	38	928
	토론형				
2020년	계			38	1,057
	제안형	1,399	109	30	489
	토론형	3개 주제(소주제 18개)		8	568
2021년	계			63	1,168
	제안형	1,164	145	43	891
	토론형	5개 주제(소주제 37개)		20	277
2022년	계			71	1,429
	제안형	1,589	190	48	548
	토론형	공모형 3개 주제(소주제 28개), 부처참여형 45개 주제		23	880

출처: 국민참여예산(https://www.mybudget.go.kr/).

---

6) 국민참여예산(https://www.mybudget.go.kr/).

7) 2003년 지방정부에서 주민참여예산제도가 시행되었으나 중앙정부 차원에서는 2018년에 본격적으로 도입 · 시행되었다.

는다.[8)]

3) [불편한 법 바꾸기] 국민 아이디어 공모제: 법제처[9)]

법제처에서는 2011년부터 매년 불편하고 불합리한 법령에 대한 개선 아이디어를 공모하여 누구나 자유롭게 의견을 제시하도록 참여제도를 운영하고 있다. 법제처가 매년 공모주제를 제시하면 이에 참여하고 싶은 국민은 공모 기간 동안 온라인 또는 우편으로 법령 개선 아이디어를 접수한다. 1차 심사를 통해 경진대회 진출작이 선정되고, 2차 경진대회 발표와 질의응답을 통해 수상을 결정한다.

그림 13-6 법령 정비과정

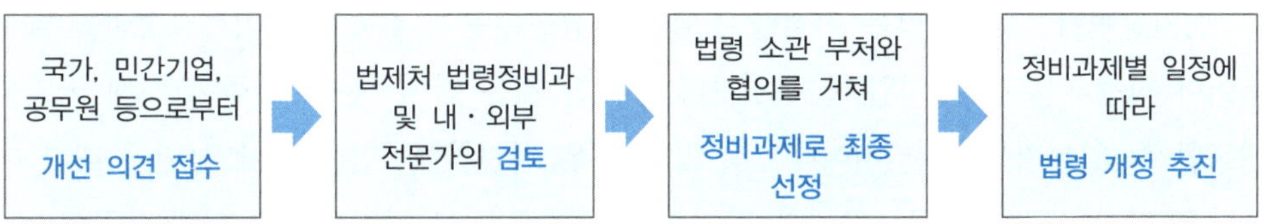

표 13-8 2022년 공모주제

연도	주제
2022년	• 국민의 일상생활을 불편하게 하고 있어 개선이 필요한 법령 • 소상공인, 청년 등을 지원하기 위하여 개선이 필요한 법령 • 코로나19 확산으로 인한 어려움을 극복하기 위하여 개선이 필요한 법령 • 비현실적이고 불합리한 규제의 혁신을 위하여 개선이 필요한 법령 • 사회적 약자를 배려하고 보호하기 위하여 개선이 필요한 법령 • 제4차 산업혁명 등 시대변화에 대비하기 위하여 개선이 필요한 법령

8) 토론형 논의주제는 다음과 같다.
2019년: 아동보육 지원, 청년 희망사다리 복원, 중기·소상공·자영업자 행복한 일터 구축
2020년 상반기: 고령자·여성 경제활동 활성화, 성범죄 대응, 1인 가구 증가대응, 국민건강증진, 미래핵심 먹거리
2020년 하반기: 아동학대 대응방안, 청년지원, 국민안전개선 및 자연재해 대응
2021년 하반기: 부동산 정책, 저출산 극복, 공교육 정책

9) 법제처(https://www.moleg.go.kr).

2020년까지 총 1,988건이 접수되었고, 그 중 297건이 과제로 선정되었다. 2022년에는 취약계층에 대한 지원, 코로나19에 대한 대응, 제4차 산업혁명 등 미래사회 대비와 관련된 공모주제가 제시되어 진행되고 있다.

제 3 절 시민참여정책의 주요 쟁점 및 과제

시민참여가 많은 장점을 가짐에도 불구하고 모든 정책적 의사결정에 항상 시민참여를 활용하거나 무작정 시민들에게 더 많은 의사결정권한을 부여하는 것이 능사는 아니다. 다양한 쟁점들이 이와 관련되어 있다. 여기에서는 대표적인 쟁점들을 논의한다.

시민참여가 그토록 많은 이점을 지님에도 공공부문에 최종적인 의사결정권을 남겨두어야 하는 이유는 무엇일까? 무엇보다 중요한 것은 참여하는 시민들이 전체 국민을 대표할 수 있는지에 관한 것이다. 즉, 많은 경우 시민참여집단은 전체 국민에 대한 대표성을 갖기 어렵다. 이는 참여할 것인지에 대한 결정이 자기선택에 의해 이루어지는 경우가 많기 때문이다. 자발적인 참여를 결심할 때, 많은 경우 그러한 결심을 내리게 된 데는 특별한 이유가 있기 마련이다. 특정한 정책문제에 대해 더 많은 이해관계를 갖는 사람일수록 더 적극적으로 참여하기를 바랄 것이고, 결과적으로 전체 국민에 대한 대표성은 그만큼 약해지게 된다. 따라서 시민참여집단에 의해 내려진 결정이 전체 국민의 뜻을 온전히 반영하는 것이라고 보기 어려운 경우가 많다.

시민참여를 실행함에 있어서 시민들에게 최대한 많은 의사결정권을 부여하는 참여유형을 선택하는 것은 바람직하지 못하다. 크레이튼(J. L. Creighton)은 이와 관련하여 정부가 특정한 대안을 이미 선택한 경우이거나 여러 다른 문제로 대안 선택을 자유롭게 할 수 없는 상황, 즉 결과에 영향을 미칠 가능성이 거의 없는 상황에서 보여주기식의 참여가 나쁜 결과를 낳을 수 있다고 경고한다. 실제로는 시민의 의견을 반영할 의사가 없거나 반영할 수 없는 상황에서 단순히 보여주기 위해 높은 수준의 참여유형을 선택한다면 시민들은 참여에 대한 신뢰를 잃을 것이고, 나아가 미래의 참여 시도에 대한 신뢰성까지 파괴하게 될 것이다. 따라서 정책결정의 상황에 따라 그에 알맞은 참여의 수준과 유형이 선택되어야 한다.

항상 시민참여를 활용할 수 없는 또 다른 이유는 시민참여가 많은 비용을 요구한다는 것이다. 일반시민들은 대체로 정책문제에 대해 관심이 없다. 이는 합리적 무지(rational ignorance)라는 용어로 잘 설명된다. 정책문제에 대한 정보를 습득하는 데 드는 비용에 비해 개개인에게 주어지는 의사결정권은 매우 약하다. 이렇듯 무관심한 시민들에게 정책에 대한 관심을 심어주고 참여를 이끌어내는 데는 많은 노력이 필요하다. 뿐만 아니라 시민들을 한곳에 모았다고 해도 참여가 의미있는 결과를 낳기 위해서는 많은 시간이 필요하다. 한 달, 두 달로도 충분하지 않을 때가 많다. 이 같은 비용 측면의 문제가 시민참여에 의한 의사결정이 항상 최선이 아니게 만드는 하나의 이유가 된다.

마지막 쟁점은 비교적 최근에 더욱 활발히 논의되고 있는 주제다. 코로나19로 인해 사회적 거리두기가 시행되며 자연스레 비대면 사회로의 전환이 가속화되고, 이에 따라 시민참여의 주요 무대도 온라인으로 옮겨갔다. 또한 MZ 세대를 중심으로 한 온라인 정치참여가 활발해지며, 시민참여에 있어 온라인 플랫폼이 매우 중요한 기능을 하고 있다. 앞서 논의한 대부분의 참여제도와 참여사업도 온라인을 통해 이루어지고 있으며, 대중들은 시간과 장소에 제약 받지 않고 자유롭게 참여가 가능하게 되었다. 하지만, 디지털 정보화는 새로운 불평등을 발생시킨다. 최혜지 · 최혜진(2019)은 정보격차에 의한 정치참여 소외는 고령세대의 사회경제적 불평등을 경성화한다고 지적하였고, 이원태(2013)는 스마트폰을 활용한 모바일 격차가 참여의 질에 영향을 미쳐 정치사회적 혜택 구조의 불균등을 가져온다고 지적하였다.

제 4 절 소결

시민참여는 대의제 민주주의에 큰 의미를 갖는다. 민주주의의 이상은 국민에 의해 의사결정이 이루어지는 것이지만, 고대 아테네를 제외하고 모든 시민이 의사결정에 참여할 수 있었던 사례는 거의 없었다. 이는 특히, 현대사회에서 더욱 불가능한 문제가 되고 있는데, 국가규모가 커지면서 증가한 인구로 참정권을 갖는 모든 국민이 항상 의사결정에 참여하는 것이 극도로 비효율적이고 가능하지도 않기 때문이다. 따라서 대의민주주의는 현대사회에서 민주주의가 현실적으로 존재할 수 있는 거의 유일한 모습이라고 할 수 있다. 그러나 정치로부터 국민이 소외될 가능성이 큰 대의민주주의의 본질적 한계는 보완될 필요가 있다. 그리고 그에 대한 훌륭한 보완책이 시민참여라고 할 수 있다. 시민과 정치의 괴리가 심해질수록 시민은 자신을 대표하는 정치인에 대한 통제력을 상실하기 쉽다. 지속적으로 시민의 뜻을 공동체의 의사결정에 반영하기 위해서는 시민의 의사를 직접적으로 전달할 수 있는 기제가 필요하다고 하겠다.

참고문헌

[논문/저서/연구보고서]

김종수 · 강한나 · 김주호 · 홍사열 · 김수연 · 조경훈(2021). 『국민참여 성과분석 및 발전방안연구』. 행정안전부 정책연구보고서.

엄태호 · 윤성일(2013). 지방정부 주민참여예산제도의 제도화 수준에 미친 영향요인에 관한 연구. 『국가정책연구』, 27(4): 39-64.

이승종 · 김혜정(2018). 『시민참여론』. 서울: 박영사.

이원태(2013). 스마트 모바일 환경에서 참여격차의 개념화와 정책과제. 『21세기정치학회보』, 23(2): 371-395.

장유미 · 김영록(2022). 국민참여예산제도의 사업채택요인에 관한 연구. 『예산정책연구』, 11(2): 1-35.

조석주 · 강인석(2006). 『지방자치단체의 주민참여 수준 진단과 발전방안』. 한국지방행정연구원.

최혜지 · 최혜진(2019). 고령자 정보격차의 또 다른 위험, 정치참여의 소외. 『비판사회정책』, (65): 169-204.

Arnstein, S. R.(1969). A ladder of citizen participation. *Journal of the American Institute of Planners*, 35(4): 216-224.

Creighton, J. L.(2005). *The public participation handbook: Making better decisions through citizen involvement*. John Wiley & Sons.

Kaase, M., & Marsh, A.(1979). Political action. A theoretical perspective. *Political action: Mass participation in five western democracies*. 27-56.

Norris, P.(2002). *Democratic Phoenix: Reinventing Political Activism*. Cambridge: Cambridge University Press.

Theiss-Morse, E., & Hibbing, J. R.(2005). Citizenship and civic engagement. *ANNUAL REVIEW OF POLITICAL SCIENCE: PALO ALTO*, 8: 227.

Tocqueville A.(1969) 1969. *Democracy in America*. New York: Anchor.

Verba, S., & Nie, N. H.(1972). *Participation in America: Political democracy and social equality*. University of Chicago Press.

[홈페이지]

국가법령센터(https://www.law.go.kr).

국민참여예산(https://www.mybudget.go.kr/).

국회국민동의청원(https://www.law.go.kr).

법제처(https://www.moleg.go.kr).

온(ON)국민소통(https://www.onsotong.go.kr/).

중앙선거관리위원회(http://museum.nec.go.kr/).

찾기쉬운생활법령정보(http://www.easylaw.go.kr).

행정안전부(https://www.mois.go.kr/).

IAP2 Canada 홈페이지(https://www.iap2canada.ca/foundations/).

[정부 간행물]

행정안전부(2018).『2018 공청회 운영 메뉴얼』.

제14장

공공감사

유승현 · 조형석(감사연구원)

제 1 절 공공감사란 무엇인가?

1. 공공감사의 개념

공공감사는 "공공부문에 대한 감사"로서(공공감사기준 제1조), 민간부문에 대해 실시하는 민간감사에 대응하는 개념이다(김찬수, 2022: 3). 이에 공공감사의 개념을 정의하기 위해서는 공공부문과 감사의 개념에 대한 이해가 선행될 필요가 있다.

먼저, 국가최고감사기구(Supreme Audit Institution: SAI)[1]인 감사원의 조직, 직무 범위, 감사대상 등을 규정함으로써 공공감사의 근간을 규율하는 「감사원법」 제20조, 제22조, 제23조, 제24에 따르면, 감사원 감사는 국가기관, 지방자치단체, 공공기관, 지방공기업 등의 회계를 상시 검사 · 감독하여 그 적정을 기하고, 그 소속 구성원의 직무를 감찰하여 행정운영의 개선과 향상을 기할 목적으로 수행된다. 즉, 공공감사의 근간을 이루고 있는 감사원 감사는 국가기관뿐만 아니라, 지방자치단체, 공공기관, 지방공기업의 회계와 직무 등 광범위한 범위를 대상으로 수행된다.[2]

---

1) 국가최고감사기구는 "법이나 다른 공식적 활동을 통해 독립적인 방식으로 국가 최고의 공공감사 기능을 수행하는 감사기구"로서, 우리나라의 감사원, 미국의 GAO(Government Accountability Office), 영국의 NAO(National Audit Office) 등이 있다(김찬수, 2022: 11).

2) 2021년 12월 31일 기준 감사원은 1,658개 기관, 1,666,441명, 세입예산 943.7조 원, 세출예산 943.7

그림 14-1 감사활동의 일반모형

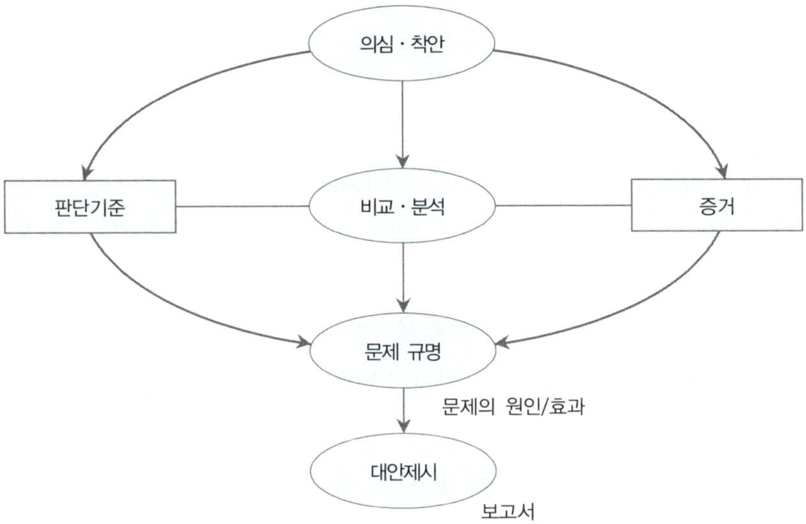

주: 위에서 제시한 감사활동은 자격을 갖춘 독립적인 제3자에 의해서 이루어짐.
출처: Arter(2002: 5)의 수정(유승현, 2018a: 248에서 재인용).

한편, 감사의 일반적인 개념은 "자격을 갖춘 독립적인 제3자가 문제가 의심되거나 중요한 사안에 대하여 적절한 감사판단기준을 적용하고 그와 관련된 감사증거를 수집한 후, 감사판단기준과 감사증거 간의 비교 · 분석을 통해 실태를 파악하고 문제를 식별하여 개선이 필요한 사항과 대안을 감사보고서를 통해 이해관계자에게 알리는 절차"로 정의될 수 있다(Arter, 2002: 4-5)([그림 14-1] 참조). 이러한 관점에서 감사의 가장 핵심적인 개념적 구성요소는 "① 자격을 갖춘 독립적인 제3자, ② 문제의 의심 및 착안, ③ 감사판단기준, ④ 증거수집 및 감사판단기준과의 비교 · 분석, ⑤ 문제 규명 및 대안 제시, ⑥ 보고서 작성"이라고 볼 수 있다(유승현, 2018a: 248).

이러한 논의를 종합해볼 때, 공공감사의 개념은 "자격을 갖춘 독립적인 감사기구가 국가기관, 지방자치단체, 공공기관, 지방공기업 등의 회계와 직무를 대상으로 문제가 의심되거나 중요한 사안에 대하여 적절한 감사판단기준을 적용하고, 그와 관련된 감사증거를 수집한 후, 감사판단기준과 감사증거 간의 비교 · 분석을 통해 실태를 파악하고

조 원을 대상으로 감사업무를 수행한다(감사원, 2022a: 13-14).

문제를 식별하여 개선이 필요한 사항과 대안을 감사보고서를 통해 이해관계자에게 알림으로써 공공행정의 적정성을 기하는 국가 기능"으로 정의할 수 있다.

2. 공공감사의 유형

공공감사는 외부 감사환경 변화와 감사보고서의 수요자인 국회 또는 지방의회, 공공기관 및 지방공기업 등의 이사회, 국민 또는 주민, 공공기관 등의 주주, 국가기관, 지방자치단체, 공공기관, 지방공기업 등 주요 이해관계자의 수요를 반영하여 감사활동의 목적과 접근방법에 따라 다양한 형태로 수행된다. 이에 공공감사의 유형은 개별적인 감사활동을 구체화함으로써 감사부서와 감사인력이 감사활동을 수행하는 지침으로 작용한다(유승현, 2018b: 81).

공공감사의 유형은 감사수행 주체 및 시점, 감사판단기준, 감사 범위, 감사순기, 감사대상 업무, 감사방법 등 다양한 기준에 따라 다양하게 분류될 수 있다. 먼저, 공공감사는 감사수행 주체에 따라 외부감사와 내부감사로 분류된다. 외부감사는 "해당 기관에 속하지 않은 외부 감사기구에 의해서 수행되는 감사"를, 그리고 내부감사는 "해당 기관에 속한 내부 감사기구에 의해서 수행되는 감사"를 말한다. 외부감사인지, 또는 내부감사인지 여부와 관계없이 모든 감사는 독립성이 확보되어야 하며, 이에 외부감사는 감사대상 기관으로부터, 내부감사는 감사대상 업무 또는 활동으로부터 독립적이어야 한다(김찬수, 2022: 11; 성용락, 2013: 31).

또한 감사수행 시점에 따라서는 사전감사와 사후감사로 분류된다. 사전감사는 "정부사업의 계획 단계 또는 실시 단계 등 사업이 완료되기 이전 또는 예산집행이 이루어지기 이전에 실시하는 감사"로서 주로 예방적 기능을 수행하는 반면,3) 사후감사는 "정부의 사업이나 예산지출 행위 등이 이루어진 이후에 실시하는 감사"로서 주로 교정적 기능을 수행한다. 자격을 갖춘 독립적인 제3자에 의해 수행되는 감사의 속성상 가급적 감사에 의한 업무수행 과정에의 개입이 최소화될 필요가 있다는 점에서, 공공감사는 일

3) 사전감사의 전형적인 예로는 자체 감사부서에서 수행하는 일상감사가 있다. 일상감사는 "일정 규모 이상의 예산의 집행이나 사업의 추진 또는 경비의 집행과정에서 내부 감사책임자의 사전 결재를 받는 업무과정"을 통칭하며(성용락, 2013: 32), 자체감사를 규율하는 법률인 「공공감사에 관한 법률」 제22조에서는 "감사기구의 장은 자체감사기구가 소속된 기관의 주요 업무집행에 앞서 그 업무의 적법성·타당성 등을 점검·심사하는 일상감사를 하여야 한다"고 규정하고 있다.

반적으로 사후감사의 형태로 수행된다(성용락, 2013: 32-33).

한편, 감사판단기준에 따라서는 합법성감사와 성과감사로 분류된다. 합법성감사는 "감사대상 사업 또는 업무 관련 법령, 규칙, 예규, 업무계획 및 예상항목 등의 준수 여부를 기준으로 그 적정성을 판단하는 감사"를, 그리고 성과감사는 "감사대상 사업 추진 또는 업무수행의 합법성뿐만 아니라 경제성, 능률성, 효과성 등 성과 그 자체, 그리고 관리방식 및 절차, 규제나 제도 등 성과에 영향을 미치는 조건의 좋고 나쁨을 기준으로 그 적정성을 판단하는 감사"를 의미한다(김찬수, 2022: 14-15; 성용락, 2013: 31-32). 행정환경이 복잡화·전문화될수록 관련 법령 등에 감사대상 사업 또는 업무의 성과 향상을 위한 모든 내용을 규정할 수 없게 됨에 따라, 공공행정이 발달할수록 합법성감사보다는 성과감사의 비중이 높아질 필요가 있다.

이외에도 감사 범위에 따라 감사대상 사업 또는 업무 전반을 감사하는 종합감사 또는 일반감사와 특정 문제사안을 감사하는 특정(사안)감사로, 감사순기에 따라 일정한 주기에 따라 수행되는 정기감사와 감사가 필요할 경우 비정기적으로 수행되는 수시감사로, 감사대상 업무에 따라 감사대상의 기관운영 실태를 감사하는 기관운영감사와 감사대상기관의 소속 구성원의 복무실태를 감사하는 복무감사로, 그리고 감사방법에 따라 감사대상기관에서 제출한 서류 검토 등을 수행하는 서면감사와 감사인력을 현지에 파견하여 수행하는 실지감사로 분류될 수 있다.

앞서 제시한 공공감사의 유형은 개념적인 분류이며, 실제 감사기구에서는 그 기능과 역할, 운영기조 등에 따라 감사유형을 달리 설정하고 있다. 이와 관련하여 감사원 감사는 "재정정보의 신뢰성과 회계책임성 확보를 위해 결산보고서와 재무적 자원의 집행에 관한 내용을 검사·검증하는" 결산검사, "감사대상 기관 업무의 적정성과 효율성을 높이기 위해 조직·인력·예산 운영 및 업무처리 전반을 정기적으로 점검하는" 기관정기감사, "정책·사업·제도 운영의 경제성·능률성·효과성 분석이나 업무흐름별 실태 점검 등을 통해 종합적·체계적으로 진단하고 문제점의 근본 원인을 규명하여 개선대안을 제시하는" 성과감사, "특정한 사안에 대한 구체적 사실관계와 책임소재를 규명하거나 구체적 현안·이슈에 관한 실태를 점검하기 위한" 특정사안감사, "국민·국회·감사대상 기관 등의 요청에 따라 구체적 사항에 관한 사실관계 등을 확인하거나 업무처리의 적정성을 점검하는" 국민제안감사로 분류되고 있고(감사사무 등 처리에 관한 규정 제2조), 자체감사는 "자체감사 대상기관의 주기능·주임무 및 조직·인사·예산 등 업무 전반의 적법성 · 타당성 등을 점검하기 위하여 실시하는" 종합감사, "특정한 업무 · 사업 · 자금 등에 대하여 문제점을 파악하여 원인과 책임 소재를 규명하고 개선대책을 마련하기 위하여 실시하는" 특정감사, "예산의 운용실태 및 회계처리의 적정성 여부 등에 대한 검토와 확인을 위주로 실시하는" 재무감사, "특정한 정책 · 사업 · 조직 · 기능 등에 대한 경제성 · 능률성 · 효과성의 분석과 평가를 위주로 실시하는" 성과감사, "자체감사 대상기관에 속한 사람의 복무의무 위반, 비위 사실, 근무실태 점검 등을 목적으로 실시하는" 복무감사로 분류되고 있다(공공감사에 관한 법률 제10조).

3. 공공감사의 기능

감사의 핵심 기능은 주인(principal)과 대리인(agent) 간의 정보 비대칭(information asymmetry) 문제를 해소하기 위해 전문성을 가진 독립적인 제3자로서 감사기구가 주인을 대신하여 대리인이 주인으로부터 부여받은 임무를 적정하게 수행하고 있는지를 점검 · 분석 · 평가하여 주인에게 보고함으로써 주인에 대한 대리인의 책임성을 확보하는 데 있다(유승현, 2018b: 80). 이를 현대 민주주의 국가체계에 적용해보면, 공공감사의 본질적인 기능 역시 주인인 국민 또는 주민, 주주를 대신하여 대리인인 국가기관, 지방자치단체, 공공기관, 지방공기업 등이 국민으로부터 부여받은 임무를 적정하게 수행하고 있는지를 점검 · 분석 · 평가하여 주인인 국민 또는 주민, 주주에게 보고하여 대리인인 국가기

그림 14-2 책임성 관계의 구조

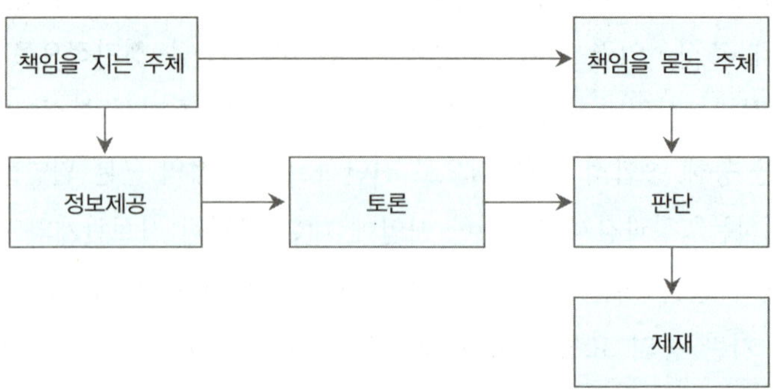

출처: Bovens(2005).

관, 지방자치단체, 공공기관, 지방공기업 등의 책임성을 확보하는 것이다(박재완, 1997). 요컨대, 공공감사의 핵심 기능은 주인인 국민 또는 주민, 주주에 대한 공공부문의 책임성을 확보하는 데 있다(유승현, 2018b: 80).

책임성의 개념은 시대상황과 학문 분과 등에 따라 다양하게 이해되고 있으나(Bovens et al., 2014; 한상일, 2013), 일반적으로 "어떤 행위자가 다른 중요한 대상에게 자신의 행동을 설명하고 정당화하여야 한다는 의무감을 갖는 사회적 관계"로 정의되고 있다(Day & Klein, 1987: 5; Romzek & Dubnick, 1998: 6; Bovens, 2005)([그림 14-2] 참조). 그러나 이와 같은 책임성 관계 하에서 공공감사기구가 어떠한 기능을 수행해야 하는지는 공공부문이 "무엇에 대하여(for what)", "어떻게(how)" 책임을 져야 하는지에 따라 달라지며, 그 구체적인 내용은 각 국가가 처한 정치적 · 사회적 · 제도적 환경에 따라 달리 나타날 수 있다. 일반적으로 공공감사의 기능은 공공부문의 합법성이 취약한 국가에서는 합법성을 확립하는 데, 예산지출의 공공부문의 성과가 취약한 국가에서는 합법성뿐만 아니라 경제성 · 능률성 · 효과성 등 경제적 성과를 제고하는 데, 그리고 다양한 이해관계자의 참여와 조정이 취약한 국가에서는 합법성과 경제적 성과뿐만 아니라 형평성과 대표성 등 사회적 성과를 향상시키는 데 중점을 둔다(유승현, 2018b: 80).

제 2 절 공공감사 제도 현황 및 정책 방향

1. 국가감사체계

공공감사는 크게 국회의 국정감사 및 조사, 지방의회의 행정사무감사 및 조사와 감사원 감사 및 중앙행정기관 등 각 기관 내부에서 실시하는 자체감사로 구분된다. 이 중 실질적인 공공감사의 핵심적 두 축은 감사원 감사와 자체감사라 할 수 있다([그림 14-3] 참조).

그림 14-3 감사원 감사와 자체감사

	감사원 감사	자체감사
법적 근거	•「헌법」, 「감사원법」 등	•「공공감사에 관한 법률」 등
지위	• 국가 최고감사기구	• 기관 내부의 자체감사기구
기능 · 임무	• 공공부문 외부감사 • 국가 전체 행정개선, 국가 회계질서 · 공직기강 확립	• 기관 소관 업무 내부감사 • 소관 업무에 대한 개선, 기관장 지휘 · 감독 지원

출처: 감사원(2018b: 5) 일부 발췌.

1) 감사원 감사

독립적인 외부감사로 감사원은 국가 최고감사기구로서「헌법」에 근거를 두고 있는 헌법기관이다. 대통령 소속 하에 있으나 직무에 관하여 독립된 지위를 가진다(감사원법 제2조).

감사원은「헌법」 제97조 및「감사원법」 제20조 등에 따라 결산검사 및 국가 및 법률이 정한 단체의 회계검사와 행정기관 및 공무원의 직무에 관한 감찰을 수행한다. 결산검사는「감사원법」 제21조에 따라 국가의 세입 · 세출의 결산을 확인하는 것으로, 정부가 감사원에 제출한 결산서상 기록이 정확하고 적절한지를 검증하는 것이다(감사원, 2018a: 94). 회계검사는 공공조직의 재정활동 및 그 수입 · 지출의 결말(結末)에 관한 사실을 확인 · 검증하고 장부 및 기타 기록을 검사하는 것이다. 감사원이 반드시 검사해야 할 필요적 검사사항으로 국가 및 지방자치단체의 회계, 한국은행의 회계와 국가 또는 지방자치단체가 자본금의 2분의 1 이상을 출자한 법인의 회계, 다른 법률에 따라 감사원의 회계검사를 받도록 규정된 단체(법정단체) 등의 회계를 검사하고, 이러한 회계검사에는 수입과 지출, 재산(물품 · 유가증권 · 권리 등을 포함한다)의 취득 · 보관 · 관리 및 처분 등의 검사를 포함한다(감사원법 제22조). 직무감찰은 감사대상기관 등의 사무와 그 소속 직원 등의 직무를 감찰하여 비위 · 부조리를 예방 · 제거하는 한편, 행정운영의 개선과 향상을 추구하는 감사활동이다(감사원, 2018a: 111). 직무감찰 대상은 ①「정부조직법」 및 기타 법률에 의하여 설치된 행정기관(군기관과 교육기관 포함)의 사무와 그에 소속한 공무원의 직무, ② 지방자치단체의 사무와 그에 소속한 지방공무원의 직무, ③ 한국은행과 국가 또는 지방자치단체가 자본금의 2분의 1 이상을 출자한 법인 등의 사무와 그에 소속한 임원, 감사원의 검사대상이 되는 회계사무와 관련이 있는 직원의 직무, ④ 법령에 의하여 국가 또는 지방자치단체가 위탁하거나 대행하게 한 사무와 공무원의 신분을 가지거나 공무원에 준하는 자의 직무가 해당된다(감사원법 제24조).

그리고 감사원은 결산검사, 기관정기감사, 성과감사, 특정사안감사, 국민제안감사로 감사종류를 구분하여 실시하며(감사사무 등 처리에 관한 규정 제2조), 이렇게 실시된 감사결과는 변상책임의 판정, 징계 또는 문책 요구, 시정 요구, 개선 요구, 권고 · 통보, 고발 등으로 처리된다(감사원법 제31조~제35조).

한편, 감사원은「헌법」 제98조에 따라 감사원장을 포함한 5인 이상 11인 이하의 감사위원으로 구성하며,「감사원법」 제3조에 따라 현재 감사원장을 포함한 7명의 감사위원으로 구성되어 있다. 감사원장은 국회의 동의를 얻어 대통령이 임명하고, 그 임기는 4년으로 하며, 1차에 한하여 중임할 수 있다. 감사위원은 원장의 제청으로 대통령이 임명하고 감사원장과 동일하게 그 임기는 4년이며 1차에 한하여 중임할 수 있다. 감사원장의 정년은 70세이며, 감사위원의 정년은 65세이다. 감사원장을 포함한 감사위원은 탄핵결정이나 금고 이상 형의 선고 등을 제외하고, 본인의 의사에 반하여 면직되지 아니한다. 감사위원회는 감사원장을 포함한 감사위원 전원으로 구성하며, 감사원장이 의장이 된다. 감사원의 감사정책 및 주요 감사계획에 관한 사항이나 결산의 확인에 관한 사항, 변상책임의 판정과 징계 및 문책 · 시정 · 개선 · 권고 등 처분요구에 관한 사항, 재심의에 관한 사항 등을 의결한다(감사원법 제12조). 감사원은 감사원장의 지휘 · 감독하에 회계검사, 감찰, 심사결정 및 감사원에 관한 행정사무를 처리하기 위하여 사무처를 두고 있으며(감사원법 제16조), 사무처에는 사무총장 1명, 사무차장 2명과 그 밖에 필요한 직원을 두고 있다(감사원법 제17조). 또한 감사전문교육을 위한 감사교육원과 감사제도 및 방법 등을 연구 · 개발하기 위한 감사연구원을 두고 있다.

2) 자체감사

감사를 실시하는 수행주체에 따라 구분할 때, 외부감사에 대응되는 감사가 내부감사이다. 우리나라에서는 중앙행정기관 등 감사자가 소속되어 있는 각 기관의 내부부서 등에 대한 '순수한 내부감사'와 함께 조직의 계층구조에서 그 하급기관에 대한 '준내부감사' 등을 모두 포함하여 포괄적인 개념으로 '자체감사'라고 하고 있다(감사원, 2018b: 5). 감사원이 인력 및 예산 등의 한계로 모든 공공기관의 낭비와 비효율을 효과적으로 예방·통제하는 데 한계가 있고, 조직의 내부운영 등 자체감사에서 보다 효율적으로 처리할 수 있는 영역이 확대되고 있는 점 등을 고려할 때, 국가감사체계에서 감사원 감사뿐만 아니라 자체감사도 매우 중요하다 할 것이다.

이러한 자체감사의 기능은 크게 네 가지 측면으로 구분할 수 있다(성용락, 2013: 119-120). 첫째, 자체감사는 업무에 대한 평가나 내부통제장치와 더불어 각 행정기관이 자체적 점검을 통해 수행업무를 적정 수준으로 유지 또는 개선시키는 자율관리시스템의 일종으로서 내부통제의 기능을 수행한다. 둘째, 자체감사는 국회나 감사원 등 외부통제기관이 문제점을 지적하기 전에 자신들이 수행하는 업무의 적정성을 확보하기 위한 자율적 정화작용을 수행한다. 셋째, 자체감사는 업무의 계획 단계부터 개입하여 잘못된 정책 방향으로 나아가는 것을 예방하고, 시행 단계에서도 적기에 방향을 바로잡는 등 사후적 적발·처벌보다는 사전적 예방 기능에 초점을 둔다. 넷째, 위법·부당행위의 적발과 처벌보다는 문제점의 원인을 파악하여 시정하고 개선하는 데 중점을 둔다. 특히, 자체감사는 사전예방과 업무개선 목적이 우선이기에 사후 적발·처벌 중심의 외부감사가 유발할 수 있는 부작용인 업무의 소극적 처리행태를 방지할 수 있다는 장점도 있다.

기관마다 차이는 있으나, 종합감사, 특정감사, 재무감사, 성과감사, 복무감사로 감사 종류를 구분하여 실시하고 있으며, 실시한 감사결과는 변상명령, 징계 또는 문책 요구, 시정 요구, 주의 요구, 개선 요구, 권고·통보, 고발 등으로 처리된다(중앙행정기관 및 지방자치단체 자체감사기준 제25조).

「공공감사에 관한 법률」[4] 및 동법 시행령과 「공공감사기준」을 우선적인 근거로 적

4) 2022년도 기준 「공공감사에 관한 법률」 적용 대상기관은 중앙행정기관 49개, 지방자치단체 258개, 공공기관 376개 등 총 683개 기관이다(감사원, 2022c).

용하되, 중앙행정기관과 지방자치단체는 「중앙행정기관 및 지방자치단체 자체감사기준」과 「지방자치단체에 대한 행정감사규정」을, 공공기관은 기획재정부의 「공기업·준정부기관 감사 운영규정」을 적용하도록 되어 있으며(감사원, 2018b: 7), 각 기관별 자체적인 감사규정 등을 통해 규율하고 있다. 「공공감사에 관한 법률」(제5조~제15조)에 따르면, 중앙행정기관 등에는 규모, 관장 사무 또는 감사대상기관의 수 등을 고려하여 감사업무를 전담하는 자체감사기구를 두어야 한다.[5] 합의제감사기구로 둘 수 있으며, 이 경우 위원장 1명을 포함한 3명 이상 7명 이하의 위원으로 구성한다. 전담 자체감사기구를 두는 경우 감사기구의 장을 개방형 직위로 임용하며, 임기는 5년의 범위에서 정하되 최소 2년 이상으로 하여야 하고, 직급은 규모 등에 따라 업무수행의 독립성이 보장되도록 적정하게 부여하여야 한다.

2. 행정환경 변화에 따른 공공감사 발전 방향

공공감사는 공공부문을 대상으로 한다는 점에서, 공공부문의 행정환경 변화는 공공감사의 운영방식에 영향을 미친다. 이에 공공감사의 발전 방향을 모색하기 위해서는 최근의 행정문제의 속성과 이를 해결하기 위한 공공부문의 대응, 그리고 해외 국가최고감사기구의 감사 지향을 검토할 필요가 있다.

현대 행정환경 하에서 정부는 급격한 저출산·고령화에 따른 인구구조 변화, 코로나19 등 신종감염병 확산, 제4차 산업혁명과 기후변화 등 문제에 대한 정의가 어렵고 복잡하며 전례도 없어 해결이 쉽지 않은 사회·경제적 도전과제(wicked problem)에 직면하고 있다. 이와 관련하여, European Commission(2017)에서는 현대 행정환경 변화의 특징을 행정문제의 변동성(volatility), 불확실성(uncertainty), 복잡성(complexity), 모호성(ambiguity) 증대로 규정하고 있다.

이에 공공부문의 운영방식도 최근의 행정환경 변화에 맞게 변화될 필요성이 제기되

5) '전담'이라 함은 감사업무만을 한다는 것으로 ① 본청 또는 본부, 소속 기관, 소관 단체 및 그 직원에 대한 감사·조사, ② 민원·진정 및 비위사항의 조사·처리 등 공직기강에 관한 사항, ③ 공직자재산등록, 공직윤리위원회 운영 등에 관한 사항, ④ 시민감사관제, 옴부즈만 등 부패방지 시책·제도 운영사항, ⑤ 주요 정책집행, 계약 등의 타당성을 점검·심사하는 일상감사에 관한 사항, ⑥ 망실·훼손사고, 언론보도사항의 조사·처리, ⑦ 기타 부정·비리의 예방을 위한 활동 등이다(감사원, 2014: 33).

고 있다. 이와 관련하여, World Economy Forum(2011)에서는 미래 정부가 지향해야 할 거버넌스 방식으로 개방적이고 시민·시장과 소통하는 열린 구조(flat), 빠르고 유연한 의사결정과 문제 해결(agile), 정보나 데이터의 활발한 공유와 불필요한 중복 또는 경계 제거(streamlined), 제4차 산업혁명의 혁신적 기술을 활용한 문제 해결(tech-enabled)을 강조하고 있다. 2019년 갑작스러운 코로나19 대유행으로 인한 마스크 대란의 해결과정은 그 필요성을 부각시키고 있다. "시민이 개발한 공적마스크 앱(APP), 건강보험심사평가원과 카드사의 데이터, 우체국과 약국의 공급망, 그리고 국민의 자발적 협력이 더해져 마스크 대란은 해결될 수 있었다"(원숙연, 2021). 기존의 정부 중심 관료제 구조와 규제 패러다임으로는 이러한 문제를 해결하는 데 큰 위력을 발휘하기 어렵다는 인식은 이미 학계뿐만 아니라 행정현장에서도 이미 강하게 자리잡고 있다.

이러한 행정환경 변화 속에서 공공감사의 변화 노력도 이미 진행되고 있다. 전 세계 국가최고감사기구의 국제 연합체인 INTOSAI(International Organization of Supreme Audit Institutions)의 연구기관인 INTOSAI IDI(2020)는 공공감사의 혁신 방향으로 주요 이해관계자의 감사수요에 유연하게 대처하고(flexible), 공공부문이 행정환경 변화에 신속하게 대응할 수 있도록 유도하며(agile), 공공부문의 근본적인 문제 해결을 통해 성과향상에 기여하는(resilient) 감사를 제시하고 있다. 이러한 맥락 속에서 우리나라 역시 외부의 수요에 부응하는 국민참여감사, 행정현장의 신속한 문제 해결을 유도하는 사전컨설팅 및 적극행정면책 등 적극행정지원제도, 거시적·구조적 개선을 추구하는 성과감사의 강화가 공공감사 발전의 핵심 지향점이라 할 수 있다. 이에 제3절에서는 국민참여감사, 적극행정지원제도, 성과감사 관련 주요 쟁점과 과제에 대해 논의한다.

제 3 절 공공감사의 주요 쟁점 및 과제

1. 국민참여감사

국민참여감사는 감사를 실시함에 있어 다양한 방식으로 국민이 참여하는 것을 말한다. 여러 정부 영역에서 국민참여와 민관협력, 그리고 이를 통한 문제 해결(예: 정부는 공공데이터를 제공하고 민간에서 이를 활용하여 해결)이 증가되고 있는 것처럼 감사에서도 다양한 방식으로의 국민참여가 요구되고 있다. 특히, 감사청구제도 등 국민참여감사는 다음과 같은 기능적 의의를 갖는다(감사원, 2022b: 1). 첫째, 국민의 행정참여 기능이다. 국민이 직접 감사를 요청함으로써 정책결정과 집행의 적정성 여부 판단 및 대안 등을 제시하는 기능을 수행한다. 둘째, 국회감사요구 등은 국회의 행정부 통제 기능을 수행하는 데 있어 감사원이 그 지원 역할을 하는 의미가 있다. 셋째, 국민이 직접 정부・지방자치단체・공공기관의 예산집행・행정처분 등에 대한 감사요청을 통해 상시적으로 행정을 감시하는 등 대의민주주의를 보완하는 측면이 있다. 마지막으로, 감사원 스스로 판단하여 실시하는 감사의 경우 국민들이 실제 피부로 느끼는 불합리한 사항 또는 정책・제도와의 일정부분 괴리가 있을 수 있는데, 국민참여감사는 이러한 점을 보완해 주는 기능을 수행한다. 이렇듯 국민참여감사는 감사원의 효율적인 감사운영과 감사행정 및 관리 향상을 지원하는 한편, 국민권리 보장, 공공부문의 효과적인 부패 적발과 처벌, 국민 불만 및 갈등의 효과적 해결 등의 측면에서 그 필요성이 높아지고 있다고 할 것이다(World Bank, 2019: 5).

우리나라 감사원의 대표적인 국민참여감사제도로는 감사제보 및 국민・공익감사청구제도, 국회감사요구제도가 있다. 먼저, 감사제보는 행정기관과 관련된 고충사항을 처리하는 것으로 국민권리구제적 기능을 수행한다. 감사원은 당초 민원사무 처리로 운영해 오다가 2018년 7월 「감사제보의 처리에 관한 규정」을 제정하면서 국민들로부터 감사정보를 제보받아 활용한다는 제도의 취지에 맞게 감사제보로 변경하여 운영하고 있다(감사원, 2022a: 719). 감사제보는 감사원 감사를 받는 기관, 단체, 공무원 등의 위법행위 또는 부당행위 등에 대한 내용과 이를 뒷받침할 수 있는 근거자료 등 감사원의 감사업무 등에 필요한 정보를 감사원에 제보하는 것을 말한다. 특히, 공무원 등의 위법행위 또는 부당행위로 인하여 공익을 해하는 사항과 비위행위 및 공익침해행위로 인하여 국민의 권리가 침해되는 사항을 대상으로 한다. 2021년 감사원에 접수된 감사제보는 20,119건으로, 지방자치단체 관련 감사제보사항이 6,011건(29.9%)으로 가장 많았고, 국가기관 관련 감사제보사항 4,705건(23.4%), 공공기관 관련 감사제보사항 3,790건(18.8%)으로 나타났다.

다음으로, 국민・공익감사청구제도는 감사의 기획 단계에서 감사원 자체적으로 수립한 감사계획 외에 일반국민, 시민단체 등 일정요건을 갖춘 청구인이 요청한 감사를 감사계획에 반영하여 실시하고 그 결과를 청구인에게 통보하는 제도이다(감사원, 2013: 14). 공익감사청구제도와 국민감사청구제도를 구분하여 도입·운영하고 있으며, 불합리한 행정처리 등에 대해 국민이 직접 감사를 청구함으로써 국민참여와 감시를 확대하여 행정의 투명성과 공정성을 제고할 수 있는 제도이다. 공익감사청구제도는 1996년 7월 도입되었고, 현재 「공익감사청구 처리규정」에 근거하여 운영되고 있다. 18세 이상으로서 300명 이상의 국민, 상시 구성원 수가 300명 이상으로 등록된 비영리민간단체로서 공익을 목적으로 하는 시민단체, 감사원의 감사대상기관의 장 및 자체감사기구의 장, 지방의회가 청구할 수 있으며, 공공기관의 사무처리(그에 소속한 공무원 등의 직무를 포함)가 위법 또는 부당하여 공익을 해친다고 판단되는 경우가 대상이 된다. 국민감사청구제도는 2002년 1월 도입되었고, 현재 「부패방지 및 국민권익위원회의 설치와 운영에 관한 법률」과 「국민감사청구·부패행위신고 등 처리에 관한 규칙」 및 「국민감사청구 처리규정」에 따라 운영되고 있다. 18세 이상의 국민은 공공기관의 사무처리가 법령위반 또는 부패행위로 인하여 공익을 현저히 해하는 경우 300명 이상 연서로 감사원에 감사를 청구할 수 있다.

마지막으로, 국회감사요구제도는 국회가 본회의 의결로써 감사원의 직무 범위에 속하는 사항 중 사안을 특정하여 감사를 요구하는 제도로서, 국회의 국정 통제 기능을 강화하기 위해 국회 권한으로 인정되고 있다. 초기에는 감사청구제도의 일환으로 운영되어 왔으나, 국회는 2003년 2월 「국회법」을 개정하여 의정활동의 필요에 따라 감사원에 감사를 요구할 수 있도록 법 제127조의2에 규정하였다.

이러한 국민참여감사와 관련된 주요 쟁점은 첫째, 감사에서의 국민참여 필요성이 높아지고 있으나, 현재 운영 중인 제도는 모두 감사의 기획 단계에서 참여하는 제도로 이에 대한 확대가 필요하다는 것이다. 즉, 감사를 기획하는 단계에서뿐만 아니라 감사 실시 및 감사결과의 처리 단계에서 국민참여를 제고시킬 수 있는 방안 마련이 필요하다. 둘째, 감사제보는 감사원이 최고감사기구로서의 지위와 권한을 근거로 제보사항을 처리함으로써 행정기관으로 인한 국민의 권리침해 등을 구제하는 것이라 할 수 있다(한국공법학회, 2010: 124-125). 따라서 감사제보의 운영이 이러한 취지에 맞게 국민권리구제의 기능을 충분히 수행하고 있는지를 살펴볼 필요가 있다. 셋째, 국민·공익감사청구는 모두 공공기관의 사무처리 등이 공익을 현저히 해하는 경우가 대상이 되는데, 여기서 '공익'은 주요 사업, 예산, 안전, 환경, 복지 등의 분야에서 불특정 다수인 또는 사회

공공의 이익에 관한 것을 말한다(공익감사청구 처리규정 제2조). 그러나 특정 집단 또는 특정인의 이익을 목적으로 하는 것은 제외되는데, 실제로 감사청구사항이 접수되는 경우 정치적 성향을 띠거나 특정 집단 등의 이익을 추구하는 사항을 어떻게 걸러낼 것이며, 실제로 사익을 추구하는 감사청구로 인해 국민·공익감사청구제도의 운영에 어려움은 발생하지 않는지가 검토될 필요가 있다. 마지막으로, 국회감사요구와 관련하여 감사원의 독립적인 감사계획 수립(감사사항 선정) 등에 영향을 미치는 것은 아닌지가 쟁점으로 제기된다.

따라서 이상의 논의들에 대해 다음과 같은 검토가 필요하다. 첫째, 국민참여감사의 확대방안이다. 즉, 감사의 단계를 감사기획과 감사실시, 감사결과 처리로 구분할 때, 각 단계에서 국민이 참여할 수 있는 방안들이 검토되어야 할 것이다. 감사제보, 국민·공익감사청구제도, 국회감사요구제도 등 현행 제도는 모두 감사기획 단계에서 연간 실시할 감사사항을 선정할 때 참여하는 제도들이다. 그러나 국민참여감사를 활성화하기 위해서는 감사실시와 감사결과 처리 단계에서도 국민참여가 이루어져야 한다. 예를 들어, 감사실시 단계에서는 전문성 제고를 위해 감사대상 분야별로 외부전문가가 참여할 필요가 있고, 시민감사관 및 옴부즈만 등과 같이 일정 영역에 대해 국민이 직접 감사를 실시하거나 감사의 실시과정이 올바르게 이루어지는지 감시·감독하는 것도 필요할 것이다. 감사결과 처리 단계에서는 감사팀에서 도출한 감사결과가 적정한지에 대해 검토하거나 감사결과를 확정하는 과정에서 외부전문가가 검토의견을 제시할 수도 있다.

둘째, 감사제보와 관련하여 제보사항에 대한 감사원의 직접조사가 확대되어야 한다. 감사원에 제기한 감사제보(민원)는 상당수가 이미 관련 해당기관에 민원을 제기하였으나 해결되지 않아 마지막 수단으로 제출하는 것이다. 따라서 국민의 권리구제 측면에서 국가 최고감사기구인 감사원에서 감사제보를 처리하는 것은 그 자체만으로도 큰 의미를 지닌다. 다만, 감사원에 제기된 감사제보의 특성상 감사원의 직접조사 여부에 따라 그 해결 여부가 달라진다 할 것인데, 감사원의 감사제보 운영 의미를 보더라도 가급적 감사원이 직접조사할 필요가 있다(조형석, 2019: 24).

셋째, 국민·공익감사청구로 접수된 사항에 대한 공익성 여부 판단이 강화되어야 한다. 청구사항의 대부분은 공익을 목적으로 하고 있으나, 일부 특정 집단 등의 사익추구를 목적으로 청구하는 경우도 있다. 이 경우, 공익과 사익의 판단에 어려움이 발생하고 감사결과가 특정 집단에 특혜를 줄 수도 있게 된다. 따라서 공익과 사익을 판단하는 절차나 제도적 강화를 통해 공익에 대한 적절한 판단이 이루어지도록 해야 할 것이다.

넷째, 국회감사요구가 감사원의 독립성을 침해하지 않도록 감사요구 절차 등이 강화되어야 한다. 「감사원법」 제2조에 따라 감사원은 직무에 관한 독립적 지위를 가진다. 그리고 직무의 독립성에는 감사사항의 선정과 감사계획 수립 등이 포함된다. 그러나 국회가 감사를 요구하는 경우 감사원이 이를 거부하기에는 사실상 어려움이 있다. 따라서 국회감사요구 절차에서 요구사항에 대해 감사원이 최종 감사실시 여부를 판단할 수 있도록 하는 절차가 강화되어야 할 것이다.

2. 적극행정지원제도

정부에 대한 국민들의 기대 수준이 높아지고, 그에 따른 공공부문의 역할이 증대함에 따라 공공자원의 배분과 정부의 효율적 운영을 위해 공직자의 적극적 역할이 중요해지고 있다(박충훈 외, 2016: 3). 이에 정부도 「적극행정 운영규정」과 「지방공무원 적극행정 운영규정」을 제정하고, 「행정기본법」에 공공의 이익을 위해 행정의 적극적 추진을 규정하는 등 공직사회의 적극행정 정착을 위한 노력을 추진해 왔다.[6] 이러한 방향에 맞추어 감사원도 2018년 '적극행정지원을 위한 감사운영방안'을 마련하고 사전컨설팅 제도와 적극행정면책제도를 운영하는 등 적극적인 행정문화 조성을 지원하기 위한 제도를 운영하고 있다. 특히, 이러한 제도들은 감사를 의식하여 관행적·소극적으로 업무를 처리하는 경우가 발생함에 따라 감사운영의 전향적인 개선이 필요하다는 의견들을 고려하여 도입하게 된 것이다(감사원, 2021a: 12).

먼저, 감사원의 사전컨설팅 제도는 2019년 1월 도입하였으며, 업무를 추진하는 과정에서 의사결정의 어려움을 야기하는 요인이 있는 경우 감사원에 의견을 구하고 검토의견대로 업무를 처리하면 책임을 면제해 주는 제도이다. 그러나 이러한 감사원의 사전컨설팅 제도와 필수적으로 연결되는 것이 자체감사기구에서 실시하는 사전컨설팅감사제도이다. 사전컨설팅감사 제도는 2014년 경기도에서 최초 도입한 제도로 공무원이 업무추진에 앞서 그 적법성과 타당성 검토를 자체감사기구에 요구하면 그에 대한 의견을 제시해 주는 감사이다. 그리고 이렇게 자체감사기구가 사전컨설팅감사를 실시하는 과

6) '적극행정'은 공무원이 불합리한 규제를 개선하는 등 공공의 이익을 위해 창의성과 전문성을 바탕으로 적극적으로 업무를 처리하는 행위를 말한다(적극행정 운영규정 제2조).

정에서 자체적인 판단이 어려운 사안에 대해서는 감사원에 의견을 요청하는 경우 감사원이 그 검토 결과를 제시해 주는데, 이 제도가 바로 감사원의 사전컨설팅 제도이다. 감사원이 사전컨설팅 제도를 도입한 배경은 자체감사기구에 요구된 사안 중에서 중대 또는 복잡하거나 제도나 규정 등이 불분명하여 자체감사기구에서 직접 판단하기 어려운 문제가 있고, 그로 인해 적극적인 업무추진에도 어려움이 나타나고 있었기 때문이다(감사원, 2021a: 21-22). 「적극행정 운영규정」 제5조에 공무원이 인가 · 허가 · 등록 · 신고 등과 관련한 규제나 불명확한 법령 등으로 인해 업무를 적극적으로 추진하기 곤란한 경우에 감사기구의 장에게 업무의 처리 방향 등에 관한 의견제시를 요청할 수 있고, 감사기구 장이 의견을 제시하기 곤란한 경우에는 감사원에 의견제시를 요청할 수 있다고 규정하고 있다. 「감사원법」 제30조의2와 「감사원 사전컨설팅 제도 운영규정」에 따라 운영하고 있으며, 제도가 도입된 2019년부터 2021년 8월까지 232건의 컨설팅을 접수받아 222건을 처리하였고, 이 중 104건에 대해서는 긍정적인 회신을 하였다. 특히, 경제위기 극복이나 코로나19 방역 대응과 같이 신속성이 필요한 사안의 경우 전담반을 구성하여 패스트트랙으로 평균 1.4일 이내 신속히 처리함으로써 위기상황에 대한 정부의 대응이 즉각적으로 이루어질 수 있도록 하였는데, 대표적으로 코로나19 백신 구매, 상생소비지원금사업의 보조사업자 선정방식 결정 등이 있다(감사원, 2021b: 21).

다음으로, 적극행정면책은 2009년 1월 도입된 제도로 공직자가 공공의 이익을 위해 성실하고 적극적으로 업무를 처리한 결과에 대해 고의나 중대한 과실이 없는 이상 책임을 면제하거나 감경해 주는 제도이다. 행정현장에서의 어려움을 적극적으로 해결하려는 공직자들의 역할이 중요함에도 업무추진 과정에서 문제가 발생할 경우 감사나 그에 따른 징계로 인한 소극적인 행태가 발생하지 않도록 공직자의 책임을 면제해 주는 것이다. 즉, 적극행정을 수행한 공직자에 대해서는 감사결과에 따른 징계요구 등을 하지 않거나 해당 공직자의 징계권자가 징계를 하지 않는 것이다(조형석 · 류민정, 2021: 11-12). 감사원의 적극행정면책은 「감사원법」 제34조의3을 근거로 하고 세부적인 운영절차는 「감사원 감사사무 처리규칙」 등을 따르고 있으며, 자체감사기구에서의 적극행정면책은 「공공감사에 관한 법률」 제23조의2에 근거를 두고, 동법 시행령 제13조의4와 각 기관별 자체 면책규정에 따라 운영하고 있다. 적극행정면책의 기준은 ① 업무처리가 불합리한 규제의 개선, 공익사업의 추진 등 공공의 이익을 위한 것이어야 하고, ② 업무를 적극적으로 처리한 결과일 것이며, ③ 고의 또는 중대한 과실이 없어야 한다.

그리고 고의 또는 중대한 과실의 추정은 감사를 받는 자와 대상 업무 사이에 사적인 이해관계가 없어야 하며, 대상 업무를 처리하면서 중대한 절차상의 하자가 없어야 한다(감사원 감사사무 처리규칙 제36조). 면책의 종류로는 신청에 의한 면책과 직권면책이 있으며, 신청에 의한 면책은 감사를 받는 사람이 감사착수 이후 신청할 수 있고, 직권면책은 감사 중인 사항 중에서 감사단이 직권으로 면책 여부를 결정하는 것이다. 감사원은 적극행정면책의 확대를 위해서 면책의 인정 범위를 확대하고 감사현장에서의 면책도 강화하고 있으며, 2019년부터 2021년 8월까지 신청된 56건(신청면책 10건, 현장 및 직권면책 46건)에 대해 면책을 인정하였다(감사원, 2021b: 21).

한편, 이러한 적극행정지원제도와 관련된 주요 쟁점으로는 먼저, 사전컨설팅 제도나 적극행정면책제도 모두 책임회피의 목적으로 오·남용될 소지가 있다는 것이다. 사전컨설팅은 업무과정에서 담당 공직자나 부서 스스로 법·규정 등에 대한 충분한 사전검토를 이행하고 검토 후에도 의사결정의 어려움이 있는 경우에 컨설팅을 신청해야 하나, 자체적인 검토가 미흡한 상태에서 추후 책임을 회피할 수단으로 신청할 수 있다는 것이다. 또한 적극행정면책은 적극행정 공직자의 책임을 면제하여 적극적인 업무처리를 유도할 목적으로 도입하였으나, 징계 등을 염려하여 면책 기준에 부합하지 않아도 과잉신청하는 문제가 제기된다. 다음으로, 각 제도별 제기되는 쟁점을 보면, 사전컨설팅의 경우 감사의 본래적 특성인 사후적인 감사와 점검이 약화될 수 있다는 문제도 제기되며, 각 기관별 수행기반이 취약하고 제도운영에 있어 명확하지 않은 부분이 있는 등 개선 필요사항들이 제기된다. 적극행정면책의 경우에는 적극행정을 유도하는 실제 효과가 크지 않다는 것과 면책 절차 등 제도의 복잡성이나 접근의 용이성이 떨어지고, 면책 기준의 적용 등 각 기관별 제도 운영의 편차가 크다는 문제도 제기된다.

따라서 이상의 논의들에 대해 다음과 같은 검토가 필요하다. 먼저, 사전컨설팅 제도나 적극행정면책제도의 오·남용 방지를 위한 개선 노력이 필요하다. 사전컨설팅은 일선 행정기관이 업무추진 과정에서 스스로 감수해야 했던 위험을 감사기구에서 분담하여 적극적으로 업무를 추진할 수 있도록 하는 의미가 있고, 적극행정면책은 공직자가 감사 등을 의식하여 적극행정을 주저하지 않도록 하는 의미가 있다. 그러나 이러한 제도의 취지가 왜곡될 수 있음이 제기되는데, 특히 적극행정면책제도에 대해 감사원의 조사에서도 과잉신청 등 오·남용이 있음이 나타났다(조형석·류민정 외, 2021: 71). 따라서 사전컨설팅이나 적극행정면책의 오·남용 방지를 위한 수단이 마련되어야 할 것이며,

대표적으로 사전컨설팅에서는 법·규정 등에 대한 자체적인 검토가 이루어졌는지를 확인하도록 하거나 적극행정면책에서는 신청요건에 부합하는지 여부를 스스로 확인할 수 있도록 하는 체크리스트 등의 마련이 필요하다. 이와 함께 제도별로 구분해서 보면, 사전컨설팅 제도의 경우 사후적인 감사와 점검이 약화될 수 있다는 문제에 대해서는 감사기구의 역할 변화를 고려하여 생각되어야 한다. 즉, 감사기구의 역할이 부정·비리에 대한 지적·처벌에서 자문과 컨설팅으로 확대되고 있음을 고려할 때 사전컨설팅 제도의 운영은 필요하다 할 것이다. 따라서 컨설팅을 통해 적극적인 업무수행을 지원하되, 컨설팅이 모든 책임을 면제하는 것이 아님을 명확히 하여 부정·비리 행위에 대한 엄격한 처벌도 이루어져야 할 것이다. 또한 각 기관별 사전컨설팅 제도가 원활히 운영될 수 있도록 기반이 정비되어야 한다. 법·규정 등에 대한 충분한 검토가 이루어질 수 있도록 전담조직과 인력을 확보하고, 적시성 향상을 위해 처리기간 등의 단축도 필요하다. 또한 적극행정면책제도의 경우 먼저 적극행정 유도의 실제 효과가 크지 않다는 문제가 제기되는데, 대표적인 원인으로 공직자들이 추후 면책에 대한 확신이 없는 등 제도의 실효성에 의문이 있다는 것이다. 따라서 면책된 사례들을 분석하여 각 분야나 업무별로 면책이 인정될 수 있는 경우를 제공함으로써 면책 가능 여부를 공직자 스스로도 어느 정도 가늠할 수 있게 할 필요가 있다. 또한 면책 절차의 복잡성이나 접근의 용이성 등을 개선하기 위해서는 법률상담이나 면책 신청을 지원하는 헬프데스크 또는 조력자의 운영도 필요하다(조형석·류민정 외, 2021: 79). 면책 기준으로서 공익성 및 적극성에 대한 판단 기준을 보다 구체화하여 각 기관 간 또는 기관 내에서 면책 기준의 해석과 적용이 유사하게 이루어질 수 있도록 해야 할 것이다.

3. 성과감사

성과감사를 선도적으로 수행하기 시작한 미국, 영국 등 해외 주요국 최고감사기구는 국가거버넌스의 발전과정에서 공공감사의 주요 이해관계자인 국회, 국민, 정부의 새로운 감사수요에 대응하기 위해 합법성감사와 재무감사 등 기존의 감사방식과는 다른 형태의 성과감사를 도입하였다. 감사수요의 관점에서 성과감사의 도입 배경을 제시하면, "국회 관점에서의 성과주의 예산제도 도입", "국민 관점에서의 성과에 대한 관심 증대 및 국정운영 참여 확대", "정부 관점에서의 성과 지향적 관리 강화"로 요약될 수 있다(박준, 2007: 19-24). 이를 성과감사를 가장 먼저 도입하였던 미국을 중심으로 살펴보면, 1950년대 성과주의예산제도[7]와 1960년대 계획예산제도의 도입, 1960년대 대규모 복지사업의 실패 및 1970년대 오일쇼크, 베트남전 패전, 흑인폭동 등 다양한 사회문제에 대한 시민들의 국정운영 참여 확대, 1980년대 신공공관리(New Public Management: NPM)에 따른 정부의 성과 지향적 관리 강화에 따른 정부운영의 성과정보 수요 확대는 성과감사가 도입·발전되는 데 결정적인 계기로 작용하였다(유승현, 2018b: 75-76).

우리나라 감사원의 경우에는 1993년 말 운영 기본방향 중 하나로 "합법성감사의 토대 위에서 행정의 효과성, 능률성, 경제성을 제고하기 위한 성과감사를 지향한다"고 적시하면서 1994년 처음으로 공식적인 감사종류로 성과감사를 도입하였다(박준, 2007: 33-34). 그러나 당시에는 "국회 관점에서의 성과주의 예산제도 도입", "국민 관점에서의 성과에 대한 관심 증대 및 국정운영 참여 확대", "정부 관점에서의 성과 지향적 관리 강화" 등 외부환경의 변화보다는 감사원 출범 초기부터 강력하게 추진해오던 합법성감사 위주의 단편적인 적발과 책임추궁 방식의 감사의 부작용을 극복하기 위해 도입되었다. 이와 같이 성과 중심의 관리개혁 일환으로 정부사업 또는 업무의 성과에 대한 독립적이고 객관적인 정보를 제공하여 정부의 성과향상을 유도하고 지원한다는 명확한 목적을 가지고 성과감사를 도입한 미국, 영국 등 해외 주요국과는 달리, 우리나라 감사원은 외부의 환경변화보다는 기존의 합법성감사의 한계를 극복하고자 그 토대 위에 성과감사를 도입하여 개념 및 운영상의 혼란을 잉태하고 있었다(유승현, 2018b: 70).[8]

이에 공공부문의 성과감사의 개념 및 수행방법에 대한 이해와 공감대 부족으로 성과감사가 효과적으로 수행되지 않는다는 지적이 상존하고 있다. 감사원 내·외의 성과감사 관리자와 전문가를 대상으로 성과감사에 대한 인식조사를 수행한 공병천 외(2018)의 연구에 따르면, 감사종류 간 개념적인 혼란으로 감사사항 선정, 감사중점 및 판단기준 설정, 자료수집 및 분석 등 성과감사의 접근방법에 대한 공감대 형성이 미흡한 것으로 나타났다. 또한 감사원 내에서도 "성과감사는 고도의 과학적 분석기법을 활용해야만 한다는 편견", "성과감사는 연구논문 작성과 비슷하다는 인식", "성과감사는 반드시

7) 성과감사(performance audit)라는 용어도 1949년 미국 후버(Hoover)위원회의 「예산과 회계에 관한 보고서」에서 성과주의예산제도의 도입을 건의하면서 처음으로 사용되었다(Caden, 1981: 1412-1413; 박재완, 1997: 239에서 재인용).

8) 이와 관련하여 감사원은 1963년 출범 초기부터 성과감사와 유사한 감사형태로서 계통감사, 효율성감사, 역점감사, 정책개선감사 등을 수행하기도 하였다(윤기웅·유승현, 2018).

건설적인 대안을 제시해야만 한다는 선입견", "성과감사는 고도의 정책을 감사하는 것이란 편견", "성과감사는 강력한 충격이 없다는 선입견", "성과감사는 결과(outcome)에 대한 감사라는 편견" 등이 존재하여 성과감사 발전의 장애요인으로 작용하고 있고(정길영, 2017), 감사부서에서도 감사사항 선정과 감사계획수립 및 접근방법 설계 등 감사 방법론에 있어 성과감사를 막연하게 어려운 감사로 인식하고 있다는 문제가 제기되고 있다(백경희, 2017). 뿐만 아니라 감사원 외부에서도 우리나라 공공부문의 성과감사는 합법성감사의 틀을 벗어나지 못한 채, 이론(異論)의 여지가 없는 명백한 문제를 지적하는 데 중점을 둠으로써 거시적이고 구조적인 중요한 문제를 놓칠 수 있다는 우려가 제기되고 있다(윤성식, 2017).

우리나라의 경우에도 2000년을 전후하여 국회의 국회감사요구제도(2003년)와 성과기반 프로그램예산제도(2004년) 도입, 국민의 공익감사청구제도(1996년), 국민감사청구제도(2002년), 감사결과공개제도(2003년) 도입, 정부 관점의 재정성과목표관리제도(2003년), 재정사업자율평가제도(2005년), 재정사업심층평가제도(2006년) 도입 등으로 공공감사 관련 주요 이해관계자의 정부사업 또는 업무에 대한 성과정보 수요가 획기적으로 확대되어 왔다(유승현, 2018b, 94). 이에 우리나라의 공공감사도 미국, 영국 등 해외 주요국에서 수행하는 방식의 성과감사 필요성이 더욱 증대되고 있어, 성과감사의 개념 정립 및 역량 강화가 요구되고 있는 상황이다.

이상에서 논의된 내용을 종합해 볼 때, 현 상황에서의 성과감사 개념 정립은 미국, 영국 등 해외 주요국의 성과감사 개념, 판단 기준 및 범위, 접근방법 등에 기반할 필요가 있다. 이에 미국, 영국 등 해외 주요국의 성과감사 개념과 제도적 적용실태를 분석하여 현대 행정환경 하에서의 성과감사 개념화를 시도한 유승현(2018b)의 연구에 따르면, 성과감사의 개념적 요건은 "목표달성과 관련된 핵심사항을 대상으로 하는 감사", "간결하고 명확한 메시지를 전달하는 감사", "판단 기준에 따른 감사결과를 균형 있게 제시하는 감사", "미시적 · 개별적 조치보다는 거시적 · 구조적 개선을 추구하는 감사"라 할 수 있다.

"목표달성과 관련된 핵심사항을 대상으로 하는 감사"와 관련하여, 성과감사는 국민에 대한 파급효과와 성과상의 위험이 큰 사업 또는 업무를 대상으로 경제성, 능률성, 효과성 등 현재 성과달성 정도의 측정에 국한하지 않고, 성과달성과 관련된 핵심적인 문제에 대한 확인 · 분석과 관리시스템의 적정성 점검 등을 통해 미래 목표달성 가능성을 파악하여 그에 따른 개선방안을 모색하는 데 중점을 둘 필요가 있다(유승현, 2018b: 90). 또한 "간결하고 명확한 메시지를 전달하는 감사"와 관련하여, 성과감사는 감사중점별로 크고 작은 문제를 나열하여 제시하는 합법성감사의 방식을 지양하고(정길영, 2017), 국회, 국민, 정부 등 공공감사의 주요 이해관계자들이 정부사업 또는 업무의 성과달성 정도 및 가능성을 파악할 수 있도록 감사중점별 감사결과와 이를 통해 전달하고자 하는 종합적인 결론을 간명하게 제시할 필요가 있다(유승현, 2018b: 91).

"판단 기준에 따른 감사결과를 균형 있게 제시하는 감사"와 관련해서는 성과감사가 일부 지적된 문제점만으로 해당 사업 또는 업무에 총체적 부실이 있는 것처럼 과장하는 방식은 지양하고(정길영, 2017), 적용된 감사방법과 감사판단기준에 기초하여 잘한 것은 잘한대로, 못한 것은 못한대로, 문제가 없는 것은 문제가 없는대로, 문제가 있는 것은 문제가 있는대로 제시할 필요가 있다(유승현, 2018b: 92).[9] 한편, "미시적 · 개별적 조치보다는 거시적 · 구조적 개선을 추구하는 감사"와 관련하여, 성과감사는 단편적인 개별 문제점 지적보다는 심층적인 분석과 평가를 통해 근본적인 문제 해결에 도움을 줄 수 있는 개선방안 마련에 중점을 둘 필요가 있다(유승현, 2018b: 93).

재무감사나 합법성감사와 달리 성과감사는 표준화된 감사 기준이나 기법이 존재하지 않으며, 감사목적이나 초점에 따라 다양하게 적용될 수 있다. 펑크하우저(Funkhouser, 1986)는 이러한 상황을 "성과감사의 환경은 하이테크 산업의 환경과 유사하여 다양하며 예측할 수 없고 적대적이며 극심한 압박을 수반한다"고 묘사하기도 하였다(김태윤, 1998에서 재인용). 이에 성과감사 역량 강화를 위해서는 지속적인 정보공유와 학습이 매우 중요하다. 또한 성과감사를 효과적으로 수행을 위해서는 감사대상 분야에 대한 전문지식과 분석기법 활용능력이 요구된다. 감사기구에서 이러한 능력을 완벽하게 갖출 수는 없다. 이에 성과감사 과정에 외부전문가 참여를 적절하게 참여시킬 필요가 있다.

9) 뿐만 아니라 감사대상기관에서 감사결과와는 다른 의견이 있을 때에는 이를 감사결과와 함께 수록해야 한다.

제 4 절 맺음말

통상 감사의 기능은 주인에 대한 대리인의 책임성을 확보하는 데 있는데, 공공감사의 역시 주인인 국민을 대신하여 대리인인 국가기관 등이 국민으로부터 부여받은 임무를 적정하게 수행하고 있는지를 확인하여 그 책임성을 확보하는 것이다. 그리고 이러한 기능을 적절히 수행하기 위해 독립성의 확보가 필요하며, 외부감사는 감사대상기관으로부터, 내부감사는 감사대상 업무 또는 활동으로부터 독립적이어야 한다. 우리나라 공공감사의 경우 그 핵심적 두 축은 감사원 감사와 자체감사라 할 수 있다. 감사원 감사는 독립적인 외부감사로서 국가의 결산검사와 국가 및 법률이 정한 단체의 회계검사, 행정기관 및 공무원의 직무에 관한 감찰을 수행한다. 그리고 자체감사는 중앙행정기관 등 기관 내부의 감사기구에서 실시하는 감사로, 감사원의 인력 및 예산 등의 한계로 모든 공공기관의 낭비와 비효율을 효과적으로 예방·통제하는 데 한계가 있어 이러한 감사원의 감사 기능을 보완하는 역할을 수행한다. 따라서 국가감사체계 내에서 감사원 감사뿐만 아니라 자체감사도 매우 중요함을 알 수 있다.

그간 공공감사는 크게 두 가지 측면에서 변화되어 왔다고 할 수 있다. 정부의 사업이나 예산지출 행위 등이 이루어진 이후에 실시하는 감사로서 교정적 기능을 수행하는 사후감사에서 정부사업의 계획 단계 등 사업이 완료되기 이전 또는 예산집행이 이루어지기 이전에 실시하는 예방적 기능을 수행하는 사전감사가 강조되고 있다. 또한 행정환경이 복잡화·전문화되면서 관련 법령 등에 정책·사업 등의 성과 향상을 위한 모든 내용을 규정할 수 없게 됨에 따라, 공공행정이 발달할수록 기존의 합법성감사보다는 성과감사의 비중이 높아지고 있다.

그리고 최근에는 행정환경의 변동성, 불확실성, 복잡성, 모호성 등이 증대함에 따라 공공감사의 또 다른 변화를 요구받고 있다. 주요 이해관계자의 감사수요에 유연하게 대처하고(flexible), 공공부문이 행정환경 변화에 신속하게 대응하며(agile), 공공부문의 근본적인 문제 해결을 통해 성과향상에 기여하는(resilient) 감사가 강조되고 있다(INTOSAI IDI, 2020). 우리나라도 국민참여감사나 적극행정지원제도를 운영하고 성과감사를 강화함으로써 이러한 변화요구에 부응하고 있다고 할 수 있다. 다만, 추구하는 지향점은 맞으나 보다 발전된 모습으로 나아가기 위해서는 향후 지속적인 개선 노력이 필요하다

할 것이다.

참고문헌

감사원(2013). 『국민과 소통하는 감사원』. 감사청구·민원백서. 서울: 감사원.
감사원(2014). 『공공감사에 관한 법률의 이해』. 서울: 감사원.
감사원(2018a). 『감사원법 바로알기』. 서울: 감사원.
감사원(2018b). 『자체감사 통합매뉴얼』. 서울: 감사원.
감사원(2021a). 『사전컨설팅 및 적극행정면책 사례집』. 서울: 감사원.
감사원(2021b). 제391회 국회 정기회 법제사법위원회 국정감사 주요업무현황 보고자료.
감사원(2022a). 『감사연보 2021』. 서울: 감사원.
감사원(2022b). 『감사원 감사청구처리 매뉴얼』. 서울: 감사원.
감사원(2022c). 공고문: 2022년도 「공공감사법」 적용 대상기관 현황.
공병천·윤기웅·유승현(2018). 한국 성과감사의 성공적 정착에 대한 논의: SWOT 분석을 중심으로. 『감사논집』, 30: 6-28.
김찬수(2022). 공공감사의 개념 및 본질. 감사원 감사연구원 편. 『공공감사의 이해』. 3-37. 서울: 감사원 감사연구원.
김태윤(1998). 성과감사의 운영방향과 원칙. 『한국행정학보』, 32(1): 97-112.
박준(2007). 『발전과정과 영·미 감사사례를 통해 본 성과감사 소고』. 서울: 감사원 평가연구원.
박충훈·이현철·김지연(2016). 『적극행정 평가지표개발 연구』. 경기: 경기연구원.
백경희(2017). 성과감사 활성화의 계기가 되기를 기대하며. 『계간 감사』, 2017 신년호.
성용락(2013). 『공공감사 제도의 새로운 이해: 공공감사의 이론과 실무』. 서울: 석탑출판(주).
원숙연(2021). 부처 칸막이 벗어나 혁신기술·유연한 서비스 접목해야. 『중앙일보』, 2021. 9.29.
유승현(2018a). 공공부문 감사인력의 역량모형에 관한 연구. 『한국인사행정학회보』, 17(3): 241-266.
유승현(2018b). 성과감사의 개념화. 『국가정책연구』, 32(3): 69-99.
윤기웅·유승현(2018). 감사종류의 변화 과정에 대한 행정사적 고찰: 성과감사를 중심으로. 『한국행정사학지』, 43: 1-32.
윤성식(2017). 『'감사원'관련 개헌안에 대한 토론문』. 경제·재정분야 헌법개정안 마련을 위한 시민토론회(국회헌법개정특별위원회 자문위원회 경제 · 재정분과, 2017.6.20).
정길영(2017). 성과감사 발전방안. 『계간 감사』, 2017 신년호.
조형석(2019). 한국 감사원의 차별적 특성에 관한 고찰. 『감사논집』, 제32호: 5-30.
조형석 · 류민정 외(2021). 『자체감사기구 적극행정면책 운영실태 분석』. 서울: 감사원 감사연구원.
한국공법학회(2010). 『외부요청감사제도의 체계화 및 공익성 제고방안』. 감사원 연구용역 보고서.
한상일(2013). 한국 공공부문의 다양화와 새로운 책임성 개념의 모색. 『한국조직학회보』, 10(2): 123-151.

Arter, D.(2002). *Quality Audits for Improved Performance*(3rd eds.). Milwaukee: American Society for Quality.
Bovens, M.(2005). Public Accountability. In Ferlie, E., Lynn Jr., L. E., & Pollitt, C.(eds.). *The Oxford Handbook of Public Management*. Oxford: Oxford University Press.
Bovens, M., Schillemans, T., & Goodin, R. E.(2014). Public Accountability. In Bovens, M., Goodin, R. E., & Schillemans, T.(eds.). *The Oxford Handbook of Public Accountability*. Oxford: Oxford University Press.
Caiden, G.(1981). New Directions in State Audit. In Geist, B.(ed.). *State Audit: Developments in Public Accountability*. New York: Holmes & Meier Publishers.
Day, P. & Klein, R.(1987). *Accountabilities: Five Public Services*. London: Tavistock.
European Commission(2017). *Quality of Public Administration: A Toolbox for Practitioners*.
Funkhouser, M.(1986). Staffing the Tennessee Performance Audit Group. *Legislative Program Evaluation Section Report*, June: 4-6.
INTOSAI IDI(2020). An Innovative Public Sector Delivering Value. *Innovative SAIs Going F.A.R. Webinar*, 25 Nov. 2020.
Romzeck, B. S. & Dubnick, M. J.(1998). Accountability. In Shafritz, J. M.(ed.). *International Encyclopaedia of Public Policy and Administration*, Vol. 1. Boulder: Westview Press.
World Bank(2019). *Leveraging ICT Platforms to Foster Citizen Engagement for Enhanced Public Accountability: The Korean Experience*. Learning Note No. 2.
World Economy Forum(2011). *The Future of Government: Lessons Learned from around the World*.

찾아보기

ㄱ

ㄴ

저자 소개

서인석(徐寅錫)

[주요 학력]
안양대학교 행정학과(행정학사)
성균관대학교 국정관리대학원(행정학석사)
성균관대학교 국정관리대학원(행정학박사)

[주요 경력]
SSK 커뮤니티웰빙 연구단
한국정책연구(KCI) 편집위원장, 한국지방행정학회보(KCI) 부편집위원장, 한국정책학회(KCI) 편집위원, 한국지방자치학회보(KCI) 편집위원, 정책분석평가학회보(KCI) 편집위원
안양대 행정학과

[연구 분야]
정책이론
정책분석 및 평가
커뮤니티웰빙

이유현(李侑炫)

[주요 학력]
이화여자대학교 법학과(법학사)
성균관대학교 국정관리대학원(행정학석사)
파리1대학교 팡테옹-소르본느(법학박사)

[주요 경력]
아주대 행정학과 조교수
前 한남대학교 행정학과 조교수
前 국회입법조사처 환경노동팀 입법조사관

[연구 분야]
기후변화 및 환경, 에너지정책
지방행정 및 도시행정

이대웅(李大雄)

[주요 학력]
건국대학교 법학과(법학사)
성균관대학교 국정관리대학원(행정학석사)
성균관대학교 국정전문대학원(행정학박사)

[주요 경력]
국립 강릉원주대학교 자치행정학과

[연구 분야]
정책이론
정책분석 및 평가
재난관리정책

유민이(劉敏利)

[주요 학력]
서울과학기술대학교 행정학과(행정학사)
성균관대학교 국정관리대학원(행정학석사)
성균관대학교 국정관리대학원(행정학박사)

[주요 경력]
고려대학교 BK 신공공성 사업단 연구교수(2016.3~2017.4)
고양시정연구원 부연구위원(2017.5~2018.11)
이민정책연구원 부연구위원(2018.12~현재)

[연구 분야]
이민행정 및 정책
국경관리
거버넌스

김동현(金東賢)

[주요 학력]
경희대학교 행정학과(행정학사)
경희대학교 일반대학원 행정학과(행정학석사)
성균관대학교 국정관리대학원(행정학박사)

[주요 경력]
現 한국문화관광연구원 연구위원(2015~현재)
現 국무총리실 문화분야 규제일몰제심사위원(2017~현재)
강남대학교 공공문제연구소 박사후연구원(한국연구재단(2014~2015)

[연구 분야]
관광정책설계
규제정책
정책/사업평가
공공조직

김진열(金鎭烈)

[주요 학력]
성균관대학교 법학과(법학사)
성균관대학교 국정관리대학원(행정학석사)
성균관대학교 국정관리대학원(행정학박사)

[주요 경력]
SSK 거버넌스연구센터
경기연구원 경기도공공투자관리센터
한국소비자원 정책연구실

[연구 분야]
정책평가, 성과관리
지방재정
거버넌스

정기용(鄭琪庸)

[주요 학력]
안양대학교 행정학과(행정학사)
성균관대학교 국정전문대학원(행정학석사)
성균관대학교 국정전문대학원(행정학박사)

[주요 경력]
경기복지재단 경기청년지원사업단

[연구 분야]
규제정책
정책분석 및 평가
청년정책, 게임규제정책, 과학기술정책

주지예(朱智叡)

[주요 학력]
성균관대학교 교육학과・행정학과(제1전공 문학사, 제2전공 행정학사)
성균관대학교 국정전문대학원(행정학석사)
성균관대학교 국정전문대학원(행정학박사)

[주요 경력]
現 BK21FOUR 공감과 혁신을 위한 플랫폼 거버넌스 교육연구단 연구교수
現 국무총리 소속 기반시설관리위원회 위원
前 정부업무평가위원회 일자리・국정과제 평가단 평가위원
前 단국대학교 융합사회연구소 연구전담 조교수

[연구 분야]
정책평가, 정책분석, 정책디자인, 정책갈등
시민참여정책, 규제정책, 교육정책, 동물보호정책 등

류영아(柳姈我)

[주요 학력]
이화여자대학교 행정학과(행정학사)
성균관대학교 일반대학원 행정학과(행정학석사)
성균관대학교 일반대학원 행정학과(행정학박사)

[주요 경력]
한국지방행정연구원 지방 3.0 지원센터 소장
국회입법조사처 행정안전팀 입법조사관

[연구 분야]
지방재정
지방세
지방자치

박현욱(朴賢旭)

[주요 학력]
성균관대학교 행정학과(행정학사)
성균관대학교 국정관리대학원(행정학석사)
Virginia Commonwealth University 행정학과(행정학박사)

[주요 경력]
한국지방행정연구원 부연구위원
서울시립대학교 사회과학연구소 책임연구원

[연구 분야]
조직행태
공직 리더십
인적자원개발

박재희(朴在熙)

[주요 학력]
성균관대학교 행정학과(행정학사)
서울대학교 행정대학원(행정학석사)
미국 버지니아 커먼웰스 대학교(행정학박사)

[주요 경력]
성균관대학교 거버넌스 연구센터 선임연구원
한국지방행정연구원 행정체제연구센터장

[연구 분야]
지방행정
조직 및 인사관리

최정우(崔正右)

[주요 학력]
단국대학교 행정학과(행정학사)
단국대학교 일반대학원 행정학과(행정학석사)
성균관대학교 국정전문대학원(행정학박사)

[주요 경력]
한국지방재정공제회

[연구 분야]
지방행정
지방재정
성과관리

황태연(黃泰淵)

[주요 학력]
성균관대학교 철학(학사), 통계학(학사)
성균관대학교 국정관리대학원(행정학박사)

[주요 경력]
한국행정연구원 초청연구위원
과학기술정보통신부 적극행정위원회 위원

[연구 분야]
숙의민주주의, 협력적 거버넌스
정책내러티브
빅데이터 및 인공지능 분석

김화연(金花然)

[주요 학력]
성결대학교 행정학과(행정학사)
성균관대학교 국정관리대학원(행정학석사)
성균관대학교 국정관리대학원(행정학박사)

[주요 경력]
성균관대학교 동아시아공존・협력연구센터 박사후연구원
한국정책학회 이민정책특별위원회 이사

[연구 분야]
공공관리, 인사행정
양성평등정책, 이민정책
시민참여, 사회통합

유승현(柳昇賢)

[주요 학력]
건국대학교 행정학과(행정학사)
성균관대학교 일반대학원 행정학과(행정학석사)
성균관대학교 국정관리대학원(행정학박사)

[주요 경력]
성균관대학교 사회과학부 박사후연구원
성균관대학교 행정학과, 숙명여자대학교 행정학과, 한국방송통신대학교 행정학과 시간강사
고려대학교 정책대학원 겸임교수
감사원 감사연구원 연구관

[연구 분야]
공공감사
공공(성과)관리
정책분석 및 평가
인적자원관리
사회복지정책

조형석(趙炯奭)

[주요 학력]
인하대학교 행정학과(행정학사)
성균관대학교 일반대학원 행정학과(행정학석사)
성균관대학교 국정관리대학원(행정학박사)

[주요 경력]
한국지방행정연구원 객원연구원
감사원 감사연구원 연구관

[연구 분야]
공공감사
정책분석 및 평가
성과관리
지방행정 및 지역개발

한국사회 주요 행정문제와 정책

펴낸날 제1판 제1쇄 2023년 2월 1일
지은이 김동현 · 김진열 · 김화연 · 류영아 · 박재희 · 박현욱
서인석 · 유민이 · 유승현 · 이대웅 · 이유현 · 정기용
조형석 · 주지예 · 최정우 · 황태연
펴낸이 임춘환
펴낸곳 도서출판 대영문화사
주소 (본사) 사무실: 경기도 고양시 일산서구 주화로 70
우신프라자 307호 (㊄ 10387)
(본사) 물류센터: 경기도 고양시 일산서구 덕산로
107번길 68-50 (㊄ 10205)
등록 1975년 12월 26일 제3-16호
전화 (031) 913-3062, (031) 914-3884~5
팩스 (031) 913-3839
홈페이지 http://www.dymbook.co.kr

ⓒ 성균관행정연구회, 2023
ISBN 978-89-7644-879-8
값 24,000원

* 잘못된 책은 바꾸어 드립니다.
* 이 책의 내용은 저작권법의 보호를 받습니다.

인지
도서출판 대영문화사